青龙镇

2010—2015 年发掘报告

上海博物馆 编著

上海古籍出版社

本书的出版

得到上海领军人才专项基金、上海文化发展基金会图书出版专项基金的资助

目录

插 图 目 录

第一章　遗址概况与工作背景

第一节 遗址概况

一、自然环境

青龙镇遗址位于上海市青浦区白鹤镇(图1-1)。青浦区地处上海市西南部,太湖下游,黄浦江上游,位于东经120°53′—121°17′、北纬30°59′—31°16′之间。青浦区辖区总面积668.54平方公里,地形东西两翼宽阔,中心区域狭长,形如展翅飞翔的蝴蝶。全区地势平坦,平均海拔高度在2.8—3.5米之间。白鹤镇位于青浦区北部,上海市西郊,地处上海市与江苏省交界,地理位置优越,交通便捷。

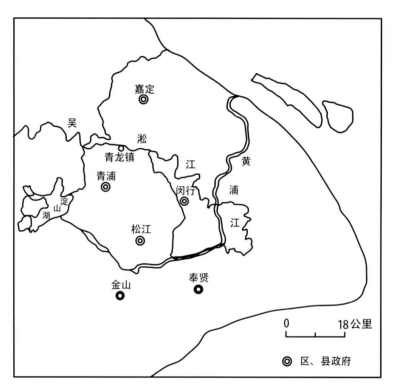

图1-1 青龙镇遗址位置示意图

白鹤镇地处太湖盆地东侧边缘,地势东高西低,镇内河流众多,河道纵横密布,东西主要航道有吴淞江,东抵上海市区与黄浦江相接,西至江苏省昆山、苏州等地,并直通太湖。南北主要航道有油墩港与东大盈港,北连吴淞江,南接淀浦河沟通淀山湖、黄浦江,可达松江等地。全镇区域总面积58.57平方公里,其中耕地面积3225公顷。白鹤镇历史悠久,文化底蕴深厚,物产丰富,民风淳朴,境内有青龙寺、青龙塔、塘湾桥等众多文物古迹[1]。

---

1 《白鹤志》编纂委员会:《白鹤志》,上海科学普及出版社,2004年。

白鹤镇形成于清代末年,由旧青浦镇、杜村镇、白鹤江镇三个集镇及其附近的村庄组成。

旧青浦镇,今称"旧青浦",位于今白鹤镇东南,现属塘湾村辖区。原旧青浦镇北依青龙江,南与青龙寺、青龙塔相距三华里。元代以前,旧青浦即为青龙镇所在地。明嘉靖二十一年(1542),设青浦县治于此,嘉靖三十二年(1553)青浦县撤销,县治随之废除。万历元年(1573)重建青浦县时,治所改在唐行(今青浦区政府所在),因此被称为"旧青浦"。

杜村镇,位于今白鹤镇西,东大盈港边,现属杜村管辖。因宋祁国公杜衍后裔卜居于此而得名。杜衍的九世孙杜元芳在此建造了一幢"翡翠碧云楼",为藏书之处,盛极一时,后逐渐形成市镇。

白鹤江镇,位于今白鹤镇西北,在明代兴起,是白鹤汇边的小集市。白鹤汇在唐代以前,与吴淞江相交,江面辽阔。后因吴淞江不断淤塞,宽度屡遭缩减,江边的白鹤汇也逐渐成为陆地。原白鹤汇边的小集市就依着东大盈港向吴淞江出口处发展,逐渐形成现在的白鹤江镇。明万历二十五年(1597)修定的《青浦县志》中已载有白鹤江新市。

清宣统二年(1910),清政府把三地合并为白鹤青村区。旧青浦镇、杜村镇、白鹤江镇三个集镇及其附近的村庄即形成了现今白鹤镇的雏形。1949年中华人民共和国成立后,建立白鹤区人民政府,1957年实行撤区并乡,改为白鹤乡人民政府。1993年12月,撤乡建镇,成立了现在的白鹤镇人民政府。

青龙镇遗址位于白鹤镇东南,原旧青浦及周边地区,主要分布于今白鹤镇青龙村、鹤联村、塘湾村和重固镇新丰村。

青龙村位于白鹤镇东部边缘,东与华新镇交界,南与重固镇交界,北与鹤联村、塘湾村交界,村由其名,是古青龙镇主要所在地之一,村内现保存有青龙寺、青龙塔、艾祁桥等文物古迹,目前仍矗立于此的青龙塔(图1-2)始建于唐长庆年间,为唐代报德寺建筑群的一部分,是青龙镇遗址的地标性建筑。

鹤联村位于白鹤镇东部,为原鹤星村与五联村合并而成,东与青龙村、塘湾村交界,南与重固镇交界,西与大盈、联合村相接,北靠胜新村。

塘湾村位于白鹤镇东北部,为原塘湾村与陈岳村合并而成,东靠华新镇,南接青龙村,西与鹤联村交接,北依吴淞江,现村内东首仍保存有始建于明代、清道光二十九年(1849)重建的庆泽桥(图1-3、图1-4)。塘湾村陈岳北仍保留有始建于宋代、清嘉庆年间重建的陈岳万安桥(图1-5)。2015年在塘湾村陈岳西北,考古发现了隆平寺塔遗址及地宫。

图1-2　青龙塔
(图片来源:青浦博物馆档案资料)

图 1-3　庆泽桥旧照
（图片来源：青浦博物馆档案资料）

图 1-4　庆泽桥今景
（图片来源：青浦博物馆档案资料）

图 1-5　陈岳万安桥
（图片来源：青浦博物馆档案资料）

重固镇新丰村位于重固镇北首，老通波塘东岸，东与华新镇淮海村和中新村相邻，南接回龙村，西连章埝村（原章堰镇）、徐姚村，北与白鹤镇青龙村相接。新丰村南部高家台为任仁发家族墓群所在地，当地村民称该墓群为"王坟"。

历史上的青龙镇，据《云间志》载"去（华亭）县五十四里，居松江之阴"[1]，《至元嘉禾志》载嘉兴水路"东至青龙镇一百九十五里"[2]，东临大海，西依大盈浦，北靠吴淞江，镇域之内水系发达，河港纵横。其靠吴淞江，吴淞江支流众多，宋时"或五里七里而为一纵浦，又七里或十里而为一横塘"[3]，其主要支流有赵屯、大盈、崧子、顾会、盘龙等五大浦[4]，五大浦或流经市镇，或分列于青龙镇东西两侧。

吴淞江，在青龙镇北，古称松江，为太湖泄水之道，其源于太湖口而东注于海。《吴郡图经续记》载："今观松江正流下吴江县，过甫里，经华亭，入青龙镇，海商之所凑集也。"[5]唐代时吴淞江宽达二十

1　［宋］杨潜修，［宋］朱端常、林至、胡林卿纂：《云间志》卷上，上海市地方志办公室等编《上海府县旧志丛书·松江县志》，上海古籍出版社，2011 年，第 12 页。
2　［元］单庆：《至元嘉禾志》卷一"道里"，上海古籍出版社，2010 年，第 6 页。
3　［宋］郏亶：《上水利书》，［明］张国维著《吴中水利全书》，浙江古籍出版社，2014 年，第 495 页。
4　［明］郑洛书修，［明］高企纂，何立民点校：《嘉靖上海县志》卷一，《上海府县旧志丛书·上海县卷》，上海古籍出版社，2015 年，第 106 页。
5　［宋］朱长文撰，金菊林校点：《吴郡图经续记》，江苏古籍出版社，1999 年，第 47—48 页。

里，宋时也达八里，江面极为宽阔。青龙江，在镇北，为吴淞江中游的一个弯曲河段，因南临青龙镇而得名。青龙江西至大盈浦，东接顾会浦，而泄于沪渎以入海。沪渎江，在镇东北，为吴淞江下游，江侧有沪渎垒，盖虞潭、袁崧防海之处，两旁有东、西芦浦泄于渎江。

顾会浦（今老通波塘），在镇东，为吴淞江青龙江段的支流，流经青龙镇，其南通漕渠，北达松江。舟艎去来，实为冲要。《云间志》载："直县（华亭）西北，走七十里，趋青龙镇，浦曰顾会，南通漕渠，北达松江。"[1]

盘龙浦，在顾会浦东，《云间志》载："自县（华亭）东北达于旧江，以其委蛇曲折，如龙之盘得名……步其径，才十许里，而洄穴迂缓逾四十里，江流为之阻遏，盛夏大雨，则泛滥，沦稼穑，坏屋庐，殆无宁岁。"

崧子浦，从顾会浦分流出来，往北注入吴淞江。《云间志》载："按旧图：崧子浦在县东北五十里。"[2]

大盈浦，在镇西。南接淀山湖，自白鹤汇以达松江。《云间志》载："在县西北七十里，南接淀山湖，北自白鹤汇，以达于松江。浦阔三十余丈。"[3]

赵屯浦，位于大盈浦之西，南接淀山湖，北达吴淞江。《云间志》载："在县西八十里，南接淀山湖，北达于松江。浦阔五十余丈，即王可交遇仙处。"[4]

同时还有崧泽塘在镇西，艾圻浦在镇东。

青龙镇交通便利，为"江海要害"[5]。停泊在吴淞江的船只一路西行上溯可达吴中腹地苏州，东面经沪渎江直通大海，南面可通过吴淞江支流与华亭县城、秀州相接，北面可通过支流与长江相通。吴淞江成为黄金水道，也成为商贸发展的经济动脉。

二、历 史 沿 革

青龙镇地区，在《禹贡》为扬州之域。周时为吴国边地，吴灭入越，越灭入楚，春申君改封吴地，入其封邑。秦统一后，分郡县，隶属会稽郡由拳县。汉初立娄县，隶属娄县。汉顺帝永建四年（129）分浙江以东为会稽郡，西为吴郡，隶属于吴郡。三国时期，属东吴管辖。梁天监六年（507），吴郡分置信义郡，娄县改信义县，属信义县。大同元年（535）析信义置昆山，属昆山县。隋开皇九年（589）平陈置苏州，属苏州昆山县。后晋天福四年（939），以嘉兴县为秀州，隶属秀州。唐天宝十年（751），割嘉兴、海盐、昆山三县置华亭为县，始属华亭县。北宋时期，隶属两浙路秀州华亭县。北宋政和年间，改青龙镇为通惠。南宋建炎元年（1127），复名青龙镇，隶属浙西路秀州华亭县。元代隶属江浙行省松江府上海县。明嘉靖二十一年（1542），析华亭县修竹、华亭和上海县新江、北亭、海隅五乡立青浦县，设县治于青龙镇，嘉靖三十二年（1553）废。万历元年（1573）复置青浦县，移县治于唐行镇（今青浦镇），隶属松江府，青龙镇仍隶属松江府青浦县。清雍正二年（1724）刬北亭、新江两乡分置福泉一县，青龙镇隶属福泉县。至乾隆八年（1743）裁撤，仍并入青浦县境，后一直隶属青浦县。辛亥革命后，隶属江苏省

1　［宋］杨潜修，［宋］朱端常、林至、胡林卿纂：《云间志》卷中，第34页。
2　［宋］杨潜修，［宋］朱端常、林至、胡林卿纂：《云间志》卷中，第34页。
3　［宋］杨潜修，［宋］朱端常、林至、胡林卿纂：《云间志》卷中，第34页。
4　［宋］杨潜修，［宋］朱端常、林至、胡林卿纂：《云间志》卷中，第34页。
5　［明］陈威主修，［明］顾清总纂，祝伊湄点校：《正德松江府志》卷十四，《上海府县旧志丛书·松江府卷》，上海古籍出版社，2011年，第218页。

青浦县,由江苏省第三行政督察专员公署管辖。中华人民共和国成立后,隶属青浦县,先属苏南行署,后属江苏省,1958 年划入上海市[1]。1999 年,撤销青浦县建制,建立青浦区,此后,青龙镇地区一直隶属上海市青浦区。

第二节　工　作　背　景

一、考古工作缘起

在上海史研究中,传统上有一个说法,即"两头大、中间小",大略是指上海的新石器时代和近现代都很发达,而中间一段——尤其是唐宋时期,无论是史料还是研究都相对比较薄弱。文献记载,青龙镇是上海唐宋时期最重要的贸易港口,但限于史料零散,完全依靠文献资料重建这一时段历史恐难有大的进展。因此,考古学在这一研究中提供了某种突破的可能。

上海土地面积只有 6000 多平方公里,黄浦江以东的大部分土地成陆较晚,地下遗址主要分布于成陆较早的西、南部的青浦、松江、金山等几个区,目前计有 30 余处。相对于其他文博大省,可以说"先天不足",但是几代上海考古人化"先天不足"为后天优势,走多学科结合、以学术目标引领田野发掘的道路,取得了一系列的成果,历年的发掘研究获得了三个考古学文化的命名,为完善长江下游地区的考古学文化谱系作出巨大贡献。进入 2010 年,上海考古人开始着眼于解决上海史研究中的"中间小"问题,在查阅文献与实地调查的基础上,将青龙镇遗址纳入上海大遗址考古课题中,逐步探明青龙镇在上海城市史发展中所处的进程与发挥的作用,探寻上海以港兴市的发展脉络与源头,进而追寻其在江南市镇发展中的普遍意义。

二、考古工作目的

(一) 2010 年度

本年度对青龙镇遗址进行了第一次正式的考古调查与发掘,根据文献记载与实地走访调查,初步确定青龙镇遗址的范围,并进行小规模的发掘,了解遗址的地下埋藏情况,为今后的工作奠定基础。

(二) 2011 年度

根据 2010 年发掘的地层堆积情况,本次勘探选择 2010 年曾发掘过 3 个探方的地块。该地块将要搭建蔬菜大棚,今后一段时期内很难再开展考古工作,因此本次勘探带有配合农业用地的基建性质,目的是了解该地块的遗存范围及堆积情况。

1　周振鹤:《上海历史地图集》,上海人民出版社,1999 年。

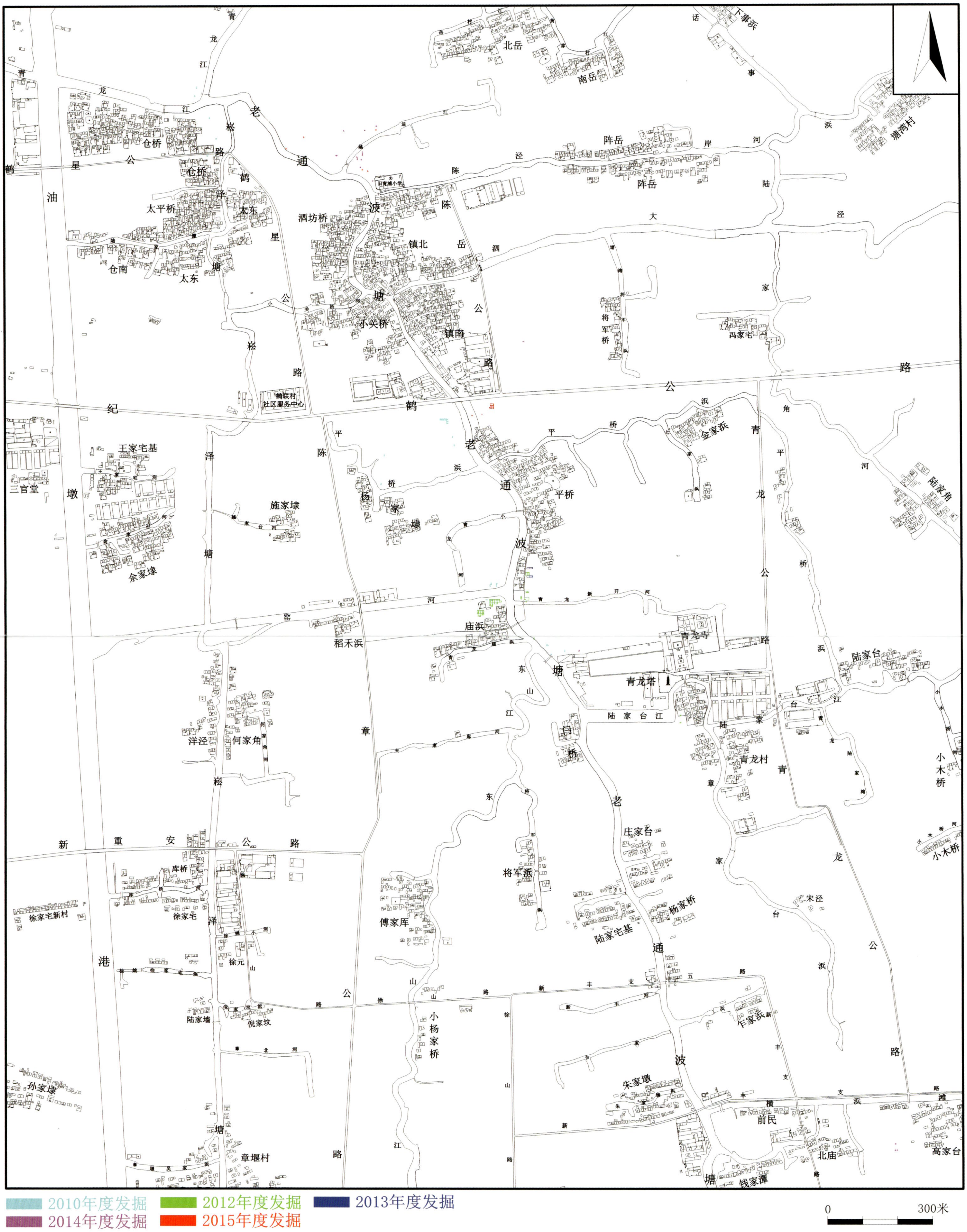

图1-6 2010—2015年度发掘探方位置图

2010年度发掘　2012年度发掘　2013年度发掘
2014年度发掘　2015年度发掘

300米

0

（三）2012—2013年度

本次发掘选择在Gf区老通波塘与窑河相交的西南区。在2010年开挖的3个探方中，靠近老通波塘的探方内发现了大量密集的瓷片堆积。本次发掘的目的为完整揭露密集瓷片堆积的范围及探明其形成原因，探索该区域的形成过程、市镇布局与年代。

（四）2014—2015年度

本次工作对青龙镇遗址进行了大规模的勘探，目的是划定遗址的范围，厘清遗址的核心埋藏区与一般埋藏区，探寻遗址的市镇布局，为今后的遗址规划保护与申报文物保护单位提供基础材料。

三、发 掘 概 况

（一）发掘区位置与探方的布设

青龙镇遗址以上海城市地图为底图，进行了大区规划。2010年发掘位于通波塘两岸的Gf区、Gg区、Hf区、Gh区、Jd区。2012年发掘Gf区。2013年发掘Gf区。2014年发掘Ci区、Fg区、If区、Je区。2015年发掘Hf区、Je区（图1-6）。

布设的探方均为南北向，规格为5米×5米。在实际发掘过程中，有部分探方只发掘了布方面积的一半，保留隔梁，实际发掘面积8平方米。2010年共布设探方（沟）26个，实际发掘面积约315平方米。2012年布设探方（沟）43个，实际发掘面积1017.5平方米。2013年布设探方6个，实际发掘面积133.5平方米。2015年布设探方（沟）9个，实际发掘面积221.5平方米。

2010—2015年度各大区布方数量统计表

位置 年度	Ci区	Fg区	Fh区	Gf区	Gg区	He区	Hf区	If区	Jd区	Je区	Kd区	合计
2010		3		7	2		9		3		2	26
2012				43								43
2013				6								6
2015							9					9
合计		3		56	2		18		3		2	84

（二）编号情况说明

1. 遗址分区、探方与编号

按照大遗址布局，在初步踏查后以遗址的城市测绘地图的西南角为基点，将据文献记载的遗址范围划分为150个大区，每个大区面积为400米×400米，以大小写字母组合命名，第一个为Aa区，依次类推,为Ab、Ac、Ad……区。每个大区内又划分5米×5米的探方6400个,以大区西南点为基点,先北后东分别以两位数字组合命名,进行统一编号,第一个为T0101,依次类推,为T0201、T0301……。

每年度发掘的探方编号的完整形式为:发掘年度+SQQ(意为"上海青浦青龙镇",下同)+大区号+探方号。如2010SQQGfT2660,表示2010年度青龙镇遗址Gf区以西南点为基点、向北第26、向东第60个探方。

2. 地层编号

探方或遗迹单位内的各地层,自上而下分别独立编号。如2010SQQGfT2660①、②……。探方或遗迹单位内局部分布的地层,使用大写英文字母予以区别,如2010SQQGfT2660⑤A、⑤B、⑤C……。

3. 遗迹单位编号

遗迹单位按发现的先后顺序统一编号,各类遗迹单位的完整表述为:发掘年度+SQQ+大区号+遗迹单位号。历年发掘区发现的遗迹采用统一连续编号,从1起编,下一年度的遗迹编号接续上一年度。因此,每个遗迹号都是独一无二的,即使前面不用发掘年份、大区号限定,遗迹也不会混淆。历年发掘的遗迹类型有以下几种:

a. 灰坑:缩写为H,从1起编。

b. 灰沟:缩写为G,从1起编。

c. 房址:缩写为F,从1起编。

d. 柱洞:缩写为D,从1起编。

e. 墓葬:缩写为M,从1起编。

f. 水井:缩写为J,从1起编。

g. 灶坑:缩写为Z,从1起编。

h. 瓷片堆:指发现的大量密集且具一定分布范围的瓷片堆积现象,缩写为CD,从1起编。

i. 特殊遗迹:指在发掘现场暂时无法定性的一类遗迹,缩写为TJ,从1起编。

4. 器物编号

(1)地层中出土器物编号

不同地层中出土器物的编号按照层位关系及发现顺序依次编号,如2010SQQGfT2660①:1、2……。同一探方中换层,器物号接续上层顺编,并不单独起编,如2010SQQGfT2660②:4、5……。

(2)遗迹单位中出土器物编号

遗迹出土器物按照层位关系及发现顺序依次编号,如2010SQQGfT1952G3①:1、2。同一遗迹单位中换层,器物号接续上层顺编,并不单独起编,如2010SQQGfT1952G3②:3,2010SQQGfT1952G3③4、5、6……。

墓葬出土的随葬品编号基本依据出土位置,从上到下依次编号,如2010SQQGfT1842M2:1。其中,墓葬填土内的器物编号在墓号后附加"填"、器物号前附加"0"以示区别,如2010SQQGfT1842M1填:01。

(3)标本编号

室内整理阶段各个地层和遗迹单位均挑选了瓷片标本,其编号顺接在各单位可复原器物编号之后。若H4出土可复原器物4件,则瓷片标本从4起编,如2010SQQGfT1842H4:5、6、7……。需要指出的是,在可复原器物和标本上书写器物号时,会省略前面的发掘年份和SQQ,直书大区号+探方号+

地层号,如2010SQQGfT1842③：1,省略为GfT1842③：1;如果是遗迹出土器物,则直书遗迹号,如M1：1、2……,以保证每个器物号都是独一无二的。

（4）样品编号

不同的样品种类(如土样、炭样、红烧土样等),采用"发掘年度+大区号+采样位置+样品名称+样品号"的编号格式,如2010SQQGfT1842H4内炭样1,表示在H4内采集的1号炭样;又如2010SQQGfT2660③：土样1,表示在GfT2660③中采集的1号土样。

5. 编号情况

2010—2015年度共发掘有：

a. 探方84个,详见探方发掘负责人表。

b. 灰坑36个,分别编号为H1—H36。

c. 灰沟4个,分别编号为G1—G4。

d. 房址5座,分别编号为F1—F5。

e. 柱洞6个,分别编号为D1—D6。

f. 墓葬2座,分别编号为M1、M2。

g. 水井30口,分别编号为J1—J30。

h. 灶坑7个,分别编号为Z1—Z7。

i. 瓷片堆1个,编号为CD1。

j. 特殊遗迹16个,分别编号为TJ1、TJ2、TJ16—29。

（三）工作理念与方法

青龙镇遗址田野工作以古今重叠型城市考古和文化遗产保护理念为纲,兼顾中国传统地层学和西方context理念,在田野发掘工作中,根据遗迹与遗物情况,采用不同的工作方法。

1. 坚持古今重叠型城市考古工作的理念。根据城市考古的一般原则,将其分为三个尺度,分别为：

宏观尺度：探讨市镇的选址、环境、发展、变迁等。

中观尺度：市镇布局、道路、坊巷、衙署、寺庙等。

微观尺度：具体建筑的尺度、形态、工艺和各类遗物[1]。

在具体工作中,通过宏观理念指导微观工作,逐步复原城市的布局,进而探讨江南市镇兴起、发展与衰落的普遍意义。

2. 坚持新版《田野考古工作规程(2009年版)》的指导。

规范田野发掘和室内整理中各项环节和技术,采用电子化、信息化的科技手段完成文物保护、测绘、发掘、采集、记录、发掘报告编写及发掘资料管理的田野工作流程,满足现代考古学各项研究的基本需求。

认真把握"面"的概念,研究同一"面"上不同遗迹单位的组合关系,认识遗址空间结构的

1　郑嘉励：《浙江城市考古漫谈》,《考古者说》,广西师范大学出版社,2020年,第157—164页。

历时演变；认真把握堆积单位、遗迹单位的发掘与记录，以堆积单位作为考古发掘最小的作业单位，全面认识遗址堆积结构和形成过程，为全面复原古代社会的原始面貌提供翔实的信息和科研基础。

3. 以文化遗产保护的理念为纲。贯彻基于文化遗产保护理念下的田野发掘，主要体现在以下三个方面：

采用非完全发掘模式，保护重要文化遗产如房基、水井、塔基等。采用多种科技手段，对重要遗迹坚持最小面积的解剖式发掘、获取最多信息的原则，兼顾考古发掘与文化遗产保护、展示的平衡。重点遗迹在解剖式发掘结束后，即保护性回填，为将来可能的展示奠定基础。

依托上海博物馆文物保护与研究中心的强大科研实力，在田野发掘中注重对于文物本体的科学保护，制定保护预案，实行保护前置，使用X-CT、视频显微镜、热释光测量仪等设备，对出土文物进行检测、保护与研究。加强考古与文保的信息交流，共同拓展研究领域。

及时共享考古成果，注重遗址文物保护规划的制定和宣传。通过举办展览、新闻发布会、撰写科普文章等，与大众共享最新的考古成果，并为大遗址整体的保护与展示做好先期工作，实现考古发掘与文化遗产保护的有机结合与可持续发展。

4. 考古发掘研究同时面临两种历史，一个是作为研究对象的古代史，另一个是我们自身所从属的学术史。因此，记录发掘对象与记录发掘者本身同等重要。一方面我们不仅要完整科学地记录发现的文化遗存，紧跟前沿测绘方法，充分利用摄影测量、全站仪、三维扫描仪等现代测绘设备与方法，提高获取资料信息的手段。另一方面，我们也要做好对自身的记录，包括我们所使用的工具、参与的人员等。

（四）工作过程与参加人员

1. 工作过程

第一阶段：田野发掘

2010年11月下旬至2011年1月25日，上海博物馆考古研究部首次对青龙镇遗址进行了考古调查与发掘。此次发掘主要集中在青龙镇遗址的中部，涉及约4公里的范围，选择纪鹤公路南侧农业公司地块、老通波塘与窑河交叉口南北两岸、青龙寺西北油叉宅基地块、白鹤镇鹤联村四个区域进行考古发掘。

2010年12月2日，青龙镇遗址开始布方，第一处布方位置为纪鹤公路南侧农业公司地块。农业公司地块位于青龙镇遗址中部、老通波塘西岸、纪鹤公路南侧，此处主要分为两个大区，东部属于Hf区，西部属于He区。Hf区首先布方4个，分别为T5432、T4435、T5428、T3936。He区布方2个，分别为T1674、T3376。

2010年12月6日，Hf区T5432西南角发现建筑遗迹，考古队决定向东、南、西三个方向扩大发掘面积。T5432扩方时，由于村路隔挡，无法扩成4米×4米标准方，依据实际情况向东扩方1.7米、向北扩方1.5米。由T5432位置向南布方2个，即T5232、T5332；向西布方3个，分别为T5431、T5430、T5429。

2010年12月9日，考古队将全站仪站点由老通波塘纪鹤公路水泥桥移站至老通波塘与窑河交叉口南岸,开始准备在老通波塘与窑河交叉口南北岸布方。老通波塘与窑河交叉口地块位于青龙镇遗址中部偏东、老通波塘西岸与窑河交叉口位置,属于Gf大区,窑河开河时曾在此处发现唐代水井。在南岸确定站点后,首先布方2个,即靠近窑河岸边地表种植竹林的T2754和青龙村419号北侧的T2660。窑河北岸布方2个,即靠近岸边高台的T3757和T3760。

2010年12月11日,确定发掘区域后,在窑河南岸增设探方T2757,在北岸增设探方T3656、T3660。

2010年12月22日,考古队全站仪站点由老通波塘与窑河交叉口南岸移站至青龙寺西北油叉宅基地块,开始在此处布方。青龙寺西北油叉宅基地块位于青龙镇遗址中部偏东南、老通波塘北岸、青龙寺西北位置,属于Fg大区,此处由北向南布方3个,分别为T7909、T7619、T7411。后在T7909发现唐代建筑墙基,又西部向西、南部向东扩方2米,以便较为全面地发掘此段墙基。

2010年12月23日,考古队将站点由老通波塘纪鹤公路水泥桥移站至白鹤镇鹤联村,开始在鹤联村附近布方。鹤联村位于青龙镇遗址中部偏西北,青龙港、崧泽塘、老通波塘三江交汇处,地理位置优越,附近河道内曾发现成片的木桩,属于遗址内Kd、Jd区。该区域分三处布方:第一处为Kd区南部,三江交汇处西岸、北岸,布方2个,分别为T0548、T1049;第二处位于Jd区西北,青龙港南岸、崧泽塘西岸,原名“仓桥”处,布方2个,分别为T6060、T7256;第三处位于Jd区中部偏西北、鹤星公路南侧、崧泽塘西部、鹤联村村民住宅后,布方1个,为T5055。

2011年12月,在油叉宅基地块进行考古勘探,勘探面积7500平方米。工作方法为正东西向每隔5米、正南北向每隔3米用洛阳铲打一探孔,并用电子全站仪对每个探孔做测量,发现下面有砖的采用Z加数字编号,如Z1、Z2等,无砖的则用D1、D2等编号。有砖的探孔打到砖即止,记录深度,无砖的探孔则探到生土止,一般为地表向下2米左右。

此次勘探共打探孔613个,其中有砖的探孔为205个,无砖的探孔为408个。地表之下1.2—1.3米为黄褐色粉沙土淤积层,可能为通波塘泛滥所致。之下为唐宋时期文化层,而唐代地层范围较广。在该地块的东端,发现一条南北长约20米、宽2—3米的砖块分布较为密集的区域,于是在该区域布设一条东西宽1米、南北长4米的探沟,发现在地表下1.3—1.5米的文化层,砖块堆积较为密集,整体处于一个平面上,废弃后被扰乱,推测其原来可能为一建筑地面或是路面,时代为唐代。以上表明该地块地下遗迹、遗物非常丰富。

2012年10月8日至2013年2月8日,青龙镇遗址进行了第二次考古发掘,发掘面积1017.5平方米。2012年10月10日,开始在Gf区老通波塘和窑河交汇处的西南地块布方。先在青龙村419号布设T2658、T2659、T2660[1]3个探方,后又布设T2656、T2657、T2557、T2558、T2559、T2560 6个探方。因当地缺乏民工,布方与发掘只能逐日增加。10月13日,在青龙村419号西侧布设T2357、T2456、T2457 3个探方,在青龙村421号南侧布设T1849、T2049 2个探方。

10月15日,中国人民大学考古系硕士研究生刘怡麟、郝园林、特尔巴依尔来工地参加实习。17日,中国人民大学考古系硕士研究生黄雨来工地实习。下午在青龙村421号南侧布设T1852、

1　GfT2660在2010年进行了发掘,但因发现的瓷片堆遗迹CD1范围超出该探方,所以当年进行了保护性回填,没有发掘到底,本次发掘全面揭露了该遗迹。

T2052 2 个探方，在青龙村 419 号北侧布设 T2661。10 月 24 日，新布设 T2662，再向东即是老通波塘河岸。

11 月 7 日，在窑河、老通波塘交汇处的东岸新布设 T2874、T2974、T2876、T2877、T2677 5 个探方，目的是了解老通波塘东岸的文化遗存情况。11 月 9 日，新布设 T2756、T2757、T2758、T2759、T2760、T2761 6 个探方，此 6 方的北侧即临近窑河南岸。该区域东临老通波塘、北临窑河，南、西部为现代民居，本次工作拟将该区域空地完整发掘。11 月 12 日，青浦博物馆尹宗云、曹典、高静来工地进行为期一周的实习，熟悉基本发掘流程，为今后的地方工作积累经验。11 月 14 日，新布设 T2051。

11 月 18 日，在老通波塘东岸的青龙村 512 号南侧新布设 T3277、T3278；在青龙村 421 号南侧地块新布设 T1950，为 10 米 × 10 米探方。11 月 20 日，在青龙村 419 号西侧地块布设 T2556、T2456；在通波塘东岸的青龙村 512 号北侧地块布设 T4277、T4278、T4377、T4378 4 个探方，目的是寻找唐代与宋代遗址的分布边界。

本年度的主要发掘范围为窑河与老通波塘交汇处西南的青龙村 419 号北侧与青龙村 421 号南侧地块，此外在老通波塘对岸的地块也进行了小面积的发掘，以及在青龙寺南侧地块进行试掘。至 2 月 8 日发掘结束，临近农历新年。

2014 年 11 月至 2015 年 6 月，上海博物馆考古研究部联合陕西龙腾勘探有限公司对青龙镇遗址范围内的塘湾村陈岳、鹤联村、青龙村、杜村、沈联村、白鹤村大盈、章埝村、新丰村进行钻探，合计勘探面积 1383842 平方米，共发现遗迹现象 196 处，其中古河道 30 条、灰坑 104 个、水井 9 口、墓葬 34 座、灰沟 9 条、新石器文化遗址 1 处、木板范围 5 处、砖瓦范围 1 处、堆土范围 1 处、高台范围 1 处、石块范围 1 处，在钻探了解地层的基础上，布 14 条探方（沟）进行试掘，试掘面积 221.5 平方米，基本摸清了青龙镇遗址的范围与地层堆积情况，为下一步编制保护规划与科学研究奠定了基础。

第二阶段：室内整理

2010 年度的发掘结束后，将出土文物寄存在青浦博物馆库房内。2011 年 3 月初，在青浦博物馆开始室内整理工作，首先是瓷片拼对、修复，然后是分类整理、绘图、照相。至 8 月初，撰写完成 2010 年度发掘简报。

2012 年度发掘结束后，于 2013—2016 年进行了初步的整理，对瓷片进行分类、拼对、修复等。

第三阶段：编写报告

2019 年年中，正式将整理 2010—2015 年发掘报告列入预算项目，调配人力、物力，商定报告撰写体例，进行遗迹图与器物图的绘制，以及器物的分类、描述、统计等工作。2020 年 3 月，完成初稿，负责各章节的作者互相交换初稿并进行讨论。4 月，完成第二稿，再次互相交换稿件、讨论并提出修改意见。

2. 参加人员与分工

（1）工作人员与分工

2010 年度工作人员与分工：

发掘领队：何继英（上海博物馆）

执行领队：王建文（上海博物馆）

队员：陆耀辉（上海博物馆）、高文虹（青浦博物馆）、郭荣成（青龙镇考古工作站技工）

2012年度工作人员与分工：

发掘领队：何继英

执行领队：王建文

队员：高文虹、郭荣成

中国人民大学实习生：郝园林、黄雨、刘怡麟、特尔巴依尔

青浦博物馆见习生：郎需颖、周金金、曹典、尹宗云、陈静、蔡辉、高静

2013年度工作人员与分工：

发掘领队：何继英

执行领队：王建文

队员：郭荣成

2014年度勘探工作人员与分工：

领队：何继英

队员：翟杨（上海博物馆）、王建文、郭荣成

2015年度勘探工作人员与分工：

领队：何继英

队员：翟杨、王建文、郭荣成

报告编写人员与分工：

何继英，负责编写报告第三章

王建文，负责编写报告第一章第二节、第二章第一节、第四章、第七章

高文虹，负责编写报告第五章

郭荣成，负责编写报告第六章

李清（青浦博物馆），负责编写报告第一章第一节、第二章第二节

青龙镇考古工作站技工：郭荣成、李召銮

器物绘图：李召銮、郭荣成、李全保、王建文、高文虹、陆耀辉

文物修复：郭荣成、陆振兴、周奎生、陈惠珍、徐菊珍

野外照片拍摄：王建文、高文虹、郭荣成

器物拍摄：王建文、薛皓冰（上海博物馆出版摄影部）

探方发掘负责人表

年度 负责人	2010年	2012年	2013年	2015年
王建文	FgT7411、FgT7619、FgT7909、GfT3656、GfT3660、GfT3757、GfT3760、HeT1674、HeT3376	GfT1852、GfT1949		
高文虹	GfT2660、GfT2757、GfT2754	GfT2661、GfT2662、GfT2761		

（续表）

年度\负责人	2010年	2012年	2013年	2015年
郭荣成	HfT3936、HfT4435、HfT5232、HfT5332、HfT5428、HfT5429、HfT5430、HfT5431、HfT5432、JdT5055、JdT6060、JdT7256、KdT0548、KdT1049	GfT1750、GfT1951、GfT2049、GfT2050、GfT2051、GfT2556、GfT2557、GfT2558、GfT2656、GfT2657、GfT2658、GfT2659、GfT2677、GfT2874、GfT2876、GfT2877、GfT2974、GfT3277、GfT3278、GfT4277、GfT4278、GfT4377、GfT4378	GfT4178、GfT4179、GfT4180、GfT4678、GfT4679、GfT4680	HfT5646、HfT5752、HfT6156、HfT6157、HfT6158、HfT6257、HfT6258、HfT6357、HfT6358
郝园林		GfT2559、GfT2560、GfT2759、GfT2760		
黄雨		GfT1851、GfT2357、GfT2456、GfT2457		
刘怡麟		GfT1849、GfT1850、GfT1950		
特尔巴依尔		GfT1952、GfT2052、GfT2756、GfT2758		

（2）民工

民工主要为白鹤镇青龙村、塘湾村、鹤联村等遗址所在村庄的村民。

（3）设备与工具

测绘设备：徕卡TCR-802电子全站仪、钢卷尺、大疆精灵4航拍飞机。

摄影工具：尼康照相机D80、D300、D700，索尼硬盘摄像机。

田野工具：平头手铲、三角锄、担子、竹签、毛刷、线绳、铅锤、平头铁锹、两轮推车、日产皮卡等。

（五）报告编写体例

1. 报告编写理念与方法

本报告严格按照新版田野考古操作规程的要求，力争实事求是、全面系统地发表资料。具体如下：

（1）本报告采用堆积形成过程的综述、分述体例

过去的考古报告，多将遗迹与遗物分类介绍，对遗址的形成过程介绍得较少，割裂了遗迹组合与遗物组合的关系。本报告将不再按照遗迹分类介绍，而是按照开口层位分层介绍遗迹及遗物，贯彻发掘过程中"面"的理念，探讨遗迹的共时性。在器物的分类描述中，先按产地、再按器形分类介绍，解决贸易陶瓷同时段不同产品组合和历时性变化的关系。

（2）本报告采用分区报告体例

由于青龙镇遗址范围较大，历年发掘的区域分布较广，无法做到统一地层。因此，在介绍材料时，分区介绍发掘材料，强调区域特征，距离较远的区域不再追求统一地层，最后通过器物组合来推定各个区域堆积之间的相对年代关系。

2. 关于报告图、文、表的说明

（1）图

a. 本报告在插图时，遵循“图随文走”的原则。

b. 本报告按发掘的小区域介绍材料，首先是该发掘区域的总位置图和总平面图，其次是该发掘区域的探方剖面图。介绍探方、灰坑、水井等遗迹单位时，发表所有遗迹单位图，包括平面位置图和单体遗迹的平、剖面图。

c. 介绍器物标本时，以单位号的先后为第一排序原则，在该基础上以图的美观为第二原则编排图文。

d. 本报告后附U盘，内置报告遗迹、遗物图的电子版。凡图号用黑色正体字者，兼有纸质版和电子版图；图号用棕色斜体字者，则仅有电子版图。

（2）文

a. 在报告综述部分，各遗迹单位写明全称，如2010SQQGfH1和2010SQQGfJ1等。为行文方便，避免给读者阅读造成困难，本报告在介绍遗迹单位或器物标本时，一律省去区号前的编号部分，仅注明区号和单位号。

b. 在介绍器物标本时，以单位号的先后为第一排序原则，以产地相同与否为第二原则，以器物号的先后为第三排序原则进行器物标本描述。

（3）表

在本报告后附U盘中，有“窑河南岸发掘区出土瓷片统计表”，该表按瓷片（含可复原器物）产地、器形等分类统计，百分比均精确到小数点后2位。

第二章

研究综述与文献记载

第一节 研 究 综 述

青龙镇是上海唐宋时期重要的市镇，在地方志及其他文献中有较多记载，研究上海地方史、历史地理的学者对其早有关注。本节将按照相关研究的发表时间，择要回顾青龙镇的研究史。

一、2010 年以前的发现与研究概况

1959 年，褚绍唐发表《上海都市的发展》，论述上海城市兴起与发展的过程，并提到了青龙镇，是较早关注到青龙镇的学者[1]。1976 年，黄宣佩、吴贵芳、杨嘉祐发表《从考古发现谈上海成陆年代及港口发展》，文献与考古材料相结合，论述了上海岸线的推移与港口的发展历程，并对青龙镇及当地居民赖以生存的吴淞江进行了探讨[2]。

进入 80 年代，史学界掀起了对南方市镇、上海史的研究热潮，发表了多篇有关青龙镇的研究文章，其中尤以上海学者为主。1980 年，谯枢铭发表《青龙镇的盛衰与上海的兴起》，全面论述了青龙镇的置镇年代、兴起、繁荣与衰落，是第一篇专门讨论青龙镇历史的文章[3]。1982 年，傅宗文发表《宋代的草市镇》，将青龙镇放在南方市镇发展的大背景下进行阐发[4]。1982 年，王文楚、邹逸麟发表《关于上海历史地理的几个问题》，肯定了《从考古发现谈上海成陆年代及港口发展》一文对上海地区历史地理的深入研究作出的贡献，但在涉及河道变迁和港口发展问题上，提出了一些可商榷之处[5]。1982 年还有多篇涉及青龙镇的研究文章发表，分别从贸易、港口、历史等角度进行了论述[6]。同年，沈令昕、许勇翔发表《上海市青浦县元代任氏墓葬记述》，详细介绍了青龙镇人任仁发家族墓葬被盗掘的随葬品及墓志，尽管这批材料非科学发掘品，但对于研究元代南方士人、青龙镇的市镇布局等提供了非常重要的参考[7]。1983 年，樊树志发表《明代江南市镇研究》，对明代江南地区的市镇概念、兴起、发展、结构、功能与市镇体系做了精要的辨析，阐述了农业经济的商品化与市镇发展之间的关系，将青龙镇置于江南的大背景下进行比较研究[8]。杨葆亭发表《我国中古海港城市历史发展阶段及其规律探讨》，其中部分论述了上海地区港口——从青龙镇到上海镇的发展历程[9]。

1990 年，张忠民发表《明代上海地区城镇的增长、分布及其特点》，以史料为依据，对明代上海地

1 褚绍唐：《上海都市的发展》，《华东师范大学学报（自然科学版）》1959 年第 3 期。
2 黄宣佩、吴贵芳、杨嘉祐：《从考古发现谈上海成陆年代及港口发展》，《文物》1976 年第 3 期。
3 谯枢铭：《青龙镇的盛衰与上海的兴起》，《社会科学》1980 年第 6 期。
4 傅宗文：《宋代的草市镇》，《社会科学战线》1982 年第 1 期。
5 王文楚、邹逸麟：《关于上海历史地理的几个问题》，《文物》1982 年第 2 期。
6 陈立仪、陆志濂、钱小明：《解放前上海是怎样成为我国主要对外贸易中心的？》，《上海经济研究》1982 年第 3 期。金立成：《上海港的历史变迁》，《中国航海》1982 年第 1 期。
7 沈令昕、许勇翔：《上海市青浦县元代任氏墓葬记述》，《文物》1982 年第 7 期。
8 樊树志：《明代江南市镇研究》，《明史研究论丛》第二辑，江苏人民出版社，1983 年。
9 杨葆亭：《我国中古海港城市历史发展阶段及其规律探讨》，《城市规划》1983 年第 4 期。

区城镇的发展做了考察,其中也涉及青龙镇[1]。谯枢铭发表《古代上海与日本交往》,论述了青龙镇与日本交流的历史[2]。1992年,施存龙发表《唐五代两宋两浙和明州市舶机构建地建时问题探讨(下)》,辨析了文献记载中上海地区设置市舶司、市舶务的问题[3]。1993年,邹逸麟、张修桂发表《上海港的历史地理》,阐述了上海地区最早的贸易港——青龙镇的兴衰以及上海港的崛起[4]。王曾瑜发表《宋代的上海》,详细论述了青龙镇的沿革及市舶务的置废情况[5]。1996年,李敏、段绍伯发表《吴淞江的变迁与改道》,论述了吴淞江的古今河道变迁与青龙镇的兴衰关系[6]。

2000年,黄纯艳发表《论宋代贸易港的布局与管理》,论述了宋代贸易港的空间分布与管理机构的设置情况,并就青龙镇与其他港口进行了比较研究[7]。长期以来,学界对青龙镇遗址的关注一直停留在史料记载及文献研究之中。2003年,周丽娟发表《青浦出土长沙窑执壶》,介绍了1988年白鹤镇青龙村村民在村西开挖窑河时发现的唐代土水井中出土的2件长沙窑执壶,相关考古发现揭示出青龙镇遗址在地下尚有保存[8]。2005年,曹伟明发表《上海的历史文化从青龙镇出发——兼论上海海派文化的发展》,认为位于吴淞江南岸的青龙镇的古文化和水文化,是上海海派文化发生、发展、繁荣的源头,为近现代上海形成国际性经贸中心注入了深厚的历史文化底蕴[9]。2006年,傅林祥发表《宋代吴淞江两岸大浦考》,对吴淞江两岸的河流进行了详细的考证,并标明了在今天地图上的大致位置,对青龙镇所依存的青龙江也进行了细致的考证[10]。2007年,《历史地理》第二十二辑发表了一组文章,论述了青龙镇的兴衰历程、青龙江演变的历史过程、宋代吴淞江白鹤汇与盘龙汇一带的河道演变、吴淞江两岸寺院发展的时空过程等,对以往的研究进行了深入的探讨与辨析,并提出了诸多创见[11]。

二、2010年以后的发现与研究概况

2010年,王辉发表《宋元青龙镇市镇布局初探》,根据文献与实地调查,对宋元时期的青龙镇镇辖范围、市镇布局、形态、规模、特点进行深入的研究,并以此为个案,对江南市镇的形成过程进行了探讨[12]。同年12月,上海博物馆考古研究部对青龙镇遗址进行了第一次主动性的调查与发掘,于2012年发表发掘简报[13]。2012年上海博物馆考古研究部对青龙镇遗址进行了第二次考古发掘,发掘工作及室内整理结束后,于2013年、2014年发表发掘简报,对青龙镇遗址的唐代遗存进行了报告[14]。2015年,王

1 张忠民:《明代上海地区城镇的增长、分布及其特点》,《史林》1990年第1期。
2 谯枢铭:《古代上海与日本交往》,《史林》1990年第2期。
3 施存龙:《唐五代两宋两浙和明州市舶机构建地建时问题探讨(下)》,《海交史研究》1992年第2期。
4 邹逸麟、张修桂:《上海港的历史地理》,《自然杂志》1993年第2期。
5 王曾瑜:《宋代的上海》,《上海师范大学学报(哲学社会科学版)》1993年第1期。
6 李敏、段绍伯:《吴淞江的变迁与改道》,《学术月刊》1996年第7期。
7 黄纯艳:《论宋代贸易港的布局与管理》,《中州学刊》2000年第6期。
8 周丽娟:《青浦出土长沙窑执壶》,《上海文博论丛》2003年第4期,上海辞书出版社。
9 曹伟明:《上海的历史文化从青龙镇出发——兼论上海海派文化的发展》,《探索与争鸣》2005年第12期。
10 傅林祥:《宋代吴淞江两岸大浦考》,《历史地理》第二十一辑,上海人民出版社,2006年。
11 邹逸麟:《青龙镇兴衰考辨》,张修桂:《青龙江演变的历史过程》,满志敏:《宋代吴淞江白鹤汇与盘龙汇一带河道演变》,张伟然:《吴淞江两岸寺院发展的时空过程》,均载《历史地理》第二十二辑,上海人民出版社,2007年。
12 王辉:《宋元青龙镇市镇布局初探(上、下)》,《都会遗踪:上海往事探寻》2010年第1、2期,上海书画出版社。
13 上海博物馆考古研究部:《上海市青浦区青龙镇遗址2010年发掘简报》,《东南文化》2012年第2期。
14 青龙镇考古队:《2010—2012年青龙镇考古的主要收获》,《上海文博论丛》2013年第1期,上海辞书出版社。青龙镇考古队:《上海市青浦区青龙镇遗址2012年发掘简报》,《东南文化》2014年第4期。

辉出版《青龙镇：上海最早的贸易港》，将散见于各处的与青龙镇相关的各类文献搜集殆尽，对青龙镇的职司衙门、镇学、税场、仓库、市场、寺庙、塔院、桥梁、街坊、河道等进行考证，不仅收录其历史记载，还一一考述其今地所在，该书视野、观点颇具新意，进一步推动了青龙镇的相关研究[1]。

2014—2015 年，上海博物馆考古研究部对青龙镇遗址进行了大规模的勘探，勘探面积138万平方米，初步确定了遗址的分布范围，其主体部分沿老通波塘两岸分布。2015 年 3—6 月，为配合遗址勘探及青龙村电信发射塔的建造，对遗址进行了小面积的抢救性发掘。

2017 年 3 月 9 日至 5 月 30 日，上海博物馆举办《千年古港——上海青龙镇遗址考古展》特展，通过"东南巨镇""盛世佛光""丝路瑰珍"三个板块展出青龙镇遗址 2010—2016 年三次考古发掘出土的精品文物 100 余件，与市民及时共享最新的考古成果。配合展览，出版《千年古港——上海青龙镇遗址考古精粹》《考古·古港——上海青龙镇的发掘与发现》两部图书，详细介绍了历年的发掘情况及出土的精品文物[2]。

2018 年，吴婧玮等发表《上海青龙镇遗址出土瓷器和砖瓦样品热释光特性研究》，利用热释光测年技术对青龙镇出土样品的烧造年代进行检测分析，以了解不同历史时期青龙镇瓷器贸易的发展状况[3]。

2019 年，王恩元等发表《古陶瓷釉面析晶的研究》，选取青龙镇遗址出土唐宋时期南方各窑口瓷片，同时结合窑址出土瓷片，通过偏光显微镜显微观察各窑口瓷片的釉层析晶现象；并用X射线荧光光谱仪测试瓷器的胎釉成分，研究胎釉的原料配方[4]。张剑光发表《宋元之际青龙镇衰落原因探析——兼论宋元时期上海地区对外贸易的变迁》，通过比较研究，探讨了导致青龙镇衰落的各种因素[5]。

第二节　文献史料中的青龙镇

一、青龙镇名称由来

青龙镇名称的由来，文献记载很少。《吴郡图经续记》载："沪渎，松江东泻海曰沪渎。陆龟蒙叙矢鱼之具云：列竹于海澨曰沪。盖以此得名。今其旁有青龙镇，人莫知其得名之由，询于老宿，或云因船得名。……则青龙者，乃战舰之名。或曰青龙舟孙权所造也，盖昔时常置船于此地，因是名之耳。"[6]后多以此为据，以孙权在此建造青龙战舰而得名青龙镇，并一直沿用至宋代。政和年间，原青龙镇更

1　王辉：《青龙镇：上海最早的贸易港》，上海人民出版社，2015 年。
2　上海博物馆：《千年古港——上海青龙镇遗址考古精粹》，上海书画出版社，2017 年。上海博物馆：《考古·古港——上海青龙镇的发掘与发现》，上海古籍出版社，2017 年。
3　吴婧玮、熊樱菲、龚玉武、王恩元、王建文：《上海青龙镇遗址出土瓷器和砖瓦样品热释光特性研究》，《文物保护与考古科学》2018 年第 5 期。
4　王恩元、熊樱菲、吴婧玮、龚玉武、王建文：《古陶瓷釉面析晶的研究》，《陶瓷学报》2019 年第 2 期。
5　张剑光：《宋元之际青龙镇衰落原因探析——兼论宋元时期上海地区对外贸易的变迁》，《社会科学》2019 年第 3 期。
6　［宋］朱长文撰，金菊林校点：《吴郡图经续记》，第 59 页。

名通惠镇。《云间志》载："政和间改曰通惠，高宗即位复为青龙。"[1] 南宋时期，通惠镇复旧名青龙镇。明清一直沿用青龙镇一名[2]。

目前能查阅到的有关青龙镇最早的文献记载，是成书于北宋元丰三年（1080）的《元丰九域志》，载"紧，华亭。州东北一百二十里。一十三乡。青龙一镇。一盐监。浦东、袁部、青墩三盐场。有金山、松陵江、华亭海"[3]。不但明确了青龙镇的镇名，而且表明其地理位置，同时对北宋时期青龙镇的大致情况作了介绍。

二、青龙镇置镇年代

青龙镇的设置年代，目前在唐宋时期各类文献中都未能找到确切记录。最早的关于置镇年代的记载，见《正德松江府志》："青龙镇在青龙江上，天宝五年置。按昆山、常熟、海盐、吴江唯有县镇，而华亭县外又有青龙者，旧为江海要害地也，建镇之年出《青龙赋》。宋制县镇，青龙镇仍旧，外设防城兵百五十人，巡检司四。青龙镇祥符间以镇将理财，景祐中监以文职。"[4]《嘉靖上海县志》中也有记载："青龙镇，唐天宝五年建，有将有副，职在防御。至宋祥符，以镇将理财，景祐以文资监镇。"[5] 此后明清两代地方志均沿袭此说。但学术界对此一直存有争议。

《云间志》卷上"封域"条有载："（唐）僖宗入蜀，时群盗盘结，王腾据华亭，其后吴越王钱镠遣顾全武拔之。自此地入吴越。……今县有华亭镇印，或者遂谓自镇为县，不知所谓镇者，唐因隋制，置镇将副以掌捍防守御之事，县之冗职耳。唐季五代或用土豪小校为之。国初镇将虽存，而县令及尉实掌其权。《祥符图经》载镇在西南二百步……如自镇而为县，则新史《舆地志》诸书不应略而不言也。"有专家据此推测，可能吴越钱镠据有华亭后，为军事防守需要置青龙镇，为华亭县沿海一军镇，以武臣为镇将任守御之职[6]。

据《新唐书·兵志》载，"唐初，兵之戍边者，大曰军，小曰守捉，曰城，曰镇，而总之者曰道"，唐代"镇"一般作为边防军事要地。青龙镇自三国时期得名，据沪渎之口，控江连海，历来为江海要冲，是进入太湖流域的哨所、重要的军事重镇，其军事意义不言而喻。又据《事物纪原》载："《通典》曰，镇将，后周之通班也。隋亦曰镇，唐分上、中、下三等。历代未闻，疑镇始于宇文周代也。宋朝之制，地要不成州而当津会者，则为军，以县兼军使。民聚不成县而有税课者，则为镇，或以官监之。"[7] 可见，"镇"在宋代已经是正式的地方行政单位，其特点在于"有税课"。青龙镇作为军事要地，借由便利交通，经济逐步发展，日益兴盛。据考古发掘资料，唐代时青龙镇贸易已非常繁盛。因此推测青龙镇在宋代之前设"镇"符合其发展规律，而具体置镇年代并无信史可依，只能存疑。

1　[宋]杨潜修，[宋]朱端常、林至、胡林卿纂：《云间志》卷上，第12页。
2　又有一说，大观年间（1107—1110），青龙镇改名通惠镇。更改镇名主要源于宋徽宗大观年间朝廷对地名避讳的规定，当时"忌讳日广，县邑有君、主、龙、天、万年、万寿之类县邑称呼，例皆改易"。建炎元年（1127），又重新更名为青龙镇。
3　[宋]王存：《元丰九域志》卷五"两浙路"，中华书局，1984年，第220页。
4　[明]陈威主修，[明]顾清总纂，祝伊湄点校：《正德松江府志》卷十四，第218页。
5　[明]郑洛书修，[明]高企纂，何立民点校：《嘉靖上海县志》卷六，第139页。
6　邹逸麟：《青龙镇兴衰考辨》，《历史地理》第二十二辑，上海人民出版社，2007年，第332页。
7　[宋]高承撰，[明]李果订，金圆、许沛藻点校：《事物纪原》，中华书局，1989年，第357—358页。

三、青龙镇的兴起、发展与衰落

“古人于海道，固为之防矣”[1]，青龙镇地理位置重要，最初设置是因军事需要。据《吴郡图经续记》载，青龙镇以孙权在此造青龙战舰而得名。早在东晋咸和年间，吴国内史虞谭就在青龙镇附近即吴淞江南岸构筑海防要塞沪渎垒，以防海患。隆安四年（400），吴国内史袁山松重修加固沪渎垒，戍守以防孙恩带领的农民军。

至南宋时期，青龙镇的军事地位依然重要。《建炎以来系年要录》载：“浙西制置使韩世忠以前军驻通惠镇，中军驻江湾，后军驻海口。世忠知金人不能久，大治战舰，俟其归而击之。”[2]《宋史·韩世忠传》亦载：“兀术将入侵，帝召诸将问移跸之地，……帝如浙东。世忠以前军驻青龙镇，中军驻江湾，后军驻海口，俟敌归邀击之。”[3]之后，韩世忠占据有利地势，凭借长江天险，发挥水战之长，组织“黄天荡之战”，成功阻扼金军，使金军自此不敢轻易渡江，南宋政权的统治得以保全。为对抗金兵南侵，韩世忠率军屯驻在此，并为战胜金兵而营造战舰，进行军事布防，准备战役反击。从韩世忠在青龙镇“大治战舰”来看，青龙镇不但是一处优良的军港，而且造船业很发达，能“大治战舰”，无论是造船技术还是造船规模，在当时都比较先进，说明了南宋初期青龙镇的军事地位。

除文献记载外，韩世忠犒军的酒瓶山遗址也有迹可循。南宋建炎三年（1129），浙西节度使韩世忠为阻击南侵金兵，屯兵青龙镇。传韩世忠在此犒赏三军，被弃酒瓶堆积如山，土掩成丘，后称酒瓶山。该遗址位于白鹤镇塘湾村陈岳，原为一土墩，面积2000多平方米，土墩中有大量酒瓶出土。1935年，立“南宋酒瓶山遗址”石碑1块，后遭日军破坏。酒瓶山解放后辟为果园，1959年列为县级文物保护单位。“文化大革命”期间，遗址夷为平地，建造楼房，石碑不知去向。1986年11月，撤销该文物保护单位。

据《建炎以来系年要录》载：“枢密院统制范温以所部至东海军。温在莱州福岛五年，至是食尽，遂与其徒二千六百余人泛海来归，朝论嘉其忠。诏温以舟师屯青龙镇。”李心传注云，“屯青龙镇在九月戊寅降旨”[4]。《三朝北盟会编》也有记载：“范温自登州率众归行在。……时绍兴元年也，朝廷既得状，即遣人以武翼郎，閤门宣赞舍人招温。温遂率其众以二年八月到海州东海县，九月离东海县，十月到青龙镇，劄案，至是赴行。”[5]由此可见，青龙镇是南宋时期海上、长江交通枢纽，可由北而下，南达明州、定海、温州、福州、广东等地，向西，也可由长江溯源而上，行抵江阴军、镇江、建康等长江中上游地区，还可经钱塘江抵行都临安，在当时具有重要战略地位。“舟师屯青龙镇”，也说明青龙镇是一个重要的水军基地。乾道六年（1170），宋廷在平江（今苏州）许浦设立水军基地，至淳熙五年（1178）有官员建议“沿浦泥沙胶舟，利屯轻舠，若战舰当泊青龙镇”[6]，得到批准，从此福建路所造的海船寄泊青龙镇。而淳熙十一年（1184），因“青龙港窄狭，水流湥急”，南船尽数“移戍昆山县顾泾港”[7]。

---

1 ［宋］朱长文撰，金菊林校点：《吴郡图经续记》，第58页。
2 ［宋］李心传：《建炎以来系年要录》卷三十“建炎三年十二月丙申”，上海古籍出版社，1992年，第454页。
3 ［元］脱脱：《宋史》卷二六四《韩世忠传》，中华书局，1985年，第11360页。
4 ［宋］李心传：《建炎以来系年要录》卷五七“绍兴二年八月辛亥”，第764页。
5 ［宋］徐梦莘：《三朝北盟会编（附索引）》，上海古籍出版社，2019年，第1117—1118页。
6 ［宋］周必大：《周益国文忠公集·平园续稿》，《和州防御使赠少师赵公伯驌神道碑》。
7 《宋会要辑稿·职官四四》，上海古籍出版社，2014年，第4218页。

除了作为军事重镇，青龙镇贸易港口的作用也逐步得到发挥。据《宋会要辑稿》载："旧在城及华亭、青龙、澉浦、广陈、崇德、海盐七场，岁三万三千六百六四贯。熙宁十年……青龙镇一万伍仟八百七九贯四百三文。"[1]熙宁年间，秀州辖区有在城（秀州城内）、华亭、青龙、澉浦、广陈、崇德、海盐七个税场，每年的商税总额为 33664 贯，熙宁十年（1077）青龙税场商税为 15879 贯 403 文，占秀州商税总额将近一半，是秀州地区商业非常繁荣的市镇。

《云间志》载："国朝景祐中置文臣理镇事，以右职副之，今止文臣一员。政和间改曰通惠，高宗即位复为青龙。"[2]北宋景祐中改文臣理镇事，也是青龙镇从军事为主到注重商业的一种表现。后《正德松江府志》载："以海舶辐凑，岛夷为市……人号小杭州。"[3]表明当时贸易已非常繁荣。

建炎四年（1130）十月十四日，提举两浙路市舶刘无极言："近准户部符，仰从长相度，将秀州华亭县市舶务移就通惠镇，具经久可行事状，保明申请施行。今相度，欲且存华亭县市舶务，却乞令通惠镇税务监官招邀舶船到岸，即依市舶法就本州抽解，每月于市舶务轮差专秤一名前去主管。候将来见得通惠镇商贾免般剥之劳，往来通快，物货兴盛，即将华亭市舶务移就本镇置立。"诏依[4]。南宋初期，青龙镇在海上贸易方面的重要地位得到提升，往来贸易船只超过华亭，所以刘无极建议将市舶务移至青龙镇。同时，从刘无极的奏议也可窥见宋代尤其高宗时期市舶管理制度流程严密、制度规范，"往来通快，物货兴盛"，为贸易繁荣打下了良好基础[5]。

此外，据《建炎以来系年要录》载："吕颐浩言，朝廷近置沿海制置司，最为得策。然敌舟从大海北来，抛洋直至定海县，此浙东路也。自通州入料角，放洋至青龙港，又沿流至金山村、海盐县，直泊临安府江岸，此浙西路也。万一有警，制置一司必不能照应。望令仇念专管淮东、浙西路，别除制置使一员专管浙东、福建路。从之。"[6]说明南宋时期青龙镇贸易繁盛，军事地位依然重要，行政上由秀州华亭县管辖，商业有专门的市舶务官员管理，军事上仍属浙西路沿海制置使司管理。

青龙镇军事与贸易并重，其军事地位及贸易发展与其水路畅通情况密切相关。因此，历史上的数次疏浚河道、裁弯取直，尤其吴淞江的疏浚及其支流的裁弯，对青龙镇影响很大。据《吴郡图经续记》载："景祐中，范文正公来治此州，适当歉岁，深究利病，不苟兴作。公以谓松江不能尽泄震泽众湖之水，虽北压扬子江，东底（抵）巨海，河渠至多，堙塞已久，不能分其势。今当疏导诸邑之水，东南入于松江，东北入于扬子与海也。于是亲至海浦，开浚五河。是时，论者沮之。……于是力破浮议。疏瀹积潦，民到于今受其赐。"这次疏浚吴淞江支流，对改善吴淞江的排水条件当起一定作用。青龙镇的海上交通条件明显改善，促成景祐中青龙镇职能向商业贸易转化，改由文臣理镇事。之后，北宋宝元元年（1038）盘龙湾的裁弯是吴淞江见于文献记载的最早一次裁弯，裁弯以后，道直流速，其患遂弭。盘龙湾在青龙江下游，它的裁弯对上游青龙江一段吴淞江的流畅，有积极的影响。其后嘉祐年间对吴淞江的白鹤汇再一次裁弯，形成青龙江以北一段的排洪新道。河道疏浚和裁弯取直，为海上交通提供了优良条件，于是青龙镇商贸逐渐兴起。

1 《宋会要辑稿·食货一六》，第 6327 页。
2 ［宋］杨潜修，［宋］朱端常、林至、胡林卿纂：《云间志》卷上，第 12 页。
3 ［明］陈威主修，［明］顾清总纂，祝伊湄点校：《正德松江府志》卷九，第 135 页。
4 《宋会要辑稿·职官四四》，第 4210 页。
5 顾吉辰：《宋高宗时期有关上海青龙镇的几条史料》，《都会遗踪》第二十四辑，学林出版社，2017 年。
6 ［宋］李心传：《建炎以来系年要录》卷五六"绍兴二年秋七月甲申"，第 754 页。

但历时不久,青龙江又有淤塞。宣和元年(1119)两浙提举长平赵霖对白鹤汇进行第二次裁弯取直,又疏浚了青龙江,使航道畅通。同年,宋廷批准了两浙市舶司的奏议,"后来因青龙江浦堙塞,少有蕃商舶船前来,续承朝旨罢去正官,令本县官兼监。今因开修,青龙江浦通快,蕃商舶船辐凑住(往)泊,虽是知县兼监,其华亭县系繁难去处,欲去(乞)依旧置监官一员管干,乞从本司奏辟"。从之[1]。说明在嘉佑年之后,宣和年之前,青龙镇航路又有不畅,青龙港淤塞,市舶贸易下滑,朝廷撤销了秀州华亭县市舶务的专职监官,由华亭县县官兼管市舶务。而当青龙港疏通、市舶贸易繁盛时,朝廷重新设立专门的市舶监官管理市舶务。

之后,"蕃商舶船辐辏住(往)泊",又见贸易重新繁盛。可见白鹤汇的裁弯取直,对青龙镇的贸易具有重大影响。到了南宋初年,青龙镇的贸易进一步繁荣,因此建炎四年(1130)两浙市舶刘无极建议,将华亭县市舶务移就青龙镇置立,并获批准,主要源于此时青龙镇水路通畅、海外贸易发达。

由于特殊的地理条件,青龙江泥沙淤积是吴淞江分汊河道发展的必然。在白鹤汇裁弯取直后不到半个世纪,淤塞便又出现。青龙江航道通航能力显著下降,导致青龙镇的海外贸易又逐渐衰落。南宋乾道二年(1166),撤销华亭县两浙路市舶司,将青龙镇的市舶务合并至华亭县[2]。之后随着临安市舶务废除,江阴军和秀、温二州的市舶务亦废,海外来舶只能到明州港贸易。青龙镇无海外舶来贸易,地方政府更无意致力于青龙江的疏浚,江道淤浅,逐渐废莫。咸淳中在上海镇置市舶分司[3],吴淞江上的贸易港从青龙镇转移到了上海镇。支撑青龙镇兴起的青龙江,元末"东尽艾圻,浦皆葭荻茅筱",至明代,青龙江"仅同沟浍而已"[4]。嘉靖二十一年(1542)置青浦县时,县治仍设在青龙镇,说明当时贸易港地位消失,镇市规模尚在,可作为县治。嘉靖三十二年(1553)撤销青浦县,县治青龙镇也随之废除[5]。万历年间,青龙镇旧址已经满目荒凉,时人过青龙镇故址赋诗云:"昔号鸣驹里,今为牧豕场。田夫耕废县,山鼠过颓墙","旧时都会地,极目草青青。荒刹凋秋叶,残堂照曙星"[6]。便是当时青龙镇沦为废墟的实景写照。万历元年(1573)重建青浦县时,治所改在唐行(今青浦区政府所在),其地位已一去不复返。不久青龙镇制撤销,改建新泾巡检司,时人惯称其为青浦旧县。

1 《宋会要辑稿·职官四四》,第 4208 页。
2 《宋会要辑稿·职官四四》,第 4218 页。
3 [明]郭经修,[明]唐锦纂,何立民点校:《弘治上海志》卷五,《上海府县旧志丛书·上海县卷》,上海古籍出版社,2015年,第 59 页。
4 [明]郑洛书修,[明]高企纂,何立民点校:《嘉靖上海县志》卷一,第 106 页。
5 [明]颜洪范修,[明]张之象、黄炎等纂,占旭东点校:《万历上海县志》卷一,《上海府县旧志丛书·上海县卷》,上海古籍出版社,2015年,第 190 页。
6 [清]魏球修,[清]诸嗣郢等纂,何立民点校:《康熙青浦县志》卷十,《上海府县旧志丛书·青浦县卷》,上海古籍出版社,2014年,第 367 页。

第三章

农业公司地块等发掘区

2010年11月至2011年2月初,上海博物馆考古研究部首次对青龙镇遗址进行了考古发掘。选择了白鹤镇纪鹤公路南侧农业公司地块、鹤联村仓桥地块、老通波塘与窑河交叉口南北两岸的杨家埭地块和青龙寺西北的油叉宅基地块四个区域,在南北4公里的范围内进行发掘,下文将分四节记述(图3-1)。在器物描述方面,由于本年度发掘点比较分散,出土器物数量和种类都较少,所以大部分可复原器物都没有分型,而是进行了全部介绍。因第四章唐代器物的数量巨大,进行了分型介绍,故本章唐代器物依照第四章标准也进行了分型。

第一节　农业公司地块

包括Hf区T5428、T5429、T5430、T5431、T5432、T5332、T5232、T4435、T3936及He区T3376、T1674,分述如下(图3-2)。

一、Hf区T5428、T5429、T5430、T5431、T5432、T5332、T5232发掘点(图3-3)

(一) 地层堆积

根据土质、土色的不同,共划分为7层,以T5428—T5432北壁为例,自上而下分层叙述(图3-4)。

第①层,深褐色粉沙土,现代农耕层,土质疏松,厚0.16—0.32米。出土碎砖瓦、零星青花瓷碎片等。该层呈水平状堆积,该层下发现灰坑H1。

第②层,灰褐色粉沙土,土质疏松,深0.45—0.52米,厚0.22—0.45米。出土碎砖块、板瓦残片和零星青花、青釉、青白釉、黑釉、褐釉瓷片及陶器、釉陶碎片等,清理碎砖瓦陶片堆1处。

第③层,灰黄色粉沙土,土质较疏松,深0.85—0.98米,厚0.3—0.36米。出土零星贝壳、碎砖瓦和青釉、青白釉、黑釉瓷片及陶器、釉陶残片等,该层下发现灰坑H5、H6。

第④层,浅红褐色粉沙土,深1.1—1.45米,厚0.18—0.66米。出土零星碎砖块、板瓦残片和黑釉、青白釉瓷片,可辨器形有碗、盘等,该层下发现沟G1。

第⑤层,红褐色沙质黏土,土质疏松,深1.3—1.42米,厚0—0.16米。包含物较少,有碎砖瓦和零星青釉、青白釉瓷片等,该层下发现灰坑H3。

第⑥层,深灰褐色黏土,土质疏松,深1.42—1.45米,厚0—0.25米。出土大量碎砖块、筒瓦、板瓦碎片,该层下发现房址F1。

第⑦层,仅对局部进行了发掘。红褐色土层,土质致密,深1.9—1.96米,厚0—0.46米。出土零星青釉瓷片等。

第⑦层以下为生土层,黄褐色粉沙土,致密,含较多铁锈斑点,纯净。

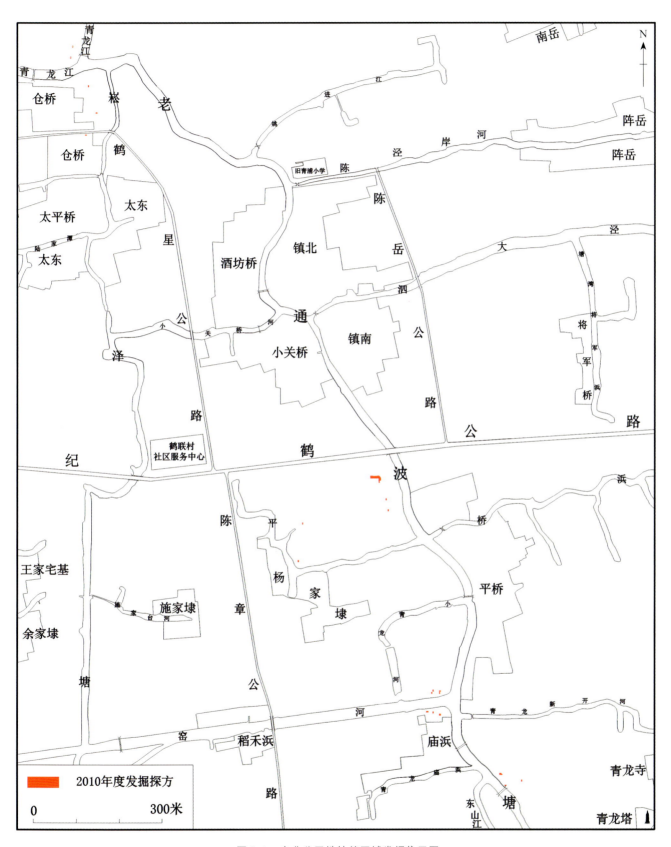

图3-1　农业公司地块等区域发掘位置图

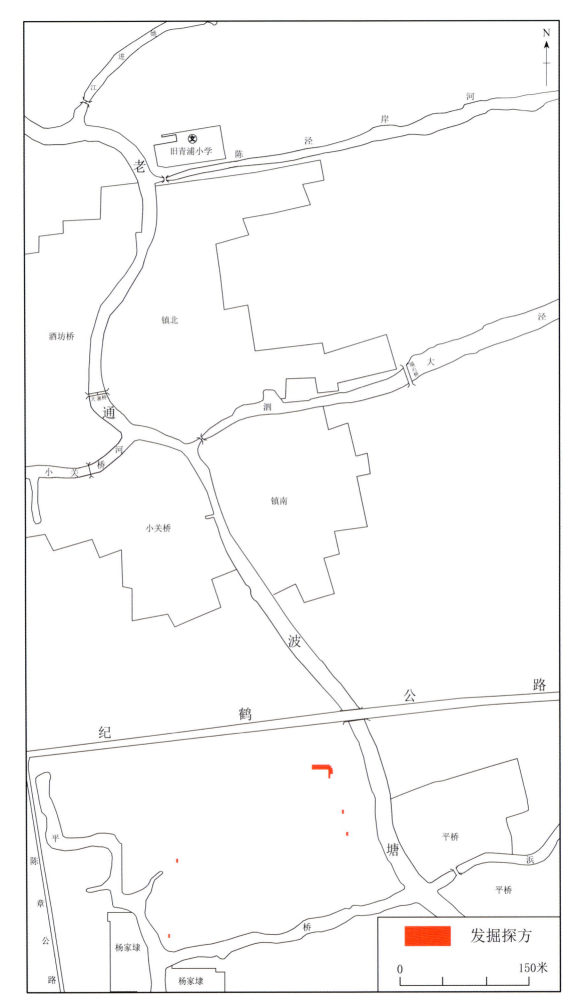

图 3-2　农业公司地块发掘位置图

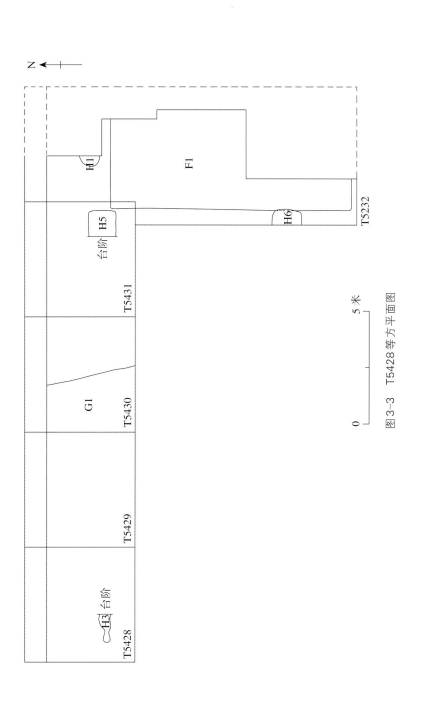

图 3-3　T5428 等方平面图

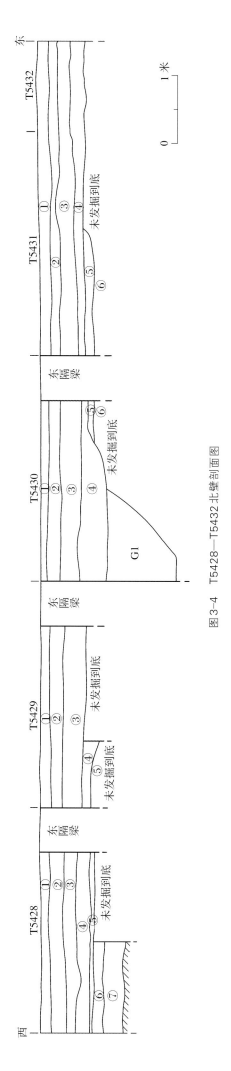

图 3-4　T5428—T5432 北壁剖面图

（二）遗迹与遗物[1]

1. 第①层下遗迹

H1 位于 T5432 东部，开口于第①层下。坑口距地表 0.2 米，东部延伸进隔梁内。已清理部分呈半圆形，开口长 0.9、宽 0.46、深 0.86 米，底长 0.66、宽 0.32 米。坑壁较规整，底平整。填土为灰白色粉沙土，质地较疏松（图 3-5）。

2. 第②层出土遗物

东张窑盏 1 件。

T5430②：2，残存三分之一。尖圆唇，腹上部陡直，下腹斜收，圈足浅挖，下腹、圈足无釉。灰白胎致密，釉色黑亮。口径 12.8、足径 4.8、高 6.1 厘米（图 3-6）。

龙泉窑盘 1 件。

T5430②：1，残存一半。直口微外撇，折腹，小平底微内凹。底无釉，青釉有光泽。口径 11.2、底径 3、高 3 厘米。形制与 T5431④：1 相同（参见*图 3-20*）。

雕砖 2 件。

T5432②：6，方形，正面雕刻菱形图案，背面平整，留三合土粘合剂。长 15、宽 13、厚 3.5 厘米（图 3-7）。
T5432②：1，菱形，一面平整，一面边角有装饰孔。长 15.8、宽 11.5、厚 3.5 厘米（*图 3-8*）。

泥质灰陶残件

可辨器形有盆、灯。个别盆底有孔，可能为蒸煮器甑之类。从残灯柱和灯盘看，陶灯原来至少有 4 件（*图 3-9*）。

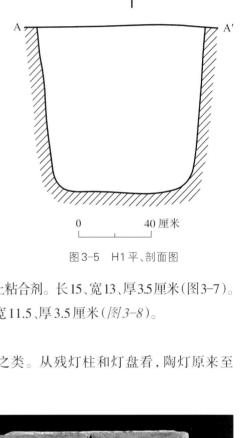

0   40 厘米

图 3-5　H1 平、剖面图

图 3-6　东张窑盏（T5430②：2）　　　　图 3-7　雕砖（T5432②：6）

1　本报告对陶瓷类遗物按产地（窑口）、器类、器形、釉色进行分类介绍。由于唐代遗物数量大、重复性高，各地层遗物特征不易区分，遂以字母分型举例介绍；宋代遗物则因各层出土器形变化频率快、数量较少，难以统一分型，遂以器物特征分类作全面介绍。

3. 第③层出土遗物

浦口窑碗　1件。

T5428③：1，残存四分之一。尖唇，撇沿，弧腹，内底坦平，有一圈涩圈，圈足，下腹、足无釉。内口沿下有一道弦纹，外壁刻划竖条纹。青釉泛黄。口径17、足径6.2、高6.5厘米（*图3-10*）。

龙泉窑碗　2件。

T5428③：3，口、腹残。侈口，腹壁弧状缓收，内底平凹并大于外底径，与圈足交接处稍内凹，给人以圈足上缩之感，俗称"墩式碗"，矮圈足。内壁以双细线分隔成五个相等的空间，内皆刻云气纹。白胎致密，青釉泛绿，光泽亮丽。口径18.6、足径6.8、高7.5厘米（图3-11）。T5332③：1，残存八分之一。侈口，腹壁上部丰满而下部瘦削，内底小而平，与内壁交接处有一明显转折，小圈足。内壁花纹残缺不清，似龙纹。青绿釉。口径18.2、足径4.2、高7.8厘米（图3-12）。

图3-11　龙泉窑碗（T5428③：3）　　　　图3-12　龙泉窑碗（T5332③：1）

越窑盏　1件。

T5431③：4，残存一半。唇口，弧腹，平底。灰白胎，质坚硬。内壁满釉，外壁釉薄不匀，下腹至底无釉。口径12.2、底径5.6、高3.2厘米（*图3-13*）。

泥质灰陶盆　1件。

T5432③：2，口、腹残。直口，厚唇外卷，直腹，平底微内凹。胎体厚重。口径20.6、底径15.8、高5.9厘米（*图3-14*）。

4. 第③层下遗迹（图3-15）

H5　位于T5431东隔梁下，开口于第③层下，打破第④—⑥层。坑口距地表1.05米。圆角方形，长1.2、宽1.02、深0.18米。填土为深褐色黏土，致密，夹杂大量板瓦残片及少量青釉、青白釉、黑釉碎片，可辨器形有碗、盘、盏等（图3-16）。

H6　位于T5232西部，开口于第③层下，打破第④、⑤层和F1西壁。西部延伸入隔梁内。已清理部分呈圆角长方形，坑壁光滑，长1.3、宽0.7、深0.56—0.6米。填土为深褐色黏土，致密，含较多草木灰、炭屑等。在灰坑底部发现平铺的砖，为F1西壁，故停止发掘（图3-17）。

5. 第④层出土遗物

磁灶窑盏　1件。

T5432④：4，残存二分之一。侈口，斜腹，平底。内褐色釉，外无釉呈砖红色。口径8.4、底径4.1、高2.4厘米（*图3-18*）。

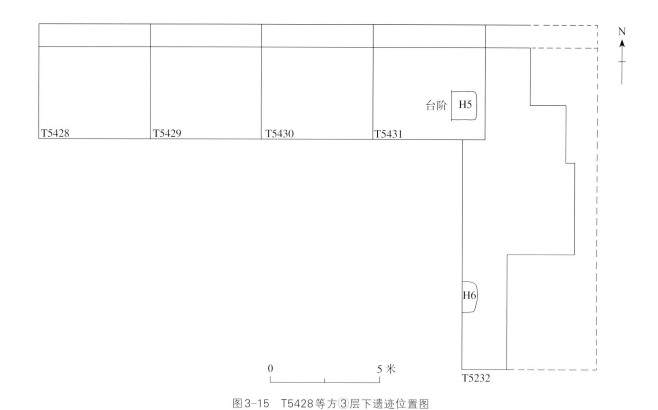

图 3-15　T5428等方③层下遗迹位置图

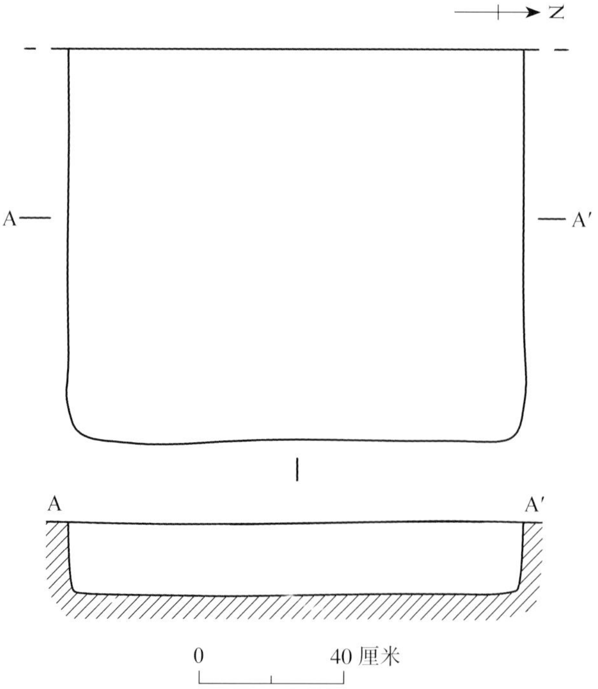

图 3-16　H5平、剖面图

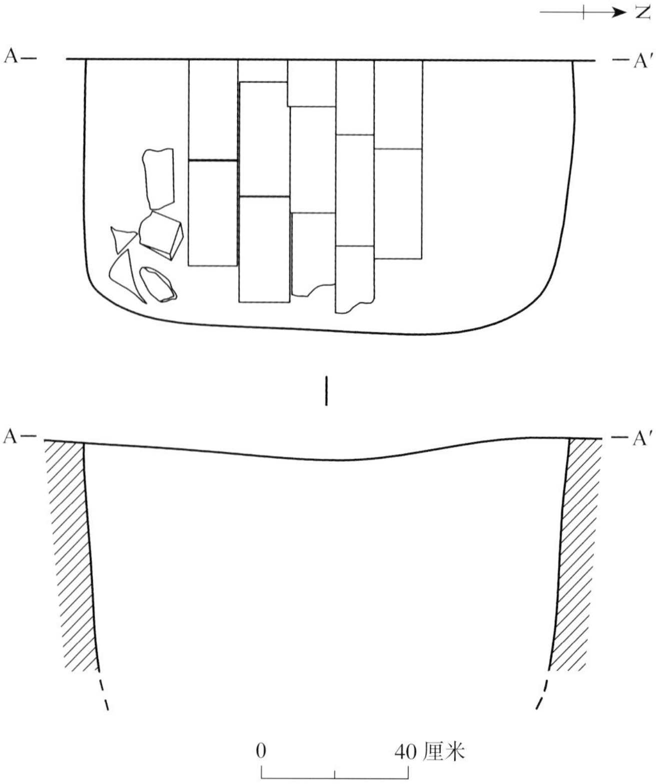

图 3-17　H6平、剖面图

龙泉窑瓷器 2件。

碗 1件。T5431④：2，口、腹残。敞口撇沿，弧腹，内底宽平，周缘一道弦纹，圈足。内壁刻花纹，从残存部分看，分成六等份，每份内刻花卉纹，外壁刻莲瓣纹。口径12.2、足径4.4、高6.2厘米（图3-19）。

图3-19 龙泉窑碗（T5431④：2）

图3-21 景德镇窑盏托（T5431④：5）

盘 1件。T5431④：1，口、腹残。侈口，上腹近直，下腹折收，小平底无釉。内底满饰花卉纹。青绿釉莹润。口径11.1、足径3.6、高2.6厘米（*图3-20*）。

景德镇窑盏托 1件。

T5431④：5，六出葵口，托台腹壁折收，足底留一气孔，底露胎。胎质细腻，呈白灰色。盏托盘径11.6、足径7.6、高4.3厘米（图3-21）。

褐釉盏 1件。

T5432④：3，残存三分之一。圆唇，侈口，斜腹，平底内凹。褐釉。胎体厚实，烧制粗糙。口径12、足径3.4、高3.6厘米（*图3-22*）。

6. 第④层下遗迹（图3-23）

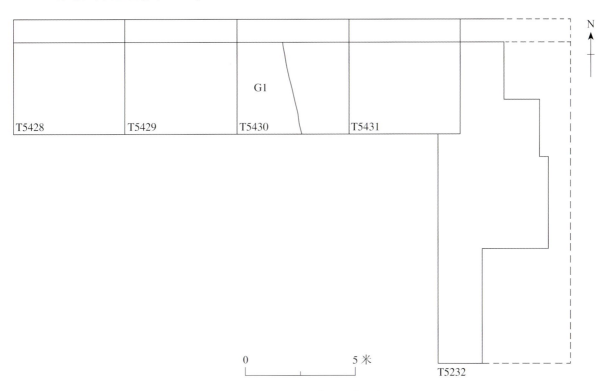

图3-23 T5428等方④层下遗迹位置图

G1 位于 T5430 西部，开口于第④层下，打破第⑤、⑥层。沟口距地表 0.95—1 米，开口边界不明显。长条形，沟宽 2.05—2.85 米，沟壁粗糙但较规整。已发掘部分长 4、深 1.65 米，为防止塌方，下部用探铲钻至沟底，沟深 2.05 米。沟内填黄褐色黏土，质地疏松（图 3-24）。

7. 第⑤层出土遗物

龙泉窑瓷器 5 件。

碗 3 件。T5428⑤：7，残存三分之一。敞口，弧腹下收，圈足。外腹壁刻削莲瓣纹。白胎细腻，青绿釉光泽莹润。口径 16、足径 5、高 4.5 厘米（图 3-25）。T5431⑤：3，口、腹残。侈口，腹壁上部丰满下部瘦削，内底小而平，与内壁交接处有一明显转折，小圈足无釉。内壁刻划漩涡纹，外壁饰 11 组斜线纹。青釉泛黄。口径 16.4、足径 5.2、高 6.3 厘米（*图 3-26*）。T5428⑤：8，残存四分之一。敞口撇沿，弧腹，内底圆弧，圈足。青黄釉莹润。口径 18.2、足径 6.4、高 7.4 厘米（*图 3-27*）。

高足杯 1 件。T5428⑤：9，残存口、腹部分，喇叭足残缺。口微外撇，弧腹，内底坦平。白胎细腻致密，青绿釉莹润。口径 10.2、残高 4.5 厘米（图 3-28）。

盘 1 件。T5428⑤：2，残存三分之二。上腹近直，下腹折收，小平底微内凹，底无釉。内底、腹壁间有一道弦纹。青釉润泽。口径 12.3、足径 4.1、高 3.3 厘米（*图 3-29*）。

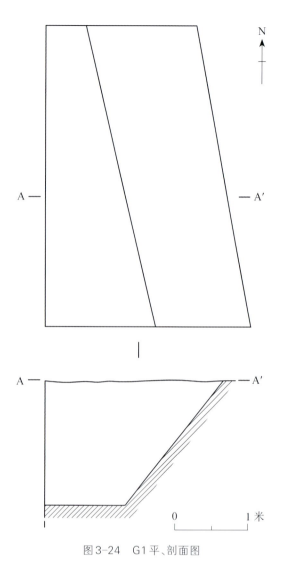

图 3-24 G1 平、剖面图

图 3-25 龙泉窑碗（T5428⑤：7） 　　　图 3-28 龙泉窑高足杯（T5428⑤：9）

8. 第⑤层下遗迹(图3-30)

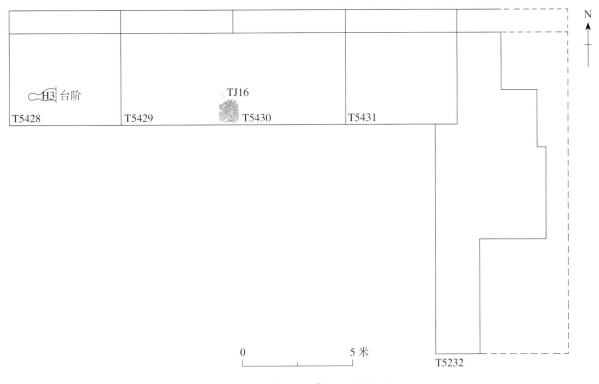

图3-30　T5428等方⑤层下遗迹位置图

H3　位于T5428中部偏南,开口于第⑤层下,坑口距地表1.18米,呈不规则形,长1.18、宽0.13—0.5、深0.1米。填土为浅灰褐色黏土,质地疏松,北部有黑色灰烬。出土5件釉陶瓶、1枚铜钱及青白釉罐口(*图3-31*)。可复原器物介绍如下。

釉陶瓶　5件。

大小基本相同,直口平沿,束颈,直筒腹,平底内凹。H3：1,肩部以下无釉。口径8.3、底径7.2、高22.6厘米(图3-32)。

铜钱　1枚。

H3：7,发现时放在1件釉陶瓶内,锈蚀严重,细辨为"祥符元宝",圆形方孔。直径2.5、孔径0.6、厚0.15厘米。

另有龙泉窑瓷片27片,其中底10、口腹片17片。

TJ16　位于T5429、T5430,遗迹为倒塌的砖墙,由南向北倒塌,此外还清理出较多的碎砖块、板瓦残片等,推测此处可能有建筑遗迹(图3-33)。

图3-32　釉陶瓶(H3：1)

9. 第⑥层出土遗物

义窑瓷器 2件。

盘 1件。T5428⑥：5，口、腹残。撇沿、弧腹，内底坦平，边缘有一道弦纹，圈足无釉。内口沿下有一道弦纹，内腹壁刻"S"形纹，盘心以"S"双线分成五等份，每等份内刻弧线花纹。白胎细腻致密，青白釉莹润。口径16.2、足径6.5、高4.4厘米（*图3-34*）。

盏 1件。T5428⑥：6，残存约二分之一。厚唇，斜腹，内底圆弧，圈足，挖足较浅，下腹、足无釉。厚胎。口径8.6、足径4.2、高3厘米（*图3-35*）。

浦口窑碗 1件。

T5428⑥：4，口、腹残。侈口，腹壁上部丰满下部瘦削，内底小而平，与内壁交接处有一明显转折，小圈足无釉。内壁刻弧线花纹，外壁有六组斜线纹。白灰胎细腻，青黄釉。口径12.7、足径4.1、高5.4厘米（图3-36）。

10. 第⑥层下遗迹（图3-37）

F1 位于Hf区南部的T5332、T5432内，其东部的部分伸入乡间小道下，未能完整揭露。

F1开口于第⑥层下，其上有一层厚约0.1米的砖瓦砾层，下面为青砖铺砌的墙基和铺地砖，已将其大部分揭露。

墙基存房基西北角西墙的大半段和北墙的小半段。西墙存单砖平铺的一道墙基，从北至南残长7.53、宽0.12、最高处0.18米，继续往南，砖已无存，但基槽痕迹明显，基槽再南3米，折角向东，清楚表明西墙总长10.53米。北墙基从西向东残存砖砌墙基1.38米，继续往东，砖墙不存，但基槽痕迹明显，一直向东伸进T5332隔梁内，因是乡间小道，暂停发掘。墙基以西北角保存相对为好，存砌砖上下4层，残高0.18米。北壁墙基宽0.26米，内外二道砖，错缝平砌，上下保存2—4层砖，高0.09—0.18米。西墙基现保存朝内的一道砖墙，从西北角残存两块外凸砖推测，原同北墙基一样，亦为内外二道砖。砌墙砖长条形，规格为28×13×4厘米。墙面以糯米浆三合土涂刷。在墙基外侧发现基槽，填充浅灰褐色粉沙土，质地疏松，内含零星的糯米浆三合土粉末，应是建房时回填用土所致（图3-38、图3-39）。

屋内已清理面积南北长10.53米，东西最宽处为4.26米，总面积近50平方米。已清理出的F1地面，其西北部残存铺地砖，错缝竖砌。部分铺地砖上残存糯米浆三合土涂刷的白灰面，砖缝隙以细沙和土涂抹，做工精细。铺地砖略呈由外向内倾斜，南北残长7.44米，东西残宽0.54—0.76米。铺地砖的规格与砌墙砖相同。

图3-33　TJ16平面图

图3-36　浦口窑碗（T5428⑥：4）

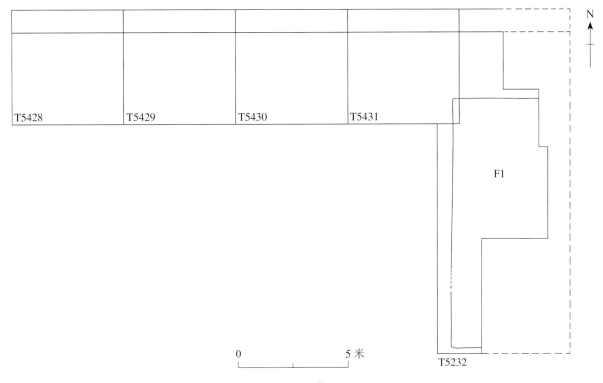

图 3-37 T5428 等方⑥层下遗迹位置图

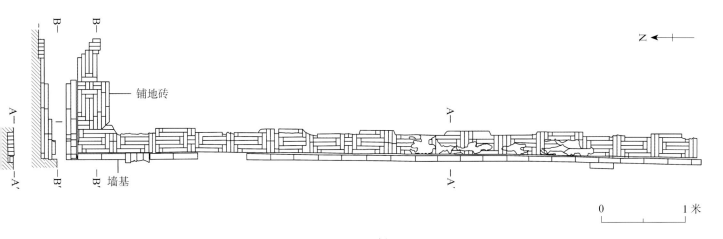

图 3-38 F1 平、剖面图

图 3-39　F1 西墙基发掘现场（南—北）

图 3-42　福建窑口碗（F1 ∶ 2）

屋内地面上散乱堆积着大量的板瓦残片和零星碎砖块，厚 0.12—0.18 米，其东半部的砖瓦片堆积未清理，尚不知堆积下的情况。清理出的地面，在 T5332 东南部发现有糯米浆三合土的白灰面，平整光滑、洁白细腻，发现时保存较好，厚约 0.02—0.04 米（*图 3-40*）。在西北角墙壁内发现模糊不清的白灰面，保存极差，竹签一碰即脱落。堆积内出土可复原器物 5 件，为越窑、福建窑口产品（*图 3-41*）。

福建窑口碗　2 件。

F1 ∶ 2，残存三分之一。侈口、斜腹，内底小而下凹，小圈足露胎。外壁刻削仰莲瓣，瓣尖突出。灰胎，青灰釉。口径 17、足径 5.3、高 6.8 厘米（图 3-42）。F1 ∶ 3，残存三分之一。侈口、斜腹，圈足露胎。外壁轮旋纹清晰。灰胎，外壁青釉汁垂流厚挂，凝聚成滴珠状，并有气泡。口径 17、足径 6.6、高 6.2 厘米（图 3-43）。

越窑盏　1 件。

F1 ∶ 4，残存三分之一。敛口、弧腹近直，平底微内凹，下腹、底无釉，呈砖红色。灰胎。口径 14、底径 7.4、高 5 厘米（图 3-44）。

釉陶盏　1 件。

F1 ∶ 5，残存四分之三。圆唇、斜腹，平底内凹。口沿内外施褐釉，余露胎，胎红褐色。口径 8.7、底径 4、高 2.3 厘米（*图 3-45*）。

莲瓣纹瓦当　1 件。

F1 ∶ 1，残存三分之一。圆形宽缘，缘内饰一周凸弦纹夹短线纹带，当面为单瓣莲花纹。当

图 3-43　福建窑口碗（F1 ∶ 3）

图 3-44　越窑盏（F1 ∶ 4）

面径15.4、厚2厘米（*图3-46*）。

二、Hf区T4435发掘点

Hf区T4435北距纪白公路99米，东距老通波塘西岸50米，南距青龙塔913.3米。本区域依5米×5米布方，实际发掘面积8平方米。发掘工作自2010年12月3日开始，至2010年12月11日结束。

（一）地层堆积

本探方地层根据土质、土色的不同划分为7层，以东壁为例，自上而下分层介绍（图3-47）。

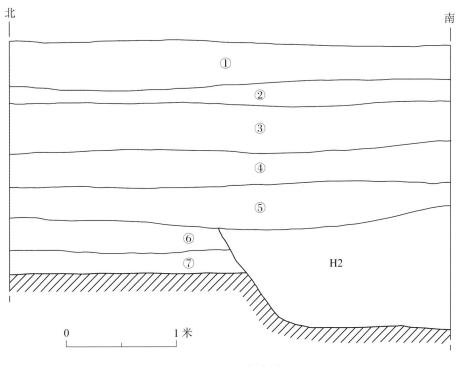

图3-47　T4435东壁剖面图

第①层，现代耕土层，深褐色粉沙土，厚0.3—0.45米。含零星塑料纸、玻璃碴和碎砖瓦等。

第②层，灰褐色粉沙土，土质疏松，深0.45—0.55米，厚0.1—0.25米。出土零星黑釉、青釉、青白釉瓷片、灰陶残片及碎砖瓦等。

第③层，灰黄色粉沙土，土质较疏松，深0.85—1米，厚0.3—0.38米。出土零星青白釉、青釉瓷碎片及碎砖瓦等。

第④层，红褐色沙质黏土，土质疏松，深1.2—1.28米，厚0.2—0.3米。出土大量青砖碎块、板瓦残片等。

第⑤层，浅灰褐色黏土，土质疏松，深1.5—1.62米，厚0.25—0.38米。有青砖碎块、筒瓦、板瓦残片和青白釉、青釉瓷、灰陶碎片等，H2开口于该层下。

第⑥层，深灰褐色黏土，土质疏松，深1.8—1.85米，厚0.3—0.35米。出土有碎砖块、板瓦残片和青釉、青白釉瓷片等，该层南部被H2打破。

第⑦层，灰褐色粉质黏土，夹炭屑较多，土质疏松，深1.95—2.05米，厚0.15—0.2米。出土有灰陶灯盘、盆口沿、碎砖块、板瓦残片等，该层南部被H2打破。

第⑦层下为生土层，黄褐色粉沙土，致密，含较多铁锈斑点，纯净。

（二）遗迹与遗物

1. 第②层出土遗物

越窑碗 1件。

T4435②：7，残存四分之一。撇口，斜弧腹，内底坦平，矮圈足，内底、足端均有泥点痕。胎细腻致密，青釉泛绿。口径19、足径10.8、高6.4厘米（*图3-48*）。

龙泉窑瓷器 3件。

碗 2件。T4435②：6，残存三分之一。敞口撇沿，弧腹，内底坦平，圈足。内壁花卉纹疏朗。灰白胎细腻致密，青黄釉润泽，施釉至足墙。口径19、足径5.4、高8厘米（图3-49）。T4435②：2，口、腹残。直口微敛，腹上部近直，中部呈圆弧状折收，小圈足，内底、足底无釉。青绿釉亮丽，开冰裂纹。口径9.4、足径3.1、高4.3厘米（*图3-50*）。

高足杯 1件。T4435②：1，口、腹残。敞口撇沿，斜弧腹，内底圆弧，小喇叭圈足中空。内刻花卉纹磨损不清。青釉泛灰。口径13、足径3.8、高7.8厘米（图3-51）。

2. 第③层出土遗物

龙泉窑高足杯 1件。

T4435③：8，口、腹残，高圈足残佚。敞口撇沿，弧腹，内底坦平，刻一枝花朵。灰白胎细腻，青黄釉玻化程度较高。口径13、残高5.3厘米（图3-52）。

3. 第④层出土遗物

瓦当 1件。

T4435④：4，边缘略残。当面刻花卉纹似牡

图3-49 龙泉窑碗（T4435②：6）

图3-51 龙泉窑高足杯（T4435②：1）

图3-52 龙泉窑高足杯（T4435③：8）

丹,已漫漶不清。直径14、厚1.2厘米(*图3-53*)。

元祐通宝　1枚。

T4435④：3,锈蚀。圆形方孔。直径2.35、孔径0.65、厚0.15厘米。

4. 第⑤层下遗迹

H2　位于T4435南部,开口于第⑤层下,打破第⑥、⑦层。开口距地表1.45—1.62米。平面呈长条形,开口边界不甚明显,坑壁较规整,北壁斜收,余为直壁,底平整。此灰坑东端、西端、南端皆延伸至探方外。已清理南北长2—2.15、东西宽2、深0.92—1.05米。填土为灰黄色黏土,较疏松,出土景德镇窑、义窑及产地不明瓷器(图3-54)。

义窑碗　4件。

H2：1,口、腹残。侈口,斜弧腹,下腹斜削,圈足,足墙外直内旋削。青灰釉。口径17、足径5.6、高7.2厘米(*图3-55*)。H2：5,口、腹残。侈口,弧腹,内底圆弧,边缘有一道弦纹,圈足。内底、足露胎。口径16.8、足径8.1、高5.7厘米(*图3-56*)。H2：2、H2：7,形制、大小基本相同。芒口。口外张,撇沿,斜腹,小鸡心碗心,边缘有一道弦纹,圈足修整,足墙外直内旋削,足心微凸,露胎。H2：2,残存三分之二。圈足经修整,施釉均匀。口径17.4、足径6.5、高7.4厘米(*图3-57*)。

景德镇窑盘　3件。

H2：4,口、腹残。芒口。方唇,侈口,弧腹近直,饼足。口径13、底径8.5、高2.8厘米(*图3-58*)。H2：3,残存四分之一。芒口。方唇,撇口,腹壁由内收变外坦,内底微下凹,小圈足露胎,足心有小圆凸。口沿内、内底与腹间各有一道弦纹,盘心刻一朵花卉。外壁饰上下两层仰莲瓣。白胎,质地疏松,壁较薄,青白釉泛白,施釉均匀,釉面莹润。口径16.2、足径5.4、高4.1厘米(图3-59)。

5. 第⑦层出土遗物

泥质灰陶灯　1件。

T4435⑦：5,上部残佚。喇叭口座,圆柱灯柱,中部托盘形。托盘口径12.2、足径11.1、残高11.1厘米(*图3-60*)。

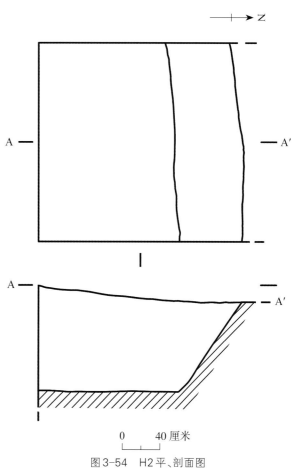

图3-54　H2平、剖面图

图3-59　景德镇窑盘(H2：3)

三、Hf 区 T3936 发掘点

T3936 北距纪白公路 214 米,东距老通波塘 33.5 米,南距青龙塔 891 米。本区域依 5 米 × 5 米布方,实际发掘面积 8 平方米。发掘工作自 2010 年 12 月 3 日开始,于 2010 年 12 月 8 日结束。

(一) 地层堆积

本探方地层依据土质、土色的不同划分为 8 层,以探方西壁为例,自上而下分层叙述(图 3-61)。

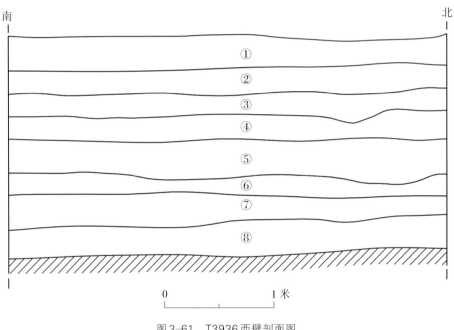

图 3-61　T3936 西壁剖面图

第①层,深褐色粉沙土,现代农耕层,厚 0.25—0.4 米。

第②层,灰褐色粉沙土,土质疏松,深 0.45—0.55 米,厚 0.2—0.25 米。出土大量的碎砖块、板瓦残片及零星青釉、青白釉瓷片、陶片等,可辨器形有碗、盘、灯等。

第③层,灰黄色粉沙土,土质较疏松,深 0.66—0.7 米,厚 0.15—0.26 米。包含物有零星碎砖块、板瓦残片等。

第④层,红褐色沙质黏土,土质疏松,深 0.92—0.95 米,厚 0.14—0.25 米。含零星碎砖块、板瓦残片等。

第⑤层,浅灰褐色黏土,土质疏松,深 1.22—1.45 米,厚 0.32—0.46 米。出土较多碎砖块、筒瓦、板瓦残片及青釉、青白釉残片等。

第⑥层,红褐色黏土,深 1.38—1.45 米,厚 0.1—0.2 米。除探方中部缺失本层外,余呈水平状遍布全方。出土零星板瓦残片。

第⑦层,浅灰褐色粉质黏土,土质疏松,深 1.64—1.72 米,厚 0.15—0.28 米。出土碎砖块、板瓦残片、青釉瓷片、灰陶残片等。

第⑧层,深灰褐色黏土,土质较疏松,深 1.9—2.08 米,厚 0.25—0.34 米。含零星碎砖瓦等。

第⑧层下为生土,黄褐色粉沙土,致密,含较多铁锈斑点,纯净。

(二)遗迹与遗物

1. 第②层出土遗物

龙泉窑盘　1件。

T3936②:1,残存六分之一。侈口,腹上部近直,下部弧折收,圈足略高,挖足较深。施釉至足墙,青绿釉润泽。口径13、足径7.8、高3.6厘米(*图3-62*)。

2. 第⑤层出土遗物

义窑盏　1件。

T3936⑤:5,口、腹残缺。厚唇,斜腹,凸圈足。外壁口沿以下至足无釉。口径8.6、足径4.1、高3厘米(*图3-63*)。

釉陶瓶　1件。

T3936⑤:3,唇口,束颈,溜肩,深弧腹,平底,肩部饰对称四系。口径9.5、腹径14.2、底径8、高30.8厘米(*图3-64*)。

铜钱　4枚。

淳化元宝　1枚。T3936⑤:4。直径2.45、孔径0.6、厚0.15厘米。

元丰通宝　1枚。T3936⑤:6。直径2.5、孔径0.6、厚0.1厘米。

圣宋元宝　2枚。T3936⑤:2、7。直径2.5、孔径0.65、厚0.15厘米(图3-65)。

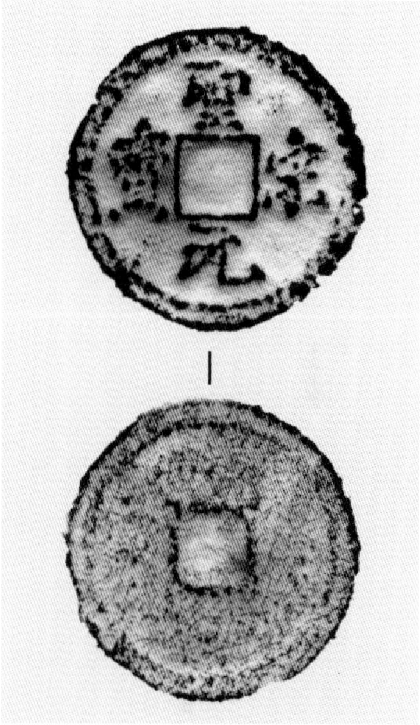

3. 第⑥层出土遗物

瓦当　1件。

T3936⑥:8,灰陶,残。当面饰莲瓣纹。残长5.2、宽13.6、当面径10.8、厚1.4厘米(*图3-66*)。

筒瓦　1件。

T3936⑥:9,灰陶,残。残长26.8、宽14.2、厚2.8厘米(*图3-67*)。

图3-65　圣宋元宝(T3936⑤:2)

四、He区T3376发掘点

T3376位于纪鹤公路与老通波塘交叉口西南约150米处,该区域依5米×5米布方,实际发掘面积以西南点为基点,东西2米,南北4米,共8平方米。发掘工作自2010年12月3日开始,至2010年12月7日结束。

(一)地层堆积

本方地层依据土质、土色的不同划分为5层,现以北壁为例,自上而下分述如下(图3-68)。

第①层,现代耕土层,种植水稻,深黄褐色粉沙黏土,较硬,致密,厚0.2—0.25米。堆积呈水平状。

第②层,浅黄褐色粉沙黏土,含较多黄色细沙粒,致密而坚硬,深0.45米,厚0.2—0.25米。包含物见少量碎砖块、白色蚌壳、青白釉、青釉瓷碎片等。堆积呈水平状。

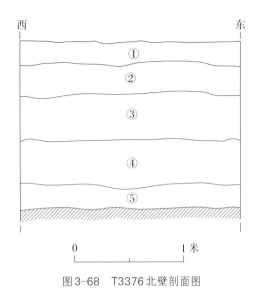

西 东

图3-68 T3376北壁剖面图

第③层，浅黄褐色粉沙黏土，致密而略硬，深0.8—0.85米，厚0.35米。包含物有较多的砖块、板瓦及少量的青白釉瓷碎片等。

第④层，浅黄褐色粉沙黏土，夹有红色的小锈斑，较软，深1.25—1.3米，厚0.4—0.45米。包含较多的板瓦、砖块、碎砖屑和少量的青釉、青白釉瓷碎片等。堆积呈水平状。

第⑤层，浅青灰色粉沙黏土，较软，深1.45—1.5米，厚0.15—0.25米。包含少量的板瓦、筒瓦及陶片等。堆积呈水平状。

第⑤层下为生土，浅灰黄色粉沙土，夹有青灰淤泥，纯净致密。

（二）遗迹与遗物

1. 第②层出土遗物

义窑炉 1件。

T3376②：10，残存约二分之一。直口，筒腹，底残损不清。外腹壁有竖条纹。内壁口沿以下露胎，胎灰白色，质细腻，青灰釉润泽。口径11.8、残高7.2厘米（*图3-69*）。

福建窑口碗 1件。

T3376②：8，残存三分之一。侈口，斜腹，内底边缘有一道凹弦纹，圈足，下腹、足无釉。内壁有一圈弦纹。白胎细腻，青灰釉。口径15.4、足径5.6、高4.3厘米（*图3-70*）。

2. 第③层出土遗物

龙泉窑碗 1件。

T3376③：9，残存四分之一。口沿有小花缺，斜腹，内底平凹，圈足，施釉至足墙。内底、腹壁花卉纹残损。青釉，釉亮泽。口径18.6、足径6.2、高7厘米（*图3-71*）。

景德镇窑碗 1件。

T3376③：1，残存四分之一。芒口。口微外撇，斜弧腹，小鸡心碗心，圈足。满釉，釉光洁。口径17、足径5.8、高6.7厘米（图3-72）。

泥质红陶鸟食罐 1件。

T3376③：11，直口，溜肩，折腹，圈足。口径3.5、腹径6.5、足径2.7、高4.5厘米（*图3-73*）。

3. 第④层出土遗物

东张窑盏 2件。

T3376④：6，直口，圆唇，腹上部陡直，圈足浅挖。白灰胎坚硬致密，内外壁施黑釉，外壁近底处无釉。口径12.8、足径5.2、高6.4厘米（*图3-74*）。

图3-72 景德镇窑碗（T3376③：1）

茶洋窑盏 1件。

T3376④：2，残存三分之一。尖圆唇，沿下微束，斜腹，外腹壁近底处切削，矮圈足，足墙外直内斜削。灰胎较细腻，釉呈酱黑色。口径12、足径4.8、高4.4厘米（*图3-75*）。

龙泉窑碗 3件。

T3376④：4，口、腹残。侈口，圆腹上部近直，下部斜收，小圈足无釉，施釉至足墙。内腹壁刻纹似龙在海浪中翻腾，内底菊瓣纹，外口沿下一道弦纹，其下数组直线纹。口径17、足径5.4、高

图3-76 龙泉窑碗（T3376④：4）

7.5厘米（图3-76）。T3376④：1，口、腹残。尖圆唇，敞口，弧腹斜收，直圈足。青釉有玻璃质感，釉面开冰裂纹。口径15.4、足径4.9、高6.8厘米（*图3-77*）。

4. 第⑤层出土遗物

龙泉窑碗 1件。

T3376⑤：5，形制、纹饰、尺寸与T3376④：4基本相同。

五、He区T1674发掘点

T1674位于纪白公路与老通波塘交叉口的西南约150米，该区域依5米×5米布方，实际发掘面积为以西南点为基点，东西2米，南北4米，共8平方米。发掘工作自2010年12月3日开始，至2010年12月8日结束。

（一）地层堆积

本方地层依据土质、土色不同划分为5层，现以南壁为例，自上而下分述如下（图3-78）。

第①层，现代耕土层，种植水稻，含较多的植物根茎，深黄褐色粉沙黏土，较硬，致密，厚0.2—0.25米。

第②层，浅黄褐色粉沙黏土，含较多黄色细沙粒，致密而坚硬，深0.45米，厚0.2—0.25米。包含物见少量碎砖块、白色蚌壳。

第③层，浅黄褐色粉沙黏土，致密而略硬，深0.7—0.75米，厚0.25米。包含物有少量的砖块、板瓦、白瓷片、蚌壳等，出土灰陶瓦当1件及灰陶脊兽残眼等。

第④层，浅黄褐色粉沙黏土，夹有红色铁锈斑，致密而坚硬，深1.2—2米，厚0.5—1.3米。包含较多的板瓦、碎砖块及少量的瓷片，以青釉碗为主，偶见白釉瓷。呈由东至

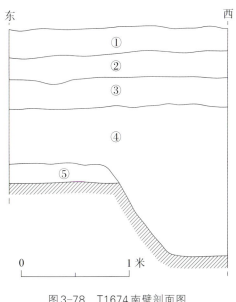

图3-78 T1674南壁剖面图

西斜坡状堆积。

第⑤层，浅灰黄色细粉沙黏土，较软，纯净，未见包含物，深1.4米，厚0—0.2米。堆积为水平状，分布在探方的东半部，南部窄而北部宽。

第⑤层下为生土，浅灰黄色粉沙土，夹有青灰淤泥。

（二）出土遗物

瓦当 1件。

T1674③：1，残存二分之一。圆形，凸缘，当面莲瓣纹。当面径14.2、厚2.3厘米（*图3-79*）。

脊兽眼残件 1件。

T1674③：2，残长8.6、宽5.4、厚1.7厘米（*图3-80*）。

第二节 仓 桥 地 块

2010年12月中旬，选择在鹤联村仓桥地块的青龙江、老通波塘、崧泽塘三江交汇口的南北进行考古试掘，由南至北布方Jd区T5055、T6060、T7256，Kd区T0548、T1049。该地块位于鹤联村东、北邻青龙江，南距青龙塔2150米（图3-81）。因各探方相隔较远，分Jd区T5055、T6060、T7256和Kd区T0548、T1049四处分别介绍（图3-82）。

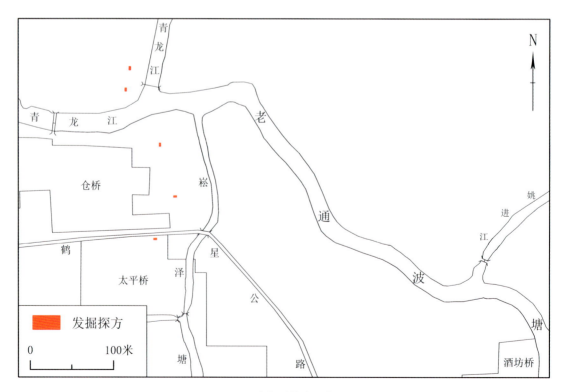

图3-81 仓桥地块发掘位置图

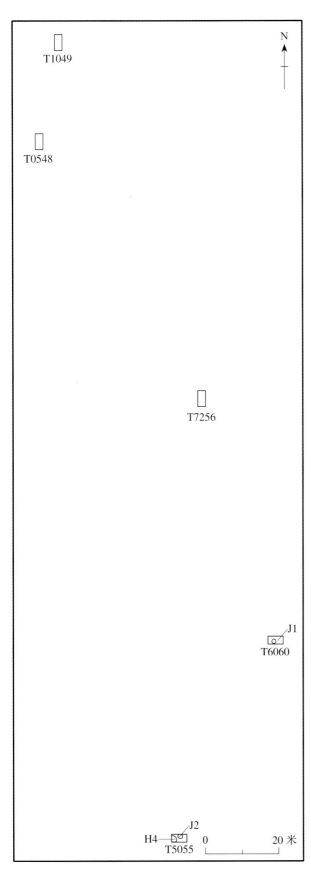

图 3-82　仓桥地块探方分布图

一、Jd区T5055发掘点

T5055位于鹤星村东,北临鹤星公路,向北10米为鹤星村341号居民住房,发掘前地表种植蔬菜,地势平坦。该区域依5米×5米布方,实际发掘面积8平方米。发掘工作自12月26日开始,至2011年1月9日结束。

(一)地层堆积

本探方地层根据土质、土色的不同划分为7层,以西壁为例,自上而下分层叙述(图3-83)。

第①层,深褐色粉沙土,现代农耕层,土质疏松,厚0.16—0.25米。含塑料纸、玻璃碴、碎砖块、板瓦残片及零星青釉、青白釉瓷片等。

第②层,灰褐色粉沙土,土质疏松,深0.65—0.72米,厚0.35—0.37米。含大量碎砖块、板瓦残片及零星青白釉、青釉、褐釉瓷片等。本层呈水平状遍布全方。

第③层,灰黄色粉沙土,土质较疏松,深0.92—1米,厚0.32—0.36米。包含物有碎砖块、板瓦残片及零星青釉、青白釉瓷片等。本层

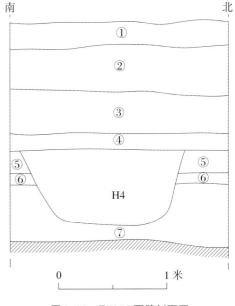

图 3-83　T5055西壁剖面图

呈水平状遍布全方。

第④层,深灰褐色粉质黏土,土质疏松,含较多炭屑和零星草木灰,深1.08—1.15米,厚0.14—0.2米。包含物主要为碎砖块、板瓦残片等。本层堆积呈水平状遍布全方。J2、H4开口于此层下。

第⑤层,浅灰褐色粉质黏土,土质疏松,含零星草木灰和炭屑,深1.24—1.35米,厚0.16—0.2米。内含碎砖块、筒瓦、板瓦残片和零星青釉、青白釉碎片。本层基本上呈水平状遍布全方。

第⑥层,夹红烧土块较多的黑灰色黏土,土质疏松,含较多红烧土块、炭屑和零星草木灰,深1.46—1.5米,厚0.1—0.14米。出土物有碎砖块、板瓦残片等。本层呈由西向东倾斜坡状。

第⑦层,红褐色黏土,土质疏松,含零星青砖碎块等,深1.9—2.04米,厚0.4—0.54米。本层呈水平状遍布全方。

第⑦层下为生土层,黄褐色粉沙土,致密,含较多铁锈色斑点,纯净。

(二)遗迹与遗物

1. 第①层出土遗物

东张窑盏 1件。

T5055①:11,残存三分之一。下腹、底无釉,铁灰色胎。口径12、足径4.5、高5.4厘米(*图3-84*)。

2. 第②层出土遗物

义窑盘 1件。

T5055②:2,口、腹残。敞口撇沿,弧腹,内底坦平,边缘有一道弦纹,圈足。白胎,壁较厚,釉面开冰裂纹。口径15.7、足径6、高4.4厘米(*图3-85*)。

龙泉窑盘 1件。

T5055②:1,口、腹残。圆唇,撇口,上腹壁呈内弧线斜收,下腹弧折,内底坦平,小圈足。内刻大叶花卉纹,间篦刺"Z"字纹。白胎细腻,青釉光泽。口径18.6、底径5.3、高4.4厘米(*图3-86*)。

越窑盘 1件。

T5055②:3,残存三分之一。方唇,弧腹,内底圆弧,圈足。内刻漩涡纹,已残损不清。白胎细腻,青釉泛黄莹润。口径14.7、足径5.6、高3.9厘米(*图3-87*)。

景德镇窑瓷器 2件。

碗 1件。T5055②:12,口、腹残。敞口撇沿,斜弧腹,内底宽平,边缘一道弦纹,饼足,足无釉。白胎细洁,青白釉润泽。口径14.5、足径4.3、高4.4厘米(图3-88)。

炉 1件。T5055②:10,残存五分之一。芒口。直口,平唇内斜,筒腹,平底。白胎细洁致密,青白釉莹润。口径11.2、底径10、高4.3厘米(*图3-89*)。

3. 第③层出土遗物

义窑瓷器 10件。

碗 9件。

矮圈足碗 5件。T5055③:16,口、腹残。内底圆弧,矮圈足无釉。白胎,壁较厚,釉面莹

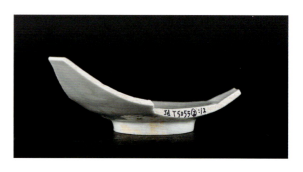

图3-88 景德镇窑碗(T5055②:12)

润。口径15.6、足径6.2、高5.7厘米（*图3-90*）。T5055③：18，残存四分之一。下腹、圈足无釉。内底宽平，周缘有一道弦纹。白胎。口径14.8、足径6.7、高5.4厘米（*图3-91*）。

图3-93　义窑碗（T5055③：19）

　　高圈足碗　2件。T5055③：17，口、腹残。撇沿，弧腹，内底圆弧，圈足。灰白胎，壁面多气泡。口径14.1、足径5.8、高7.1厘米（*图3-92*）。T5055③：19，残存三分之一。侈口，弧腹，内底宽平，边缘一道弦纹，圈足较高。内口沿下有一道弦纹，外壁刻斜线纹。白灰胎，釉面光泽。口径16.3、足径6.6、高8.1厘米（图3-93）。

　　花口碗　1件。T5055③：13，口、腹残。口沿六个花缺，与之对应内壁出筋线，弧腹近直，下腹折收，内底平凹，边缘一道弦纹，圈足较高。施釉至足墙。白胎细腻致密，釉面光泽。口径11.6、足径4.8、高5.9厘米（*图3-94*）。

　　撇口碗　1件。T5055③：21，口、腹残。撇沿，斜腹，内底坦平，圈足。内口沿下一圈弦纹，弦纹下篦刺花草纹。白灰胎，青釉，釉面莹润。口径13.8、足径4.7、高4.1厘米（*图3-95*）。

　　折腹盘　1件。T5055③：4，残存一半。侈口，圆唇，弧腹下部折收，内底宽平，边缘一道弦纹，圈足。白胎细腻。口径11.2、足径4.3、高3.8厘米（*图3-96*）。

　　越窑瓷器　3件。

　　碗　1件。T5055③：9，口、腹残。敞口外撇，弧腹近直，内底宽平，边缘一圈泥条垫痕，圈足较高。白灰胎，青灰釉暗沉。口径15、足径6.6、高7.4厘米（*图3-97*）。此碗同T4678③：29花口碗形制相近（参见图5-96）。

　　花口杯　1件。T5055③：5，口、腹残。口沿五个花缺，与之对应，内腹壁出筋线，口沿外撇，弧腹近直，内底宽平，边缘有一圈弦纹，下腹折收，圈足较高。足心有三个泥条垫痕。白胎，青绿釉。口径12.6、足径4.9、高5.9厘米（*图3-98*）。

　　盏托　1件。T5055③：7，残存近二分之一。口沿稍残，弧腹近直，外壁刻覆莲，立体感强。面划花卉纹，线条纤细。灰白胎细腻，青绿釉。口径5.8、足径4.4、高3.2厘米（图3-99）。

　　黄岩窑碗　1件。

　　T5055③：6，残存近二分之一。口沿外撇，束颈，斜弧腹，内底圆弧下凹，矮圈足，足底存泥条垫痕。内底一朵菊花，内壁残存两朵菊花间夹一朵牡丹花，花朵盛开。白胎细腻，青釉泛灰。口径10.8、足径4.1、高5厘米（*图3-100*）。

　　景德镇窑碗　1件。

　　T5055③：14，残存二分之一。敞口撇沿，斜弧腹，内底坦平，饼足无釉。白胎细洁，釉光泽。口径15.5、足径4.8、高5厘米（图3-101）。

图3-99　越窑盏托（T5055③：7）

图 3-101　景德镇窑碗（T5055③：14）

图 3-102　潮州窑盏（T5055③：23）

潮州窑盏　1件。

T5055③：23，残存二分之一。敛口，斜弧腹，圈足，足墙外直内旋削，足无釉。内底有一圈弦纹，外壁刻斜线纹，排列有序。白胎，釉面开冰裂纹。口径11.8、足径5.4、高5.2厘米（图3-102）。

泥质红陶罐　1件。

T5055③：25，口、腹残。直口微敛，深弧腹，平底内凹。外壁轮旋痕明显。口径36.8、腹径38.4、底径13.6、高24.8厘米（*图3-103*）。

4. 第④层下遗迹

H4　位于T5055西部，开口于第④层下，打破第⑤、⑥、⑦层。平面略呈椭圆形，长径1.54、短径1.5、深0.66米。弧壁，壁面粗糙但较规整，平底微有起伏。坑内填土分为上下2层：第①层为深灰褐色粉沙土，土质疏松，厚0.3—0.34米，包含物有板瓦残片、青釉、青白釉瓷片、釉陶瓶口沿等；第②层为黑灰色黏土，土质疏松，厚0.24—0.3米，内含大量板瓦残片、青白釉碗口沿等。灰坑的底部铺有一层粗沙，颗粒较为均匀，沙层厚0.04米（图3-104）。

J2　位于T5055北部第④层下，井上部坍塌，现存开口距地表1.15米，圆筒形，直径1.18、残存深度1.56米。填土为浅灰褐色黏质淤泥，土质疏松，内含泥质灰陶井圈、碎砖块及青釉瓷片等，出土可复原器物4件（图3-105）。

越窑执壶　1件。

J2：3，口有磕口，流残佚。直口，宽沿外折，粗颈，溜肩，深腹，腹部以竖线分成四瓣，平底。双孔耳，右侧耳形鋬，左侧管状流，残佚。上腹青釉泛白，下腹无釉，呈砖红色，内外轮旋纹清晰，壶内施薄釉。生烧。口径12.6、底径10、高26厘米（*图3-106*）。

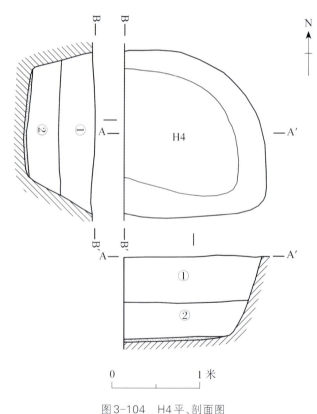

图 3-104　H4平、剖面图

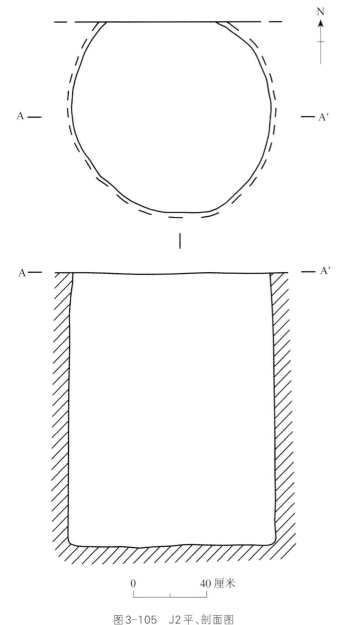

图3-105 J2平、剖面图

景德镇窑碗 1件。

J2：4。口外张，撇沿，斜弧腹，内底宽平，边缘有一道弦纹，饼足，器形规整。白胎细腻致密，薄壁，釉色亮丽细洁。口径16.2、足径5、高4.8厘米（图3-107）。

褐釉双耳罐 2件。

两件形制、尺寸基本相同。小口，圆唇，束颈，溜肩，深腹斜收，小平底微内凹，肩部有桥形双系。J2：2，底部一圈五个泥条垫痕，褐釉，施釉均匀，釉层较薄，多麻点。器体厚重。口径8.2、最大腹径17.4、底径8、高24.4厘米（图3-108）。

5. 第⑤层出土遗物

越窑盘 1件。

T5055⑤：8，残存四分之一。尖唇，侈口，弧腹近直，内底宽平，边缘有一道弦纹，卧足内凹。青绿釉暗沉。口径12.8、足径6.2、高3.3厘米（图3-109）。

图3-107 景德镇窑碗（J2：4）

图3-108 褐釉双耳罐（J2：2）

图 3-109　越窑盘（T5055⑤：8）

二、Jd 区 T6060 发掘点

T6060 位于鹤星村东，以南 25 米为鹤星公路，以西 20 米为鹤星村 346 号居民住房，北距青龙江约 30 米，发掘前地表种有蔬菜，地势平坦。该探方依 5 米 × 5 米布方，实际发掘面积 8 平方米。发掘工作自 2010 年 12 月 26 日开始，至 2011 年 1 月 7 日结束。

（一）地层堆积

本探方据土质、土色的不同共划分为 5 层，以北壁为例介绍（图 3-110）。

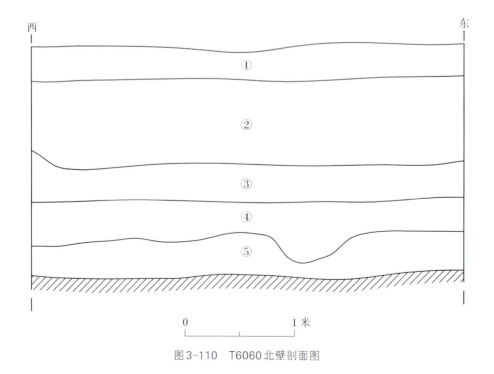

图 3-110　T6060 北壁剖面图

第①层，现代农耕层，深褐色粉沙土，土质疏松，厚0.25—0.3米。包含物有废弃的塑料纸、玻璃碴、碎砖块、板瓦残片，出土可复原器物1件和零星青花、青白釉、青釉瓷碎片等。本层呈水平状遍布全方。

第②层，黄褐色粉沙土，土质疏松，深0.96—1.05米，厚0.65—0.82米。内含大量的青砖、板瓦残片和黑釉、青釉、青白釉瓷及釉陶、陶器残片等，出土可复原器物9件。本层略呈由西向东坡状堆积。

第③层，灰褐色粉沙土，土质较疏松，含零星草木灰和炭屑，深1.35—1.38米，厚0.3—0.45米。内含青砖碎块、板瓦残片及少量青釉瓷碎片。发现铺地砖和1件灰陶管，出土可复原器物7件，J1开口于该层下。本层堆积略呈凹凸状。

第④层，灰绿色粉质黏土，土质疏松，含较多炭屑和零星草木灰，深1.65—1.95米，厚0.3—0.52米。出土釉陶瓶和零星青釉瓷碎片等。本层堆积略呈凹状。

第⑤层，红褐色黏土，土质疏松，含零星炭屑、草木灰，深2.05—2.1米，厚0.15—0.35米。内含零星青釉碗口沿、碎砖块等。本层堆积呈水平状。

第⑤层下为生土层，黄褐色粉沙土，致密，含较多铁锈斑点，纯净。

（二）遗迹与遗物

1. 第①层出土遗物

青花瓷盒盖　1件。

T6060①：17，残存三分之一。芒口，釉色亮丽。口径10.2、高2.3厘米（图3-111）。

2. 第②层出土遗物

东张窑盏　2件。

形制相近。直口，圆唇，腹上部陡直，圈足浅挖。胎质坚硬致密，除外壁下腹以外全部施釉，黑釉形成银灰色窑变效果。T6060②：1，残存三分之一。下腹、底无釉，铁灰色胎。口径12.2、足径3.8、高5.8厘米（图3-112）。

图3-112　东张窑盏（T6060②：1）

茶洋窑盏　1件。

T6060②：6，残存二分之一。下腹、底无釉。灰白色胎。口径11、足径3.6、高4.8厘米（图3-113）。

龙泉窑碗　5件。

T6060②：13，残存二分之一。撇口，圆腹上部近直，下部斜收，小圈足无釉。内壁刻划云气纹，外壁有竖线纹。白灰胎，壁厚，青黄釉润泽。口径18.2、足径4.2、高6.8厘米（图3-114）。T6060②：7，残存三分之一。撇沿，圆腹上部近直，下部斜收，内底平整，边缘有一道凹弦纹，小圈足无釉。内壁花卉纹残损不清，外壁有竖线纹。灰土胎，壁厚，青黄釉，玻化程度较高。口径17.6、足径4.8、高7.1厘米（图3-115）。T6060②：5，口、腹残。敞口外撇，弧腹，内底圆弧下凹，小圈足。外壁刻削莲瓣纹，青

图 3-116　龙泉窑碗（T6060②：5）

绿釉莹润。口径9.8、足径2.7、高4.4厘米（图3-116）。T6060②：15，口、腹残。侈口，深弧腹斜收，内底平凹，小圈足。外壁刻莲瓣纹，似盛开的莲花。灰土胎，壁厚，青釉泛黄。口径17.8、足径5.8、高7.4厘米（*图3-117*）。T6060②：4，口、腹残。方唇，敞口外撇，弧腹，内底宽平，边缘有一道弦纹，圈足。内腹壁刻划四组弧线草叶纹，外壁施莲瓣纹。胎体厚实，青黄釉。口径12.8、足径4.8、高5.3厘米（*图3-118*）。

景德镇窑盘　1件。

T6060②：12，残存三分之一。芒口。方唇，撇沿，浅弧腹，与盘心连为一体，直圈足。白胎细腻，釉面光洁开冰裂纹。口径15.5、足径5.8、高4.3厘米（*图3-119*）。

3. 第②层下遗迹

TJ17　位于T6060中部，为一段铺砌整齐的铺地砖，残长0.56、残宽0.36米，青砖规格为26×10×4厘米（*图3-120*）。

4. 第③层出土遗物

义窑盏　2件。

T6060③：8，残存二分之一。厚唇，斜腹，内底圆弧，饼足，足无釉。灰色胎，壁厚，薄釉多麻点。口径9.6、足径4、高3.3厘米（*图3-121*）。

浦口窑瓷器　2件。

碗　1件。T6060③：14，残存二分之一。侈口，斜弧腹，小碗心下凹，小圈足。内口沿下一圈凹痕，其下花卉纹漫漶不清，外壁施斜条纹。灰土胎，壁厚，下腹至足无釉。口径16、足径5.2、高6.8厘米（*图3-122*）。

盘　1件。T6060③：16，残存三分之一。侈口，上腹近直，下腹折收，内底坦平，刻划花卉纹，平底无釉。灰胎厚实，青黄釉开冰裂纹。口径10.4、足径3.8、高3厘米（*图3-123*）。

磁灶窑盆　1件。

T6060③：19，拼对完整。直口，窄缘，腹壁近直，平底微内凹。盆内满绘褐色花草纹，线条流畅自如，口沿有垫烧的泥点支钉痕。内施青釉薄而匀称，外壁至底无釉。口径30.8、足径21.6、高10.2厘米（图3-124）。

景德镇窑盘　1件。

T6060③：18，残存六分之一。芒口。花瓣口，平底无釉。白胎细腻，青白釉细洁润泽。高1.7厘米。与T4277③：24卧足花口盘基本相同（参见图5-120）。

图 3-124　磁灶窑盆（T6060③：19）

陶管　1件。

T6060③：10，基本完整。圆筒形。直径19.8、长20.2厘米（*图3-125*）。

5. 第③层下遗迹

J1　位于T6060中部，开口于第③层下，口部距地表0.86米，口略呈椭圆形，直壁，平底。长径1.14、短径1.02、深1.98米。水井近底部残存有青砖砌筑的井圈，以顺砖错缝垒砌，残存3层，残高0.4米。砌砖的规格为28×13×4厘米，上部砖井圈毁坏殆尽。井内填灰褐色淤泥，内含少量青釉、青白釉、黑釉瓷片、灰陶片等，出土可复原器物17件（图3-126）。

东张窑盏　1件。

J1：18，口、腹残。敞口，腹壁斜收，圈足，足心微内凹。口部呈铁锈色，腹部黑色，外壁近底部露紫砂铁胎，致密坚硬。口径12.8、足径4.2、高6.4厘米（*图3-127*）。

义窑瓷器　10件。

碗　7件。

矮圈足碗　2件。J1：13，口、腹残。厚唇，斜弧腹，内底宽平，边缘有一周弦纹，圈足。白灰胎细腻，下腹、足无釉。口径15.2、足径6.5、高5.2厘米（*图3-128*）。

高圈足碗　2件。J1：16，基本完好。尖唇，敞口撇沿，斜腹，内底坦平，圈足较高。内口沿下有一圈弦纹。外下腹、足无釉。灰胎，壁较厚，青白釉泛灰，多气泡。口径16.2、足径6.4、高7.8厘米（*图3-129*）。J1：6，残存二分之一。敞口，弧腹，高圈足下部残缺。口径16、足径6.5、高6.8厘米（*图3-130*）。

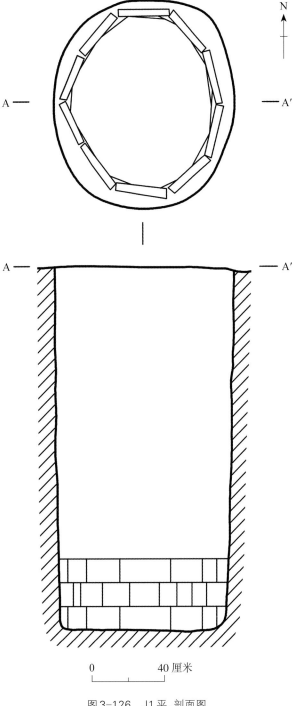

图3-126　J1平、剖面图

侈口碗　2件。形制相同，尖唇，弧腹，内底宽平，边缘有一道弦纹，矮圈足，下腹、足无釉。J1：12，口沿有磕口。外壁面多气泡。口径14.6、足径6、高4.8厘米（*图3-131*）。

花口碗　1件。J1：9，口、腹残。六出葵口，口沿外撇，弧腹，内底平凹，圈足较高，足露胎。釉面开细密冰裂纹。口径12、足径4.1、高6.4厘米（*图3-132*）。

盘　3件。形制相同，撇沿，斜腹，内底坦平，圈足，足无釉。J1：11，残存二分之一。釉润泽。口径12.8、足径4.8、高3.8厘米（*图3-133*）。

福建窑口盘 1件。

J1：1，口、腹残。敞口外折沿，弧腹折收，内底坦平，圈足较高。盘心露胎，外壁下腹、足无釉，青釉泛灰。口径13.2、足径5.2、高4.6厘米（*图3-134*）。

龙泉窑碗 1件。

J1：17，口、腹残。尖唇，侈口，腹壁呈弧状斜收，内底平凹，小圈足，腹壁与圈足交接处有一道细凹槽。施釉至足墙，青绿釉莹润光洁。口径15.6、足径5.2、高6.7厘米（图3-135）。

耀州窑盘 1件。

J1：7，残存二分之一。撇口，浅弧腹，上腹壁呈内弧线斜收，下腹弧折，小圈足。盘心一束牡丹花纹，内腹壁有一周连续折枝纹带。满釉，釉色青灰莹润。口径14.6、足径4.8、高4.4厘米（*图3-136*）。

潮州窑碗 1件。

J1：14，口、腹残。尖唇，弧腹，圈足较高，足经修整。内底坦平，周缘有一道弦纹，外壁刻斜弧线纹。下腹、足无釉，施化妆土，呈砖红色。口径12.8、足径4.8、高5.3厘米（图3-137）。

图3-135　龙泉窑碗（J1：17）

图3-137　潮州窑碗（J1：14）

釉陶瓶 1件。

J1：2，基本完整。直口平沿，束颈，直腹，平底。灰胎致密坚硬，青绿釉，下腹及底无釉。口径7、底径7.2、高19.6厘米（*图3-138*）。

泥质灰陶水盂 1件。

J1：3，口、腹残。直口微内敛，筒腹，平底，底较口稍大。通体轮旋痕清晰。口径10.4、底径10.8、高5.2厘米（*图3-139*）。

6. 第④层出土遗物

釉陶瓶 2件。

T6060④：11，口、腹残。小口微外卷，束颈，溜肩，深弧腹圆鼓，腹最大径在肩部，挖足，肩部粘贴四系。口径9.4、足径7.6、高23.8厘米（图3-140）。

图3-140　釉陶瓶（T6060④：11）

三、Jd区T7256发掘点

T7256位于鹤星村东，向南100米为鹤星公路，向西20米为鹤星村居民住房，北距青龙江10米，发掘前地表种有蔬菜，地势平坦。该区域按5米×5米布方，实际发掘面积8平方米。

（一）地层堆积

本探方依据土质、土色的不同划分为5层，以东壁为例，自上而下分层叙述（图3-141）。

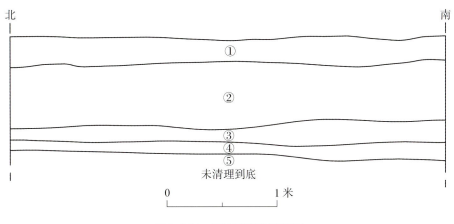

图3-141　T7256东壁剖面图

第①层，深褐色粉沙土，现代农耕层，土质疏松，厚0.15—0.26米。包含物中可见青砖碎块、板瓦残片、零星青釉、青白釉瓷碎片等。

第②层，黄褐色粉沙土，土质疏松，深0.75—0.8米，厚0.55—0.62米。出土物有青砖碎块、板瓦残片和零星青白釉、青釉、酱釉瓷碎片。本层略呈坡状遍布全方。

第③层，黄白色粉沙土，土质致密，含零星草木灰，深0.92—1.05米，厚0.1—0.24米。内含少量砖瓦碎块。本层除西北部缺失外，余呈水平状。

第④层，黑灰色粉沙土，土质疏松，深1—1.1米，厚0.1—0.15米。内含青釉、青白釉瓷碎片和碎砖瓦片等。出土可复原器物7件。本层堆积除西南部缺失外，余呈坡状。

第⑤层，灰褐色粉沙土。发掘至本层发现青砖垒砌的建筑遗迹TJ18（图3-142），因发掘范围过小，遂对其进行了保护性回填。

（二）遗迹与遗物

遗物皆出自第④层。

越窑盘　1件。

T7256④：1，残存二分之一。敞口撇沿、尖唇，弧腹折收，圈足。内底宽平，周缘有一道弦纹，内饰花卉纹。青绿釉莹润。口径15.2、足径4.8、高3.6厘米（图3-143）。

泥质红陶球　1件。

T7256④：7。圆形，实心，砖红色。直径2.6厘米（*图3-144*）。

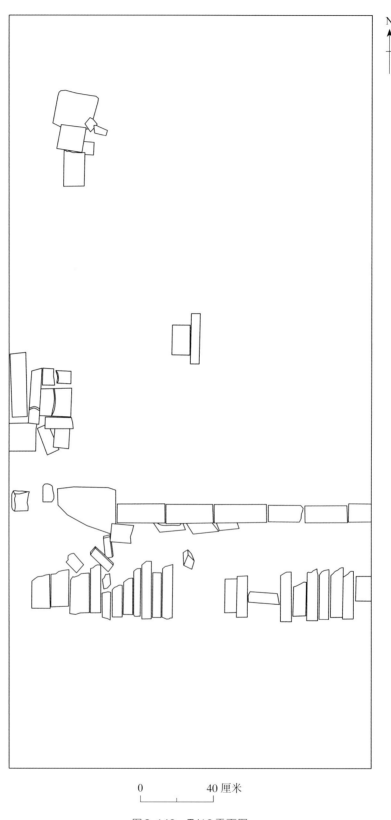

0   40 厘米

图 3-142　TJ18 平面图

铜钱　5枚。

嘉祐通宝，1枚。T7256④：6，直径2.5、孔径0.65、厚0.15厘米。

熙宁元宝，1枚。T7256④：4，直径2.4、孔径0.6、厚0.15厘米。

熙宁重宝，1枚。T7256④：5，直径3、孔径0.75、厚0.2厘米。

图3-143　越窑盘（T7256④：1）

元丰通宝，1枚。T7256④：3，直径2.7、孔径0.65、厚0.15厘米。

政和通宝，1枚。T7256④：2，直径2.5、孔径0.6、厚0.15厘米。

四、Kd区 T0548、T1049发掘点

2010年在白鹤镇鹤联村东北的村民蔬菜地布5米×5米探方2个，为T0548、T1049，实际发掘面积均为8平方米。其中T0548位于鹤联村东北约100米处，北距青龙江20米；T1049位于鹤联村东北约100米处，北距青龙江约45米。这两个探方的地层堆积基本相同，以T1049为例，依据土质、土色的不同划分为3层，自上而下分层叙述（图3-145）。

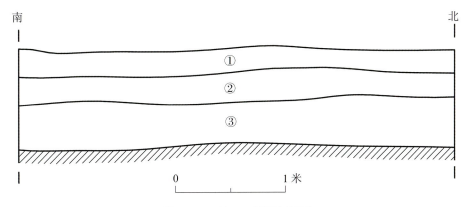

图3-145　T1049西壁剖面图

第①层，现代农耕层，土质疏松，遍布植物根须、秸秆，厚0.16—0.25米。包含物有塑料纸和碎砖块、板瓦残片、零星青釉碗口沿等。本层呈水平状遍布全方。

第②层，灰褐色粉沙土，土质疏松，含零星贝壳、草木灰和炭屑，深0.4—0.48米，厚0.2—0.25米。包含物有碎砖块、板瓦残片等。本层呈水平状遍布全方。

第③层，浅红褐色粉沙土，质疏松，深0.85—0.95米，厚0.4—0.45米。出土物有零星较圆滑的板瓦残片等。本层呈水平状遍布全方。

第③层下为生土，黄褐色粉质黏土，质地疏松，含较多铁锈斑点，纯净。

通过对T0548、T1049的发掘，基本上了解了鹤联村东北、青龙江北岸区域地层堆积的成因及年代，第②、③层为淤积层，出土的少量宋元时期的陶片、瓷片磨圆度较高，显示为搬运堆积形成，并未发现有人类活动的痕迹，可能为吴淞江淤塞所致。

第三节　杨家堰地块

　　窑河开河时曾在老通波塘与窑河交叉口的窑河南北岸发现唐代水井,2010年遂选择在此处布方。该区域发掘前为乡民菜地,属于青龙镇遗址发掘区的Gf区,距青龙塔西偏南529米。

　　在窑河南岸青龙村419号民居北部布方T2754、T2757、T2660,窑河北岸杨家堰地块布方T3757、T3760、T3656、T3660(图3-146)。

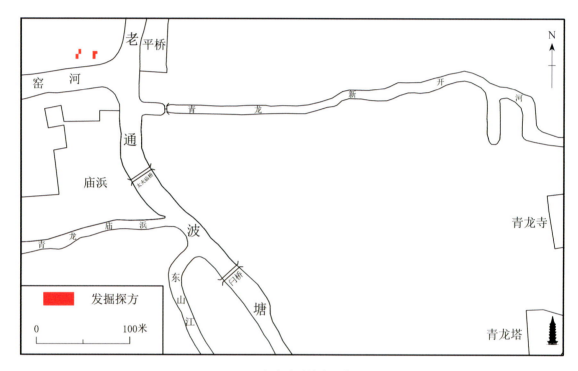

图3-146　杨家堰地块发掘位置图

　　该区域按5米×5米布方,实际发掘面积略有不同,T3757发掘西半部分8平方米,T3760发掘南半部分8平方米,T3656发掘东半部分8平方米,T3660发掘20平方米。发现砖基遗迹2处,砖瓦陶瓷碎片堆积2处。

一、地层堆积

　　T3656、T3660为7层,T3757为5层,T3760为6层,以T3660东壁为例自上而下分层叙述(图3-147)。

　　第①层,现代耕土层,浅黄褐色粉沙黏土,较软,厚0.15—0.25米。分布全方。

　　第②层,浅黄褐色粉沙土,较软,深0.5—0.7米,厚0.35—0.45米。含少量的碎砖瓦片、青釉、青白釉瓷、釉陶碎片等,器形多为碗。堆积北高南低,分布全方。

　　第③层,浅灰褐色粉沙黏土,较杂,深1—1.1米,厚0.35—0.6米。该层呈北高南低的坡状堆积,靠近北隔梁处露出两排呈东西向并排分布的砖墙遗迹,在砖墙的南部清理出一个陶瓷片堆积。

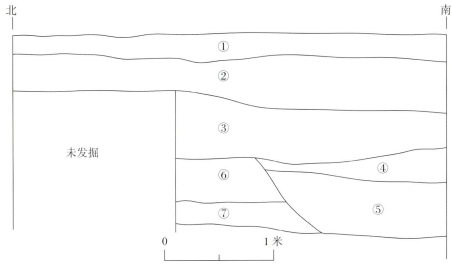

图3-147　T3660东壁剖面图

包含青釉、青白釉瓷、釉陶、陶器碎片等。

第④层，浅黄褐色粉沙土，夹较多的白斑土，较软，包含少量的碎砖屑、蚌壳，可能为淤积层，分布在探方南部的一小部分，深1.2—1.35米，厚0—0.35米。呈北薄南厚的坡状堆积。包含零星青釉、青白釉瓷、釉陶、陶器碎片等。

第⑤层，深灰褐色黏土，包含较多的灰砖块、瓦片、青釉瓷片、釉陶缸片，堆积无规律，可能为垃圾堆，深1.8—1.85米，厚0—0.55米。分布在探方南部，从南壁向北约1.7米宽、东西长近4米的范围内，呈北高南低的坡状堆积。

第⑥层，浅灰黄褐色黏土，较软，包含较多的碎砖屑、少量的青釉瓷片，分布在探方北部的大部，深1.5—1.55米，厚0—0.4米。

第⑦层，深灰褐色粉质黏土，较软，包含少量的碎砖屑、红烧土颗粒、草木灰等，深1.7—1.8米，厚0—0.25米。分布范围与第⑥层相近而略大，堆积大体呈水平状。

第⑦层下为生土，灰黄色，纯净无物。

二、遗迹与遗物

1. 第②层出土遗物

东张窑盏　2件。

T3760②：4，仅存四分之一。直口，圆唇，腹上部陡直，圈足浅挖。胎质坚硬致密，内外壁施黑釉，外壁近底处无釉。口径11.5、足径4.5、高5.8厘米（*图3-148*）。

浦口窑碗　2件。

T3760②：2，口、腹残。撇沿，斜弧腹，圈足，足无釉。内底刻荷花侧叶，似山形，内壁刻划花纹残损不清，外壁斜线纹。青黄釉。口径17、足径5.3、高8.2厘米（图3-149）。

图3-149　浦口窑碗（T3760②：2）

2. 第②层下遗迹

TJ19　在 T3660 第②层下,靠近北隔梁清理出两排呈东西向并排分布的砖墙,长约 3.4 米,西边到头,东边延伸至东隔梁下。两排砖之间的间距为 0.7—0.8 米。砖墙呈从东到西的倾倒状,所用砖皆为残砖,且大小不一,间或有石块掺杂其间。砖墙呈不连续分布,中间有数个缺口。砖面上有白灰粘合剂。在两排砖之间开挖一长 1、宽 0.2、深 0.2 米的解剖沟,发现下面是地层,未见其他遗迹。砖墙原地保留,没有向下发掘。在砖墙的南部清理出一个瓷片、砖块、瓦片堆积。范围约为东西 4、南北 1 米。包含有非常多的瓷片、砖块、瓦片、陶片等,瓷片以青釉瓷为主,可复原器物有 10 余件。堆积厚约 0.3—0.6 米,底部距地表约 1—1.25 米,在全探方均有分布(图 3-150)。

0　　　　40 厘米

图 3-150　TJ19 平面图

TJ20 在T3656第②层下清理出一条砖基，呈东西向分布，两端皆未到边。东西长约2米，中间有一南北向的砖墙与之相交。砖墙多用残砖铺砌，完整者少。整砖规格为26×7×4厘米。砖表面有白灰粘合剂。整条墙并不是一条直线，铺砌高低不平（图3-151）。

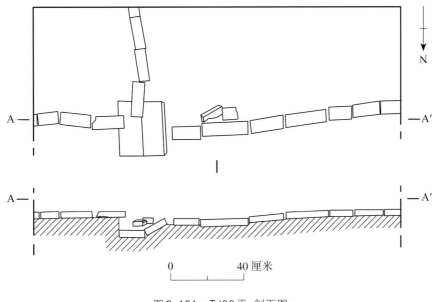

图3-151 TJ20平、剖面图

3. 第③层出土遗物

东张窑盏 2件。

T3660③：9，残存二分之一。口径9.4、足径2.6、高4.8厘米（*图3-152*）。

茶洋窑盏 1件。

T3660③：10，拼对完整。下腹、圈足无釉。口径12.4、足径4.4、高5.3厘米（*图3-153*）。

浦口窑瓷器 5件。

碗 4件。

花口碗 1件。T3660③：16，口、腹残缺较多，从残存部分看，口沿数处，刀削去一窄条，形成花缺。侈口，斜腹，小碗心，周缘有一道弦纹，内刻饰折枝牡丹花，内腹壁以"S"线分成四等份，内刻花卉纹疏朗有致。青灰釉。口径17.8、足径6、高6.5厘米（*图3-154*）。

侈口碗 3件。T3660③：3，口、腹残。侈口，弧腹斜收，直圈足。下腹、圈足无釉，内底涩圈。口径17.4、足径6.9、高6.8厘米（*图3-155*）。

盘 1件。T3757③：1，敞口外撇，折腹，圈足，盘心涩圈。下腹、足无釉，露灰白胎。口径12.8、足径5.6、高3.6厘米（*图3-156*）。

磁灶窑盆 2件。

T3660③：1，复原完整。直口，宽折沿，腹壁较直，平底微内凹。内底宽平，书"金囗"二字，褐色，书写流利。内壁有一道凸弦线。内满釉，外露胎，口沿有垫烧的泥点支钉痕。口径29.2、底径19、高8厘米（图3-157）。T3660③：17，复原完整。窄沿，内沿下有一圈凸棱，外沿下有一道凹痕，深腹，平底。内满釉，外露胎。口径29.3、底径6.2、高15厘米（*图3-158*）。

图 3-157 磁灶窑盆（T3660③：1）

图 3-161 龙泉窑三足炉（T3660③：19）

图 3-162 景德镇窑碗（T3660③：13）

福建窑口盒 1件。

T3660③：18，残存三分之二。直口平沿，直腹壁，平底。胎细腻致密，青灰釉。口径9.3、底径9.4、高2.2厘米（*图3-159*）。

龙泉窑瓷器 2件。

温碗 1件。T3660③：2，口、腹残。直腹壁下部折收，直圈足，足底有泥条垫圈。外腹壁有凸棱。白灰胎细腻厚实，青绿釉开冰裂纹。腹径10.8、足径6.1、残高6厘米（*图3-160*）。

三足炉 1件。T3660③：19，残底。白胎，青绿釉，玻化程度较高，釉面开冰裂纹。腹径10.4、残高7.5厘米（图3-161）。

景德镇窑碗 1件。

T3660③：13，残存三分之一。芒口，撇沿，弧腹斜收，下腹、底无釉，小碗心下凹。口径17.6、足径5.8、高7.1厘米（图3-162）。

褐釉圆腹罐 2件。

T3660③：14、15，形制相同。厚唇，上腹近直，下腹斜收成小平底。T3660③：14，残存二分之一。满釉，下腹一圈泥点垫痕。浅褐色胎细腻，褐釉润泽。口径20、底径7.8、高16厘米（*图3-163*）。

4. 第④层出土遗物

太湖西南岸窑[1]瓷器 9件。

Aa 型碗 8件。形制相同，尖唇，敞口，弧腹，平底，底心刻划圆圈纹。下腹、底无釉。底与腹壁交接处有一圈泥点支钉痕。T3757④：10，残存一半。口径19.8、底径10.4、高5.9厘米（*图3-164*）。

E 型罐 1件。T3757④：21，残存近二分之一。口径9.6、底径5.7、高10.5厘米（*图3-165*）。

越窑碗 4件。

T3757④：3，残存三分之一。口径21、底径9.8、高6.1厘米（*图3-166*）。T3757④：8，残存二分之一。口径21、底径10、高6.8厘米（图3-167）。

长沙窑瓷器 5件。

B 型碗 4件。T3757④：6，口径13.4、底径4.8、高4.2厘米（图3-168）。

1 太湖西南岸窑主要指德清窑、宜兴窑，因二者产品较难分辨，故统称太湖西南岸窑，下同。

图3-167　越窑碗（T3757④：8）

图3-168　长沙窑B型碗（T3757④：6）

双系罐　1件。T3757④：11，口有磕口，双系残佚。口径9.8、底径10.2、高17.4厘米（*图3-169*）。T3757④：2、T3757④：3、T3757④：7、T3757④：8、T3757④：9等几件器物发现时集中在一块（*图3-170*）。

5. 第⑤层出土遗物

浦口窑碗　2件。

T3660⑤：4，口、腹残。敞口撇沿，内饰疏朗荷花纹，外饰条纹。釉泽光亮。口径17.5、足径5.4、高7.7厘米（图3-171）。

越窑碗　3件。

Aa型碗　1件。T3656⑤：1，唐代。口径19.4、底径9、高6.4厘米（*图3-172*）。

B型碗　2件。T3656⑤：2，唐代，残存四分之一。口径14.5、底径6.4、高4.3厘米（图3-173）。

图3-171　浦口窑碗（T3660⑤：4）

图3-173　越窑B型碗（T3656⑤：2）

褐釉壶　1件。

T3660⑤：8，口部缺失。高领，溜肩，鼓腹，饼足，长柱管流，耳形把手。底径8.8、残高18.6厘米（*图3-174*）。

泥质灰陶灯　1件。

T3660⑤：7，上部残缺。底径12.6、残高10.1厘米（*图3-175*）。

5. 第⑥层出土遗物

太湖西南岸窑碗　1件。

Aa型碗　1件。T3760⑥：1，残存二分之一。口径15、底径8.3、高4.5厘米（图3-176）。

图 3-176　太湖西南岸窑 Aa 型碗（T3760⑥：1）

第四节　油叉宅基地块

　　油叉宅基地块位于青龙镇遗址中部偏东、偏南，老通波塘北岸、窑河东岸的 Fg 区，南距青龙塔 100 多米，发掘前地表种植菠菜。该区域布设 T7411、T7619、T7909 三个探方，以下分别介绍（图 3-177）。

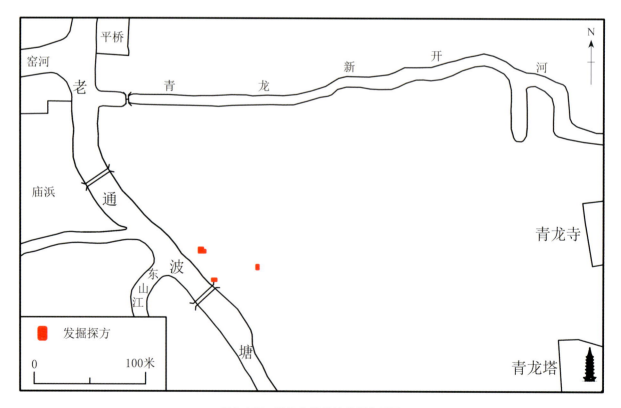

图 3-177　油叉宅基地块发掘位置图

一、Fg区 T7411 发掘点

（一）地层堆积

T7411地层分8层,现以南壁剖面为例自上而下分述如下(图3-178)。

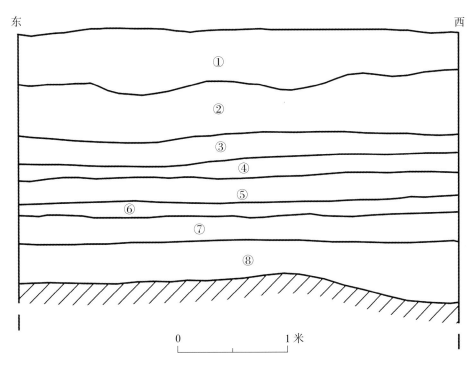

图3-178　T7411南壁剖面图

第①层,现代耕土层,浅灰褐色粉沙黏土,较软,堆积为坡状,厚0.2—0.45米。

第②层,浅黄褐色粉沙黏土,致密,较软,包含少量的灰色碎砖块、白色蚌壳,堆积为坡状,西边略厚而东边薄。深0.9—0.96米,厚0.35—0.5米。

第③层,深灰褐色粉沙黏土,较软,包含物较少,有少量的碎砖屑、草木灰、石子等,堆积略呈坡状。深1.05—1.2米,厚0.15—0.2米。

第④层,浅灰绿色粉沙黏土夹黄锈斑,包含较多的砖块、瓦片及少量的瓷片、炭屑,堆积近水平状。瓷片以青釉为主,器形多为碗。深1.25—1.3米,厚0.05—0.15米。

第⑤层,浅黄褐色粉沙黏土,较软,包含较多的灰砖块、瓦片、蚌壳、瓷片等,堆积呈水平状。瓷片有青瓷、白瓷等,此外还有釉陶。发现一个青瓷碗底,内有一圈支座,矮圈足。深1.45—1.5米,厚0.2—0.25米。

第⑥层,深灰褐色粉沙黏土,较软,包含较多的碎砖块、瓦片、炭屑、红烧土颗粒及少量瓷片,堆积呈水平状。瓷片多为青釉,器形多为碗,内有支钉。深1.6—1.65米,厚0.1—0.15米。

第⑦层,浅黄褐色粉沙土,较软,包含物较少,见少量的砖屑、瓦砾、青瓷片等,堆积呈水平状。深

1.85—1.9米，厚0.2—0.28米。从土质土色判断，该层可能为淤积层。

第⑧层，黄褐色黏土，较软，黏性较大，含水多，包含少量的砖块瓦片，东部薄而西部厚，呈东高西低坡状堆积。深2.15—2.4米，厚0.3—0.5米。

第⑧层下为青灰色淤泥，非人类活动形成。该探方西距通波塘4.2米左右，推测该地层很可能是通波塘老河道，说明当时通波塘较现在更宽广。

（二）出土遗物

遗物主要出土于第③层，为太湖西南岸窑瓷器，分述如下。

Aa型碗　1件。撇口，尖圆唇，弧腹，平底。T7411③：1，灰胎，青釉，内满釉，外施半釉，有流釉现象。内外各残留5个垫烧痕。口径20、底径12.4、高5.8厘米（*图3-179*）。

B型碗　1件。敛口，圆唇，弧腹，平底。T7411③：2，灰胎，青釉，内满釉，外施半釉。内底残留2个、外底残留3个垫烧痕。口径14.8、底径9.4、高3.9厘米（图3-180）。

A型盏　2件。敛口，圆唇，斜弧腹，平底。T7411⑧：6，灰胎，青绿釉，内满釉，外施半釉。外底残留1个垫烧痕。口径13、底径7.5、高3.8厘米（*图3-181*）。

B型盆　1件。T7411⑧：4，撇口，圆唇，弧腹，平底，外缘斜削。砖红胎，青黄釉，遍布开片，内满釉，外施釉不及底，内壁有3个较大的褐彩斑。内、外底各残留8个垫烧痕。口径26.4、底径12.8、高6.6厘米（图3-182）。

图3-180　太湖西南岸窑B型碗（T7411③：2）　　　　图3-182　太湖西南岸窑B型盆（T7411⑧：4）

二、Fg区T7619发掘点

（一）地层堆积

本方地层发掘到第⑤层，因遇到遗迹暂停发掘，现以北壁剖面为例分述如下（图3-183）。

第①层，现代耕土层，浅灰褐色。粉沙黏土，较软，堆积为坡状，厚0.1—0.2米。

第②层，浅黄褐色粉沙黏土，致密，较软，包含少量的灰色碎砖块、白色蚌壳，堆积为水平状。深1.3—1.35米，厚1.05—1.1米。

第③层，深灰褐色粉沙黏土，较软，夹杂较多的碎砖块、瓦片、瓷片、蚌壳等，堆积为水平状。深

1.5—1.55米,厚0.2—0.25米。

第④层,浅灰绿色粉沙黏土夹黄锈斑,包含少量的砖块、瓦片、瓷片、炭屑、缸片等,堆积近水平状。深1.9—1.95米,厚0.35—0.4米。

第⑤层,深灰褐色黏土,较软,包含较多的草木灰、灰砖块、瓦片、蚌壳、瓷片等,堆积为水平状。深2.1—2.15米,厚0.2米,仅西北部局部略有凹陷。

(二) 遗迹

TJ21　位于T7619中南部,开口于第⑤层下,遗迹为一条铺地砖,呈西南—东北走向,方向为255°,与T7909铺地砖方向一致。该条铺地砖长约1.4米,由11块砖铺就。铺地砖规格为26×13×3厘米,与T7909的铺地砖相较,短2厘米,宽度、厚度一致。另有3块砖的规格较之其他砖略短2厘米左右。其东南边已到头,边上散落一块板瓦,东北方向延伸至探方下。该铺地砖铺砌不甚平整,砖缝亦较大,缝隙之间未见明显的粘合剂,整体质量不如T7909的铺地砖。因发掘面积较小,其范围及用途均不明(图3-184)。

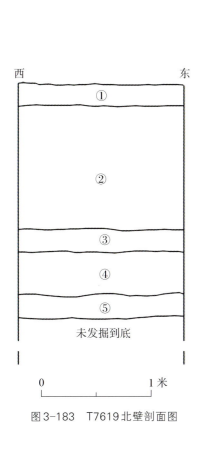

图3-183　T7619北壁剖面图

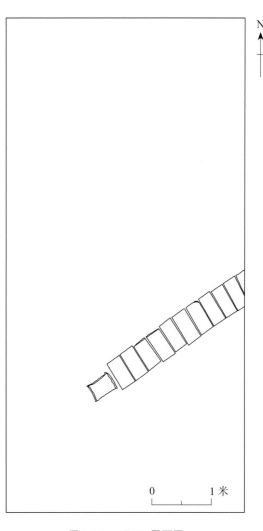

图3-184　TJ21平面图

（三）出土遗物

遗物主要出土于第⑤层，为太湖西南岸窑瓷器。

太湖西南岸窑瓷器 8件。

Aa 型碗 6件。撇口，尖圆唇，弧腹，平底。分为青釉、褐釉两种。其中青釉碗5件。T7619⑤：7，灰胎，青釉，内满釉，外施半釉，内底略生烧。内、外底分别有12个垫烧痕。口径20.6、底径11.9、高6.3厘米（图3-185）。褐釉碗1件。T7619⑤：9，灰胎，褐釉，内满釉，外施半釉。内、外底残留有9个垫烧痕。口径19.2、底径11.6、高6厘米（图3-186）。

A 型盏 1件。敛口，圆唇，斜弧腹，平底。T7619⑤：3，灰胎，青绿釉，内满釉，外施半釉。内、外底各残留2个垫烧痕。口径13.5、底径7.5、高3.8厘米（图3-187）。

D 型罐 1件。直口，圆唇外卷，束颈，溜肩，肩部立二系，弧腹，平底。T7619⑤：8，灰胎，青釉，有流釉现象。内满釉，外壁施釉近底。外底残留3个垫烧痕。口径5.8、底径5、高9厘米（图3-188）。

图3-185　太湖西南岸窑Aa型碗（T7619⑤：7）

图3-188　太湖西南岸窑D型罐（T7619⑤：8）

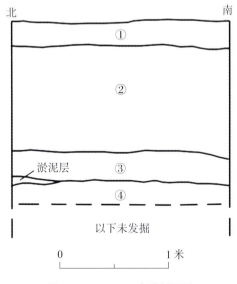

图3-189　T7909东壁剖面图

三、Fg区T7909发掘点

本探方地层发掘到第④层，因遇到遗迹暂停发掘，现以东壁剖面为例介绍如下（图3-189）。

（一）地层堆积

第①层，现代耕土层，深黄褐色粉沙黏土，较硬，致密，堆积为水平状。厚约0.2—0.25米，深约0.2—0.25米。

第②层，浅黄褐色粉沙黏土，致密，较软，包含少量灰色碎砖块、白色蚌壳，堆积为坡状，西边略厚而东边薄。厚约0.9—1.1米，深约1.1—1.35米。

第③层，深灰褐色粉沙土，致密而略硬，夹较多的炭屑、草木灰，包含物较少，见有少量的灰砖块、板瓦等，堆积东高西低，略呈坡状。厚约0.1—0.23米，深约1.4—1.5米。

第④层，深灰褐色粉沙黏土，包含较多的瓦片、灰砖块、碎砖屑。厚约0.15—0.2米，深约1.5—1.6米。分布于探方东部，因第③层下发现铺地砖，此层未发掘完即暂停。

（二）遗迹

TJ22　位于T7908、T7909中，是在第③层下发现的一处较大的砖砌建筑遗迹。平面呈直线形分布，西边在T7908内结束，东边则延伸至T7909东北部未发掘区域内，在探方内暴露出的长度为4米，经探铲钻探，总长度为8米左右。遗迹方向为255°。平面有三排砖，南面一排为竖砖平铺。砖的规格为28×13×3厘米，目前可见29块，其中西端的两块砖横向平铺，确定西端已到头。平铺砖仅一层，铺砌平整，黄沙勾缝，砖缝小于0.5厘米，砖面略有磨损。紧邻平铺砖北侧，侧立二道砖，砖的规格为30×4.5厘米，宽度因未完全发掘，暂未知。砖墙北侧散落着零星的碎砖块，间有一些红烧土块（图3-190）。铺地砖同一层面上，有一层黄锈斑土，致密而坚硬，厚2—3厘米，推测为当时活动的踩踏面。

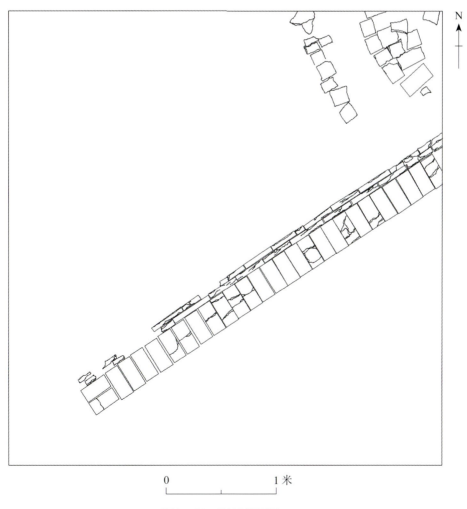

0　　　　　　　　1米

图3-190　TJ22平面图

第四章
窑河南岸发掘区

2012年10月至2013年2月，对Gf区老通波塘和窑河交汇处的西南地块布方发掘，该地块为青龙村419号北区、青龙村421号南区，发掘前为菜地，分两节介绍如下（图4-1）。

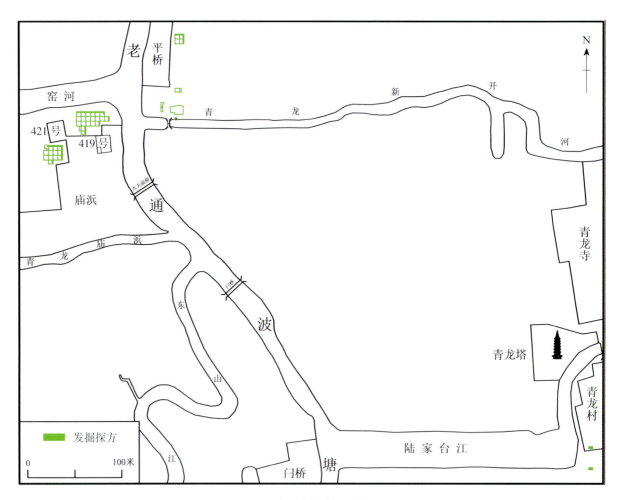

图4-1 窑河南岸发掘区位置图

第一节 青龙村419号北发掘区

该区域位于老通波塘与窑河相交处的西南角，东、北面分别紧邻老通波塘、窑河，包括Gf区 T2357、T2456、T2457、T2556、T2557、T2558、T2559、T2560、T2656、T2657、T2658、T2659、T2660、 T2661、T2662、T2756、T2757、T2758、T2759、T2760、T2761（图4-2）。

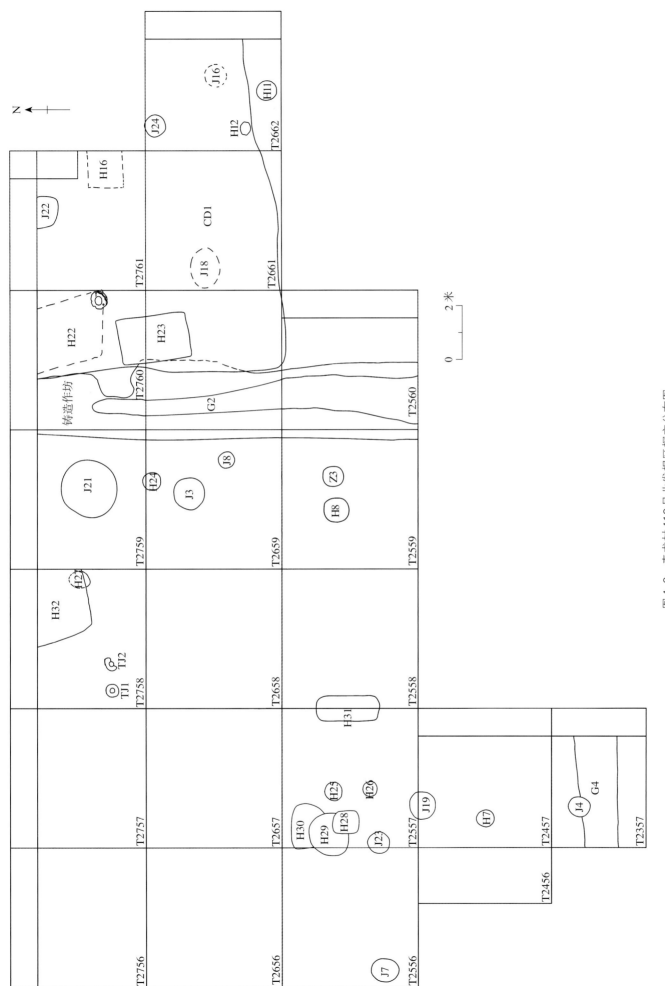

图 4-2 青龙村 419 号北发掘区探方分布图

一、地 层 堆 积

通波塘与窑河交汇处的西南角发掘区地层以 Gf 区 T2560—T2760 东壁、T2756—T2761 北壁剖面为例,介绍地层堆积情况。

(一) T2560—T2760 东壁

第①层,现代农耕层,浅灰褐色粉沙土,厚 0.1—0.15 米。本层呈水平状遍布全方。

第②A 层,浅黄褐色粉沙土,深 1—1.15 米,厚 0.85—1 米,土质疏松,含零星炭屑和草木灰,出土少量青白釉瓷片、青釉瓷片、釉陶片、素面青砖碎块、板瓦残片等,器形主要见碗、罐、韩瓶口沿及底等。本层呈水平状遍布全方。

第②B 层,红褐色粉质沙土,深 1.1—1.15 米,厚 0.08—0.2 米,土质疏松,含较多蚌壳及零星炭屑、草木灰,出土有少量青白釉瓷片、青釉瓷片、素面青砖碎块、板瓦残片。本层呈水平状分布发掘区东北部。

第③层,深灰褐色粉沙土,深 1.35—1.5 米,厚 0.15—0.35 米,土质较致密,含少量炭屑、草木灰和零星红烧土颗粒,本层堆积出土物有素面青砖碎块、板瓦残片以及少量白釉瓷、青釉瓷、褐釉瓷、釉陶片等,器形可见碗、罐、韩瓶口沿及底等。本层堆积近水平状遍布全方。

第④层,浅灰绿色粉沙土,夹黄锈斑,深 1.5—1.6 米,厚 0.1—0.25 米,土质疏松,含较多炭屑、草木灰和零星红烧土颗粒,出土物有较多的碎砖块、板瓦残片、青釉瓷片以及少量褐釉瓷片,器形主要为碗、罐等,碗底多有泥点痕。本层堆积呈水平状遍布全方。

第⑤A 层,深灰褐色粉质黏土,深 1.6—1.7 米,厚 0—0.2 米,土质较疏松,出土物较多,有青釉、白釉、酱釉瓷片。本层在发掘区东南部有缺失。

第⑤B 层,浅黄褐色粉质沙土,深 1.7—1.85 米,厚 0—0.15 米,土质较疏松,含较多炭屑、草木灰和零星红烧土颗粒,出土物有青釉瓷片及少量褐釉瓷片。本层堆积呈水平状遍布全方。

第⑥层,深 1.8—2.2 米,厚 0—0.4 米,土质较致密、坚硬,夹杂铁锈斑,含炭屑、零星草木灰及少量红烧土颗粒,出土物有瓷片、碎砖块等。本层基本呈水平状遍布全方。

第⑦层,深灰褐色沙质黏土,深 2.05—2.25 米,厚 0—0.35 米,土质较为致密、坚硬,出土物较少,有零星青釉、褐釉瓷片及板瓦残片,器形可见碗口沿、底部等。本层堆积呈水平状分布,在探方东部略有缺失。

第⑧层,灰黄色沙质黏土,深 2.25—2.45 米,厚 0—0.2 米,土质坚硬,较为致密,遍布铁锈色斑点,含零星炭屑和草木灰,出土物较少,有少量青釉碗瓷片、素面青砖碎块、板瓦残片等。本层堆积近水平状分布全方。

第⑧层下为生土,黄褐色沙质黏土,致密、坚硬,遍布铁锈色斑点,较纯净(图 4-3)。

(二) T2756—T2761 北壁

第①层,深灰褐色粉沙土,现代农耕层,厚 0.1—0.2 米,土质疏松,遍布植物根须,含少量草木灰、炭屑,出土物有少量素面青砖碎块、塑料纸以及现代人生活遗留废弃物等。本层呈水平状遍布全方。

第②A 层,黄褐色粉质沙土,深 0.9—1.15 米,厚 0.7—1 米,土质疏松,含零星炭屑和草木灰,出土

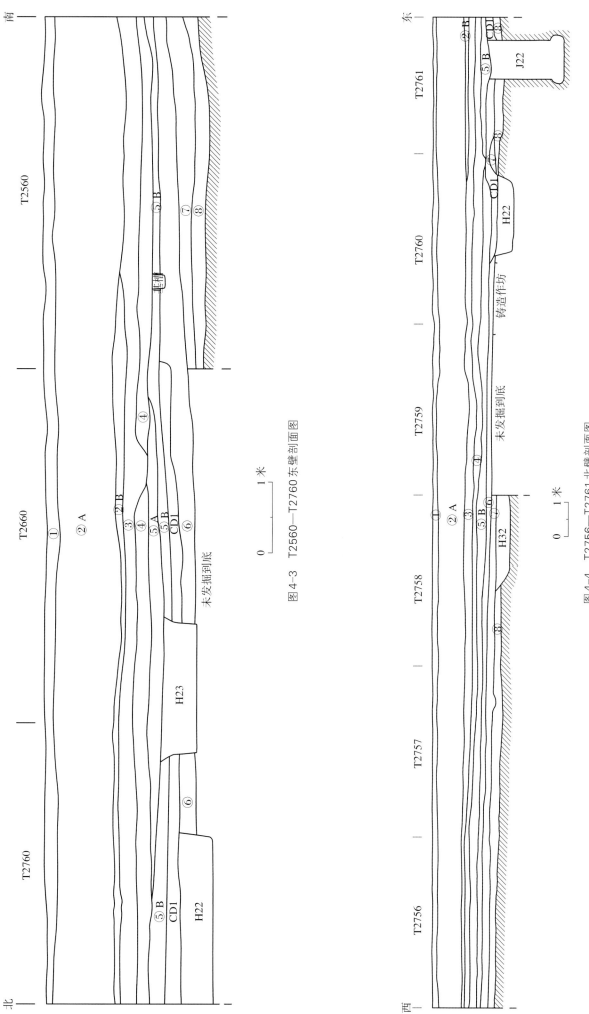

图4-3 T2560—T2760东壁剖面图

图4-4 T2756—T2761北壁剖面图

物较少，有青白釉瓷片、青釉瓷片、釉陶片、素面青砖碎块、板瓦残片，部分青白釉瓷片釉面光洁、釉色均匀，器形主要见碗、罐、韩瓶口沿及底部等。本层分布于发掘区东部。

第②B层，红褐色粉质沙土，深1.05—1.15米，厚0—0.15米，土质疏松，含较多蚌壳及零星炭屑和草木灰，出土物较少，有少量青白釉、青釉瓷片。本层分布于发掘区东部。

第③层，灰褐色沙质黏土，深1—1.3米，厚0.1—0.15米，土质较致密，含少量炭屑、草木灰和零星红烧土颗粒，本层堆积出土物有素面青砖碎块及少量青釉瓷、褐釉瓷、釉陶片等。本层堆积基本上呈水平状遍布全方。

第④层，深灰色沙质黏土，深1.5—1.55米，厚0.1—0.25米，土质疏松，含较多炭屑、草木灰和零星红烧土颗粒，出土物有较多的碎砖块、青釉瓷片以及少量褐釉瓷片，器形主要为碗口沿、底部。本层堆积呈水平状遍布全方。

第⑤B层，浅灰褐色粉质沙土，深1.7—1.85米，厚0—0.25米，土质较疏松，含较多炭屑、草木灰和零星红烧土颗粒。本层堆积呈水平状遍布全方。

第⑥层，深褐略发青黄色粉质黏土，深1.8—2.2米，厚0.05—0.2米，土质较紧密、坚硬，夹杂铁锈斑，含炭屑、零星草木灰及少量红烧土颗粒，出土物有瓷片、碎砖块等。本层基本呈水平状遍布发掘区西部。

第⑦层，深灰褐色沙质黏土，深2—2.2米，厚0—0.35米，土质较为致密、坚硬，出土物较少，有零星青釉、褐釉瓷片及板瓦残片。本层堆积呈水平状分布，在发掘区东部略有缺失。

第⑧层，灰黄色沙质黏土，深2.25—2.45米，厚0—0.35米，土质坚硬，较为致密，遍布铁锈色斑点，含零星炭屑和草木灰，出土物较少，有少量青釉碗瓷片、碎砖块等。本层堆积基本呈水平状分布全方。

第⑧层下为黄褐色沙质黏土，致密、较为坚硬，遍布铁锈色斑点，较纯净，为生土层(图4-4)。

二、遗 迹 与 遗 物

1. 第①层出土遗物

义窑碗 1件。

T2754①：1，圆唇，弧腹，高圈足。灰白胎，青灰釉，内壁满釉，外壁半釉，多有气孔。口径17.6、足径5.6、高7.2厘米(图4-5)。

2. 第②层出土遗物

浦口窑碗 1件。

T2657②：1，圆唇，敞口，弧腹，圈足。灰胎，疏松，青釉，内壁满釉，外壁半釉。内底有涩圈，外壁剔刻菊瓣纹。口径16.8、足径6.6、高6.4厘米(图4-6)。

太湖西南岸窑盏 2件。

B型盏 2件。口微敛，圆唇，弧腹，平底。T2659②：1，灰胎，褐釉，内壁满釉，外壁半釉。口径9.2、底径4.2、高3.1厘米(图4-7)。

越窑盏 1件。

T2456②：7，荷叶形，圈足。内壁细线刻划荷叶纹，外壁剔刻莲瓣纹。灰胎，胎质细腻，满施青釉，足端刮釉呈红色，残留2个垫烧痕。口径12、足径5.6、高4.1厘米(图4-8)。

景德镇窑盒 1件。

T2557②：1，子口，腹部斜收，平底。白胎，较疏松，青白釉，内满釉，外施半釉，底露胎。口径3.8、底径2.8、高1.7厘米（*图4-9*）。

青釉碗 1件。

T2760②：1，圆唇，侈口，深弧腹，圈足。砖红色胎，透明釉，生烧。该件产品应该为浙南闽北产品。口径18、足径7、高6.1厘米（*图4-10*）。

3. 第②层下遗迹（图4-11）

J3 位于Gf区T2659北部，开口于第②层下，打破第③、④、⑤、⑥、⑦、⑧层及生土层。平面呈圆形，直壁，平底。直径1.16、深2.48米。填土为灰褐色粉质黏土，土质疏松，含零星炭屑、草木灰（图4-12）。

G2 位于Gf区T2560、T2660、T2760内，开口于第②层下，打破第③、④层。呈长条形，南宽北窄，斜壁，略呈圜底。南端宽1.05米，北端为圆弧形，已发掘部分长12米。填土为浅褐色粉沙土，较松软，土质较杂，为一次填成（图4-13）。主要出土太湖西南岸窑瓷器。

太湖西南岸窑盆 1件。

Aa型盆 1件。敛口，圆唇外叠，深弧腹，平底。G2：1，砖红胎，青釉泛白，内满釉，外施半釉，略生烧。外底残留1个垫烧痕。口径30、底径11.4、高11.8厘米（*图4-14*）。

4. 第③层出土遗物

太湖西南岸窑瓷器 8件。

A型碗 7件。尖圆唇，弧腹，平底。根据口沿及大小，分为2个亚型。

Aa型碗 5件。撇口。T2556③：1，灰胎，较细腻，有少量空隙。青釉，内底因叠烧而略有生烧，釉面泛白，内满釉，外施半釉。内底残留4个、外底残留3个垫烧泥点痕。口径20、底径10.6、高5.9厘米（*图4-15*）。

Ab型碗 2件。敞口。T2756③：1，灰胎，较细腻，有少量空隙。青釉，内满釉，外施半釉。内、外底残留2个垫烧泥点痕。口径17、底径10、高4.5厘米（*图4-16*）。

B型盏 1件。敛口，圆唇，鼓腹，平底。T2656③：1，灰胎，青釉，仅口沿处施青釉，内底有零星的滴釉现象。口径11.2、底径5.8、高3.4厘米（*图4-17*）。

越窑瓷器 4件。

C型碗 2件。敞口，圆唇，深弧腹，高圈足。T2559③：1，灰白胎，青釉，内外满釉，内壁有一道弦纹，足底有4个条形垫烧痕。口径14.8、足径6.2、高6.3厘米（*图4-18*）。T2658③：17，灰白胎，青釉，内外满釉，内壁有一道弦纹，内底有一圈白色垫烧痕，足端残留白色垫烧痕。口径15.2、足径8、高5.2厘米（*图4-19*）。

盒 2件。T2558③：3，盒身，子口，下腹部斜收，圈足外撇。灰胎，满施青绿釉。下腹有一周凹弦纹，底部一圈白色垫烧泥点痕。口径7.3、足径6、高3.2厘米（*图4-20*）。T2558③：25，盒盖，盖顶弧面。灰胎，青黄釉，盖沿一周无釉，残留2个垫烧痕。口径12、高3.1厘米（*图4-21*）。

龙泉窑碗 1件。

T2662③：5，圆唇，撇口，深弧腹，圈足。灰胎，胎质细腻，满施青釉，外底留垫烧痕。口径16.8、足径6.6、高7厘米（*图4-22*）。

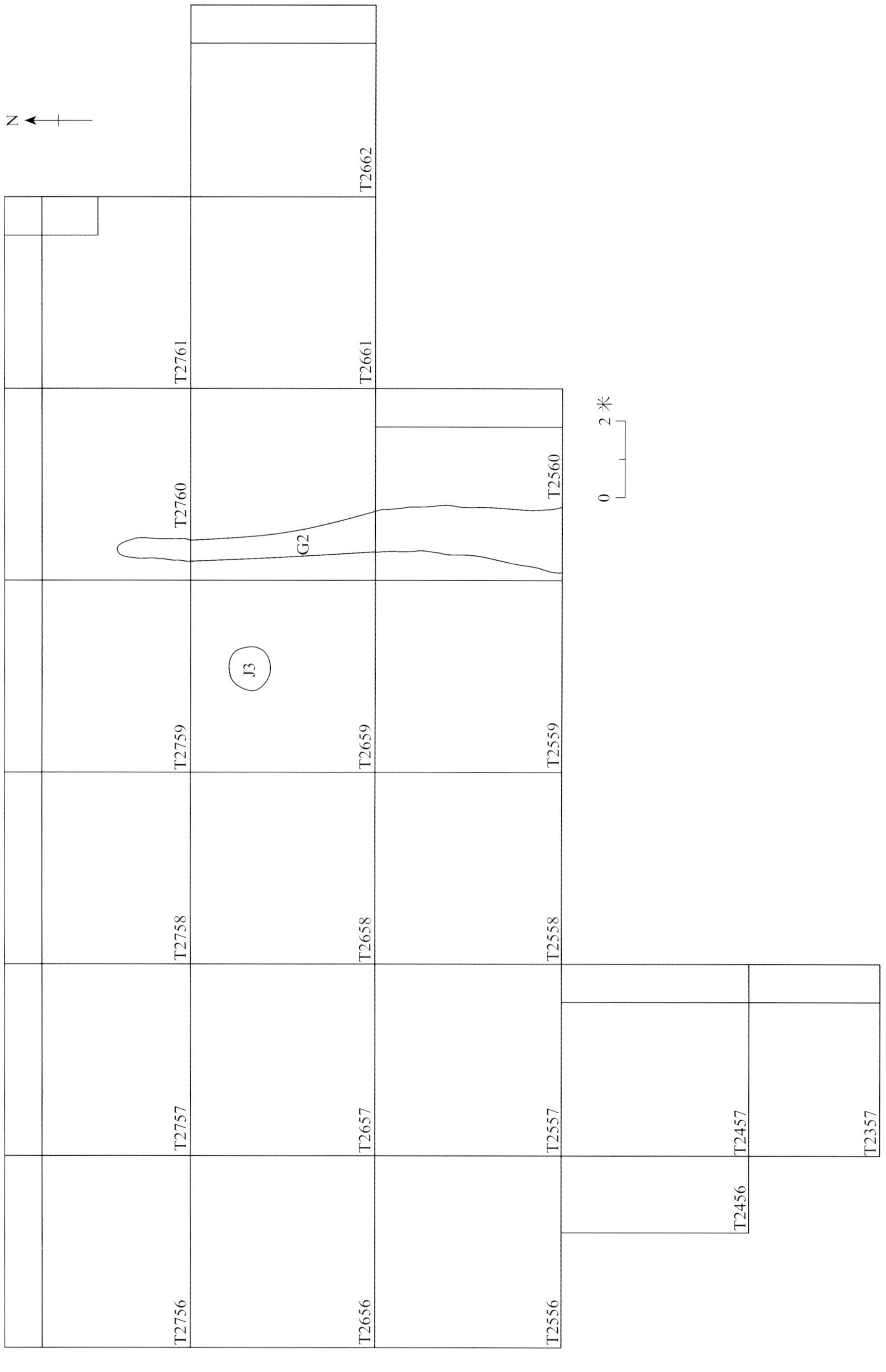

图 4-11 青龙村 419 号北发掘区 2 层下遗迹位置图

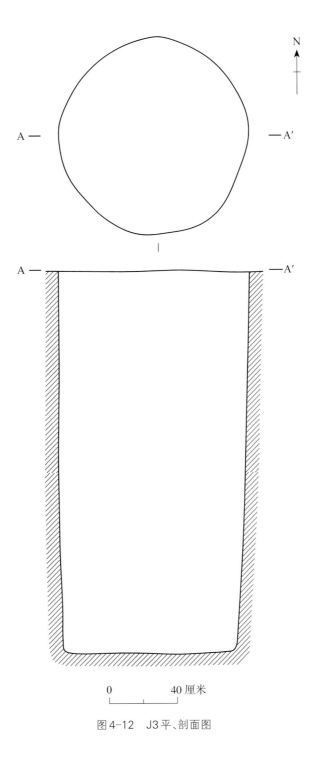

图4-12 J3平、剖面图

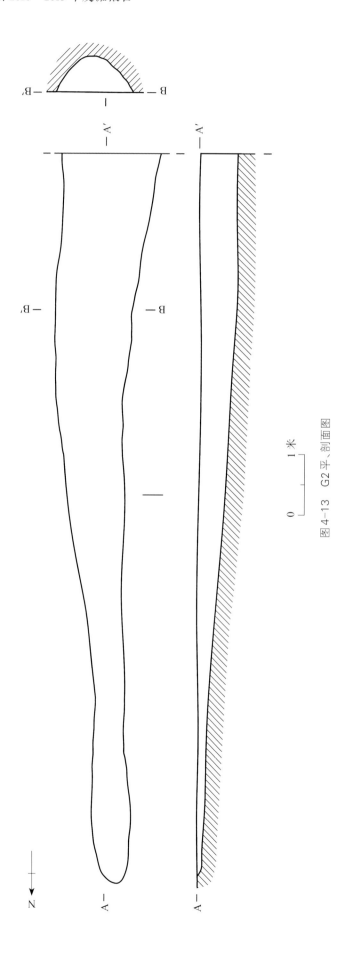

图 4-13 G2 平、剖面图

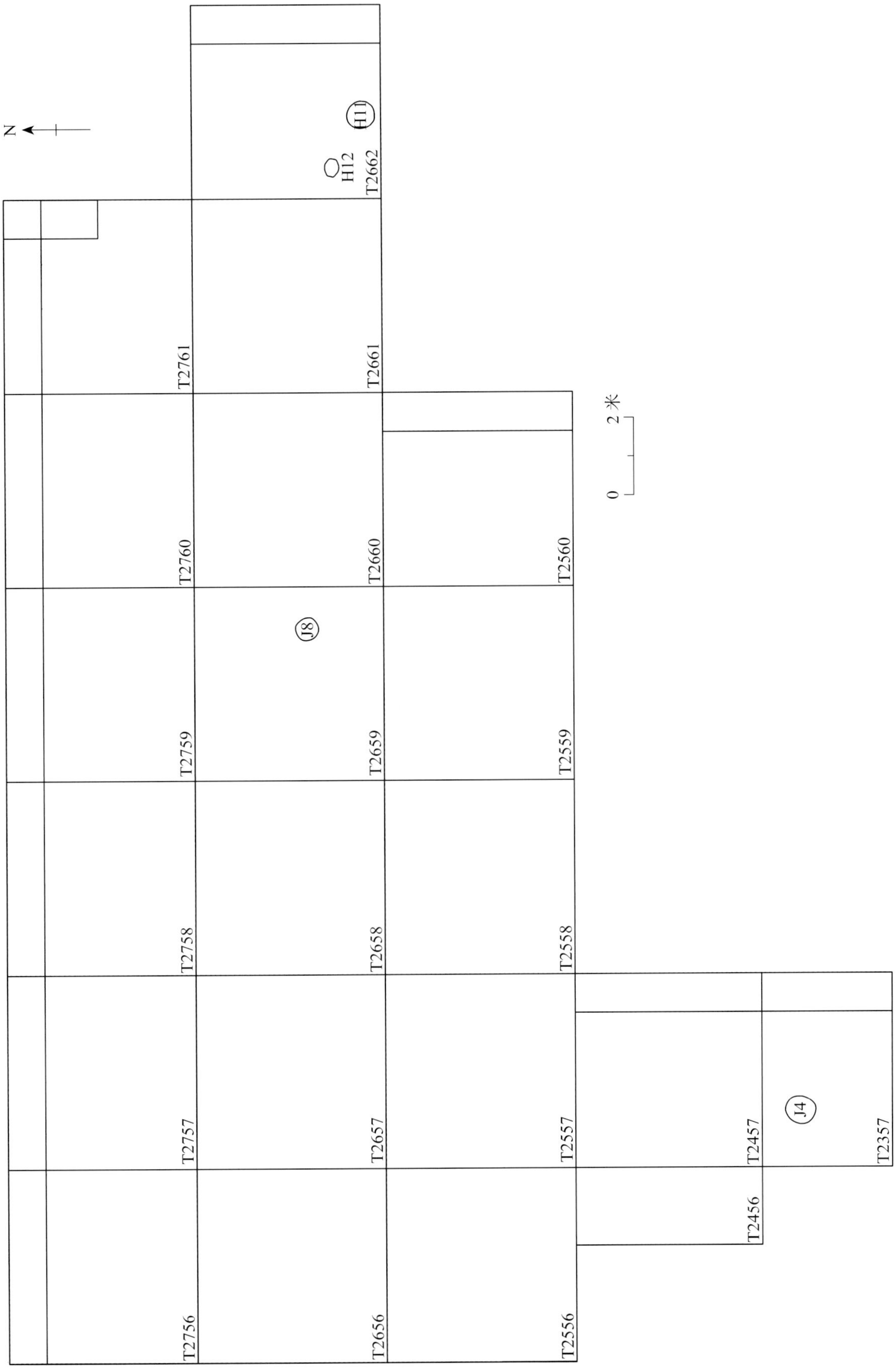

N

T2761　T2760　T2759　T2758　T2757　T2756

J8

T2662　T2661　T2660　T2659　T2658　T2657　T2656

H11　H12

T2560　T2559　T2558　T2557　T2556

J4

T2457　T2456

T2357

0　2 米

图4-26　青龙村419号北发掘区③层下遗迹位置图

景德镇窑碗 2件。

T2662③：6，敞口，尖唇，深弧腹，圈足。白胎，浅青白釉，内满釉，外施釉至外足墙。碗心压印一周弦纹，外壁剔刻仰莲纹。口径15、足径7.1、高5.7厘米（*图4-23*）。T2659③：3，敞口，六瓣花口，圆唇，斜直腹，下腹微折，浅圈足，内足墙倾斜。碗心压印一周弦纹。白胎，白釉泛黄，遍布细小开片，内满釉，外施釉至足端。口径15.4、足径6.4、高5.6厘米（*图4-24*）。

陶碾轮 1件。

T2758③：1，圆形，中有穿孔，厚度由中心向边缘递减。砖红胎，较粗糙。直径12.6、厚2.6厘米（*图4-25*）。

5. 第③层下遗迹（图4-26）

H11 位于T2662南部，开口于第③层下，打破第④、⑤B、⑤C、⑤D、⑥A、⑥B层。平面近圆形，弧壁，圜底。直径0.72、深0.36米。填黄褐色粉沙土，土质疏松，含少量草木灰和零星红烧土颗粒（图4-27）。

H12 位于T2662西部，开口于第③层下，打破第④、⑤B层。平面呈椭圆形，弧壁，圜底。长径0.45、短径0.38、深0.16米。填土为灰黑色粉沙土，土质松软，含大量草木灰（图4-28）。

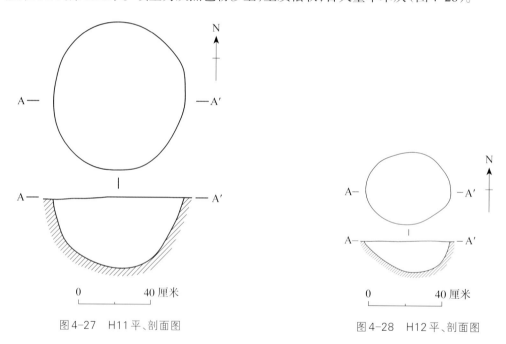

图4-27 H11平、剖面图　　　　　　　图4-28 H12平、剖面图

J4 位于T2357西北部，开口于第③层下。平面近圆形，直壁，圜底。直径0.74、深0.92米。填土为浅灰褐色沙质黏土，较疏松，含大量蚌壳、零星炭屑、草木灰等（*图4-29*）。

J8 位于T2659东壁处，开口于第③层下。平面近圆形，直壁，圜底。直径0.6、深1.6米。填土为浅灰褐色沙质黏土，较疏松，含大量蚌壳、零星炭屑、草木灰等（图4-30）。

6. 第④层出土遗物

太湖西南岸窑瓷器 42件。

碗 30件。分为2型。

A型碗 29件。尖圆唇，弧腹，平底。根据口沿及大小的变化，分为2个亚型。

Aa 型碗　24 件。撇口。T2761④：6，灰胎，青釉，内满釉，外施半釉，有流釉现象。外壁有跳刀痕，外底内心浅挖一小圈，内有 8 个垫烧痕，外有 14 个垫烧痕。口径 19.9、底径 10.9、高 5.7 厘米（*图 4-31*）。T2560④：13，灰胎，青釉，内满釉，外施半釉，有流釉现象。外底内心浅挖一小圈，内底残留 9 个垫烧痕，外底有 7 个垫烧痕。口径 20.6、底径 10.8、高 6.4 厘米（图 4-32）。

Ab 型碗　5 件。敞口，分青釉、褐釉两类。

青釉碗　3 件。T2761④：52，灰胎，青釉，内满釉，外施釉不及底。外壁有修坯痕，内残留 2 个垫烧痕，外残留 3 个垫烧痕。口径 15.4、底径 8.8、高 3.9 厘米（*图 4-33*）。

褐釉碗　2 件。T2760④：12，灰胎，褐釉，内满釉，外施半釉，有聚釉现象，釉面部分开片。外壁有修坯痕，内残留 6 个垫烧痕，外残留 4 个垫烧痕，外底有环状粘连痕。口径 15.2、底径 8.2、高 4.5 厘米（*图 4-34*）。

B 型碗　1 件。敛口，圆唇，弧腹，平底。T2760④：7，灰胎，青釉，内外仅口部施釉，有流釉现象。外壁有修坯痕，内残留 4 个垫烧痕，外壁垫烧痕无法识别，内外底有环状粘连，外底粘沙。口径 19、底径 11.4、高 4.8 厘米（*图 4-35*）。

盏　7 件。分为 4 型。

A 型盏　2 件。敛口，圆唇，斜弧腹，平底。T2761④：64，灰胎，青绿釉，内满釉，外施半釉。内底与外底各有 2 个和 3 个垫烧痕。口径 15.2、底径 8.5、高 3.3 厘米（*图 4-36*）。

B 型盏　1 件。敛口，圆唇，鼓腹，平底。T2560④：2，灰胎，青釉，内外壁仅口部施釉。外底残留 1 个垫烧痕。口径 8.1、底径 3.8、高 3.3 厘米（图 4-37）。

C 型盏　3 件。撇口，平沿，圆唇，折腹，平底。T2760④：18，灰胎，青釉，内满釉，外施半釉，有流釉现象，釉面部分开片。外壁有修坯痕，残留 3 个垫烧痕。口径 11、底径 4.5、高 3.6 厘米（*图 4-38*）。

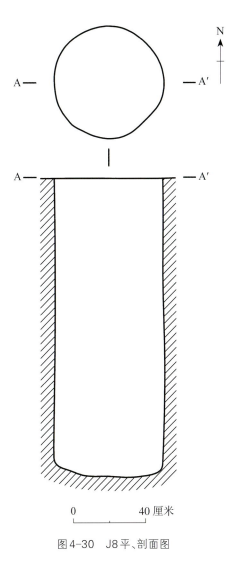

0　　　40 厘米

图 4-30　J8 平、剖面图

图 4-32　太湖西南岸窑 Aa 型碗（T2560④：13）

图 4-37　太湖西南岸窑 B 型盏（T2560④：2）

D 型盏　1 件。敛口，厚圆唇，斜腹，小平底。T2756④：2，褐胎，内施褐釉，有流釉现象，外壁无釉。口径 10.8、底径 3.8、高 3.6 厘米（*图 4-39*）。

盆　2 件。根据口、腹部的变化，分为 2 型。

Ab 型盆　1 件。敛口，圆唇外叠，深弧腹，平底微内凹。T2760④：85，灰褐胎，青黄釉，内满釉，外壁施釉至下腹部。内底与外底各残留 2 个垫烧痕。口径 20.8、底径 9.4、高 9.3 厘米（*图 4-40*）。

D 型盆　1 件。直口，圆唇外叠，斜弧腹，平底，外缘斜削。T2662④：36，灰胎，青黄釉，内满釉，外施半釉。内壁近口沿处点褐斑，内底与外底各残留 4 个和 6 个垫烧痕。口径 17.4、底径 11.4、高 5.6 厘米（*图 4-41*）。

水盂　1 件。T2760④：14，敛口，圆唇，鼓腹，平底。砖红色胎，青釉，内满釉，外仅底部无釉，有流釉现象。外壁残留 2 处褐斑点彩，外底有粘连痕。口径 5.2、腹径 9.9、底径 5、高 4.5 厘米（*图 4-42*）。

罐　2 件。根据口、腹部的变化，分为 2 型。

A 型罐　1 件。撇口，圆唇，束颈，折肩，肩部对称立二耳，弧腹，平底。T2661④：36，灰胎，青釉，内满釉，外壁施釉至下腹部，腹部有 4 处较大的褐彩斑。口径 16.8、腹径 19.6、底径 10.2、高 15.3 厘米（*图 4-43*）。

J 型罐　1 件。撇口，圆唇，束颈，圆肩，肩部对称立二耳，鼓腹，平底。T2661④：40，灰褐胎，黑褐釉，有细小开片，内满釉，外壁施釉至下腹部。口径 20.4、腹径 29、底径 13、高 22 厘米（*图 4-44*）。

越窑瓷器　27 件。

碗　22 件。根据口、底部的变化，分为 4 型。

A 型碗　13 件。圆唇，斜腹，圈足。根据圈足的变化分为 2 个亚型。

Aa 型碗　6 件。撇口，斜弧腹，假圈足。T2557④：2，灰白胎，青釉，遍布开片，内外满釉。内心与足端各残留 3 个垫烧痕。口径 21.6、足径 9.6、高 6.5 厘米（*图 4-45*）。

Ab 型碗　7 件。敞口，斜直腹，矮圈足。T2761④：8，灰胎，青釉，内、外满釉，外底因生烧釉色泛白。内心与足端各有 18 个垫烧痕。口径 19.6、足径 9.6、高 6.4 厘米（图 4-46）。

B 型碗　7 件。敞口，圆唇，斜腹，玉璧底。T2760④：11，灰胎，青黄釉，内满釉，外施釉不及底，釉面遍布细小开片。外底有 7 个垫烧痕。口径 15.8、底径 5.6、高 5.3 厘米（图 4-47）。T2761④：3，灰胎，青黄釉，内外满釉。外壁有修坯痕，内底残留 5 个垫烧痕，外底残留 6 个垫烧痕。口径 14.8、底径 6、高 4.5 厘米（*图 4-48*）。

图 4-46　越窑 Ab 型碗（T2761④：8）

图 4-47　越窑 B 型碗（T2760④：11）

D型碗　1件。敛口，圆唇，斜腹，平底。T2760④：8，灰胎，青釉，内外满釉，仅足端无釉，釉面部分开片。外底残留3个垫烧痕。口径11、底径3.6、高4.2厘米（图4-49）。

图4-49　越窑D型碗（T2760④：8）

E型碗　1件。侈口，圆唇，弧腹，矮圈足。T2660④：6，灰胎，青釉，内外满釉，仅足端无釉。内壁刻划花卉纹。内足端残留3个垫烧痕。口径14、足径6.9、高3.5厘米（图4-50）。

盘　2件。T2759④：3，撇口，圆唇，浅弧腹，圈足外撇。灰胎，满施青釉，釉面有冰裂纹开片，外底残留2个垫烧泥条痕。口径12.8、足径7、高3.2厘米（图4-51）。T2658④：18，撇口，圆唇，斜折腹，圈足。灰黄胎，满施青釉，足沿留有6个垫烧痕。口径14.8、足径5.4、高3.7厘米（*图4-52*）。

盒　3件。T2558④：30，盒盖，盖顶弧面。灰胎，青黄釉，盖沿一周无釉，残留2个垫烧痕。口径10、高2.6厘米（*图4-53*）。T2560④：137，盒身，口微敛，圆唇，折腹，下腹斜收，小平底。灰胎，满施青釉，口沿无釉，釉面有细碎开片。口径10、足径5、高2.8厘米（图4-54）。

长沙窑瓷器　11件。

碗　10件。根据口沿及大小的变化，分为2型。

Aa型碗　7件。敞口，圆唇，弧腹，圈足。T2558④：26，灰胎，疏松，施化妆土，青黄釉，内满釉外施半釉，釉面有细小开片。口径16.8、足径5.6、高5.8厘米（图4-55）。T2760④：61，灰胎，胎质疏松，施化妆土，青黄釉，内满釉外施半釉，釉面有细小开片，内壁有3个褐斑。口径13.8、足径4.4、

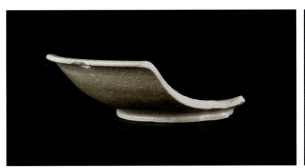

图4-50　越窑E型碗（T2660④：6）

图4-51　越窑盘（T2759④：3）

图4-54　越窑盒（T2560④：137）

图4-55　长沙窑Aa型碗（T2558④：26）

高 4.5 厘米（*图4-56*）。

B 型碗　3 件。口微敛，圆唇，深弧腹，玉璧底。T2760④：23，沿外一周凹弦纹。灰白胎，施化妆土，青黄釉，内满釉外施半釉，釉面有细碎小开片。口径 19.2、底径 7.2、高 7.7 厘米（图4-57）。T2558④：32，灰胎，施化妆土，青黄釉，内满釉外施半釉，釉面有细碎小开片。口径 18.8、底径 6.9、高 7.2 厘米（*图4-58*）。

壶盖　1 件。T2760④：16，子母口，直口，圆唇，盖面中心有一凸起。灰胎，绿釉，仅盖面有釉。口径 6、高 1.8 厘米（*图4-59*）。

邢窑碗　1 件。

T2761④：11，敞口，圆唇外叠，斜弧腹，玉璧底。白胎，白釉，内外满釉，仅足端无釉。口径 16.6、足径 7.2、高 5 厘米（图4-60）。

图 4-57　长沙窑 B 型碗（T2760④：23）

图 4-60　邢窑碗（T2761④：11）

7. 第④层下遗迹（图4-61）

H7　位于 T2457 中东部，开口于第④层下，平面为圆形，弧壁，圜底。直径 0.62、深 0.25 米。填土为一层堆积，为深灰褐色粉沙土，黏性较大。包含物有草木灰、炭屑以及少量蚌壳（图4-62）。

H8　位于 T2559 中部，开口于第④层下，打破第⑤层、生土层。口部呈圆形，斜壁，筒形，平底。口径 0.85、底径 0.5、深 0.46 米。填黑褐色黏土，一次填成（图4-63）。

J24　位于 T2662 北隔梁，开口于第④层下，打破第⑤、CD1、第⑧层及生土层。平面为圆形，直壁，井壁上部为陶井圈，下部砖砌，上部井圈覆扣在下部砖壁上。井身上下笔直，深 3 米。井壁用小青砖斗砖竖砌，磨砖对缝，对接处用榫卯套合，砖面向外凸出，有细微的弧度，以增加井壁的稳固性。每圈用砖 12 块。砖的规格为 18×9.3×2 厘米。从井底向上有 17 层砖，高 1.6 米，上面覆扣陶井圈已残，略有倾斜。井内填青灰泥，较松软，为一次性堆积形成。出土少量的砖块、井圈残片及瓷片（图4-64）。

8. 第⑤A 层出土遗物

太湖西南岸窑瓷器　76 件。

A 型碗　56 件。尖圆唇，弧腹，平底，器形较大。根据口沿及大小的变化，分为 2 个亚型。

Aa 型碗　43 件。撇口，分青釉、褐釉两类。

青釉碗　38 件。T2761⑤A：23，灰胎，青黄釉，内满釉，外施半釉，有流釉现象，釉色不均，部分呈青色。外壁有修坯痕、跳刀痕，内、外底各残留 11 个垫烧痕。外底浅挖呈玉璧状。口径

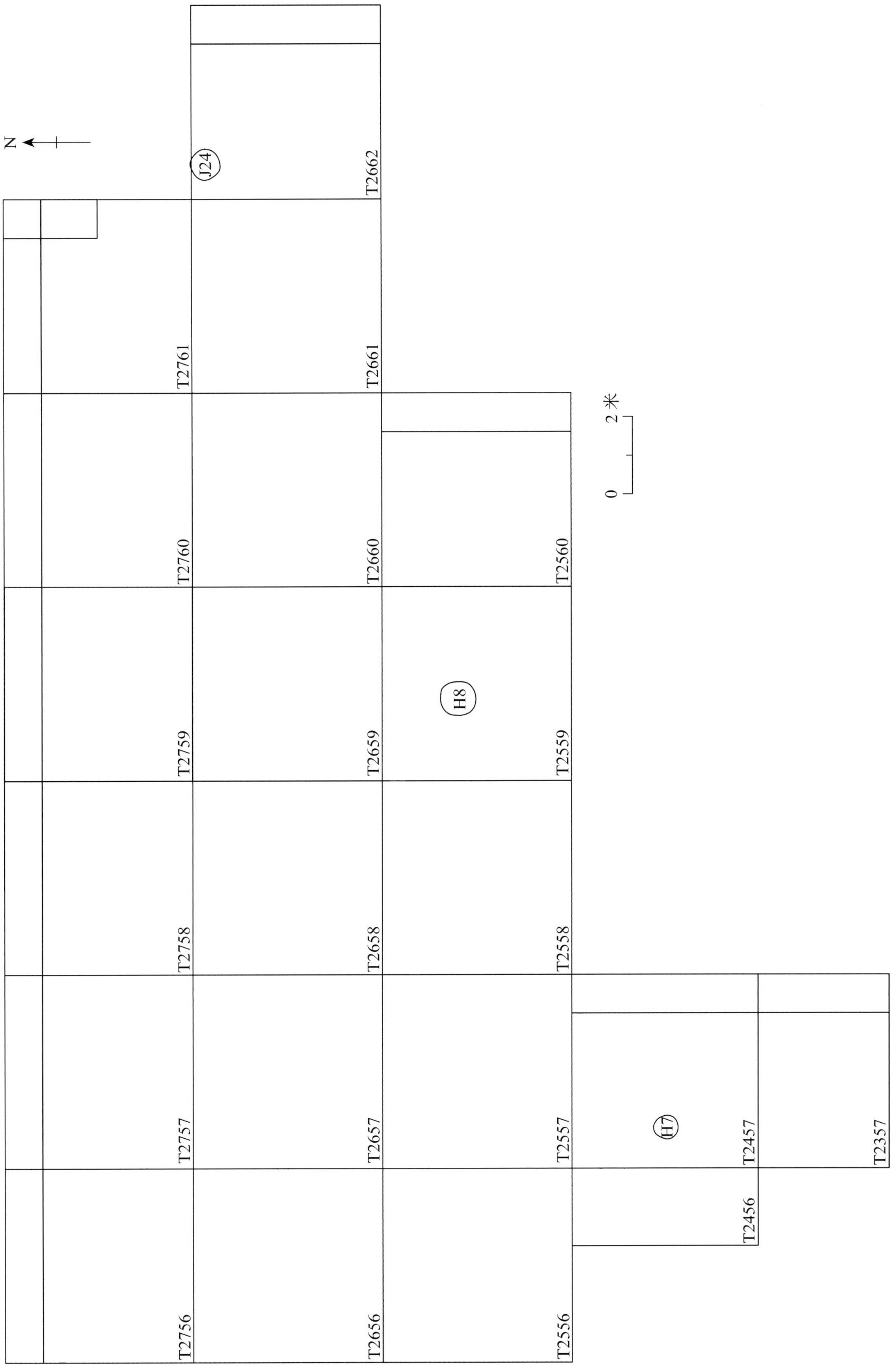

图4-61　青龙村419号北发掘区④层下遗迹位置图

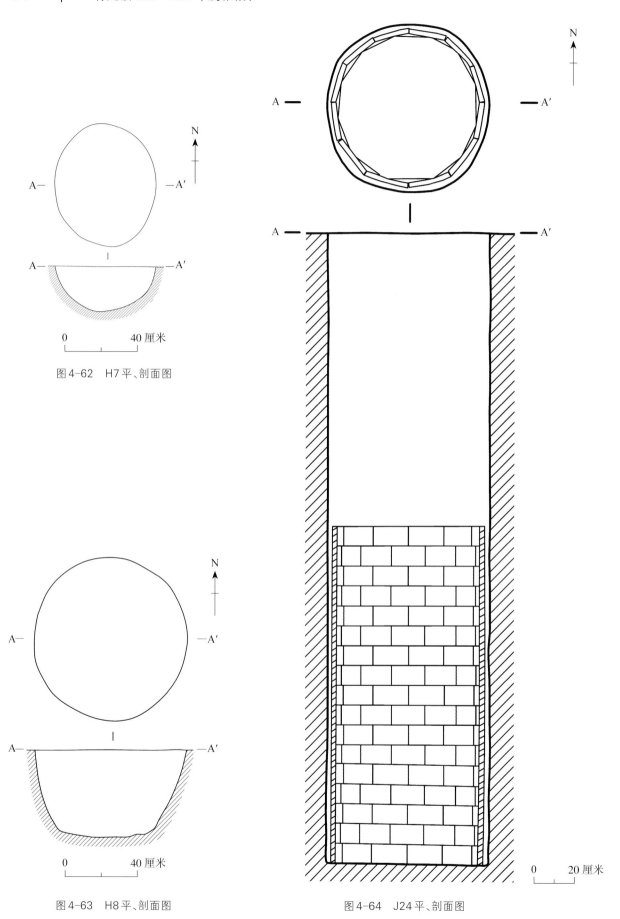

图 4-62 H7平、剖面图

图 4-63 H8平、剖面图

图 4-64 J24平、剖面图

20.6、底径11、高6.2厘米（*图4-65*）。T2660⑤A：32，灰胎，青釉，内满釉，外施半釉，有流釉现象，釉面部分开片。外壁有修坯痕、跳刀痕，内、外底各残留10个垫烧痕。口径20.2、底径11.3、高6.1厘米（*图4-66*）。

褐釉碗　5件。T2760⑤A：44，灰胎，褐釉，内满釉，外施半釉，有流釉现象。外壁有修坯痕，内底残留6个、外底残留5个垫烧痕。口径20.6、底径11、高6厘米（*图4-67*）。

Ab型碗　13件。敞口。

青釉碗　12件。T2661⑤A：20，灰胎，青釉，内满釉，外施半釉。内底有6个、外底有7个垫烧痕。口径16.8、底径8.4、高4.7厘米（*图4-68*）。T2761⑤A：24，青黄釉，内满釉，外施半釉，有流釉现象，釉面开片，且部分剥落。内壁有5处褐斑点彩。外壁有修坯痕，内底有8个、外底有7个垫烧痕。口径16.2、底径9.5、高4.5厘米（*图4-69*）。

褐釉碗　1件。T2758⑤A：5，灰褐胎，褐釉，内满釉，外施半釉，局部流釉。内底残留5个、外底残留7个垫烧痕。口径14.8、底径8.5、高4.5厘米（*图4-70*）。

盏　12件。分为4型。

A型盏　4件。敛口，圆唇，斜弧腹，平底。T2760⑤A：46，灰胎，青釉，内满釉，外施半釉。内、外底各残留3个垫烧痕。口径11、底径5.4、高3.9厘米（*图4-71*）。

B型盏　2件。敛口，圆唇，鼓腹，平底。T2661⑤A：19，灰胎，青釉，内满釉，外施半釉。外底残留1个垫烧痕。口径10.8、底径6、高3.6厘米（*图4-72*）。

C型盏　4件。撇口，平沿，圆唇，折腹，平底。T2759⑤A：14，砖红色胎，青釉泛白，内满釉，外施半釉。口径10、底径3.6、高3.5厘米（*图4-73*）。T2661⑤A：13，灰胎，青釉，内满釉，外施半釉。外底残留3个垫烧痕。口径11、底径5.8、高3.3厘米（*图4-74*）。

D型盏　2件。敛口，厚圆唇，斜弧腹，平底。T2760⑤A：41，灰胎，青黄釉，内满釉，底心部分露胎，外施半釉。外底残留2个垫烧痕。口径10.6、底径5.7、高3厘米（*图4-75*）。T2758⑤A：4，内壁附环形錾。灰胎，褐釉，内满釉，外施半釉。外底残留2个垫烧痕。口径9.3、底径4.9、高3.3厘米（*图4-76*）。

盒　2件。T2761⑤A：72，盒盖，盖顶平。灰褐胎，褐釉，仅在外壁施釉，口沿处无釉。口径13、高4.1厘米（*图4-77*）。T2760⑤A：86，盒盖，盖顶平。砖红色胎，生烧，青釉泛白，仅在外壁施釉。口径9、高2.7厘米（*图4-78*）。

盆　4件。根据口、腹部的变化，分为2型。

A型盆　3件。敛口，圆唇外叠，弧腹斜收，平底。按大小又可分为2个亚型。

Aa型盆　2件。器形较大。T2761⑤A：19，灰胎，青黄釉，内满釉，外施半釉，有流釉现象，釉面开片。内底残留3个、外底残留4个垫烧痕。口径25.6、底径12、高12.1厘米（*图4-79*）。T2761⑤A：73，口部略有变形，灰胎，青黄釉，内满釉，外施半釉，口沿残留3处褐斑。内、外底各有8个垫烧痕。口径32、底径13.4、高15.4厘米（*图4-80*）。

Ab型盆　1件。器形较小。T2760⑤A：32，灰胎，青黄釉，内满釉，外施半釉，局部流釉。内、外底各残留2个垫烧痕。口径24、底径12.3、高9.4厘米（*图4-81*）。

B型盆　1件。撇口，圆唇，弧腹，平底，外缘斜削。T2357⑤A：2，砖红胎，青黄釉，遍布开片，内满釉，外施釉不及底。内、外底各残留 9 个垫烧痕。口径 26.4、底径 12.8、高 6.6 厘米（图 4-82）。

A 型罐　1 件。撇口，圆唇，束颈，溜肩，肩部对称立二耳，弧腹，平底。T2759⑤A：2，灰胎，青黄釉，内满釉，外壁施釉至下腹部。内壁可见明显的轮旋痕。口径 16.5、腹径 21.4、底径 12.2、高 17.4 厘米（图 4-83）。

图 4-83　太湖西南岸窑 A 型罐（T2759⑤A：2）

A 型壶　1 件。竖颈，溜肩，弧腹，平底微凹。T2760⑤A：26，口部残缺，肩上一侧残留流根部，对应侧面残留把手根部，两者中间有一完整竖系。砖红色胎，褐釉，内仅口、肩部施釉，外施釉不及底，有流釉现象。外壁有修坯痕，残留 7 个垫烧痕。腹径 12.4、底径 8.6、高 16.4 厘米（图 4-84）。

越窑瓷器　16 件。

碗　15 件。根据口、底部变化，分为 3 型。

A 型碗　11 件。圆唇，斜腹，圈足。根据圈足的变化分为 2 个亚型。

Aa 型碗　6 件。撇口，斜弧腹，假圈足。T2760⑤A：35，灰胎，青釉，内外满釉，釉面光洁。内底有 18 个、足端有 20 个垫烧痕。口径 20.4、足径 10、高 6.4 厘米（图 4-85）。T2761⑤A：51，灰胎，青釉，内外满釉，仅足端无釉。内底有 19 个垫烧痕，足端残留 17 个垫烧痕。口径 20.2、足径 9.4、高 6 厘米（图 4-86）。

Ab 型碗　5 件。敞口，斜直腹，矮圈足。T2661⑤A：22，灰胎，青釉，内、外满釉，外底因生烧釉色泛白。内底与足端各有 18 个垫烧痕。口径 21、足径 9.3、高 6.8 厘米（图 4-87）。

B 型碗　3 件。撇口，圆唇，斜直腹，玉璧底。T2660⑤A：55，灰胎，青釉，内外满釉，底部无釉。内底残留 3 个、外底残留 5 个垫烧痕。口径 15.5、底径 7.4、高 4.2 厘米（图 4-88）。T2559⑤A：71，砖红色胎，青釉，内满釉，外施釉至下腹部。内底残留 5 个、外底残留 6 个垫烧痕。口径 15.6、底径 7.2、高 4.6 厘米（图 4-89）。

C 型碗　1 件。撇口，圆唇，深弧腹，圈足。T2759⑤A：8，灰胎，满施青釉，足端刮釉，留有垫烧痕，内底有一圈垫烧痕。口径 16.4、足径 8.6、高 6.5 厘米（图 4-90）。

盒盖　1 件。T2760⑤A：43，盖面圆弧。灰胎，满施青釉，盖沿刮釉，残留 6 个垫烧痕。口径 8、高 2.1 厘米（图 4-91）。

长沙窑瓷器 13件。

碗 9件。根据口及底部的变化,分为2型。

A型碗 8件。敞口,圆唇,玉璧底。根据底足及上釉的区别,分为2个亚型。

Aa型碗 6件。弧腹,玉璧底较窄。T2559⑤A：77,灰胎,施化妆土,青黄釉,局部泛绿,内满釉,外壁半釉,有积釉现象。口径13.2、底径4.6、高3.8厘米(*图4-92*)。T2560⑤A：138,灰胎,施化妆土,青釉,满布小开片,内满釉,外壁半釉。口径13.2、底径4.5、高4.6厘米(*图4-93*)。

Ab型碗 2件。斜直腹,内底平坦,玉璧底较宽。T2760⑤A：27,灰胎,施化妆土,满施青釉,满布小开片,底足无釉。口径13.3、底径5.1、高4.9厘米(*图4-94*)。T2760⑤A：65,灰胎,施化妆土,满施青釉,满布小开片,底部刮釉。口径15.4、底径7.2、高4.2厘米(*图4-95*)。

B型碗 1件。敞口,圆唇,深弧腹,玉璧底。T2760⑤A：40,灰胎,施化妆土,内壁满施青黄釉,外壁半釉,满布小开片。口径18、底径6、高6.7厘米(*图4-96*)。

盏 1件。T2760⑤A：85,敞口,圆唇,浅弧腹,玉璧底。灰胎,施化妆土,仅口沿内外施青黄釉,内、外底露胎。内底中心用细线刻划旋涡纹和莲瓣纹,花瓣刻划斜方格。口径14.8、底径6、高3.4厘米(*图4-97*)。

壶 2件。T2560⑤A：4,执壶,圆唇,直口,短颈,鼓肩,腹斜收,假圈足式大平底。肩部前置短直流,两侧对置双系。灰白胎,胎质致密。外壁施青釉,颈部施一周褐彩,流、系下施褐彩斑,底部露胎,釉面哑光,略有生烧。口径8、足径8、高16厘米(图4-98)。T2760⑤A：69,直口,圆唇,束颈,溜肩,肩部对称贴两耳,腹较直,平底。灰黄胎,施化妆土,青釉,局部有浅黄色斑,满布小开片,两耳处饰椭圆形褐彩斑。口径12.2、腹径16.2、底径13、高16.9厘米(图4-99)。

水盂 1件。T2760⑤A：36,敛口,圆唇外叠,溜肩,鼓腹,圈底近平,肩部有数道压印纹。灰黄胎,施化妆土,青黄釉,内满釉,外施釉不及底。底部有多道拉坯,形成同心圆弦纹。口径20.2、腹径24.4、底径12、高11厘米(图4-100)。

图4-98 长沙窑壶(T2560⑤A：4)

图4-99 长沙窑壶(T2760⑤A：69)

图4-100 长沙窑水盂(T2760⑤A：36)

9. 第⑤A层下遗迹（图4-101）

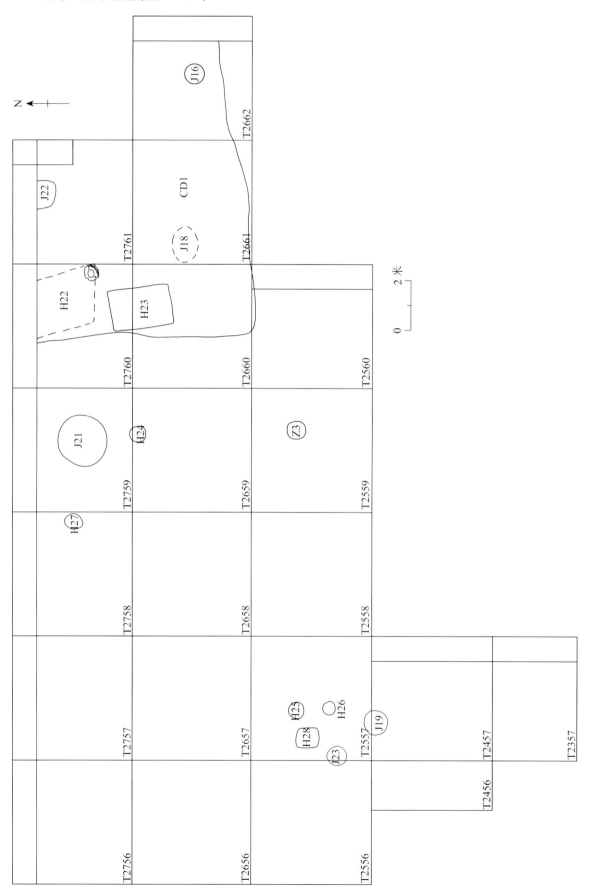

图4-101 青龙村419号北发掘区⑤A层下遗迹位置图

CD1　位于T2760、T2660、T2560探方东部，T2661、T2761探方大部分，T2662探方北部，开口于第
⑤A下，平面基本呈长条形，东、北分别向探方外延伸，未能完整揭露。CD1填土呈灰黑色，土质松软，
夹杂草木灰与炭屑颗粒，含水量高。堆积可分为2层，两层之间有一层淤积层，剖面形状基本上是南
部略高、北部稍低，略有起伏，厚0.25—0.75米。

上层厚0—0.35米，堆积内包含大量瓷片与少量砖块，器形多为碗。

上、下层之间，夹杂一层淤积层，土色偏黄略发青，较松软、纯净，内无包含物。厚0—0.1米，仅分
布于瓷片堆的北部、东部，形状不规则，呈带状延伸，高低略有不平。

下层厚约0—0.3米。分布范围较上层更大，瓷、陶器残件及碎片数量众多、互相叠压。瓷器器形
可见碗、壶、钵、罐等，陶器主要为陶盆。

经后期整理，发现器物多可拼合，没有使用痕迹，断茬锐利，无磨圆度，显示未经后期搬运。因该
遗迹紧邻通波塘西岸，推测是破损货物抛弃的第一地点。

CD1主要出土太湖西南岸窑、越窑、长沙窑及产地不明的陶瓷器（图4-102）。

图4-102　CD1发掘现场

太湖西南岸窑瓷器　490件。

A型碗　362件。尖圆唇，弧腹，平底，器形较大。根据口沿及大小的变化，分为2个亚型。

Aa型碗　271件。撇口，体型较大。灰胎，胎体厚重，釉薄且不均匀，内满釉，外施半釉，有流釉现
象。内、外底多有泥点垫烧痕。有较多比例的生烧现象。分青釉、褐釉两种。

青釉碗　251件。CD1∶109，青黄釉，局部泛绿，釉面光亮，外底浅挖呈玉环状。内、外底各有12个垫烧痕。口径20.4、底径11.6、高5.6厘米（*图4-103*）。CD1∶318，生烧，青釉泛白，内底堆塑一花朵状装饰。口径20、底径11.2、高6.8厘米（*图4-104*）。

褐釉碗　20件。CD1∶283，内、外底各残留有14个垫烧痕。口径19、底径11.4、高5.7厘米（*图4-105*）。

Ab型碗　91件。敞口，较Aa型碗体量略小，胎体略轻薄。青釉，内满釉，外施半釉，有流釉现象。内、外底多有泥点垫烧痕。CD1∶61，青绿釉，釉面光亮。外底浅挖一小圈。内、外底各有5、7个垫烧痕。口径14.4、底径8、高4.15厘米（*图4-106*）。CD1∶294，青釉，内壁有2个褐彩斑。内、外底各残留4、5个垫烧痕。口径17、底径8.8、高4.6厘米（*图4-107*）。

盏　74件。根据口、底的变化，分为4型。

A型盏　40件。敛口，圆唇，斜弧腹，平底。内壁满釉，外壁半釉。内、外底可见数个垫烧痕。CD1∶274，灰胎，青绿釉。内、外底各有5个垫烧痕。口径11.8、底径5.3、高4.2厘米（*图4-108*）。

B型盏　15件。敛口，圆唇，鼓腹，平底。内壁满釉，外壁半釉，较A型盏略小，大部分内底未见垫烧痕。CD1∶136，灰胎，青绿釉。口径10、底径5、高3.5厘米（*图4-109*）。

C型盏　16件。撇口，平沿，圆唇，折腹，平底。内壁满釉，外壁半釉，外底可见垫烧痕。CD1∶284，略生烧，灰胎，青黄釉。外底有5个垫烧痕。口径9.8、底径4.6、高3.1厘米（*图4-110*）。

D型盏　3件。敛口，厚圆唇，内壁附环形鋬，斜腹，小平底。CD1∶388，灰胎，青釉，内满釉，外施半釉。口径10.3、底径5.7、高2.8厘米（*图4-111*）。

盆　27件。

A型盆　22件。敛口，圆唇外叠，深弧腹斜收，平底。按大小可分为2个亚型。

Aa型盆　12件。体型较大。内施满釉，外施半釉。CD1∶59，外底浅挖一小圈。灰胎，青黄釉，口沿处局部有褐彩。内、外底各残留5、6个垫烧痕。口径24.8、底径10.2、高9.9厘米（*图4-112*）。CD1∶270，灰胎，青黄釉。内、外底各有8、7个垫烧痕。口径23.6、底径10.8、高8.4厘米（*图4-113*）。

Ab型盆　10件。较Aa型盆体型略小，内施满釉，外施半釉。CD1∶162，灰胎，青釉，釉面干涩，口沿处残留3处褐彩。内、外底各有5、7个垫烧痕。口径22.6、底径8.6、高7.5厘米（*图4-114*）。CD1∶353，灰胎，生烧，青釉泛白，内底露胎。外底有9个垫烧痕。口径21、底径11、高7.3厘米（*图4-115*）。

B型盆　5件。撇口，圆唇，弧腹，平底。灰胎，内施青釉，外施半釉。内、外底各有数个垫烧痕。CD1∶30，青黄釉，内壁有4处褐彩斑，内、外底各有12、14个垫烧痕。口径32.6、底径13.5、高13厘米（*图4-116*）。CD1∶38，青黄釉，局部泛绿。内、外底各有7、8个垫烧痕。口径30.4、底径11.4、高10.2厘米（*图4-117*）。

罐　22件。根据口、腹部的变化，分为7型。

A型罐　10件。撇口，圆唇，束颈，折肩，肩部对称立二耳，弧腹，平底。CD1∶204，灰胎，青釉，内满釉，外施半釉。内、外底各有9个垫烧痕。口径16.9、腹径20、底径10、高15.5厘米（图4-118）。CD1∶624，灰胎，青绿釉，内满釉，外施半釉，腹部有3处大褐彩斑。内、外底各有7、9个垫烧痕。口径16.6、腹径20、底径104、高16.8厘米（*图4-119*）。

B型罐 3件。直口，圆唇，束颈，折肩，肩部立二系，弧腹斜收，平底。内满釉，外施半釉。CD1：202，灰胎，青釉，腹部残留1个褐彩斑。肩部残留一残耳，肩下饰一周弦纹。内、外底各残留4个垫烧痕。口径10、腹径13.6、底径7.2、高10.4厘米（*图4-120*）。CD1：623，灰胎，青釉，腹部有3个褐彩斑。肩下饰一周弦纹。内、外底各残留6、8个垫烧痕。口径11.8、腹径14.6、底径7.6、高10.9厘米（*图4-121*）。

图4-118 太湖西南岸窑A型罐（CD1：204）

C型罐 3件。敛口，圆唇，溜肩，鼓腹，平底。内满釉，外施半釉。CD1：205，圆唇外卷，灰胎，青黄釉。外底有7个垫烧痕。口径14.2、腹径16.4、底径8.4、高8.2厘米（*图4-122*）。CD1：471，灰胎，青釉，外壁残留2处褐彩斑。内、外底各有3、6个垫烧痕。口径9.8、腹径11.4、底径6.4、高6.5厘米（*图4-123*）。

D型罐 2件。直口，圆唇外卷，束颈，溜肩，肩部立二系，弧腹，平底。CD1：28，灰胎，青黄釉，肩部饰一周弦纹。内壁无釉，外壁施半釉。外底残留3个垫烧痕。口径8.4、腹径13.2、底径8.4、高15.5厘米（图4-124）。CD1：32，灰胎，青黄釉，肩部饰一周弦纹。内壁无釉，外壁施半釉。外底有6个垫烧痕。口径8.6、腹径13、底径7.7、高16.6厘米（*图4-125*）。

F型罐 1件。敛口，圆唇，溜肩，鼓腹，平底。CD1：355，灰胎，青黄釉，略有生烧。内壁满釉，内底刮釉，留有一圈垫烧痕，外壁半釉。口径17.2、腹径33.6、底径14.2、高22厘米（图4-126）。

G型罐 2件。直口，尖唇外卷，束颈，溜肩，圆腹，平底。CD1：539，灰胎，青釉，内、外满釉，仅底部无釉，残留一圈垫烧痕。口径12.8、腹径34、底径12、高37厘米（图4-127）。

I型罐 1件。撇口，圆唇，束颈，溜肩，圆腹，平底。CD1：582，灰胎，内壁施青釉，外壁半施褐

图4-124 太湖西南岸窑D型罐（CD1：28）

图4-126 太湖西南岸窑F型罐（CD1：355）

图 4-127 太湖西南岸窑 G 型罐（CD1 ： 539）

图 4-128 太湖西南岸窑 I 型罐（CD1 ： 582）

图 4-129 太湖西南岸窑 A 型壶（CD1 ： 191）

釉。内底有一圈垫烧痕，外底黑褐色，有 4 个垫烧痕。口径 22.2、腹径 35.4、底径 13.8、高 34.6 厘米（图 4-128）。

A 型壶 3 件。撇口，圆唇，束颈，溜肩，肩部一侧置把手，对置圆形短流，两侧立二耳，弧腹，平底。CD1 ： 191，灰胎，褐釉，内满釉，外施半釉。口径 11.4、腹径 22.8、底径 14、高 30.6 厘米（图 4-129）。CD1 ： 352，口沿残。灰胎，褐釉，内满釉，外施半釉，外底有一圈垫烧痕。腹径 16.4、底径 10.4、高 21 厘米（图 4-130）。

水注 1 件。CD1 ： 497，直口，圆唇，溜肩，折腹，平底。灰胎，青釉，内满釉，外施半釉。外底残留 2 个垫烧痕。口径 3.6、腹径 6.6、底径 2.8、高 2.9 厘米（图 4-131）。

器盖 1 件。CD1 ： 267，盖纽残。圆形，盖顶平。灰胎，青黄釉。口径 7.6、残高 1.2 厘米（图 4-132）。

越窑瓷器 21 件。

碗 20 件。根据口及底部的变化，分为 4 型。

Aa 型碗 11 件。撇口，圆唇，斜腹，矮圈足。CD1 ： 65，灰胎，胎质细腻，满施青釉，足端刮釉。内、外底各残留 7 个垫烧痕。口径 22.4、足径 11.6、高 6.2 厘米（图 4-133）。CD1 ： 438，灰胎，胎质细腻，满施青釉，足端刮釉。内、外底各残留 13、12 个垫烧痕。口径 21.6、足径 11.6、高 6.5 厘米（图 4-134）。

B 型碗 6 件。撇口，圆唇，斜直腹，玉璧底。CD1 ： 58，灰胎，胎质细腻，满施青釉，釉面干涩，底部局部刮釉，残留 3 个垫烧痕。口径 15.6、底径 7、高 4.1 厘米（图 4-135）。CD1 ： 165，灰胎，胎质细腻，满施青釉，釉面光洁，底部局部刮釉，残留 3 个垫烧痕。口径 14.6、底径 5.7、高 3.7 厘米（图 4-136）。

C 型碗 1 件。撇口，圆唇，斜弧腹，矮圈足。CD1 ： 23，灰胎，满施青釉，釉面光亮，有冰裂纹开片。足端刮釉，留有垫烧痕。口径 14、底径 5.2、高 4.5 厘米（图 4-137）。

E型碗　2件。撇口，圆唇，浅弧腹，矮圈足。CD1：363，灰胎，满施青黄釉，釉面光亮，足端刮釉，残留3个垫烧痕。内壁细线刻划荷叶纹。口径14、足径6.8、高3.5厘米（图4-138）。CD1：499，灰胎，满施青黄釉，釉面光亮，满布细开片，足端刮釉。内壁细线刻划戴冠老者与松枝，从残留的图像看，可能为陶渊明采菊图。口径13.8、足径5.6、高3.9厘米（图4-139）。

图4-138　越窑E型碗（CD1：363）　　　　图4-139　越窑E型碗（CD1：499）

盒盖　1件。CD1：575，直口，圆唇，盖面平。红褐胎，釉色青灰，内半釉，外满釉，生烧。口径8、高2.2厘米（图4-140）。

长沙窑瓷器　31件。

A型碗　30件。敞口，圆唇，玉璧底。根据底足及上釉的区别，分为2个亚型。

Aa型碗　26件。弧腹，玉璧底较窄。CD1：361，灰胎，施化妆土，青釉，内满釉，外壁半釉，有积釉现象。口径14.2、底径5.2、高5.2厘米（图4-141）。CD1：392，灰胎，施化妆土，青釉，内满釉，外壁半釉。口径13.4、底径4.2、高4.2厘米（图4-142）。

Ab型碗　4件。斜直腹，内底平坦，玉璧底较宽。CD1：367，灰胎，施化妆土，满施青黄釉，仅外底无釉。口径16、底径6.6、高4.3厘米（图4-143）。

腰鼓　1件。CD1：332，广口，两端粗圆，中间腰细，内空。外壁凸起弦纹五道，口沿处各有一周弦纹。表面施褐釉，一端呈黑褐色，另一端流釉呈红褐色，内壁及两端无釉，口处可蒙皮。鼓为拉坯成型，分两段制作后对接而成。口径19.2、长49.2厘米（图4-144）。

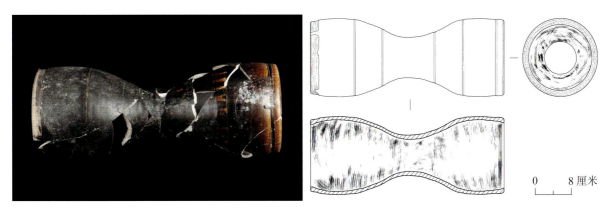

图4-144　长沙窑腰鼓（CD1：332）

陶盆　26件。根据材质,分为泥质和夹砂陶盆。

泥质陶盆　24件。根据口、底部的变化,分为2型。

A型盆　23件。泥质灰陶。直口,口大底小,厚圆唇外叠,弧腹,平底。根据大小分为2个亚型。

Aa型盆　19件。体型较小,腹较浅。CD1∶60,胎体含较多杂质。口径32.2、底径22.2、高11.7厘米(*图4-145*)。

Ab型盆　4件。体型较大,腹较深。CD1∶77,胎较细腻。口径52.4、底径34、高15.6厘米(*图4-146*)。CD1∶343,胎体细腻,表面光滑。口径56、底径35、高23.6厘米(*图4-147*)。

B型盆　1件。CD1∶356,泥质灰陶。直口,厚圆唇,束颈,鼓腹,平底。口径25.2、腹径27.6、底径20.1、高10.3厘米(*图4-148*)。

夹砂陶盆　2件。

A型盆　1件。直口,厚圆唇外叠,浅腹部斜收,平底。CD1∶281,红褐色夹粗砂红陶。口径27.6、底径12、高10厘米(*图4-149*)。

B型盆　1件。直口,厚圆唇外叠,深弧腹,平底。CD1∶338,红褐色夹细砂红陶。口径46.4、底径16、高22.6厘米(*图4-150*)。

泥质灰陶甄　1件。

CD1∶359,上部残。腹较直,平底,底部有7个圆孔,中间1孔,周围6孔。腹部贴塑一周压印纹。口径47.6、底径27.2、高32厘米(图4-151)。

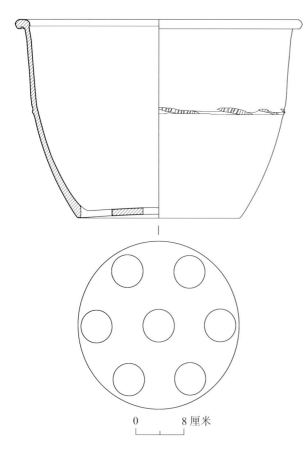

0　　　8厘米

图4-151　泥质陶甄(CD1∶359)

H22　位于T2760北部,开口于CD1下,打破第⑥、⑦、⑧层及生土层。已发掘部分近长方形,弧壁,壁面明显,平底。口部南北长2.4、东西宽2.35米,底部南北长2.3、东西宽1.98米,深0.5米。填土为灰黑色黏土,较疏松,含水量高,有较多的草木灰、黑灰(图4-152)。H22主要出土太湖西南岸窑、越窑、长沙窑及产地不明的陶瓷器。

太湖西南岸窑瓷器　17件。

A型碗　15件。尖圆唇,弧腹,平底。根据口沿及大小的变化,分为2个亚型。

Aa型碗　11件。撇口,分青釉、褐釉两种。

青釉碗　7件。H22∶3,灰胎,青黄釉,局部泛绿,内、外底各残留6个垫烧痕。口径19.6、底径11.4、高5.9厘米(*图4-153*)。

褐釉碗　4件。H22∶9,灰胎,褐釉,内、外底各残留6个垫烧痕。口径18.8、底径11.4、高5.8厘米(*图4-154*)。

Ab型碗　4件。敞口。H22∶2,灰胎,青釉,有小开片,内、外底各有4个垫烧痕。口径

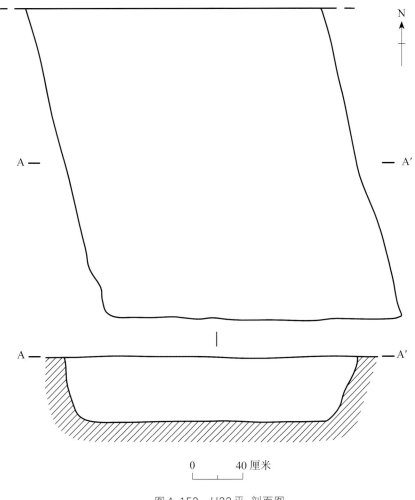

图4-152 H22平、剖面图

14.8、底径7.5、高4.4厘米（*图4-155*）。

盏 2件。根据口、腹部的变化，分为2型。

A型盏 1件。敛口，圆唇，斜弧腹，平底。H22：21，灰胎，青釉，内壁满釉，外壁半釉，内、外底各残留2个垫烧痕。口径12.2、底径5.6、高3.6厘米（*图4-156*）。

B型盏 1件。敛口，圆唇，鼓腹，平底。H22：17，灰胎，青釉，内壁满釉，外壁半釉，外底可见3个垫烧痕。口径9.6、底径4.6、高3.4厘米（*图4-157*）。

长沙窑瓷器 4件。

A型碗 2件。根据底足及釉的区别，分为2个亚型。

Aa型碗 1件。敞口，圆唇，弧腹，玉璧底较窄。H22：4，灰胎，施化妆土，青黄釉，釉面多气泡。口径14.4、底径5.2、高5.2厘米（*图4-158*）。

Ab型碗 1件。敞口，圆唇，斜直腹，内底平坦，玉璧底较宽。H22：7，灰胎，施化妆土，满施青釉，仅外底无釉，外壁有一圈弦纹。口径16、底径7.8、高4.1厘米（*图4-159*）。

灯盏 2件。敛口，厚圆唇，内壁附环形錾，斜弧腹，小平底。H22：6，灰胎，先施青釉，再罩一层褐釉，有小开片，内满釉，外施半釉。口径12、底径4.4、高4厘米（*图4-160*）。H22：12，灰胎，先施青釉,再罩一层褐釉,有小开片,内满釉,外施半釉。口径12.6、底径4.5、高4.3厘米(*图4-161*)。

陶井圈 1件。

H22 ：22,口部残。泥质灰陶。弧腹,下部收缩,底平,下承接井砖。腹、近底部各有4个对称分布的圆孔。残口径72.8、底径63.6、残高20.4厘米(图4-162)。

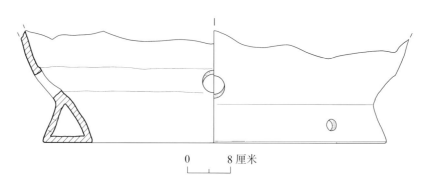

0   8厘米

图4-162　陶井圈(H22：22)

H23 位于T2660北部、T2760南部,开口于⑤A层下,平面长方形,上部斜壁,下部壁近直,壁面较明显,平底。南北长2.8、东西宽1.68、深0.7米。填青灰色泥土,细腻紧密,一次性堆积而成。出土较多的瓷片及少量的陶片。瓷片以青釉为主,另有部分褐釉(图4-163)。

H23主要出土太湖西南岸窑、越窑、长沙窑及产地不明的陶瓷器。

太湖西南岸窑瓷器 9件。

A型碗 4件。尖圆唇,弧腹,平底,器形较大。根据口及大小的变化,分为2个亚型。

Aa型碗 3件。撇口,尖圆唇,弧腹,平底。H23：8,灰胎,青黄釉,釉面光亮,内满釉,外施半釉。外底浅挖一小圈,内、外底各有7、10个垫烧痕。口径20.6、底径10.6、高6.4厘米(*图4-164*)。

Ab型碗 1件。敞口。H23：14,灰胎,青釉,内满釉,外施半釉。内、外底各残留5个垫烧痕。口径15.4、底径7.8、高4.8厘米(*图4-165*)。

盏 2件。根据口、腹的变化,分为2型。

A型盏 1件。敛口,圆唇,斜弧腹,平底。H23：9,灰胎,青绿釉,内壁满釉,外壁半釉,内、外底各残留2、3个垫烧痕。口径16.8、底径5、高3.9厘米(*图4-166*)。

D型盏 1件。敛口,厚圆唇,内壁附环形錾,斜弧腹,平底。H23：13,灰胎,青釉,外底残留2个垫烧痕。口径9.8、底径5、高3.4厘米(*图4-167*)。

Aa型盆 1件。敞口,圆唇外叠,深弧腹,小平底内凹。H23：15,内壁施青釉,外壁施半釉,釉面粗糙。内、外底各有10、8个垫烧痕。口径27.6、底径11.8、高10.5厘米(*图4-168*)。

J型罐 1件。撇口,圆唇,卷沿,束颈,圆肩,弧腹,平底略外凸。H23：3,肩上对立桥形双系,内壁有数周轮旋的弦纹,内底有5个泥点痕。外壁施褐色半釉,釉面有细冰裂纹,下腹及底露青灰胎。口径21.4、腹径24、底径14.2、高19厘米(*图4-169*)。

烛台 1件。H23：1,烛台上部倾斜,造型分三层,上层小承盘中有一圆孔,为插烛钎之用。中、下层承盘较大,下接喇叭形圈足,圈足有一对圆孔。施酱釉,釉面有细冰裂纹,圈足部分施釉不均。足径23、高37.2厘米(*图4-170*)。

越窑碗 1件。

Aa 型碗 1件。撇口,圆唇,斜腹,矮圈足。H23 ： 4,灰胎,胎质细腻,满施青釉,足端刮釉。圆唇外撇,深弧腹,内底宽平,矮圈足。内、外底各有 13、14 个垫烧痕。使用叠烧的装烧方法,被叠压的内外底由于温度较低,略显生烧。外底刻"□元□"三个字。口径 23.4、足径 11.8、高 6.6 厘米(*图 4-171*)。

长沙窑碗 4件。

Aa 型碗 4件。敞口,圆唇,弧腹,玉璧底较窄。H23 ： 5,灰胎,施化妆土,内壁满施青釉,外壁施釉不到底。口径 15.2、底径 6.2、高 5.4 厘米(*图 4-172*)。H23 ： 7,灰胎,施化妆土,内壁施青釉,外壁施釉不到底,釉面有细碎冰裂纹。口径 14.6、底径 5.6、高 5.1 厘米(*图 4-173*)。

陶盆 1件。

Aa 型泥质灰陶盆 1件。H23 ： 2,直口,厚圆唇,斜直腹,大平底微凹。口径 28.8、底径 19.6、高 10.6 厘米(*图 4-174*)。

H24 位于 T2659 北隔梁东部,开口于第⑤A 层下,打破第⑥、⑦、⑧层及生土。平面呈圆形,直壁,平底。填土为灰黄色沙质黏土,土质疏松,含零星红烧土颗粒、炭屑。直径 0.66、深 0.58 米。出土物有青釉碗、素面青砖碎块等(图 4-175)。H24 主要出土太湖西南岸窑瓷器。

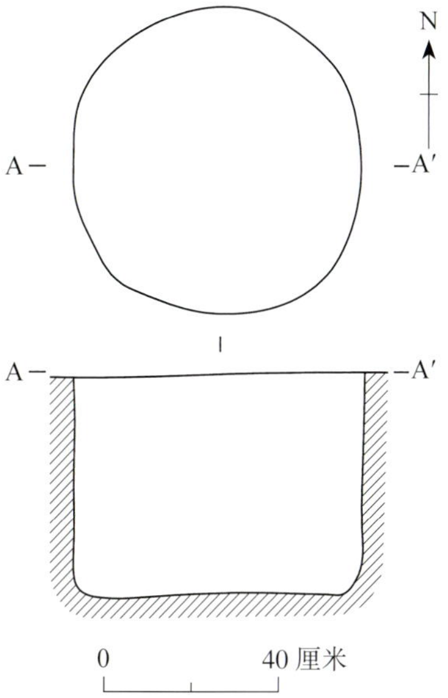

图 4-175 H24 平、剖面图

太湖西南岸窑碗 4件。

Aa 型碗 4件。撇口,尖圆唇,弧腹,平底。分青釉、褐釉两类。

青釉碗 3件。H24 ： 1,灰胎,青绿釉,釉面光亮,内满釉,外施半釉。内、外底各有 4、3 个垫烧痕。口径 20.8、底径 11.5、高 6.2 厘米(图 4-176)。

褐釉碗 1件。H24 ： 4,灰胎,褐釉,内底生烧,内满釉,外施半釉。内、外底各有 2 个垫烧痕。口径 19.2、底径 10.8、高 5.5 厘米(*图 4-177*)。

H25 位于 T2557 北部,开口于第⑤A 层下,打破第⑥、⑦层。近圆形,直壁,平底。直径 0.62—0.68、深 0.2 米。填土为黄色沙土,土质较为松散、疏松,含零星炭屑和草木灰(图 4-178)。

H26 位于 T2557 中部,开口于第⑤A 层下,打破第⑥、⑦层。圆形,直壁,平底。直径 0.52、深 0.08 米。填土为黄沙土,土质较松散、疏松(图 4-179)。

H27 位于 T2758 东隔梁中部,开口于第⑤A 层下,打破第⑥、⑦、⑧层。平面为椭圆形,直壁,平底。长径 0.82、短径 0.58、深 0.34 米。填土为灰黄色粉质沙土,土质疏松,含零星炭屑和草木灰。出土物较少,有素面青砖碎块、青釉瓷片等(图 4-180)。

图 4-176 太湖西南岸窑 Aa 型碗(H24 ： 1)

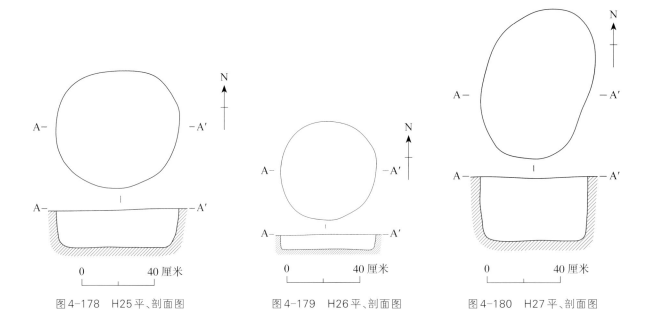

图 4-178　H25 平、剖面图　　　　图 4-179　H26 平、剖面图　　　　图 4-180　H27 平、剖面图

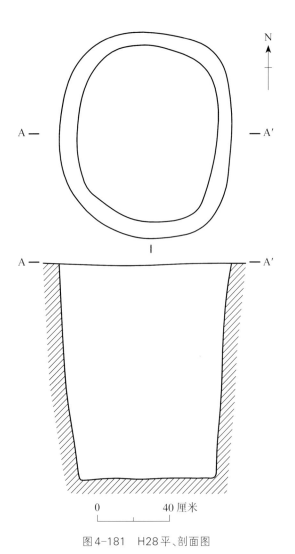

图 4-181　H28 平、剖面图

H28　位于 T2557 西部，开口于第⑤A 层下，打破 H29、第⑥、⑦、⑧层及生土层。平面为椭圆形，斜壁，平底。长径 1.1、短径 0.96、深 1.16 米。填土为灰黄色沙质黏土，土质疏松，含零星炭屑和草木灰（图 4-181）。

J16　位于 T2662 中部偏东，开口于第⑤A 层下，打破第⑥、⑦、⑧层及生土层。平面为圆形，口大底小。口径 0.8、底径 0.52、深 0.9 米。填土为青黄色黏土，土质较疏松，包含较多碎砖块等（图 4-182）。

J18　位于 T2661 西北部，开口于 CD1 下，打破第⑦、⑧层及生土层。井口坍塌呈椭圆形，长径 1.4、短径 1.08 米。井口以下 0.3 米则呈圆形，直径 0.9 米，井深 1.8 米。直壁，井壁光滑，底近平。井内填土分为两层，上层填土为深灰黑色黏质淤泥，土质松软，含零星炭屑、草木灰及黄锈颗粒，厚 1.3 米，包含大量碗、罐瓷片等。下层填土为青灰色黏土，较致密，厚 0.5 米，出土较多可复原器物。J18 出土的器物都在第二层堆积中，接近于井底部，共出土瓷碗、罐、钵、盆、盏、盒盖、陶盆等可复原器物 39 件，其中以瓷碗为主（图 4-183）。J18 主要出土太湖西南岸窑、越窑、长沙窑及产地不明的陶瓷器。

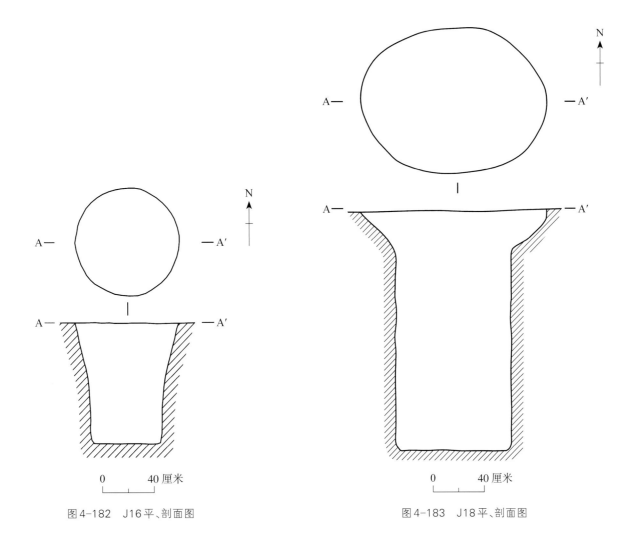

图 4-182 J16平、剖面图   图 4-183 J18平、剖面图

太湖西南岸窑瓷器 32件。

A型碗 16件。尖圆唇,弧腹,平底。根据口沿及大小的变化,分为2个亚型。

Aa型碗 7件。撇口,体型较大。内满釉,外施半釉,有流釉现象。内、外底多有泥点垫烧痕。分青釉、褐釉两种。

青釉碗 6件。J18：4,灰胎,青绿釉,外底浅挖一大圈,内、外底各有10、11个垫烧痕。口径20.2、底径11、高5.9厘米(*图4-184*)。

褐釉碗 1件。J18：8,内底生烧,灰胎,褐釉,内、外底各有12个垫烧痕。口径19.8、底径11.8、高5.8厘米(*图4-185*)。

Ab型碗 9件。敞口,较Aa型碗体量略小,胎体略轻薄。内满釉,外施半釉,有流釉现象。J18：3,灰胎,青釉,内、外底各有6、7个垫烧痕。口径14.4、底径8.1、高4厘米(*图4-186*)。

盏 6件。根据口、底部的变化,分为4型。

A型盏 2件。敛口,圆唇,斜弧腹,平底。J18：23,灰胎,青绿釉,内壁满釉,外壁半釉,内底有4个垫烧痕。口径13.2、底径5.4、高3.4厘米(*图4-187*)。

B型盏 1件。敛口,圆唇,鼓腹,平底。J18：36,灰胎,青釉,内壁满釉,外壁半釉,内、外底各有

4个垫烧痕。口径11.1、底径6.3、高3.7厘米(*图4-188*)。

C型盏　2件。撇口,平沿,圆唇,折腹,平底。J18 ∶ 6,灰胎,仅口沿处施青釉,外底有4个垫烧痕。口径10.6、底径4.7、高3.5厘米(*图4-189*)。

D型盏　1件。敛口,厚圆唇,斜腹,小平底。J18 ∶ 7,灰胎,褐釉,内满釉,外施半釉。口径11、底径5、高2.8厘米(*图4-190*)。

罐　6件。根据口、腹部的变化,分为5型。

A型罐　1件。撇口,圆唇,束颈,鼓肩,圆腹,下腹斜收成小平底,肩上对立二系。J18 ∶ 38,青釉,内满釉,外壁施半釉,下腹至底无釉。口径18.8、腹径21.6、底径9.6、高15.1厘米(*图4-191*)。

C型罐　1件。敛口,圆唇,溜肩,鼓腹,平底。内满釉,外施半釉。J18 ∶ 21,上腹部有一周弦纹,内壁近底处有数道轮旋形成的弦纹。灰胎,外壁施青釉,釉下有四处椭圆形褐斑,下腹至底无釉。口径12、底径7.6、高11.9厘米(*图4-192*)。

H型罐　1件。敞口,圆唇,束颈,折肩,肩上对称立二系,上腹直,下腹斜收,平底。J18 ∶ 20,灰胎,青釉,内满釉,外施釉至下腹部。内、外底分别有6、8个垫烧痕。口径28、腹径44、底径15.2、高42厘米(图4-193)。

K型罐　2件。敞口,圆唇,束颈,溜肩,圆腹,平底微凹,肩上对立二系。J18 ∶ 9,内壁有数道轮旋形成的弦纹。外壁施酱釉,下腹至底无釉。口径8、底径7、高10.6厘米(图4-194)。J18 ∶ 11,敛口,圆唇,溜肩,鼓腹,平底微凹,口沿下有一对牛鼻形系。外施酱釉,釉色泛红,釉面有细碎冰裂纹,下腹至底无釉。口径12、底径8.1、高7.8厘米(*图4-195*)。

图4-193　太湖西南岸窑H型罐(J18 ∶ 20)　　　　图4-194　太湖西南岸窑K型罐(J18 ∶ 9)

L型罐　1件。直口,圆唇,束颈,折肩,直腹下收,平底。J18 ∶ 10,生烧,灰胎,青釉泛白,内外满釉。外底有5个垫烧痕。口径6.6、腹径11.4、底径7.5、高厘12米(图4-196)。

A型盆　4件。敛口,圆唇外叠,深弧腹斜收,平底。按大小可分为2个亚型。

Aa型盆　3件。体型较大,内施满釉,外施半釉。J18 ∶ 24,灰胎,青釉。内、外底各残留6个垫烧痕。口径32.4、底径12、高10.7厘米(*图4-197*)。

Ab型盆　1件。较Aa型盆体型略小。J18 ∶ 12,灰胎,胎质较致密,内壁满施青黄釉,外壁施釉

图4-196　太湖西南岸窑 L 型罐（J18：10）

图4-198　太湖西南岸窑 Ab 型盆（J18：12）

不及底，有流釉现象。内外壁各有4个对称分布的三点状褐彩斑。内底有9个、外底有10个支烧痕。口径30、足径12、高20厘米（图4-198）。

越窑碗　1件。

C型碗　1件。撇口，圆唇，斜腹，矮圈足。J18：30，灰胎，胎质细腻，施釉满足。内底有压环，外底留5个垫烧痕。口径15、足径6.6、高6.5厘米（*图4-199*）。

长沙窑瓷器　3件。

A型碗　2件。敞口，圆唇，玉璧底。根据底足及上釉的区别，分为2个亚型。

Aa型碗　1件。弧腹，玉璧底较窄。J18：18，灰胎，施化妆土，青黄釉，内满釉，外施半釉，有积釉现象。口径14.2、底径5.8、高5.1厘米（*图4-200*）。

Ab型碗　1件。斜直腹，内底平坦。J18：1，碗身施青黄釉，有细微的开片，外底露胎。碗内施褐彩和绿彩，构成花卉图案，其中褐彩为氧化铁彩，绿彩的呈色剂是氧化铜。这种构图具有鲜明的域外色彩，在长沙窑窑址及扬州有少量出土，但海外发现较多。口径14.2、足径5.8、高4.1厘米（*图4-201*）。

盒盖　1件。J18：13，直口，扁平盖。外施青釉，釉面有细开片。口径9.2、高2.2厘米（*图4-202*）。

青釉大碗　1件。

J18：39，尖圆唇，敞口，深弧腹，内底宽平，高圈足外撇，足端有11个支烧痕。灰褐胎，胎质细腻紧致，通体施青釉，泛褐，圈足部分施釉不全。口径35、足径14、高13.5厘米。该碗器形硕大，较为罕见，从胎釉及装烧工艺来看，可能为湖南岳州窑产品（图4-203）。

陶盆　2件。

B型泥质灰陶盆　1件。J18：25，胎质略粗。直口，厚圆唇，弧腹，平底。口径23.6、底径16.8、高4厘米（*图4-204*）。

图4-203　青釉大碗（J18：39）

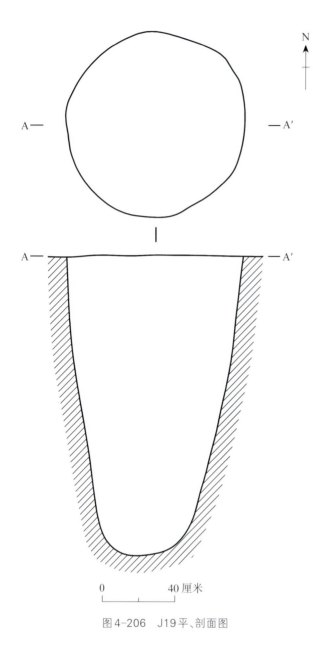

图 4-206　J19 平、剖面图

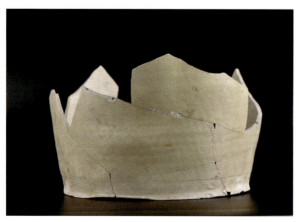

图 4-208　长沙窑壶（J19：5）

B 型夹砂红陶盆　1件。J18：28，夹粗砂红陶。敛口，厚圆唇外叠，深弧腹，平底内凹。内底有 9 个泥点痕，肩部饰一周凹弦纹。口径 33、底径 12、高 13.4 厘米（*图 4-205*）。

J19　位于 T2457 北隔梁、T2557 南部，开口于第⑤A 层下，打破第⑥、⑦、⑧层及生土层。平面近圆形，斜壁，壁面较明显，口大底小，圜底。口径 1、底径 0.4、深 1.6 米。填土为青灰色黏土，较松软，一次性堆积而成。出土大量瓦片、少量砖块及青釉瓷片（图 4-206）。J19 主要出土太湖西南岸窑、长沙窑瓷器。

太湖西南岸窑碗　2件。

Aa 型碗　2件。撇口，圆唇，斜弧腹，平底。J19：2，灰胎，生烧，青釉泛白，内满釉，外施半釉，外底浅挖一小圈。内、外底各残留 6 个垫烧痕。口径 20.2、底径 10.6、高 5.2 厘米（*图 4-207*）。

长沙窑壶　1件。

J19：5，壶底（图 4-208）。

J21　位于 T2759 中部，开口于第⑤A 层下，打破第⑥、⑦、⑧层及生土层。平面为圆形，井口被破坏，呈上大下小的漏斗状。井身上下笔直，直径 0.7、深 4.5 米。井壁用小青砖斗砖错缝竖砌，磨砖对缝，对接处用榫卯套合。每圈用砖 12 块。砖的规格为 18×9.3×2 厘米。从井底向上有 25 层顺砖斗砖竖砌，之上为 3 层眠砖顺砖平砌，以加强对井壁上部的支撑，其上又有 7 层斗砖顺砖竖砌。在 3 层眠砖以下的砖面上可见拍印的手印纹，其上则未见。砖面向外凸出有细微的弧度，以增加井壁的稳固性。平底，底部有一层竹片，但已腐朽，仅在近壁处残留，压在井砖之下。井内上部填有大量的砖、瓦残片。下部出土少量的砖块，与井壁的砖块规格相同，另有少量规格较井壁砖略小，但砖面也有手印纹（图 4-209）。

J21主要出土铜镜、铜箸、铁提梁鼎、铁釜、木饰件等，部分有残损，这些器物都是在距井底0.1米以上部位出土，下为淤泥，说明是在水井使用了很长一段时间后才掉进去。

鹦鹉衔枝绶带纹铜镜　3面。

J21：3，半圆钮。莲瓣纹钮座，镜背纹饰为一对鹦鹉，口衔折枝花果，爪握蓓蕾花结绶带。鹦鹉体型雄壮，长尾飘曳。折枝花果纹花朵盛开，枝叶繁茂。绶带共有两组，尾端系流苏，宛转飘荡，似在空中飞舞。直径28.2厘米。该井出土3面铜镜，尺寸、纹饰基本相同，两面完整，一面从中间断为两半（图4-210）。与之相似的铜镜在青浦香花桥街道出土过，另在浙江省博物馆也有收藏。

鹦鹉是民间一种象征吉祥的飞鸟，在唐代是常见的传统纹饰题材。绶带为印所系，寓意官位亨通，与汉镜"君宜高官"具有相似的含义。

铁提梁鼎　1件。

J21：1，侈口，口沿外折，上端立有两个云纹耳，两耳之间有一提梁，已锈蚀残断，颈部向内收束，腹部圆鼓下收为圜底，腹中部下接三个长曲形足，足底外撇。鼎系合范浇铸，耳、足焊接而上。整器内外皆有一层较厚的烟炱。口径22、高22.3厘米（图4-211）。

铁釜　1件。

J21：6，侈口，尖圆唇，宽折沿，直腹，圜底。合范浇铸，外壁可见范线，器内外皆有一层较厚的烟炱。口径34.6、高17.8厘米（图4-212）。

双凤纹木饰件　1件。

J21：12，略呈半圆形，在整片木板上透雕对凤，头尾相对，展翅飞翔，其余部分为花草纹。该饰件雕工精细，构图活泼，寓意吉祥。长10、宽4.3、厚0.3厘米（图4-213）。

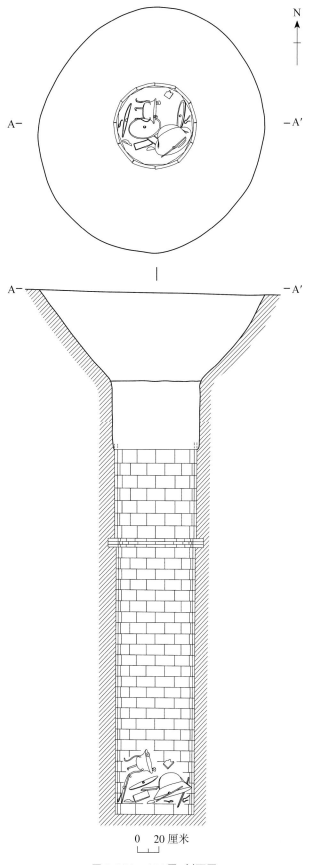

0　　20厘米

图4-209　J21平、剖面图

1

图 4-210　鹦鹉衔枝绶带纹铜镜
1. J21：3　2. J21：4　3. J21：5

2

3

图 4-211 铁提梁鼎（J21：1）

图 4-212 铁釜（J21：6）

图 4-213 双凤纹木饰件（J21：12）

J22 位于 T2761 东北部，开口于第⑤A层下，打破第⑥、⑦、⑧层及生土层。平面为圆形，直壁，近底部井壁坍塌，井底部略大于上口部，圜底。口径 1.16、底径 1.32、深 2.2 米。填土为深灰褐色黏质淤泥，土质疏松，含较多炭屑、草木灰（图 4-214）。J22 主要出土太湖西南岸窑、越窑瓷器。

太湖西南岸窑碗 5 件。

Aa 型碗 5 件。撇口，圆唇，斜弧腹，平底，体型较大。内满釉，外施半釉，有流釉现象。内、外底多有泥点垫烧痕。J22：2，内、外底各有 16 个垫烧痕。口径 20、足径 11.2、高 6.5 厘米（*图 4-215*）。

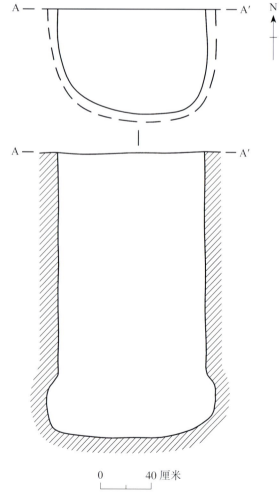

0   40 厘米

图 4-214 J22 平、剖面图

越窑碗　1件。

Aa型碗　1件。撇口，圆唇，斜腹，矮圈足。J22：1，灰胎，胎质细腻，满施青釉，足端刮釉。内、外底各残留3个垫烧痕。口径23.2、底径12.4、高5.5厘米（*图4-216*）。

J23　位于T2557西南部，开口于第⑤A层下，打破第⑥、⑦、⑧层及生土层。平面为圆形，口部外有一圈砖，顺砖平砌，残余9块。直壁，壁面较明显，井壁无砖，平底，底部有一层很薄的黄沙。直径0.8、深1.08米。井口砖规格为18×9.3×2厘米。上部填土为灰黄褐色五花土，致密而坚硬，近底部为青灰泥。上部堆积里含有较多的草木灰、红烧土颗粒、炭屑等。出土极少量的青瓷片（图4-217）。

Z3　位于T2559北部，开口于第⑤A层下，打破第⑥、⑦、⑧层。Z3为土坑灶，平面呈圆形，袋状，口小底大，底近平。壁面经烧烤，呈红色，较硬，厚约0.03米。口径0.65、底径0.75米。填土为两层，上层为黄褐色土，较纯，紧密，厚约0.18米。下层为草木灰土层，包含大量的草木灰，较松软，厚约0.1—0.12米（图4-218）。

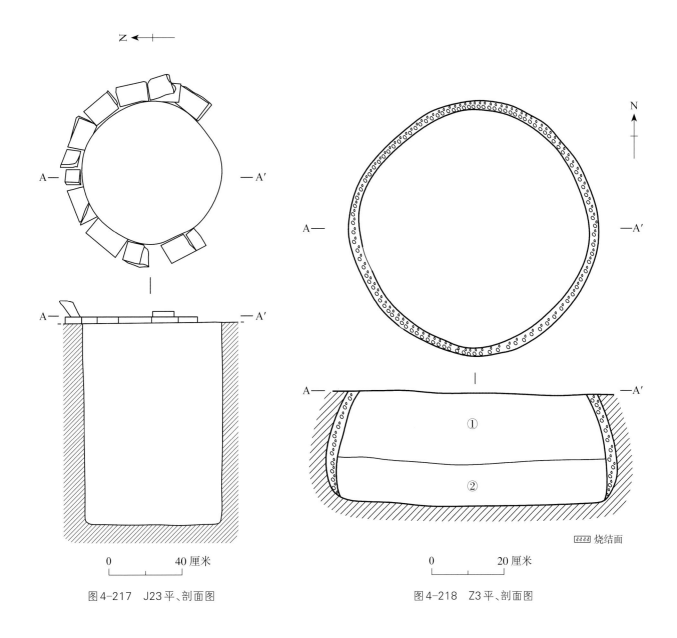

图4-217　J23平、剖面图　　　　　　　　　图4-218　Z3平、剖面图

10. 第⑤B层出土遗物

太湖西南岸窑瓷器 14件。

A型碗 10件。尖圆唇,弧腹,平底,器形较大。根据口沿及大小的变化,分为2个亚型。

Aa型碗 9件。撇口,分青釉、褐釉2类。

青釉碗 8件。T2761⑤B：12,灰胎,青釉,内满釉,外施釉不及底,有流釉现象,釉面开片。外壁有跳刀痕,外底心浅挖一小圈,内底有7个、外底有16个垫烧痕,内底有环状粘连痕。口径19.8、底径11.1、高5.7厘米(*图4-219*)。T2761⑤B：15,灰胎,青釉,内满釉,外施半釉,有流釉现象。外壁有跳刀痕,外底内心浅挖一小圈,内、外底各残留8个垫烧痕。口径20.4、底径10.6、高5.7厘米(*图4-220*)。

褐釉碗 1件。T2761⑤B：18,灰胎,褐釉,内满釉,外施半釉,有流釉现象。外壁有修坯痕、跳刀痕,内、外底各残留3个垫烧痕。口径20.2、底径11.4、高5.8厘米(*图4-221*)。

Ab型碗 1件。敞口。T2661⑤B：28,灰胎,青釉,内满釉,外施半釉。内、外底各残留2个垫烧痕。口径15、底径7.2、高4.2厘米(*图4-222*)。

A型盏 2件。敛口,圆唇,斜腹,平底。T2761⑤B：41,灰胎,青釉,内满釉,外施半釉。内、外底各残留1个垫烧痕。口径11.8、底径5.3、高3.9厘米(*图4-223*)。

A型罐 2件。撇口,圆唇,束颈,折肩,肩部立对称竖系,弧腹斜收,平底。T2761⑤B：67,灰胎,青釉,内满釉,外施釉至下腹部,腹部有多个褐彩斑。外底残留4个垫烧痕。口径17.4、腹径20.6、底径11.3、高17.8厘米(*图4-224*)。T2761⑤B：68,灰胎,青釉,内满釉,外施半釉,有流釉现象,釉面开片,釉色不均匀,部分呈青黄色。肩上有一周弦纹,外腹部残留2处褐斑点彩。外壁有修坯痕,内底残留5个垫烧痕。口径14.6、腹径15.8、底径9、高4.9厘米(*图4-225*)。

越窑碗 2件。根据口、底部的变化,分为2型。

Aa型碗 1件。撇口,圆唇,斜弧腹,假圈足。T2761⑤B：13,灰胎,青釉,内外满釉,仅足端无釉,釉色有分层。内底有20个、外底有19个垫烧痕。口径20.8、足径9.6、高6.4厘米(*图4-226*)。

B型碗 1件。敞口,圆唇,浅斜腹,矮圈足。T2761⑤B：48,砖红色胎,青黄釉,内满釉,外施釉至外足墙,有流釉现象。内底残留5个、外底残留6个垫烧痕。口径14.7、足径5.7、高3.6厘米(*图4-227*)。

11. 第⑤C层出土遗物

太湖西南岸窑瓷器 22件。

A型碗 16件。尖圆唇,弧腹,平底,器形较大。根据口沿及大小的变化,分为2个亚型。

Aa型碗 12件。撇口,分青釉、褐釉两类。

青釉碗 11件。T2757⑤C：30,灰胎,青釉,内满釉,外施釉不及底,外底心浅挖一小圈。内、外底各残留7个垫烧痕。口径20.4、底径11.2、高6.3厘米(*图4-228*)。

褐釉碗 1件。T2761⑤C：31,灰胎,褐釉,内满釉,外施半釉,有流釉现象。内、外底各残留12、13个垫烧痕。口径20.2、底径11、高5.7厘米(*图4-229*)。

Ab型碗 4件。敞口。T2761⑤C：25,灰胎,青釉,内满釉,外施半釉,釉面开片。外壁有修坯痕,内、外底各残留5、6个垫烧痕。口径16.8、底径10、高4.7厘米(*图4-230*)。

A型盏 5件。敛口,圆唇,斜腹,平底微凹。T2761⑤C：35,灰胎,青釉,内满釉,外施半釉,釉面部分开片。外壁有修坯痕,内底有粘连痕,内、外底各有4、5个垫烧痕。口径10.9、底径4.9、高3.9厘米(图4-231)。

J型罐　1件。撇口,圆唇,束颈,圆肩,鼓腹,平底。T2761⑤C：51,灰胎,青黄釉,内满釉,外壁施釉至下腹部,有少量褐彩斑。口径20.4、腹径30.8、底径13.4、高22厘米(图4-232)。

长沙窑碗　2件。

A型碗　2件。敞口,圆唇,玉璧底。根据底足及上釉的区别,分为2个亚型。

Aa型碗　1件。弧腹,玉璧底较窄。T2761⑤C：33,灰胎,施化妆土,青釉,内满釉,外施半釉,有流釉现象,釉面遍布细小开片,釉色不均,部分呈青黄色。口径15、底径6.4、高5厘米(图4-233)。

Ab型碗　1件。斜直腹,内底平坦,玉璧底较宽。T2761⑤C：29,灰褐色胎,施化妆土,青黄釉,内外满釉,仅足端无釉,釉面遍布细小开片。口径15.4、底径7.2、高4.1厘米(图4-234)。

12. 第⑥层出土遗物

太湖西南岸窑瓷器　143件。

A型碗　111件。尖圆唇,弧腹,平底,器形较大。根据口沿及大小的变化,分为2个亚型。

Aa型碗　93件。撇口,分青釉、褐釉两类。

青釉碗　85件。T2560⑥：52,灰胎,青釉,内满釉,外施半釉。内、外底各有12个垫烧痕。口径20、底径10.8、高6厘米(图4-235)。

褐釉碗　8件。T2357⑥：4,灰胎,褐釉,内满釉,外施半釉。内、外底各残留10个垫烧痕。口径19.6、底径12、高5.2厘米(图4-236)。

Ab型碗　18件。敞口。

青釉碗　18件。T2556⑥：8,灰胎,青绿釉,釉面光亮,内满釉,外施半釉。内、外底各有7、8个垫烧痕。口径15.6、底径9、高4厘米(图4-237)。

盏　21件。根据口、腹部的变化,分为4型。

A型盏　10件。敛口,圆唇,斜弧腹,平底。T2559⑥：34,灰胎,青绿釉,有小开片,内满釉,外施半釉,内底有落灰,外底残留3个垫烧痕。口径13、底径6.6、高4厘米(图4-238)。

B型盏　2件。敛口,圆唇,斜弧腹,平底。T2559⑥：16,灰胎,生烧,青釉泛白,内满釉,外施半釉。口径10、底径4.8、高3.4厘米(图4-239)。

C型盏　5件。撇口,平沿,圆唇,折腹,平底。T2560⑥：18,灰胎,青釉,内满釉,外施半釉。外底有5个垫烧痕。口径9.6、底径4.4、高3.5厘米(图4-240)。

D型盏　4件。敛口,厚圆唇,斜弧腹,平底。T2662⑥：9,灰胎,青黄釉,内满釉,外施半釉。外底残留4个垫烧痕。口径12、底径5.9、高2.9厘米(图4-241)。

盆　6件。分2型。

A型盆　4件。敛口,圆唇外叠,深弧腹斜收,平底。按大小又可分为2个亚型。

Aa型盆　2件。体型较大。T2560⑥：146,灰胎,青黄釉,内满釉,外施半釉。内、外底各残留3个垫烧痕。口径29、底径11.3、高11.2厘米(图4-242)。

Ab型盆　2件。较Aa型盆体型略小。T2560⑥：144,灰胎,青黄釉,内满釉,外施釉不及底。内、外底各残留3、4个垫烧痕。口径22.2、底径11.8、高7.2厘米(图4-243)。

B型盆　2件。撇口,圆唇,弧腹,平底。T2560⑥：45,灰胎,青黄釉,内施青釉,外施半釉,内底生烧泛白,内壁有4个褐彩斑。内、外底各有数个垫烧痕。口径28、底径13.4、高8.3厘米(*图4-244*)。

罐 4件。根据口、肩部的变化,分为3型。

A型罐 2件。撇口,圆唇,束颈,溜肩,肩部对称立二耳,弧腹,平底。T2559⑥:76,灰胎,生烧,青釉泛白,腹部饰4处褐彩斑,内满釉,外壁施釉至下腹部。内壁可见明显的轮旋痕。内、外底分别有4、7个垫烧痕。口径17、腹径20.6、底径9.8、高15.3厘米(*图4-245*)。

B型罐 1件。直口,圆唇,束颈,折肩,肩部立二系,弧腹斜收,平底。内满釉,外施半釉。T2560⑥:8,灰胎,青釉,腹部饰有4处褐彩斑,肩部饰弦纹。内壁可见明显的轮旋痕。内、外底各有6、8个垫烧痕。口径11、腹径14.4、底径7.6、高10.5厘米(*图4-246*)。

E型罐 1件。撇口,圆唇,束颈,溜肩,圆腹,平底。T2560⑥:107,灰胎,内壁施青釉,外壁半施褐釉。内底有一圈垫烧痕,外底黑褐色,有4个垫烧痕。口径6.8、腹径8.6、底径4.7、高8.7厘米(*图4-247*)。

水盂 1件。T2560⑥:23,敛口,圆唇,鼓腹,平底。灰胎,青釉,内满釉,外施半釉,腹部饰一褐彩斑。外底残留4个垫烧痕。口径3.3、腹径8.5、底径4.7、高4.8厘米(*图4-248*)。

越窑瓷器 7件。

A型碗 3件。圆唇,斜腹,圈足。根据圈足的变化分为2个亚型。

Aa型碗 2件。撇口,斜弧腹,假圈足。T2560⑥:108,灰胎,胎质细腻,满施青釉,局部泛黄,足端刮釉。内、外底各残留7个垫烧痕。口径22.4、底径11.4、高5.9厘米(*图4-249*)。

Ab型碗 1件。敞口,斜直腹,矮圈足。T2456⑥:1,灰胎,青釉,内、外满釉,足端刮釉。内底残留6个垫烧痕。口径19.7、足径11、高7厘米(*图4-250*)。

B型碗 1件。撇口,圆唇,斜直腹,玉璧底。T2760⑥:74,灰胎,青釉,釉面光亮,内满釉,外壁半釉,内、外底各有9、7个垫烧痕。口径15.6、底径6.9、高5厘米(*图4-251*)。

E型碗 2件。撇口,圆唇,浅弧腹,矮圈足。T2660⑥:35,灰胎,胎质细腻,满施青釉,釉面光洁,满布冰裂纹,仅足端刮釉,残留4个垫烧痕。外壁残留2个对称分布的压印痕。内壁饰细线刻划花草纹。口径15.4、足径6.7、高4厘米(*图4-252*)。T2556⑥:9,口部残,小圈足。灰胎,满施青釉,内底细线刻划花卉纹。外底有4个垫烧痕。足径4.6、高2.3厘米(*图4-253*)。

盒 1件。T2560⑥:157,盒身,子口,直腹,下部斜收为小平底。灰胎,满施青釉,外底残留2个垫烧痕。口径5、底径2.8、高2.3厘米(*图4-254*)。

长沙窑碗 18件。根据口及底部的变化,分为2型。

A型碗 16件。根据底足及上釉的区别,分为2个亚型。

Aa型碗 14件。敞口,圆唇,弧腹,玉璧底。T2560⑥:25,灰胎,施化妆土,青黄釉,内满釉,外壁半釉。口径15、底径5.5、高5厘米(*图4-255*)。T2660⑥:26,灰胎,施化妆土,青釉,釉面满布小开片,内满釉,外壁半釉,有积釉现象。口径14.2、底径5.5、高5厘米(*图4-256*)。

Ab型碗 2件。敞口,圆唇,斜直腹,内底平坦,玉璧底较宽。T2560⑥:136,灰胎,施化妆土,满施青釉,满布小开片,底部刮釉。口径15.4、底径7.1、高4.6厘米(*图4-257*)。

B型碗 2件。敞口,圆唇,深弧腹,玉璧底。T2660⑥:31,灰胎,施化妆土,口及上腹部施青釉,内、外底露胎,内底可见一圈叠烧印痕。口径19.2、底径6.4、高6.3厘米(*图4-258*)。

13. 第⑥层下遗迹（图4-259）

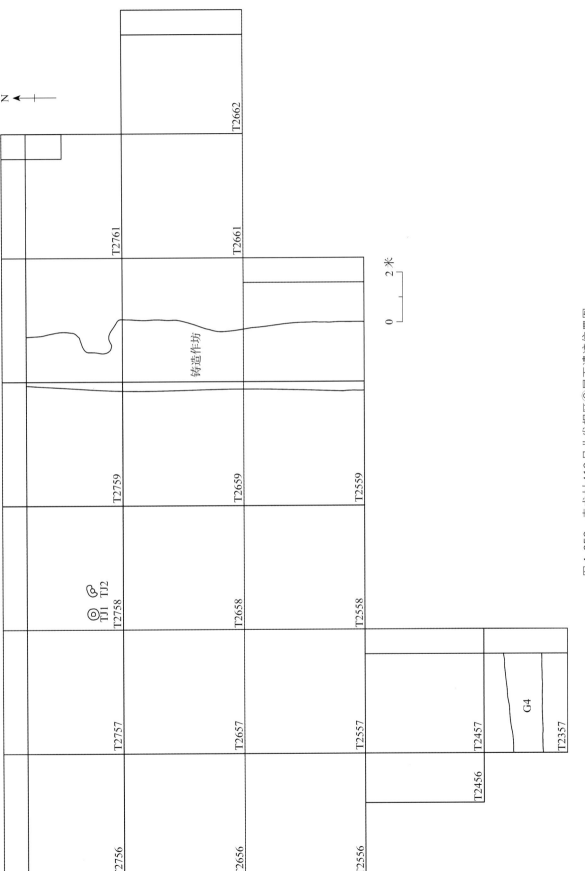

图4-259 青龙村419号北发掘区⑥层下遗迹位置图

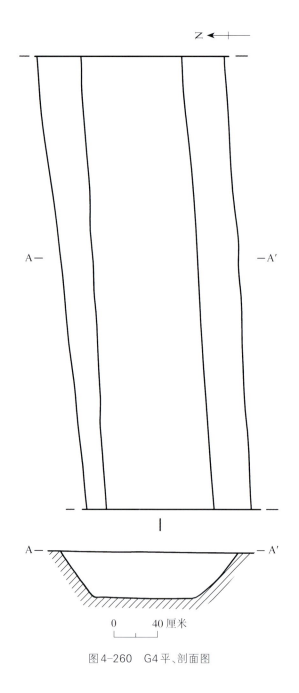

图 4-260　G4 平、剖面图

图 4-261　太湖西南岸窑 Aa 型碗（G4：1）

G4　位于 T2357 中部，开口于第⑥层下，打破第⑦、⑧层及生土层。平面为长条形，呈东西走向，斜壁，平底。已发掘部分口部长 4、宽 1.65米，底部长 4、宽 0.95 米，深 0.3 米。灰沟南部填灰黑色黏土，土质疏松，北部为深黄褐色粉沙土，含大量红烧土块、炭屑等（图 4-260）。G4 主要出土太湖西南岸窑瓷器。

太湖西南岸窑碗　2 件。

Aa 型碗　2 件。撇口，尖圆唇，弧腹，平底。G4：1，灰胎，青绿釉，内满釉，外施半釉。内、外底分别残留 5、6 个垫烧痕。口径 21、底径11.2、高 5.9 厘米（图 4-261）。

TJ1　位于 T2758 西南部，开口于第⑥层下，打破第⑦、⑧层。平面呈圆形，外圈为红烧土，直径 0.45 米。中间有一圆孔，直径0.13 米，深 0.3 米，壁厚 0.15—0.18 米，红烧土壁剖面为上大下小的锥形。填土为青灰色黏土，细腻而疏松，部分中空，为雨水冲刷所致。含少量的红烧土颗粒、木炭屑等（图4-262）。

TJ2　位于 T2758 西南部，开口于第⑥层下，打破第⑦、⑧层。平面呈半圆形，外圈为红烧土，长径 0.45 米。中间有一圆孔，直径 0.14米，深 0.5 米，壁厚 0.15—0.18 米，红烧土壁剖面为上大下小的锥形。填土为青灰色黏土，细腻而疏松，部分中空，为雨水冲刷所致。含少量的红烧土颗粒、木炭屑等。TJ2 与 TJ1 东西并列，相距 0.5 米。其功能未知（图 4-263）。

铸造作坊 ZF1　位于 T2560、T2660、T2760中西大部，开口于第⑥层下。陶范则在火炉以西近 60 米的范围内大量分布（图 4-264）。

平面呈南北带状分布，在南北长约 14、东西宽约 3 米的区域内，4 个火炉呈南北直线排列，分别编号为 L1、L2、L3、L4，火炉周围则堆积着大量的陶范、红烧土块、耐火砖、炉渣、灰烬等，厚约 0.3—0.5 米。

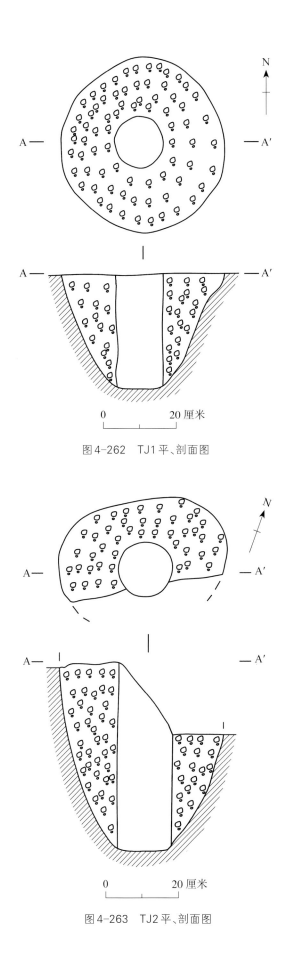

图 4-262 TJ1 平、剖面图

图 4-263 TJ2 平、剖面图

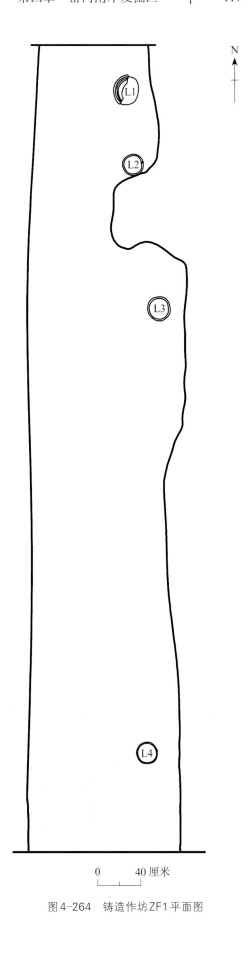

图 4-264 铸造作坊 ZF1 平面图

L1位于T2760北部，平面圆形，略呈袋状，圜底。口径0.4、深0.2米。西北部有半圈红烧土硬面，厚0.02米，表面光滑，近口部有数道弦纹。炉膛填土为灰褐色土，夹较多的红烧土颗粒。

L2位于T2760中部，平面圆形，略呈袋状，圜底。口径0.32、深0.08、壁厚0.03米。炉壁为红烧土烧成，为原生的烧烤面。炉膛填土为灰褐土，夹较多的红烧土颗粒。

L3位于T2660北部，平面圆形，略呈袋状，圜底。口径0.4、深0.14、壁厚0.1米。炉壁内外为红烧土，中间夹层为黄灰色硬土。炉膛填土为灰褐色土，夹较多的红烧土颗粒。

L4位于T2560南部，平面圆形，略呈袋状，圜底。口径0.38、深0.14、壁厚0.1米。炉壁为红烧土硬面。炉膛填土为灰褐色土，夹较多的红烧土颗粒。

根据火炉及周围大量的陶范、炉渣推测，这里应该是一处铸造作坊。根据采集到的部分铁渣初步判断，可能是铸铁作坊。

关于作坊的范围，目前发现火炉的地方仅在Gf区的T2560、T2660、T2760内，但是陶范、炉渣的堆积范围远大于这三个探方，陶范堆积较厚的区域计有300余平方米，不仅在靠近火炉的这个区域有分布，而且在这个区域西南约40米的另一个发掘区域也发现炉渣、陶范密集堆积区，最厚处有0.8米。由此可见这个作坊产出规模较大，使用时间也较长。

作坊周边散落了大量的陶范，距作坊近的破碎严重，在稍远的青龙村421号南发掘区发现的破损相对较小，在该区的第⑤层发现大量的废弃陶范。因陶范为一次性用品，没有找到完整件。从范的形状推测，所铸器物应该为铁锅、铁釜一类的容器。关于陶范的研究，详见本书附录。

14. 第⑦层出土遗物

太湖西南岸窑瓷器　169件。

A型碗　128件。尖圆唇，弧腹，平底，器形较大。根据口沿及大小的变化，分为2个亚型。

Aa型碗　99件。撇口，分青釉、褐釉2类。

青釉碗　90件。T2659⑦：28，灰胎，青绿釉，内满釉，外施半釉。外底浅挖一小圈，内、外底分别有13个垫烧痕。口径20.3、底径11.2、高6.2厘米（图4-265）。T2560⑦：84，灰胎，青绿釉，内满釉，外施半釉。外底浅挖一圈。内、外底各有13、12个垫烧痕。口径20.2、底径10.8、高6厘米（图4-266）。

褐釉碗　9件。T2560⑦：101，灰胎，褐釉，内满釉，外施半釉。内、外底各有10、13个垫烧痕。口径20.8、底径11.4、高6.3厘米（图4-267）。

图4-267　太湖西南岸窑Aa型碗（T2560⑦：101）

Ab型碗　29件。敞口，分青釉、褐釉2类。

青釉碗　26件。T2659⑦：4，灰胎，青绿釉，釉面光亮，内满釉，外施半釉。内、外底各有6个垫烧痕。口径15.4、底径7.3、高4.6厘米（图4-268）。

褐釉碗　3件。T2559⑦：64，灰胎，褐釉，内满釉，外施半釉。内、外底各残留7个垫烧痕。口径14.3、底径8.6、高3.9厘米（图4-269）。

盏　31件。根据口及腹部的变化，分为4型。

A型盏 14件。敛口，圆唇，斜弧腹，平底。T2660⑦：49，灰胎，青釉，内满釉，外施半釉。内、外底各有4、5个垫烧痕。口径11、底径5、高3.8厘米（*图4-270*）。

B型盏 5件。敛口，圆唇，斜弧腹，平底。T2560⑦：96，灰胎，青釉，内满釉，外施半釉。内、外底各残留2个垫烧痕。口径10.5、底径6.8、高3.6厘米（*图4-271*）。

C型盏 10件。撇口，平沿，圆唇，折腹，平底。T2659⑦：11，灰胎，青釉，内满釉，外施半釉。外底残留2个垫烧痕。口径10.8、底径4.4、高3.6厘米（*图4-272*）。

图4-268 太湖西南岸窑Ab型碗（T2659⑦：4）

D型盏 2件。敛口，厚圆唇，斜弧腹，平底。T2560⑦：81，灰胎，青釉，内满釉，外施半釉。内底有窑渣，外底残留3个垫烧痕。口径13、底径6.4、高3.6厘米（*图4-273*）。

盆 7件。根据口及腹部的变化，分为2型。

A型盆 6件。敛口，圆唇外叠，深弧腹斜收，平底。根据大小分为2个亚型。

Aa型盆 3件。体型较大。T2659⑦：13，灰胎，青黄釉，内满釉，外施半釉。内、外底各有12、11个垫烧痕。口径33.8、底径11.6、高16.1厘米（*图4-274*）。T2560⑦：125，灰胎，褐釉，釉面多有气泡，内满釉，外施半釉。内、外底各有9、6个垫烧痕。口径32.2、底径12.7、高12.4厘米（图4-275）。

Ab型盆 3件。较Aa型盆体型略小。T2558⑦：19，灰胎，青黄釉，内施青釉，外施半釉。内、外底各有5、7个垫烧痕。口径22.4、底径11、高7.9厘米（*图4-276*）。

B型盆 1件。撇口，圆唇，斜弧腹，平底。T2559⑦：50，灰胎，青黄釉，内满釉，外施釉至下腹部，内、外底分别残留有3个垫烧痕。口径30、底径11.8、高7.6厘米（图4-277）。

罐 2件。

B型罐 1件。直口，圆唇，束颈，折肩，肩部立二系，弧腹斜收，平底。内满釉，外施半釉。T2659⑦：38，灰胎，略生烧，青釉泛白，腹部饰有2处褐彩斑，肩部饰以弦纹。内壁可见明显的轮旋痕，外底残留3个垫烧痕。口径12.2、腹径14.6、底径8.8、高10.8厘米（图4-278）。

图4-275 太湖西南岸窑Aa型盆（T2560⑦：125）

图4-277 太湖西南岸窑B型盆（T2559⑦：50）

图 4-278　太湖西南岸窑 B 型罐（T2659⑦：38）

图 4-279　太湖西南岸窑 C 型罐（T2659⑦：15）

图 4-280　太湖西南岸窑 B 型壶（T2559⑦：67）

图 4-281　越窑 Aa 型碗（T2559⑦：66）

C 型罐　1 件。敛口，圆唇，溜肩，鼓腹，平底。T2659⑦：15，灰胎，青釉，内满釉，外施半釉。肩部残留一个桥形系，外底残留有 4 个垫烧痕。口径 13、腹径 15.6、底径 9.4、高 9 厘米（图 4-279）。

B 型壶　1 件。敛口，圆唇，鼓腹，平底，六棱形短流。T2559⑦：67，灰胎，内无釉，口沿及外壁施青釉，下腹及底无釉，外壁饰一周竖条形褐彩斑。外底残留 4 个垫烧痕。口径 9.6、腹径 3.5、底径 9、高 7.9 厘米（图 4-280）。

越窑碗　3 件。

Aa 型碗　3 件。撇口，圆唇，斜腹，矮圈足。T2559⑦：66，灰胎，胎质细腻，满施青釉，内底泛黄。内、外底各有 15 个垫烧痕。口径 22.4、底径 11.6、高 6.2 厘米（图 4-281）。

长沙窑瓷器　21 件。

碗　20 件。根据口及大小的变化，分为 2 型。

A 型碗　19 件。敞口，圆唇，玉璧底。根据底足及上釉的区别，分为 2 个亚型。

Aa 型碗　16 件。弧腹，玉璧底较窄。T2559⑦：59，灰胎，施化妆土，青黄釉，满布小开片，内满釉，外施半釉。口径 14.3、底径 5.7、高 5.3 厘米（*图 4-282*）。T2560⑦：120，灰胎，施化妆土，青绿釉，釉面满布小开片，内满釉，外壁半釉。口径 14.2、底径 5.5、高 5 厘米（*图 4-283*）。

Ab 型碗　3 件。斜直腹，内底平坦，玉璧底较宽。T2659⑦：37，灰胎，施化妆土，满施青黄釉，釉面满布小开片，外底部刮釉。口径 15.7、底径 7.2、高 4.3 厘米（*图 4-284*）。

B型碗　1件。敞口,圆唇,深弧腹,玉璧底。T2560⑦：119,灰胎,施化妆土,口及上腹部施青釉,内、外底露胎。口径19.4、底径7.3、高5.7厘米(图4-285)。

擂钵　1件。T2758⑦：5,圆唇,弧腹,玉璧底。内壁刻划交叉斜线纹饰,内底刻划螺旋纹。灰胎,口沿内外壁施青釉,余皆露胎。擂钵为茶具,常与研磨棒配套使用(图4-286)。

陶盆　2件。

Aa型泥质灰陶盆　2件。直口,口大底小,厚圆唇外叠,弧腹,平底。T2560⑦：122,泥质灰陶。口径29、底径21、高10.3厘米(*图4-287*)。

15. 第⑦层下遗迹(图4-288)

H29　位于T2557西北部,开口于第⑦层下,被H28打破,打破第⑧层及生土层。平面为圆形,直壁,平底。直径1.4、深1.04米。填土为灰黄色沙质黏土,土质疏松,含零星炭屑和草木灰(图4-289)。H29主要出土太湖西南岸窑、长沙窑瓷器。

太湖西南岸窑瓷器　9件。

A型碗　7件。尖圆唇,弧腹,平底,器形较大。根据口沿及大小的变化,分为2个亚型。

Aa型碗　4件。撇口。内满釉,外施半釉,有流釉现象。内、外底多有泥点垫烧痕。均为青釉。H29：2,灰胎,青绿釉,内、外底各残留9个垫烧痕。口径21、底径12、高5.6厘米(*图4-290*)。

Ab型碗　3件。撇口。内满釉,外施半釉,有流釉现象。H29：7,灰胎,青黄釉,内、外底各残留3、5个垫烧痕。口径15.5、底径8.9、高4.6厘米(*图4-291*)。

盆　2件。

B型盆　1件。撇口,圆唇,弧腹,平底。H29：9,灰胎,青黄釉,内壁有2处褐彩,内满釉,外施釉至下腹部,内、外底分别有12个垫烧痕。口径29.6、底径12、高8.4厘米(*图4-292*)。

C型盆　1件。敞口,厚圆唇外叠,深弧腹,平底。H29：8,灰胎,青绿釉,内壁有1处褐彩斑,内壁满釉,外仅口沿处施釉,其余露胎。内、外底各有3个垫烧痕。口径20、底径11、高6.4厘米(*图4-293*)。

长沙窑碗　1件。

Aa型碗　1件。敞口,圆唇,弧腹,玉璧底。H29：3,灰胎,施化妆土,青釉,内满釉,外壁半釉,釉面满布小开片。口径14.6、底径5.6、高4.8厘米(*图4-294*)。

图4-285　长沙窑B型碗(T2560⑦：119)

图4-286　长沙窑擂钵(T2758⑦：5)

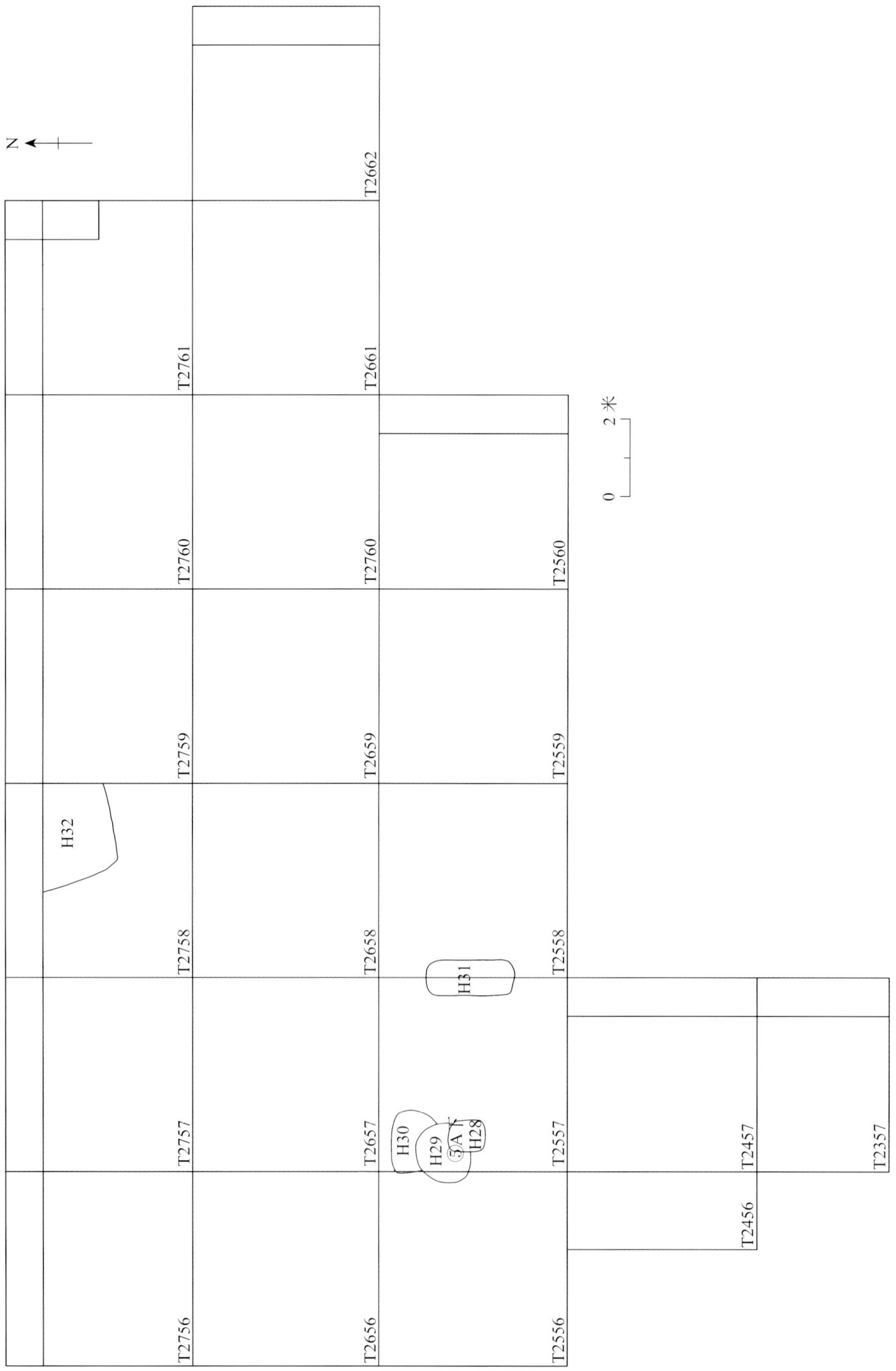

T2662

T2761　T2661

T2760　T2760　T2560

T2759　T2659　T2559

H32

T2758　T2658　T2558

H31

T2757　T2657　T2557　T2457　T2357

H30　H29　H28

T2756　T2656　T2556　T2456

N

0　2 米

图 4-288　青龙村 419 号北发掘区⑦层下遗迹位置图

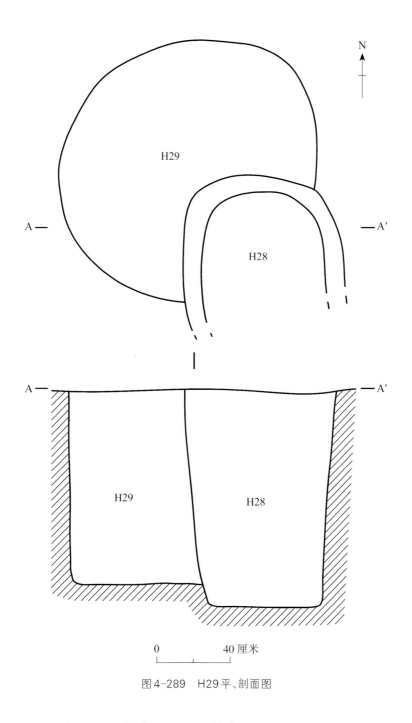

图4-289　H29平、剖面图

H30　位于T2557西北部，开口于第⑦层下，打破第⑧层及生土层，被H29打破。平面为圆角长方形，直壁，平底。口部长径1.6、短径0.66、深0.68米。填土为黑褐色沙质黏土，土质疏松，含较多红烧土块和零星草木灰、炭屑。出土有青釉碗口沿、碗底、碎砖块等（图4-295）。H30主要出土太湖西南岸窑瓷器。

太湖西南岸窑碗　3件。

A型碗　3件。尖圆唇，弧腹，平底，器形较大。根据口沿及大小的变化，可以分为2个亚型。

Aa型碗　2件。撇口。

青釉碗　2件。H30：2，灰胎，青绿釉，釉面光亮，内满釉，外施半釉。外底浅挖一圈，内、外底分别有13个垫烧痕。口径20.4、底径10.6、高6.3厘米（图4-296）。

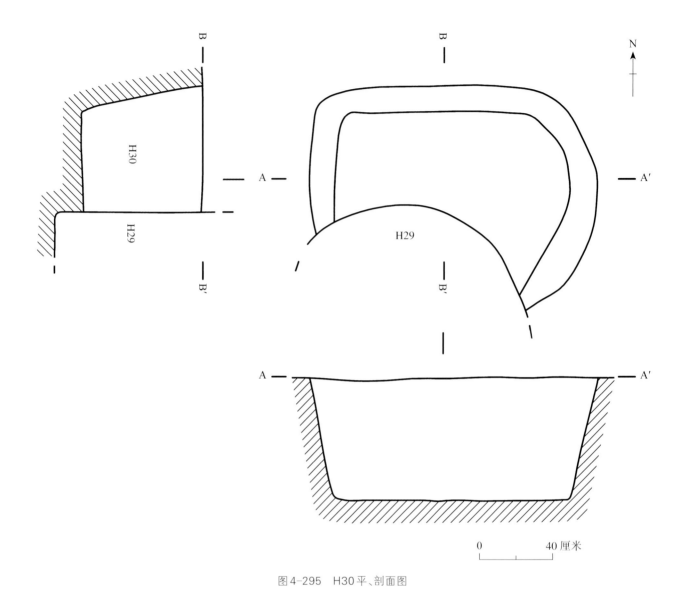

图 4-295　H30 平、剖面图

　　Ab 型碗　1件。敞口。H30∶3，灰胎，青绿釉，内满釉，外施半釉。内、外底各有7个垫烧痕。口径 15.6、底径 7.8、高 4.6 厘米（图 4-297）。

　　H31　位于 T2557 东隔梁、T2558 西部，开口于第⑦层下，打破第⑧层及生土层。平面为圆角长方形，斜壁，平底。口部长径 2.3、短径 1、深 0.46 米。填土为灰黑色沙质黏土，土质疏松，含大量炭屑和零星草木灰、红烧土颗粒。出土较多的青釉瓷片等（图 4-298）。H31 主要出土太湖西南岸窑瓷器。

太湖西南岸窑碗　1件。

　　Aa 型碗　1件。撇口，尖圆唇，弧腹，平底。H31∶1，灰胎，青黄釉，内满釉，外施半釉。内、外底分别残留1个垫烧痕。口径 19.2、底径 10.8、高 5.7 厘米（图 4-299）。

　　H32　位于 T2758 东北部，开口于第⑦层下，打破第⑧层及生土层。平面圆角长方形，斜壁，壁面较明显，平底，部分伸入北隔梁下及东边的 T2759 内，未完整发掘。口部南北长 2、东西长 2.8 米，底部南北长 1.4、东西长 2.2 米，深 0.4 米。填土为灰褐色土，较疏松，内包含大量的红烧土块、陶范、耐火砖、

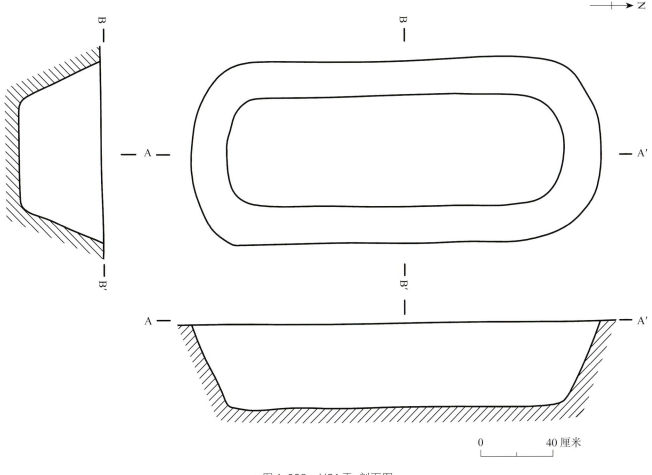

图4-298 H31平、剖面图

草木灰等,近底部出有较多的青釉瓷片(图4-300)。H32主要出土太湖西南岸窑、长沙窑及产地不明的陶瓷器。

太湖西南岸窑瓷器 16件。

A型碗 12件。尖圆唇,弧腹,平底,器形较大。根据口沿及大小的变化,分为2个亚型。

Aa型碗 11件。撇口,分青釉、褐釉两类。

青釉碗 10件。H32:8,灰胎,青釉,釉面生涩,内满釉,外施半釉。内、外底分别有11、10个垫烧痕。口径20.2、底径11、高6.5厘米(*图4-301*)。

褐釉碗 1件。H32:16,灰胎,褐釉,内满釉,外施半釉。内、外底分别残留有5个垫烧痕。口径20.6、底径11、高5.9厘米(*图4-302*)。

Ab型碗 1件。敞口。H32:2,灰胎,青绿釉,内满釉,外施半釉。内、外底各残留有4、5个垫烧痕。口径15.2、底径8.2、高4.1厘米(*图4-303*)。

图4-299 太湖西南岸窑Aa型碗(H31:1)

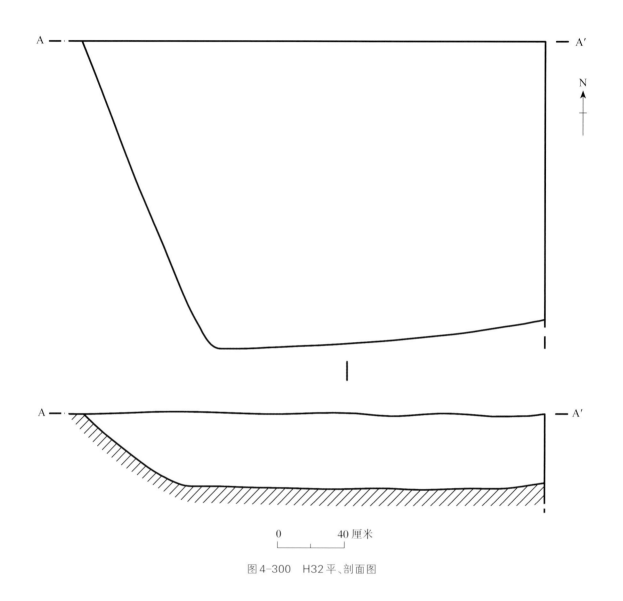

0　　　　40厘米

图 4-300　H32 平、剖面图

盏　3件。

A 型盏　2件。敛口，圆唇，斜弧腹，平底。H32：17，灰胎，青釉，内满釉，外施半釉。内、外底各有3、4个垫烧痕。口径13、底径7.1、高4.3厘米（图4-304）。

C 型盏　1件。撇口，平沿，圆唇，折腹，平底。H32：19，灰胎，青釉，内满釉，外施半釉。外底残留3个垫烧痕。口径11.4、底径4.6、高3.3厘米（图4-305）。

Aa 型盆　1件。敛口，圆唇外叠，深弧腹斜收，平底。体型较大。H32：7，灰胎，青黄釉，内底略生烧，泛白，内满釉，外施半釉。内、外底各有10、12个垫烧痕。口径30、底径13、高9.8厘米（图4-306）。

长沙窑碗　1件。

Aa 型碗　1件。敞口，圆唇，弧腹，玉璧底。H32：11，灰胎，施化妆土，青黄釉，釉面满布小开片，内满釉，外壁半釉。口径15、底径5.6、高5厘米（图4-307）。

陶盆　1件。

A型夹砂红陶盆　1件。H32∶20,夹细砂红陶。敛口,厚圆唇外叠,斜直腹,平底。内、外底各有8个垫烧痕。口径26.4、底径14、高10厘米（*图4-308*）。

16. 第⑧层出土遗物

太湖西南岸窑瓷器　34件。

A型碗　26件。尖圆唇,弧腹,平底,器形较大。根据口沿及大小的变化,分为2个亚型。

Aa型碗　20件。撇口。

青釉碗　18件。T2662⑧∶17,灰胎,青绿釉,内满釉,外施半釉。外壁有跳刀痕,外底浅挖一小圈,内、外底各有11个垫烧痕。口径20.4、底径10.8、高5.9厘米（*图4-309*）。

褐釉碗　2件。T2662⑧∶26,灰胎,褐釉,釉面生涩,内满釉,外施半釉。内、外底各有13个垫烧痕。口径19.2、底径11.2、高5.6厘米（*图4-310*）。

Ab型碗　6件。敞口。

青釉碗　6件。T2761⑧∶49,灰胎,青绿釉,内满釉,外施半釉。内、外底各有6、7个垫烧痕。口径17、底径10.1、高4.4厘米（*图4-311*）。

盏　5件。分为3型。

A型盏　2件。敛口,圆唇,斜弧腹,平底。T2658⑧∶15,灰胎,青釉,内满釉,外施半釉。内、外底各有5、7个垫烧痕。口径14.2、底径6.8、高4.6厘米（*图4-312*）。

B型盏　2件。敛口,圆唇,斜弧腹,平底。T2560⑧∶162,灰胎,青釉,内满釉,外施半釉。内、外底各残留2个垫烧痕。口径11.6、底径6.4、高4.1厘米（*图4-313*）。

C型盏　1件。撇口,平沿,圆唇,折腹,平底。T2661⑧∶25,灰胎,青釉,内满釉,外施半釉。外底有4个垫烧痕。口径10.6、底径4.7、高3.6厘米（*图4-314*）。

Aa型盆　1件。敛口,圆唇外叠,深弧腹斜收,平底。体型较大。T2560⑧∶180,砖红胎,青黄釉,内满釉,外施半釉。内、外底各残留有6个垫烧痕。口径31.8、底径11.4、高13厘米（*图4-315*）。

A型罐　1件。撇口,圆唇,束颈,折肩,肩部立二系,弧腹斜收,平底。内满釉,外施半釉。T2662⑧∶13,灰胎,略生烧,褐釉。内壁可见明显的轮旋痕。口径12、腹径14.2、底径7.8、高9.3厘米（*图4-316*）。

器盖　1件。T2659⑧∶40,盖面为圆弧形,下承子口。灰胎,外施青黄釉,内壁无釉,盖面有两周弦纹。口径6.4、高2厘米（*图4-317*）。

越窑碗　5件。

A型碗　3件。圆唇,斜腹,圈足。根据圈足的变化分为2个亚型。

Aa型碗　1件。撇口,斜弧腹,假圈足。T2559⑧∶75,灰胎,胎质细腻,满施青釉,釉面生涩。内、外底各残留10个垫烧痕。口径19.6、底径10.4、高6.3厘米（*图4-318*）。

Ab型碗　2件。敞口,斜直腹,矮圈足。T2559⑧∶74,灰胎,胎质细腻,满施青釉,内底泛黄。内、外底各有15个垫烧痕。口径19.6、底径11、高6.6厘米（*图4-319*）。

B型碗　2件。撇口,圆唇,斜直腹,玉璧底。T2559⑧∶68,灰胎,青釉,釉面生涩泛白,内满釉,外壁施釉至近底部。内、外底各残留4、6个垫烧痕。口径15.8、底径7.3、高4.4厘米（*图4-320*）。

长沙窑瓷器 8件。

碗 6件。根据口及底部的变化，分为2型。

Aa型碗 5件。敞口，圆唇，弧腹，玉璧底。T2662⑧：11，灰胎，施化妆土，青黄釉，釉面满布小开片，内满釉，外壁半釉。口径15、底径5.8、高5厘米（*图4-321*）。T2560⑧：169，灰胎，施化妆土，青黄釉，釉面满布小开片，内满釉，外壁半釉。口径14.6、底径5.6、高4.7厘米（*图4-322*）。

B型碗 1件。撇口，圆唇，深弧腹，玉璧底。T2560⑧：173，灰胎，施化妆土，口及上腹部施青黄釉，内、外底露胎。口径19.6、底径7、高6.3厘米（*图4-323*）。

腰鼓 1件。T2662⑧：14，广口，两端粗圆，中间腰细，内空。外壁凸起弦纹五道，口沿处各有一周弦纹。表面施褐釉，釉面光洁，釉层肥厚，有细冰裂纹，状如发丝，内壁无釉。两端无釉，可蒙皮。鼓为拉坯成型，分两段制作后对接而成。一端残，有修补。口径18、长58厘米（图4-324）。

壶 1件。T2559⑧：82，褐釉壶残片（图4-325）。

该发掘区第⑧层还出土了少量长沙窑壶残片（图4-326）。

图4-324 长沙窑腰鼓（T2662⑧：14）

图4-325 长沙窑壶（T2559⑧：82）

图4-326 长沙窑壶残片（T2560⑧层）

17. 第⑧层下遗迹（图4-327）

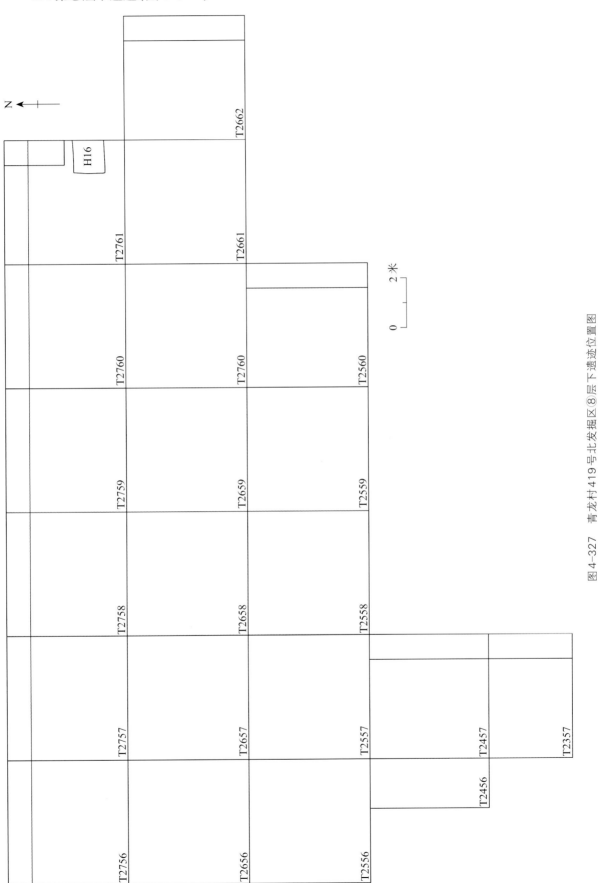

图4-327　青龙村419号北发掘区⑧层下遗迹位置图

H16 位于 T2761 东隔梁下，开口于第⑧层下。平面近正方形，直壁，壁面光滑，平底。已发掘部分南北长 1.3、东西长 1.3、深 0.32 米，东部伸入探方外，没有完整发掘。填青灰色泥土，细腻松软，一次性堆积而成。在灰坑的东部发现一根木桩，直径 0.12 米，腐朽较严重，上部呈尖状（图 4–328）。H16 主要出土太湖西南岸窑瓷器。

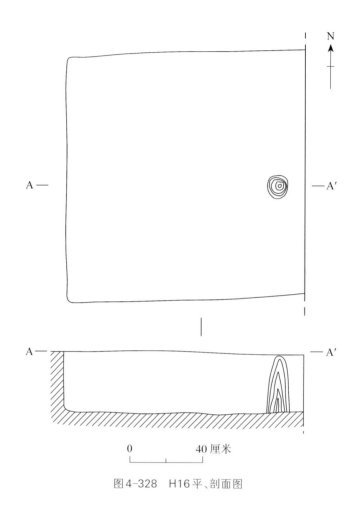

图 4–328　H16 平、剖面图

太湖西南岸窑盆　2 件。

D 型盆　2 件。敞口，圆唇外折，平沿，深弧腹斜收，平底。H16：1，灰胎，青黄釉，内满釉，外施半釉。内、外底残留 2 个垫烧痕。口径 22.6、底径 11.8、高 9.3 厘米（*图 4–329*）。

青釉渣斗　1 件。

T2663 采集，大口沿外折，束颈，圆鼓腹，假圈足，底略内凹，有一道烧裂痕。口与身分制，然后再拼接而成。灰褐胎，胎质较粗，内外壁满施青釉，釉面多有白色斑点。此器形体硕大，目前还没有发现体量比这件更大的渣斗。根据胎、釉及装烧工艺来看，该器可能为岳州窑产品。口径 39、底径 13.5、高 27.3 厘米（*图 4–330*）。

第二节 青龙村421号南发掘区

该发掘区域位于窑河与通波塘交汇处西南的Gf区,青龙村421号以南区域,东距Gf区青龙村419号发掘区约20米,包括Gf区T1750、T1849、T1850、T1851、T1852、T1949、T1950、T1951、T1952、T2049、T2050、T2051、T2052(图4-331、图4-332)。

一、地 层 堆 积

Gf区青龙村421号南发掘区地层以T1849、T1850、T1851、T1852南壁剖面、T1852、T1952、T2052东壁剖面为例,介绍地层堆积情况。

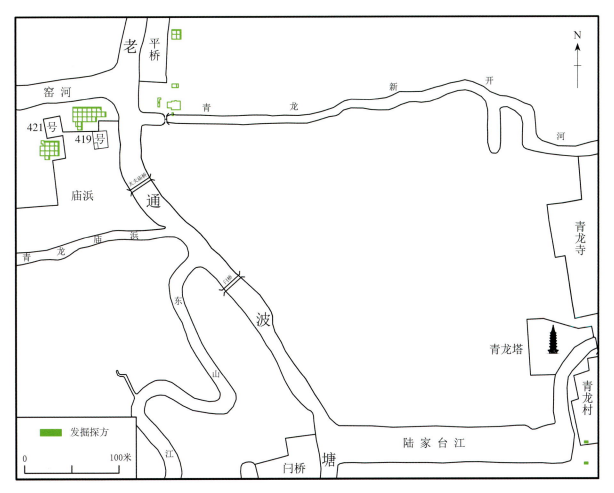

图4-331 青龙村421号南发掘区位置图

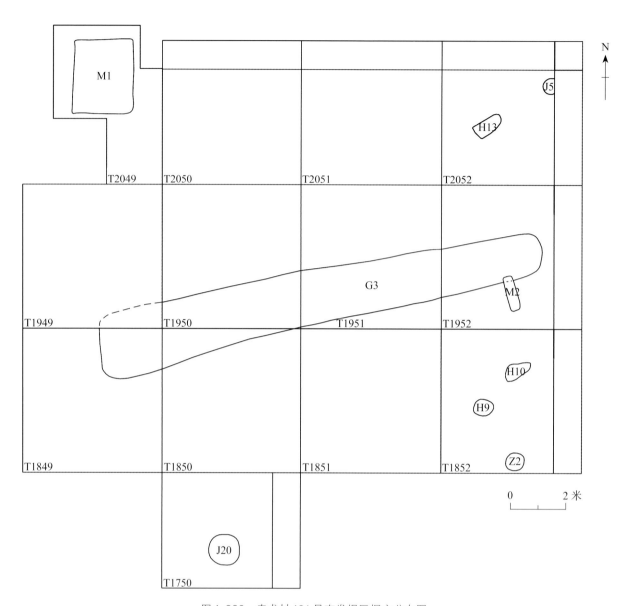

图 4-332　青龙村 421 号南发掘区探方分布图

（一）T1849—T1852 南壁

第①层，灰褐色粉沙土，现代农耕层，厚 0.1—0.22 米，土质疏松，遍布植物根须，含较多炭屑和零星草木灰，出土物有塑料纸、碎砖块以及现代人生活遗留废弃物等。本层呈水平状遍布全方。

第②层，黄褐色粉沙土，深 0.8—0.9 米，厚 0.5—0.75 米，土质疏松，含零星炭屑、草木灰和较多贝壳，出土物有少量青砖碎块、板瓦残片以及少量白釉、青釉瓷片、陶片。本层呈水平状遍布全方。

第③A 层，浅灰褐色沙质黏土，深 0.9—1.1 米，厚 0.15—0.35 米，土质疏松，含零星贝壳、炭屑、草木灰和细碎红砖块，出土物有少量青砖碎块、板瓦残片和白釉、青釉瓷片、釉陶片等。

第③B 层，深红褐色沙质黏土，深 1.7—1.85 米，厚 0—0.75 米，土质较紧密，含黄褐色铁锈斑，较为纯净，出土物有零星青砖碎块、板瓦残片和少量青釉瓷片、釉陶片。本层呈弧壁坑状分布于探方中部和西部。

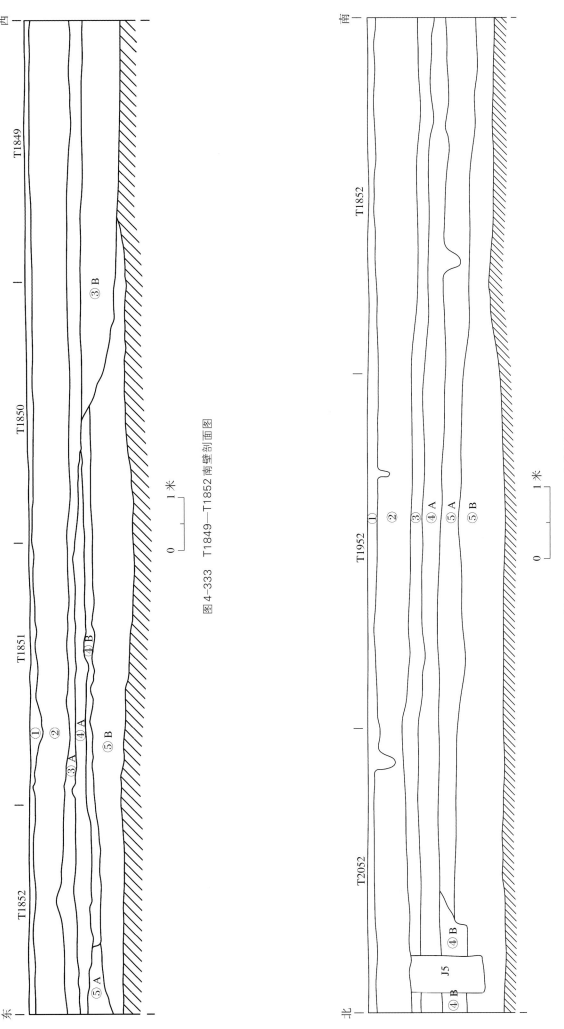

图 4-333　T1849—T1852 南壁剖面图

图 4-334　T1852—T2052 东壁剖面图

第④A层，深灰褐色沙质黏土，深1.1—1.2米，厚0—0.25米，土质紧密，含零星草木灰、贝壳、细碎砖块。出土物有大量的青砖碎块、板瓦残片和青釉、白釉瓷片、釉陶片。本层堆积呈水平状遍布全探方。

第④B层，黑灰色沙质黏土，深1.2—1.4米，厚0—0.25米，土质黏稠，含零星草木灰、贝壳。出土物有较多青砖残块、板瓦残片、青釉、白釉瓷片、釉陶片。本层呈水平状分布于探方南部。

第⑤A层，浅灰绿色沙质黏土，含较多黄色和绿色铁锈斑、黄褐色铁块，深1.4—1.6米，厚0—0.4米，土质疏松。出土物有少量的青砖残块、板瓦残片、青釉、白釉瓷片、釉陶片。本层呈水平状分布于探方北部。

第⑤B层，浅灰绿色黏土，含较多黄褐色铁锈斑，深1.85—2.05米，厚0—0.8米，土质疏松，较纯净。出土物有少量青砖、板瓦残片、青釉瓷片、釉陶片。本层近水平状分布于发掘区的中东部（图4-333）。

（二）T1852、T1952、T2052东壁

第①层：灰褐色粉沙土，现代农耕土层，厚0.1—0.4米，土质疏松，遍布植物根须，含较多炭屑和零星草木灰及现代人生活遗留废弃物等。本层呈水平状遍布全方。

第②层：黄褐色粉沙土，深0.5—0.75米，厚0.15—0.55米，土质疏松，含零星炭屑、草木灰和较多贝壳，出土物有少量青砖碎块及少量青釉、青白釉瓷片。本层呈水平状遍布全方。

第③层：浅灰褐色沙质黏土，深0.8—1米，厚0.15—0.25米，土质较紧密，含零星贝壳、炭屑和细碎砖块，出土物有较多碎砖块、白釉、青釉瓷片、釉陶片等。本层呈水平状遍布全方。

第④A层：灰褐色沙质黏土，深1.05—1.35米，厚0.15—0.45米，土质紧密，含零星草木灰、贝壳、细碎砖块。出土物有青砖碎块、青釉瓷片、釉陶片等。本层堆积呈水平状遍布全方。

第④B层：深灰褐色沙质黏土，深1.35—1.4米，厚0.2—0.45米，包含少量贝壳、碎砖块、板瓦残片。出土物有青釉瓷片、釉陶片等。该层分布于发掘区北部。

第⑤A层：浅灰绿色夹杂黑斑点黏土，深1.3—1.6米，厚0.25—0.4米，土质较硬，含草木灰、炭屑等。本层分布于发掘区东南部。

第⑤B层：黄褐色铁锈斑土，深1.9—2.05米，厚0.15—0.6米，土质较硬，较为纯净，含少量炭屑，出土少量青釉瓷片等。该层为北高南低的坡状堆积（图4-334）。

二、遗迹与遗物

1. 第①层下遗迹（图4-335）

M1 位于T2049北部，开口于第①层下。土圹竖穴墓，圆角方形，被晚期人类活动破坏。边长2.54—2.6、圹深0.4米。填土为灰黄色沙质黏土，较疏松，含零星炭屑、草木灰、红烧土颗粒、糯米浆三合土。圹内残留少量酥朽人骨（图4-336）。

J20 位于T1750中部，开口于第①层下，打破第②、③A、③B、④B、⑦层及生土层。平面为圆形，口部坍塌，直壁，平底。口径1、底径0.8、深2.06米。填土为浅灰褐色沙质黏土，土质疏松，含零星炭屑、草木灰（图4-337）。

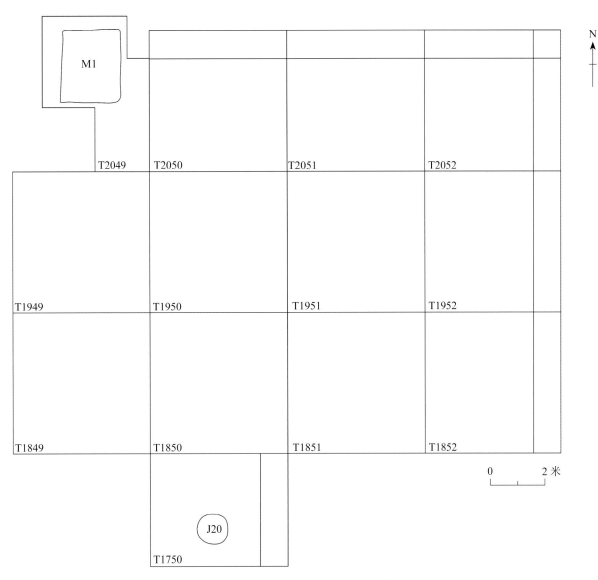

图4-335　青龙村421号南发掘区①层下遗迹位置图

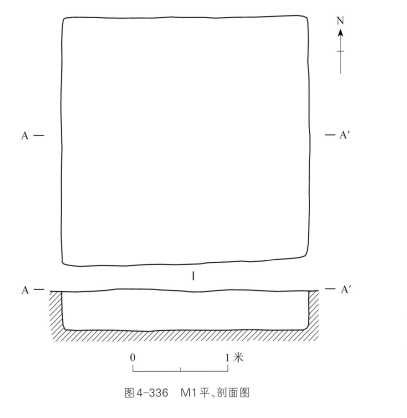

图4-336　M1平、剖面图

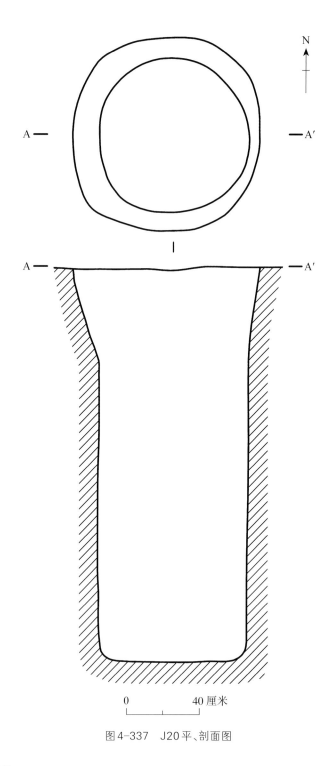

图 4-337　J20 平、剖面图

2. 第②层出土遗物

越窑碗　2件。

Aa 型碗　1件。圆唇,撇口,斜弧腹,矮圈足。T1950②：152,灰胎,满施青釉,足端刮釉。内、外底各残留4、3个支烧痕。口径20.4、足径9.9、高6厘米(*图4-338*)。

B 型碗　1件。敞口,圆唇,斜直腹,玉璧底。T1950②：169,灰胎,略生烧,满施青釉,底局部刮釉。外底残留4个垫烧痕。口径14.2、底径5.9、高3.8厘米(*图4-339*)。

3. 第②层下遗迹（图4-340）

J5　位于T2052东部,开口于第②层下,打破第③、④A、④B、⑤A、⑤B层及生土层。平面呈圆形,直壁,平底。直径0.53、深1.08米。井内堆积为黄褐色黏土,较致密（图4-341）。

4. 第③A层出土遗物

福建窑口碗　1件。

T1950③A∶154,敞口,圆唇外叠,斜弧腹,小圈足。白灰胎,满施青白釉,足底部无釉,釉面有小开片。口径12.8、足径4.4、高5.5厘米（*图4-342*）。

太湖西南岸窑瓷器　18件。

A型碗　16件。尖圆唇,弧腹,平底。根据口沿及大小的变化,分为2个亚型。

Aa型碗　14件。撇口,尖圆唇,弧腹,平底。T1950③A∶126,灰胎,生烧,青釉泛白,内满釉,外施半釉,外底浅挖一小圈,有数周挖足形成的同心圆弦纹。内、外底分别有16、17个垫烧痕。口

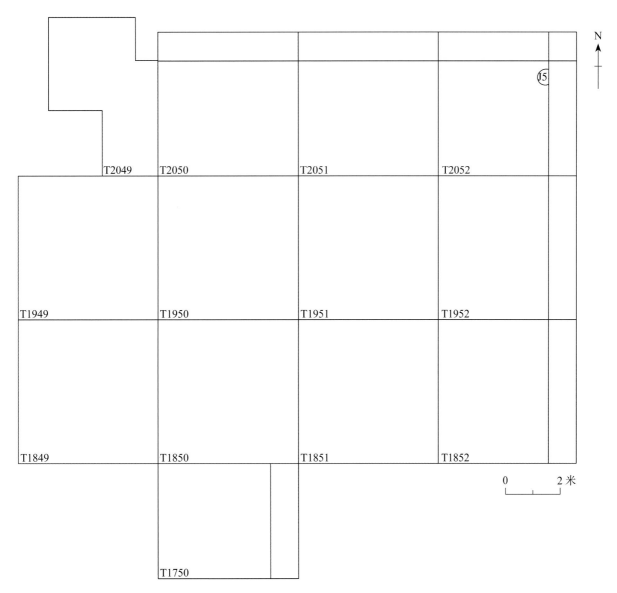

图4-340　青龙村421号南发掘区②层下遗迹位置图

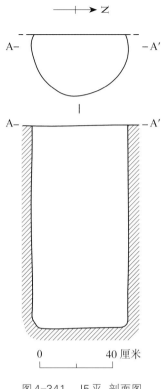

图 4-341　J5 平、剖面图

径 20、底径 10.8、高 6 厘米（*图 4-343*）。

Ab 型碗　2 件。敞口。T1950③A：129，灰胎，青釉，内满釉，外施釉不及底。内、外底分别有 6 个垫烧痕。口径 15.1、底径 8.2、高 4 厘米（*图 4-344*）。

A 型盏　1 件 敛口，圆唇，斜弧腹，平底。T1849③A：166，灰白胎，褐釉，内满釉，外施半釉。口径 12.8、底径 5.2、高 2.7 厘米（*图 4-345*）。

Aa 型盆　1 件。敛口，圆唇外叠，深弧腹，平底，外缘斜削。T1950③A：185，砖红色胎，生烧，青釉泛白，内满釉，外施半釉。内、外底各残留 4 个垫烧痕。口径 25.6、底径 12.2、高 9.2 厘米（*图 4-346*）。

越窑碗　11 件。

根据口、底的变化，分为 4 型。

A 型碗　6 件。根据圆唇，斜腹，圈足。根据圈足的变化，分为 2 个亚型。

Aa 型碗　2 件。撇口，斜腹，假圈足。T1950③A：149，灰胎，满施青釉，仅足端刮釉。内、外底各残留 3 个垫烧痕。口径 20.2、足径 9.2、高 5.9 厘米（*图 4-347*）。

Ab 型碗　4 件。敞口，斜直腹，矮圈足。T1950③A：26，灰胎，满施青釉，釉面满布小开片，仅足端刮釉。内、外底分别残留 11、9 个垫烧痕。口径 21.2、足径 10.6、高 6.4 厘米（*图 4-348*）。

B 型碗　3 件。敞口，圆唇，斜直腹，玉璧底。T1950③A：187，灰胎，胎质细腻，满施青釉，釉面有小开片。外底残留 6 个垫烧痕。口径 15.6、底径 6.8、高 4.1 厘米（*图 4-349*）。

C 型碗　1 件。敞口，圆唇，斜腹，矮圈足。T1950③A：135，灰胎，满施青釉，釉面干涩。外底有一圈垫烧痕。口径 14.2、足径 6、高 6.6 厘米（*图 4-350*）。

D 型碗　1 件。敛口，圆唇，斜腹，平底。T1950③A：176，灰胎，胎质细腻，满施青釉，内外满釉，仅足端无釉。外底残留 3 个垫烧痕。口径 14.6、底径 6.6、高 5.3 厘米（*图 4-351*）。

5. 第③A 层下遗迹（图 4-352）

H9　位于 T1852 中部偏西，开口于第③A 层下。平面近椭圆形，斜壁，壁面粗糙，底面南部略高而北部稍低。口部长径 0.7、短径 0.58 米，底部长径 0.52、短径 0.4 米，深 0.1 米。填土为深灰褐色黏土，土质疏松，一次性堆积而成，含较多炭屑和零星草木灰、红烧土颗粒等（图 4-353）。

6. 第③B 层出土遗物

义窑碗　1 件。

T1849③B：12，撇口，圆唇，深弧腹，高圈足。白灰胎，满施青灰釉，圈足无釉，釉面光亮，多有缩釉点。口径 15.6、足径 6.5、高 7.7 厘米（*图 4-354*）。

太湖西南岸窑碗　2 件。

A 型碗　2 件。尖圆唇，弧腹，平底，器形较大。根据口沿及大小的变化，分为 2 个亚型。

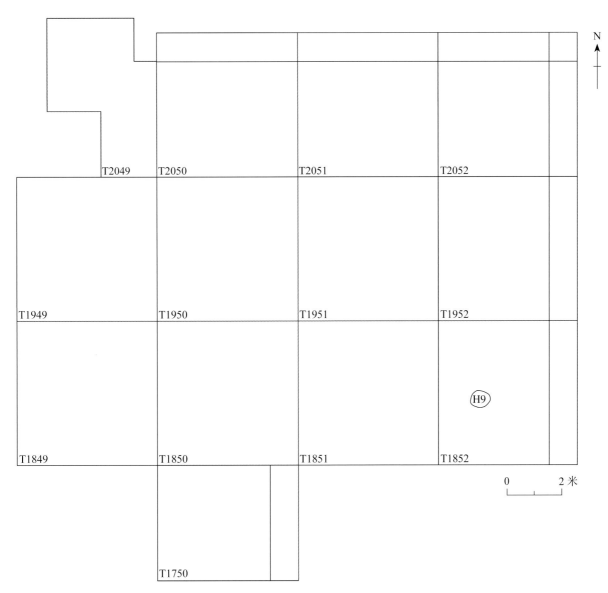

图4-352　青龙村421号南发掘区③A层下遗迹位置图

Aa型碗　1件。撇口。T1849③B ： 118,灰胎,青黄釉,内满釉,外施半釉。外底浅挖一小圈,内、外底分别残留11、12个垫烧痕。口径20、底径11.7、高5.8厘米(图4-355)。

Ab型碗　1件。敞口。T1849③B ： 8,灰胎,胎质杂,青釉,内满釉,外施半釉。内、外底分别残留2、3个垫烧痕。口径15.8、底径9、高4.5厘米(图4-356)。

长沙窑碗　2件。

Aa型碗　2件。敞口,圆唇,弧腹,玉璧底。T1849③B ： 3,灰胎,施化妆土,青釉,釉面满布小开片,内满釉,外施半釉。口径13.4、底径5、高3.9厘米(图4-357)。

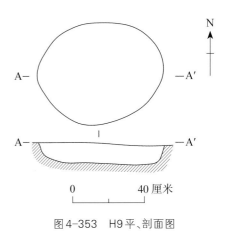

图4-353　H9平、剖面图

7. 第③C层出土遗物

太湖西南岸窑瓷器 6件。

Aa型碗 5件。撇口,尖圆唇,弧腹,平底。T1849③C：24,灰胎,青釉,内满釉,外施半釉。外底浅挖一小圈,内、外底分别有4个垫烧痕。口径20、底径11.2、高5.2厘米(*图4-358*)。

D型盏 1件。敛口,厚圆唇,内壁附环形錾,斜腹,小平底。T1849③C：9,灰胎,褐釉,内满釉,外施半釉,有流釉痕。口径10.3、底径5.1、高3.5厘米(*图4-359*)。

8. 第④A层出土遗物

太湖西南岸窑瓷器 158件。

A型碗 148件。尖圆唇,弧腹,平底,器形较大。根据口沿及大小的变化,分为2个亚型。

Aa型碗 127件。体型较大。胎体厚重,釉薄且不均匀,内满釉,外施半釉,有流釉现象。内、外底多有泥点垫烧痕。有较多比例的生烧现象。分青釉、褐釉2种。

青釉碗 118件。T1952④A：47,灰胎,青釉,内、外底分别残留16个垫烧痕。口径20、底径11、高5.8厘米(*图4-360*)。

褐釉碗 9件。T1950④A：17,褐釉。外底浅挖一小圈,内、外底分别残留6、5个垫烧痕。口径20.2、底径11.7、高6.1厘米(*图4-361*)。

Ab型碗 21件。较Aa型碗体量略小、胎体略轻薄。内满釉,外施半釉,有流釉现象。内、外底多有泥点垫烧痕。

青釉碗 19件。T1952④A：117,灰胎,青绿釉,外底浅挖一小圈,内、外底分别有9个垫烧痕。口径16.2、底径9.4、高4.6厘米(*图4-362*)。

褐釉碗 2件。T1952④A：40,砖红色胎,仅口沿内外施褐釉,内、外底分别残留7个垫烧痕。口径14.6、底径9、高3厘米(*图4-363*)。

D型盏 7件。敛口,厚圆唇,斜弧腹,平底。

青釉盏 6件。T1950④A：243,内壁附环形錾,灰胎,青釉,内满釉,外施半釉。口径11、底径3.4、高3.6厘米(*图4-364*)。

褐釉盏 1件。T1950④A：131,灰胎,褐釉,内满釉,外施半釉。外底残留2个垫烧痕。口径13、底径6.8、高3.3厘米(*图4-365*)。

盆 2件。根据口沿及大小的区别,分为2型。

Ab型盆 1件。敛口,圆唇外叠,弧腹,平底,外缘斜削。T1849④A：57,灰胎,内施青釉,外施半釉,口沿处有2处褐彩。内、外底各有8个垫烧痕。口径19.3、腹径19.6、底径9.6、高9.8厘米(*图4-366*)。

B型盆 1件。撇口,圆唇,深弧腹,平底,外缘斜削。T1950④A：85,灰胎,青绿釉,内满釉,外施半釉。内、外底分别有16、14个垫烧痕。口径25.4、底径12.8、高6.4厘米(*图4-367*)。

杯 1件。T1952④A：9,直口,圆唇,弧腹,平底。紫褐色胎,口沿及外壁施青釉,不及底。口径6.9、底径3.5、高3.4厘米(*图4-368*)。

越窑瓷器 68件。

碗 65件。根据口、底部的变化,分为5型。

A型碗 37件。圆唇,斜腹,圈足。根据圈足的变化,分为2亚型。

Aa型碗　22件。撇口，斜弧腹，假圈足。T1950④A∶106，灰胎，胎质细腻，满施青釉，局部泛黄，足端刮釉。内、外底各有18、19个垫烧痕。口径20、足径10.6、高6.3厘米（*图4-369*）。T1950④A∶111，灰胎，胎质细腻，满施青釉，局部泛黄，足端刮釉。内、外底各有14个垫烧痕。口径20.6、足径9.7、高6.1厘米（*图4-370*）。

Ab型碗　15件。敞口，斜直腹，矮圈足。T1849④A∶58，灰胎，满施青釉，釉色不匀，足端刮釉。内、外底分别有17、16个垫烧痕。口径19、足径8、高5.2厘米（*图4-371*）。T1950④A∶97，灰黄胎，生烧，青釉泛白，内、外满釉，足端刮釉。内底残留15、16个垫烧痕。口径21.2、足径9.8、高6.6厘米（*图4-372*）。

B型碗　17件。撇口，圆唇，斜直腹，玉璧底。T1950④A∶1，灰胎，青釉，釉面干涩，内满釉，外施釉不及底。内、外底分别残留5、4个垫烧痕。口径15.2、底径5.6、高4.4厘米（*图4-373*）。T1950④A∶31，灰胎，胎质细腻，青黄釉，内外满釉。外底有6个垫烧痕。口径15.6、底径6.1、高4.3厘米（*图4-374*）。

C型碗　7件。圆唇，深弧腹，高圈足。T1851④A∶2，撇口。灰白胎，满施青绿釉，足端刮釉。内底留有一圈白色的垫烧痕。口径15.6、足径7.6、高6.3厘米（*图4-375*）。T1950④A∶36，敞口。灰胎，满施青黄釉，局部泛绿，足端刮釉。内底留有一圈白色的垫烧痕。口径15.4、足径7.8、高5.6厘米（*图4-376*）。

D型碗　1件。敛口，圆唇，斜腹，平底。T1849④A∶10，灰胎，略生烧，满施青釉，底部局部刮釉。外底有7个垫烧痕。口径11.4、底径5.4、高5.4厘米（*图4-377*）。

E型碗　3件。以上A、B、C、D型以外的单件器物都归入E型。T1952④A∶16，敞口，圆唇外卷，斜直腹，矮圈足。灰胎，满施青黄釉，釉面满布冰裂纹。足端残留2个垫烧痕。口径15.2、足径6.7、高4.6厘米（*图4-378*）。T1950④A∶184，敞口，圆唇，斜直腹，小圈足。灰胎，青黄釉，内满釉，外施半釉。内底、足端各残留2个垫烧痕。口径13.6、足径6、高5.1厘米（*图4-379*）。T1950④A∶196，敞口，尖圆唇，斜弧腹，圈足外撇。灰胎，满施青绿釉，外底残留3个垫烧痕。内壁剔刻花卉纹。口径12.4、足径6.8、高3.3厘米（*图4-380*）。

盏　2件。T1950④A∶30，敞口，厚圆唇，弧腹，平底。灰胎，满施青釉，外底无釉。口径12、底径4.8、高3.9厘米（*图4-381*）。T1852④A∶3，圆唇，敞口，沿有五个葵口，葵口下外腹有五道短凹线，内底平，压印凤鸟衔枝纹、卷云纹，圈足外撇。灰黄色胎，胎质细腻紧致，满施青黄釉，足端刮釉，留有支烧痕（图4-382）。

盒盖　1件。T1952④A∶4，顶面圆弧形。灰胎，略生烧，满施青釉，口沿内壁刮釉。口径8.8、高2.4厘米（*图4-383*）。

长沙窑瓷器　29件。

碗　27件。根据口及大小的变化，分为2型。

A型碗　17件。敞口，圆唇，玉璧底。根据底足及上釉的区别，分为2亚型。

Aa型碗　16件。弧腹，玉璧底较窄。T1851④A∶3，灰胎，施化妆土，青釉，内满釉，外施半

图4-382　越窑盏（T1852④A∶3）

釉。口径12.5、底径4.7、高4.1厘米(*图4-384*)。T1849④A ： 63,灰胎,施化妆土,青釉,内满釉,外施半釉,有积釉现象。口径13.8、底径4.8、高4.2厘米(*图4-385*)。

Ab型碗　1件。斜直腹,内底平坦,玉璧底较宽。T1851④A ： 1,灰胎,施化妆土,满施青黄釉,仅外底无釉。口径15、底径6.6、高3.8厘米(*图4-386*)。

B 型碗　10件。敞口,圆唇,深弧腹,玉璧底。T1952④A ： 77,灰胎,施化妆土,满施青黄釉,釉面有小开片,足底刮釉。口径19.2、足径7.2、高7.3厘米(*图4-387*)。T1849④A ： 78,灰胎,施化妆土,青黄釉,内满釉,外施半釉。下腹部外壁有数周弦纹。口径17.6、底径5.8、高6.4厘米(*图4-388*)。

盒　2件。T1849④A ： 97,盒身,子口,直腹,平底。肩部饰一周弦纹。灰黄胎,施化妆土,外壁施青黄釉。口径9、底径5.6、高4.1厘米(*图4-389*)。T1950④A ： 182,盒盖,盖面近平。灰褐胎,外施青黄釉,内壁无釉,盖面饰褐、绿彩花卉纹。口径10.8、高2.7厘米(*图4-390*)。

壶标本　T1952④A ： 153,执壶残口(图4-391)。T1952④A ： 154,壶底(图4-392)。

图4-391　长沙窑壶(T1952④A ： 153)　　　图4-392　长沙窑壶(T1952④A ： 154)

9. 第④A层下遗迹(图4-393)

H10　位于T1852西北部,开口于第④A层下。平面近椭圆形,斜壁,壁面光滑,圜底。口部长径1、短径0.52米,底部长径0.7、短径0.3米,深0.3米。填土为深灰褐色黏土,土质疏松,一次性堆积而成,近西壁有少量草木灰。出土较多残瓦片、少量瓷片(图4-394)。

H13　位于T2052中部,开口于第④A层下。平面呈不规则形,西壁及南、北壁略直,东部呈弧状,斜壁,平底。口部长径1.08、短径0.5米,底部长径0.8、短径0.34米,深0.2米。填土为黄褐色土,较纯,无包含物(图4-395)。

M2　位于T1952中部,开口于第④A层,打破第④B层。由于墓上部早期已经被破坏,仅清理出墓葬底部。墓葬北偏西15°。形制为长方形,土坑竖穴墓,土坑四角微弧,长1.28米,宽0.4米,残深0.1米。墓葬填土为深褐色沙质黏土,坑内木棺已全部腐朽,保存一具儿童骨架。骨架比较完整,头南脚北,仰身直肢。身高约0.95米,根据骨骼测定,年龄估计在5—10岁。在头部正上方随葬越窑青釉碗1件(图4-396)。

M2 ： 1,越窑青釉碗,敞口,弧腹斜收,玉璧底。满施青釉,泛黄,底不施釉。碗心及底见6个支钉痕迹。口径14.8、底径5.5、高4.8厘米(图4-397)。

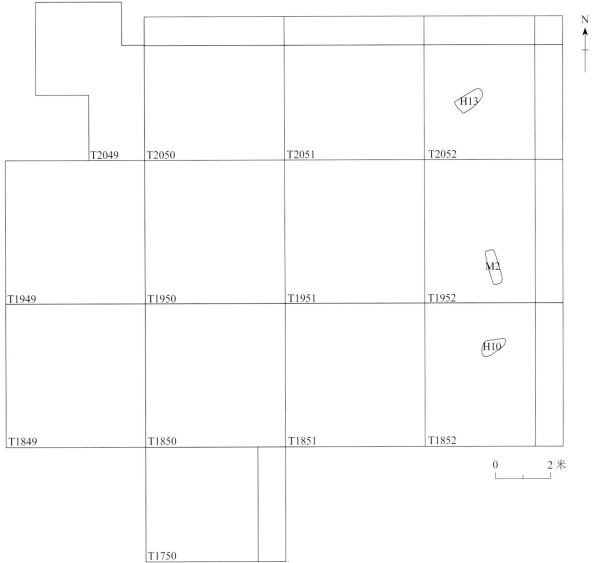

图 4-393 青龙村 421 号南发掘区④A 层下遗迹位置图

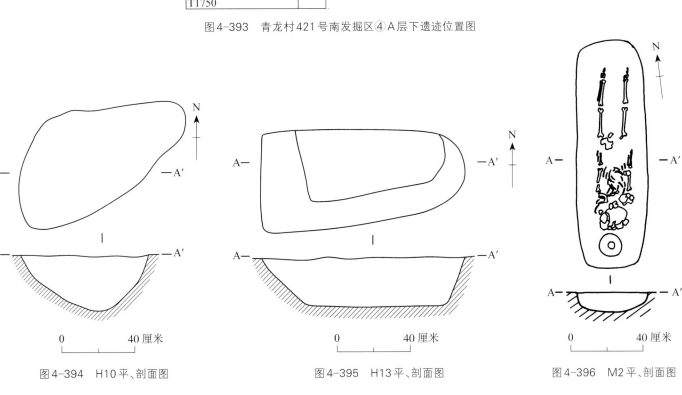

图 4-394 H10 平、剖面图

图 4-395 H13 平、剖面图

图 4-396 M2 平、剖面图

图 4-397　越窑碗（M2∶1）

10. 第④B层出土遗物

太湖西南岸窑瓷器　96件。

A型碗　78件。尖圆唇,弧腹,平底。根据口沿及大小的变化,分为2亚型。

Aa型碗　70件。体型较大。灰胎,胎体厚重,釉薄且不均匀,内满釉,外施半釉,有流釉现象。内、外底多有泥点垫烧痕。有较多比例的生烧现象。分青釉、褐釉两种。

青釉碗　66件。T1952④B∶141,灰胎,青绿釉。外底浅挖一小圈。内、外底各残留13、14个垫烧痕。口径19.2、底径10.5、高6厘米(*图4-398*)。

褐釉碗　4件。T1952④B∶139,褐釉。外底浅挖一小圈,内、外底分别残留4、3个垫烧痕。口径19.2、底径11.4、高5.5厘米(*图4-399*)。

Ab型碗　8件。较Aa型碗体量略小、胎体略轻薄。内满釉,外施半釉,有流釉现象。内、外底多有泥点垫烧痕。T1952④B∶41,灰胎,青绿釉,内、外底分别有6、8个垫烧痕。口径14.8、底径8.2、高3.9厘米(*图4-400*)。

盏　14件。根据口、腹部的变化,分为3型。

A型盏　2件。敛口,圆唇,斜弧腹,平底。T1950④B∶225,灰胎,青釉,仅口沿处施釉,内底残留2个垫烧痕。口径17、底径8.6、高4.3厘米(*图4-401*)。

B型盏　1件。敛口,圆唇,斜弧腹,平底。较A型盏略小,内底多无垫烧痕。T1950④B∶226,灰胎,青釉,内满釉,外施半釉。外底残留1个垫烧痕。口径10.5、底径5.3、高3.3厘米(*图4-402*)。

D型盏　11件。敛口,厚圆唇,斜弧腹,平底。

青釉盏　3件。T1849④B∶75,内壁附錾,残。灰胎,青黄釉,内满釉,外施半釉。外底残留3个垫烧痕。口径11、底径5.5、高3厘米(*图4-403*)。

褐釉盏　8件。T1849④B∶109,内壁附环形錾。灰胎,褐釉,内满釉,外施半釉。外底残留2个垫烧痕。口径12.6、底径6、高3.1厘米(*图4-404*)。

盆　2件。根据口、腹部的变化,分为2型。

Ab型盆　1件。敛口,圆唇,深弧腹,平底,外缘斜削。T1952④B∶15,灰胎,青黄釉,内满釉,外施釉不及底。内、外底各残留5个垫烧痕。口径22、底径10.2、高9厘米(*图4-405*)。

B型盆　1件。撇口,圆唇,深弧腹,平底。T1949④B∶7,灰胎,青黄釉,釉面有冰裂纹,内壁满釉,外壁半釉。内、外底各有6、7个垫烧痕。口径29、底径13、高7.2厘米(*图4-406*)。

D型罐　1件。直口微外撇,圆唇,束颈,折肩,肩部立二系,弧腹,平底。T1849④B∶25,灰胎,青黄釉,内外施半釉。外底有7个垫烧痕。口径10、腹径14.8、底径9.2、高19.2厘米(*图4-407*)。

A型壶　1件。细长颈,折肩,弧腹斜收,平底。T1952④B∶96,口残,褐胎,黑釉,釉面有小开片,外壁施釉至下腹部。肩径5.7、底径3.3、残高5.3厘米(*图4-408*)。

越窑瓷器　28件。

碗　22件。根据口、底的变化,分为4型。

A型碗　8件。圆唇,斜腹,圈足。根据圈足的变化,分为2亚型。

Aa型碗　5件。撇口,圆唇,斜腹,矮圈足。T1950④B：237,略生烧,灰胎,胎质细腻,满施青釉,釉色局部泛白,足端刮釉。内、外底各有16、15个垫烧痕。口径20.4、足径9.7、高6厘米(*图4-409*)。

Ab型碗　3件。敞口,斜直腹,矮圈足。T1952④B：89,灰胎,满施青釉,足端刮釉。内底残留11个垫烧痕,外足端有一圈垫烧痕。口径12、足径10.3、高6.9厘米(*图4-410*)。

B型碗　9件。撇口,圆唇,斜直腹,玉璧底。T1849④B：113,灰胎,胎质细腻,满施青釉,底部局部刮釉,残留3个垫烧痕。口径15.4、底径6.4、高4厘米(*图4-411*)。

C型碗　4件。撇口,圆唇,斜弧腹,矮圈足。T1950④B：205,灰白胎,满施淡青釉,底部积釉。外底残留一圈垫烧痕。口径13.3、足径5、高4.7厘米(*图4-412*)。T1950④B：233,灰胎,满施青釉,釉面光亮,有冰裂纹开片。足端刮釉,留有垫烧痕。口径12.2、足径5.6、高3.8厘米(*图4-413*)。

D型碗　1件。撇口,圆唇,浅弧腹,矮圈足。T1952④B：146,灰胎,满施青釉,釉面干涩,有窑粘,足端刮釉。内底和足端有一圈垫烧痕。口径12.8、足径5.8、高5.6厘米(*图4-414*)。

盏　2件。T1949④B：13,撇口,圆唇,斜腹,平底略内凹。灰胎,青釉,内满釉,外施半釉。口径11.6、底径4.4、高3.3厘米(*图4-415*)。

盒　4件。T1950④B：236,子口,折肩,直腹,下部斜收,平底微凹。灰胎,满施青黄釉,有小开片。肩部残留2个垫烧痕。口径9.4、底径5、高3.2厘米(图4-416)。

长沙窑瓷器　5件。

Aa型碗　2件。敞口,圆唇,弧腹,玉璧底。T1952④B：149,灰胎,施化妆土,青釉,内满釉,外施半釉。口径14.6、底径4.6、高5厘米(*图4-417*)。

擂钵　1件。T1952④B：239,敞口,圆唇,弧腹,玉璧底。黄灰胎,口沿施青釉,内壁刻划交叉斜线纹。口径14.4、底径5.5、高3.6厘米(*图4-418*)。

水盂　1件。T1849④B：115,敛口,圆唇外叠,溜肩,鼓腹,圜底近平。灰黄胎,青黄釉,内满釉,外施釉不及底,底部有多道拉坯形成的同心圆弦纹。口径23.5、腹径26.6、底径11.4、高12.7厘米(图4-419)。

壶　1件。T1852④B：14,口部残,溜肩,鼓腹,平底。灰黄胎,外壁施青黄釉,釉面有小开片,内壁、外底部无釉。腹径14.6、底径10、残高13.9厘米(*图4-420*)。

壶标本　该发掘区第④B层发现了较多的长沙窑壶的残片,部分有褐、绿彩装饰(图4-421)。

图4-416　越窑盒(T1950④B：236)　　　　图4-419　长沙窑水盂(T1849④B：115)

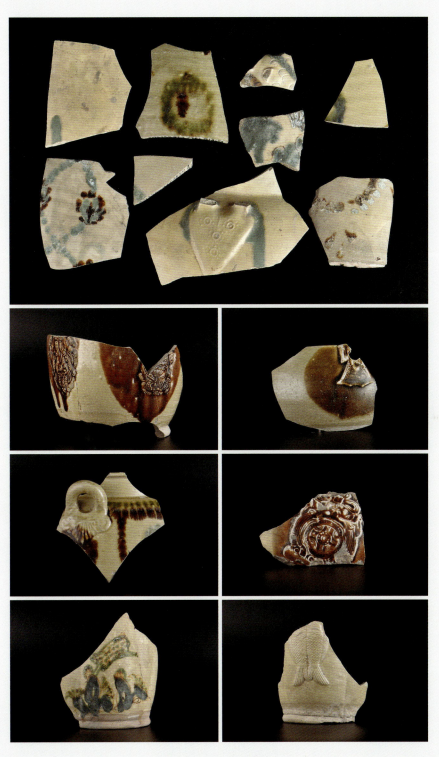

图4-421　长沙窑壶残片

陶器座 1件。

T1950④B：230，共五层，向上逐层斜收。下面三层为方形，上面两层为覆莲形。中对穿一圆孔。功能不明确，可能为帐座。边长14.7、孔径2.6、高8.2厘米（图4-422）。

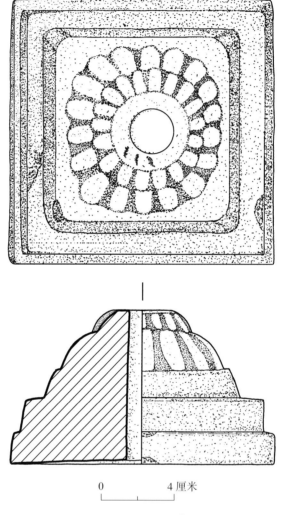

0   4厘米

图4-422　陶器座（T1950④B：230）

11. 第④B层下遗迹（图4-423）

G3 位于T1849、T1949、T1850、T1950、T1951、T1952，开口于第④B层下，打破第⑤A、⑤B、⑤C、⑥层、⑦层及生土。平面呈长条形，斜壁，平底。东北—西南走向，西部窄而东部宽。已发掘部分口部长16.2、宽1.5—2.2米，底部长15.5、宽1.4—2米。沟内分三次堆积：第一层堆积位于沟西部，填土为红色黏土，纯洁致密，无包含物，厚约0—0.3米。第二层堆积遍布全沟，浅灰褐色黏土，致密紧实，厚约0.2—0.3米，包含大量的砖瓦残片及较多的瓷片，出土大量可复原器物，大部分为青釉瓷碗，碗底有支钉痕，少量为褐釉。第三层堆积遍布全沟，青灰泥，致密紧实，黏性大，厚约0.2—0.4米。出土大量青釉碗等（图4-424）。

G3①层主要出土太湖西南岸窑、越窑、长沙窑及产地不明陶瓷器。

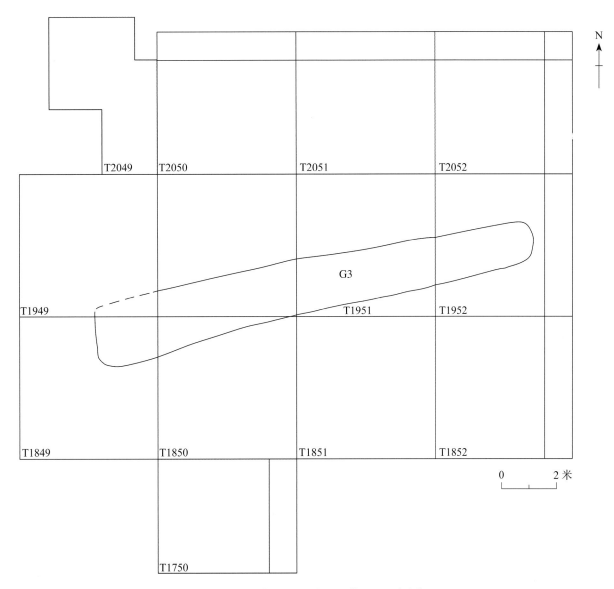

图4-423　青龙村421号南发掘区④B层下遗迹位置图

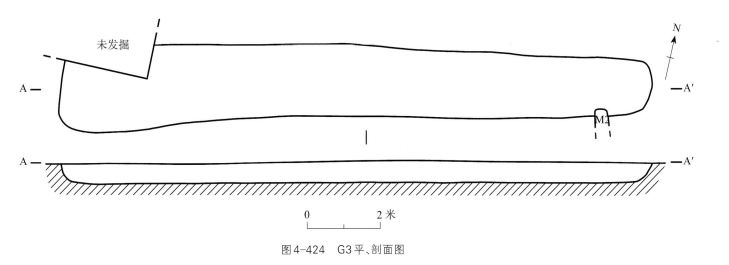

图4-424　G3平、剖面图

太湖西南岸窑瓷器 117件。

A型碗 99件。尖圆唇,弧腹,平底。根据口沿及大小的变化,分为2亚型。

Aa型碗 91件。体型较大。灰胎,胎体厚重,釉薄且不均匀,分青釉、褐釉2种。

青釉碗 81件。G3①：32,灰胎,青绿釉,内满釉,外施半釉。外底内心浅挖一小圈,内、外底分别有18个垫烧痕。口径20.6、底径11、高5.8厘米(*图4-425*)。

褐釉碗 10件。G3①：9,灰胎,褐釉,内满釉,外施半釉。外底内心浅挖一小圈,内、外底分别残留9个垫烧痕。口径20.6、底径10.6、高3.8厘米(*图4-426*)。

Ab型碗 8件。青釉。较Aa型碗体量略小、胎体略轻薄。内满釉,外施半釉,有流釉现象。内、外底多有泥点垫烧痕。G3①：89,灰胎,青绿釉。内、外底分别有7个垫烧痕。口径16、底径8、高4.3厘米(*图4-427*)。

盏 10件。根据口、腹部的变化,分为5型。

A型盏 1件。敛口,圆唇,斜弧腹,平底。内满釉,外施半釉。内、外底可见数个垫烧痕。G3①：40,灰胎,青绿釉。内、外底各有5个垫烧痕。口径14、底径6.4、高4厘米(*图4-428*)。

B型盏 1件。敛口,圆唇,斜弧腹,平底。内满釉,外施半釉,较A型盏略小,大部分内底未见垫烧痕。G3①：92,灰胎,青绿釉,内满釉,外施半釉。内、外底各残留3、2个垫烧痕。口径10.6、底径4.8、高3.4厘米(*图4-429*)。

C型盏 5件。撇口,平沿,圆唇,折腹,平底。内满釉,外施半釉,外底可见垫烧痕。G3①：66,灰胎,青釉,釉面干涩。内、外底各残留2、3个垫烧痕。口径14、底径7.5、高4.3厘米(*图4-430*)。

D型盏 2件。敛口,厚圆唇,内壁附环形錾,斜腹,小平底。G3①：185,砖红色胎,青釉泛白,内满釉,外施半釉。口径10.6、底径6.6、高2.6厘米(*图4-431*)。

E型盏 1件。敛口,圆唇,深弧腹,平底。G3①：112,灰胎,外壁半施青釉,内壁无釉。口径11.6、底径5.8、高4.8厘米(*图4-432*)。

盆 4件。根据口、腹部的变化,分为2型。

Aa型盆 2件。敛口,圆唇外叠,深弧腹斜收,平底。体型较大。内施满釉,外施半釉。G3①：91,灰胎,生烧,青釉泛白。内、外底各有11个垫烧痕。口径33.6、底径12、高16.1厘米(*图4-433*)。

B型盆 2件。撇口,圆唇,弧腹,平底。G3①：104,灰胎,青绿釉,内满釉,外施半釉,有流釉现象。内、外底各残留8个垫烧痕。口径27.6、底径12.4、高6.9厘米(*图4-434*)。

A型罐 2件。撇口,圆唇,束颈,鼓肩,圆腹,下腹斜收成小平底,肩上对立二系。G3①：48,灰胎,青釉,内满釉,外施半釉,腹部饰数处褐彩斑。外底残留4个垫烧痕。口径18.6、底径10.7、高17厘米(*图4-435*)。

A型壶 2件。撇口,圆唇,束颈,溜肩,肩部一侧置把手,对置六棱形短流,两侧立二耳,弧腹,平底,底外缘斜削。G3①：204,灰褐胎,褐釉,内满釉,外施半釉。外底有数周同心弦纹。口径7.2、腹径10.8、底径7.8、高12.1厘米(*图4-436*)。

越窑瓷器 27件。

碗 26件。根据口、底部的变化,分为3型。

A型碗 24件。圆唇,斜腹,圈足。根据圈足的变化,分为2亚型。

Aa型碗　19件。撇口，斜弧腹，假圈足。G3①：42，灰胎，胎质细腻，满施青釉，足端刮釉。内、外底各残留18个垫烧痕。口径20.7、足径9.6、高7厘米（*图4-437*）。

Ab型碗　5件。敞口，斜直腹，矮圈足。G3①：30，砖红色胎，生烧，青釉泛白，内、外满釉，局部剥釉，足端刮釉。内、外底各残留20、21个垫烧痕。口径19.4、足径10.6、高7.3厘米（*图4-438*）。

B型碗　1件。敞口，圆唇，斜直腹，玉璧底。G3①：10，灰胎，满施青绿釉，外底局部刮釉。外底有一圈垫烧痕。口径14.2、底径6、高3.8厘米（*图4-439*）。

E型碗　1件。G3①：43，撇口，尖圆唇，弧腹，矮圈足。灰胎，满施青釉，足端刮釉。内壁细线刻划花草纹。足端有一圈垫烧痕。口径14、底径5.5、高4厘米（*图4-440*）。

壶　1件。G3①：3，敞口，圆唇，溜肩，鼓腹，平底，肩部有一六棱形短流。灰胎，青釉，内满釉，外施半釉。内壁有轮旋痕，内底有4个垫烧痕。口径9.8、腹径12、底径7、高10.6厘米（图4-441）。

长沙窑瓷器　15件。

A型碗　13件。敞口，圆唇，玉璧底。根据底足及上釉的区别，分为2亚型。

Aa型碗　11件。弧腹，玉璧底较窄。G3①：56，灰胎，青釉，满布小开片，内满釉，外壁半釉。口径14.6、底径6、高4.8厘米（图4-442）。

Ab型碗　2件。斜直腹，内底平坦，玉璧底较宽。G3①：11，灰胎，施化妆土，满施青黄釉，仅外部无釉，釉面满布小开片。口径14.4、底径6.4、高3.8厘米（*图4-443*）。

水盂　2件。G3①：205，敛口，圆唇外叠，扁圆腹，圜底近平。灰褐胎，胎质较疏松，施白色化妆土。内壁满釉，外壁施釉至下腹部，釉色青黄，底露胎。口径20、底径10、高13.2厘米（图4-444）。G3①：208，敛口，圆唇外叠，溜肩，鼓腹，圜底近平，肩部有数道压印纹。灰黄胎，施化妆土，青黄釉，内满釉，外施釉不及底，底部有多道拉坯形成的同心圆弦纹。口径20、腹径24、底径8、高11.8厘米（*图4-445*）。

陶盆　2件。

Aa型泥质灰陶盆　1件。G3①：202，直口，圆唇外叠，直腹，平底。内、外底各有9、7个垫烧痕。口径23.4、底径16.6、高8厘米（*图4-446*）。

图4-441　越窑壶（G3①：3）

图4-442　长沙窑Aa型碗（G3①：56）

图4-444　长沙窑水盂（G3①：205）

A 型夹砂红陶盆　1件。G3①：14，夹细砂红陶。敞口，厚圆唇外叠，弧腹，平底。口径26.8、底径12、高9.9厘米（图4-447）。

G3②层主要出土太湖西南岸窑、越窑瓷器。

太湖西南岸窑瓷器　23件。

A 型碗　18件。尖圆唇，弧腹，平底。根据口沿及大小的变化，分为2亚型。

Aa 型碗　17件。体型较大，胎体厚重，釉薄且不均匀，内满釉，外施半釉，有流釉现象。内、外底多有泥点垫烧痕。有较多比例的生烧现象。分青釉、褐釉2类。

青釉碗　15件。G3②：153，生烧，砖红色胎，青釉泛白，内满釉，外施半釉。内、外底分别有17个垫烧痕。口径20.2、底径11.3、高6.1厘米（图4-448）。

褐釉碗　2件。G3②：133，局部生烧，灰胎，褐釉，内壁局部呈黄色，内满釉，外施半釉。内、外底分别残留9个垫烧痕。口径20.2、底径10.5、高5.6厘米（图4-449）。

Ab 型碗　1件。较 Aa 型碗体量略小、胎体略轻薄。G3②：143，灰胎，青绿釉。内、外底分别有3个垫烧痕。口径16.4、底径9.6、高4.8厘米（图4-450）。

盏　4件。根据口、腹部的区别，分为2型。

C 型盏　3件。撇口，平沿，圆唇，弧腹，平底。G3②：61，灰胎，青釉泛白，内满釉，外施半釉。内、外底分别残留1、2个垫烧痕。口径16、底径8.9、高3.9厘米（图4-451）。

D 型盏　1件。敛口，厚圆唇，斜弧腹，平底。G3②：163，灰胎，青黄釉，内满釉，外施半釉。外底残留4个垫烧痕。口径12.2、底径5.8、高4.2厘米（图4-452）。

B 型盆　1件。撇口，圆唇，深弧腹，平底，外缘斜削。G3②：162，生烧。砖红色胎，青釉泛白，内满釉，外施半釉。内、外底分别残留4个垫烧痕。口径29.8、底径14.8、高6厘米（图4-453）。

越窑碗　1件。

B 型碗　1件。撇口，圆唇，斜直腹，玉璧底。G3②：144，灰胎，胎质细腻，满施青绿釉。外底残留2个垫烧痕。口径15、底径6.4、高3.6厘米（图4-454）。

G3③层主要出土太湖西南岸窑、越窑、长沙窑瓷器。

太湖西南岸窑瓷器　16件。

Aa 型碗　15件。撇口，尖圆唇，斜弧腹，平底。G3③：193，灰胎，青绿釉，内满釉，外施半釉。外底内心浅挖一小圈，内、外底分别残留8、7个垫烧痕。口径20.2、底径10.6、高6.3厘米（图4-455）。

C 型盏　1件。撇口，平沿，圆唇，折腹，平底。G3③：203，灰胎，青绿釉，内满釉，外施半釉，外底残留3个垫烧痕。口径11.8、底径5.7、高3.5厘米（图4-456）。

越窑碗　1件。

B 型碗　1件。敞口，圆唇，斜直腹，玉璧底。G3③：141，灰胎，胎质细腻，青黄釉，内外满釉，底部无釉。外底有7个垫烧痕。口径14.6、底径6.2、高4.3厘米（图4-457）。

长沙窑碗　5件。

Aa 型碗　5件。敞口，圆唇，弧腹，玉璧底。G3③：190，灰胎，施化妆土，青绿釉，内满釉，外施半釉，满布小开片。口径14.6、底径6、高5.1厘米（图4-458）。

12. 第⑤A层出土遗物

太湖西南岸窑碗　26件。

A型碗　26件。尖圆唇,弧腹,平底。根据口沿及大小的变化,分为2亚型。

Aa型碗　23件。体型较大。灰胎,胎体厚重,釉薄且不均匀,分青釉、褐釉2种。

青釉碗　20件。T1950⑤A：5,灰胎,青绿釉。外底浅挖一小圈,外壁有跳刀痕。内、外底各残留15、13个垫烧痕。口径19.6、底径11、高5.4厘米(图4-459)。

褐釉碗　3件。T1950⑤A：46,褐釉。外底浅挖一小圈,内、外底各残留7个垫烧痕。口径19.8、底径11、高6.1厘米(图4-460)。

Ab型碗　3件。较Aa型碗体量略小、胎体略轻薄。内满釉,外施半釉,有流釉现象。内、外底多有泥点垫烧痕。T1950⑤A：144,灰胎,青绿釉,内、外底分别有3、4个垫烧痕。口径14.4、底径7.4、高4厘米(图4-461)。

越窑瓷器　9件。

碗　8件。根据口、底的变化,分为3型。

A型碗　5件。圆唇,斜腹,圈足。根据圈足的变化,分为2亚型。

Aa型碗　4件。撇口,斜弧腹,假圈足。T1849⑤A：116,灰胎,胎质细腻,满施青釉,釉色局部泛白,足端刮釉。内、外底各有7、8个垫烧痕。口径20、足径9.2、高5.6厘米(图4-462)。

Ab型碗　1件。敞口,斜直腹,矮圈足。T1950⑤A：128,生烧,灰胎,满施青釉,釉色泛白,足端刮釉。内、外底分别有17、18个垫烧痕。口径19.7、底径10.1、高7.3厘米(图4-463)。

B型碗　2件。撇口,圆唇,斜直腹,玉璧底。T1852⑤A：16,灰胎,胎质细腻,满施青釉,外底部无釉。内、外底分别有6、5个垫烧痕(图4-464)。

D型碗　1件。敛口,圆唇,斜弧腹,矮圈足。T1950⑤A：116,灰白胎,满施青黄釉,釉面有小开片,外底局部刮釉。外底残留4个垫烧痕。口径12.8、底径6、高4.7厘米(图4-465)。

盏　1件。T2049⑤A：2,敞口,圆唇,弧腹,圈足外撇。生烧,灰胎,满施青釉,釉色泛白。外底有一圈垫烧痕。口径9.2、足径5.1、高3.8厘米(图4-466)。

长沙窑碗　2件。

Aa型碗　2件。敞口,圆唇,弧腹,玉璧底。T1950⑤A：145,灰胎,施化妆土,青釉,釉面满布小开片,内满釉,外壁半釉,有积釉现象。口径13、底径4.8、高5厘米(图4-467)。

13. 第⑤B层出土遗物

太湖西南岸窑瓷器　5件。

Aa型碗　3件。撇口,圆唇,斜弧腹,平底。T1849⑤B：117,灰胎,青绿釉,内满釉,外施半釉。内、外底各有4、3个垫烧痕。口径20.2、底径11.3、高5.7厘米(图4-468)。

D型盏　1件。敛口,厚圆唇,斜弧腹,平底。T1950⑤B：117,内壁附环形鋬。砖红色胎,青釉,内满釉,外施半釉。口径9.8、底径5.2、高3.2厘米(图4-469)。

A型壶　1件。撇口,圆唇,束颈,折肩,弧腹,平底。T1950⑤B：133,残。肩部对称立二系,一侧有圆形短流,对侧有把手。灰褐胎,青釉,略生烧,局部呈褐色。口径8.5、腹径14、底径10、高20.9厘米(图4-470)。

长沙窑执壶 1件。

T1952⑤B：86，圆唇，喇叭口，长颈，溜肩，圆弧腹，假圈足式大平底。肩部前置八棱形短流，后置弓形鋬。灰白胎，胎质较致密。外壁施青釉，底露胎，腹部饰三条褐彩装饰。口径10、底径8、高22.5厘米（图4-471）。

图4-471 长沙窑执壶（T1952⑤B：86）

14. 第⑤B层下遗迹（图4-472）

Z2 位于T1852东南部，开口于第⑤B层下。土坑灶，残存灶坑底部，灶膛平面呈圆形，直径0.42、残深0.03米，烧结面厚0.08—0.1米。灶膛壁呈红色，烧结面保存较差，基本呈粉末状。灶膛内填充黑灰色草木灰，土质疏松，含较多炭屑和零星红烧土颗粒。灶坑外缘有一层厚约0.01米的草木灰（图4-473）。

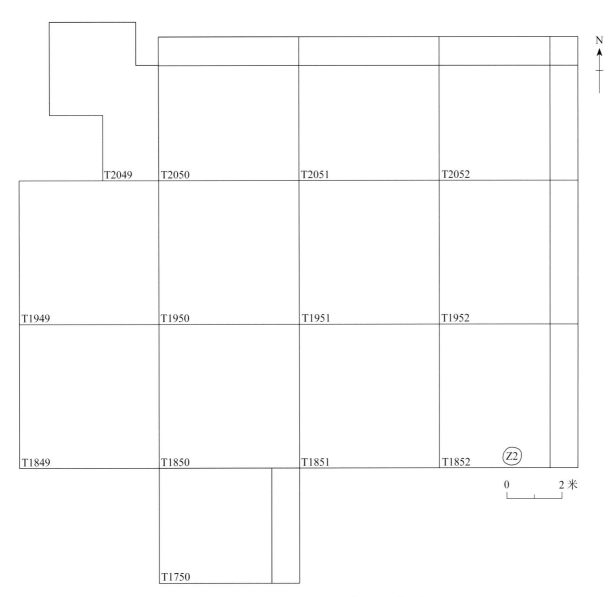

图4-472 青龙村421号南发掘区⑤B层下遗迹位置图

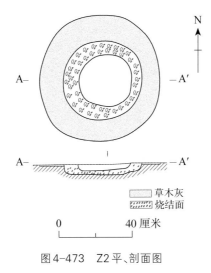

图4-473 Z2平、剖面图

第五章
平桥南部发掘区

2012年11月至2014年2月，先后两次对平桥南部Gf区T4178、T4179、T4180、T4277、T4278、T4377、T4378、T4678、T4679、T4680（以下简称T4178等方）和T3277、T3278、T2874、T2876、T2877、T2974、T2677（以下简称T3277等方）进行了考古发掘。发掘位置位于老通波塘、窑河、青龙新开河交汇处的青龙村，南距青龙塔429米，西临一条出村柏油路，发掘前为村民菜地。按5米×5米布方，实际发掘面积380平方米，分节记述如下（图5-1）。

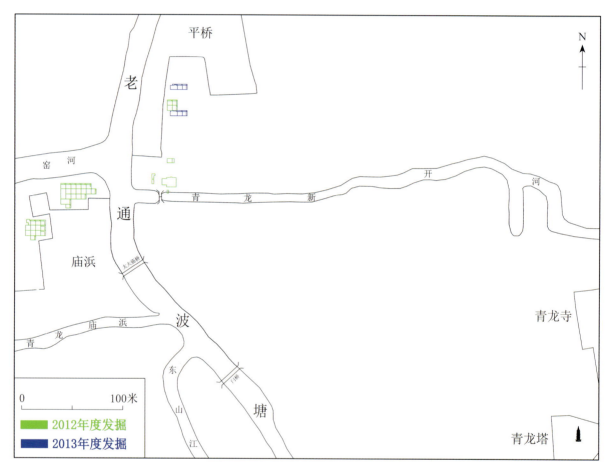

图5-1　平桥南部发掘区位置图

第一节　T4178等发掘点

T4178等方，北距青龙村244号村民住房6米，发掘前为村民菜地。按5米×5米布方，实际发掘面积250平方米（图5-2）。

2012年11月，布5米×5米探方4个，为T4277、T4278、T4377、T4378，先发掘了各探方4米×4米的工作区域，因在T4378②层发现灰坑H17，在T4378③层下靠西壁隔梁处发现H18等，根据发掘现场

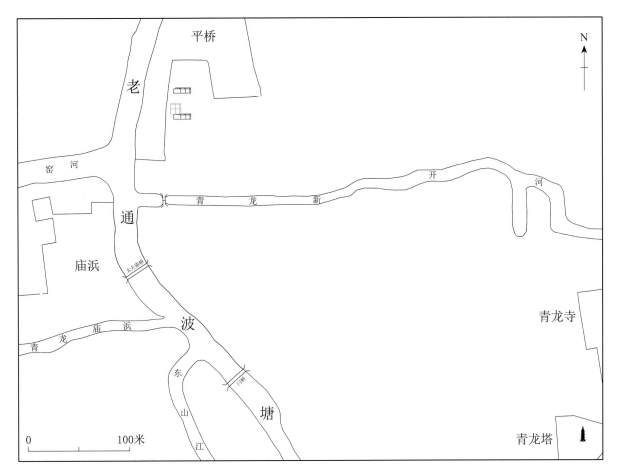

图5-2　T4178等方位置图

的实际情况,先后挖掉隔梁,四个方一并发掘。发掘工作自2012年11月26日开始,于2012年12月19日结束。2013年又对2012年布设的T4178、T4179、T4180、T4678、T4679、T4680进行发掘,亦先发掘各探方主体部分4米×4米,发现遗迹后,依遗迹位置打掉部分隔梁。发掘工作自2013年11月26日开始,于2014年1月上旬暂停(图5-3)。

一、地 层 堆 积

依据土质、土色,以T4178、T4179、T4180南壁和T4678、T4679、T4680北壁等为例,介绍地层堆积情况。

(一) T4178—T4180南壁

第①层,现代农耕层,深灰褐色粉沙土,厚0.1—0.22米,土质疏松。出土物有青白釉、青釉瓷片、碎砖块以及现代人生活的废弃物等。

第②A层,灰褐色粉质沙土,土质疏松,深0.5—0.7米,厚0.25—0.35米。出土青白釉、青釉瓷片、碎砖块、板瓦残片等。本层基本呈水平状。

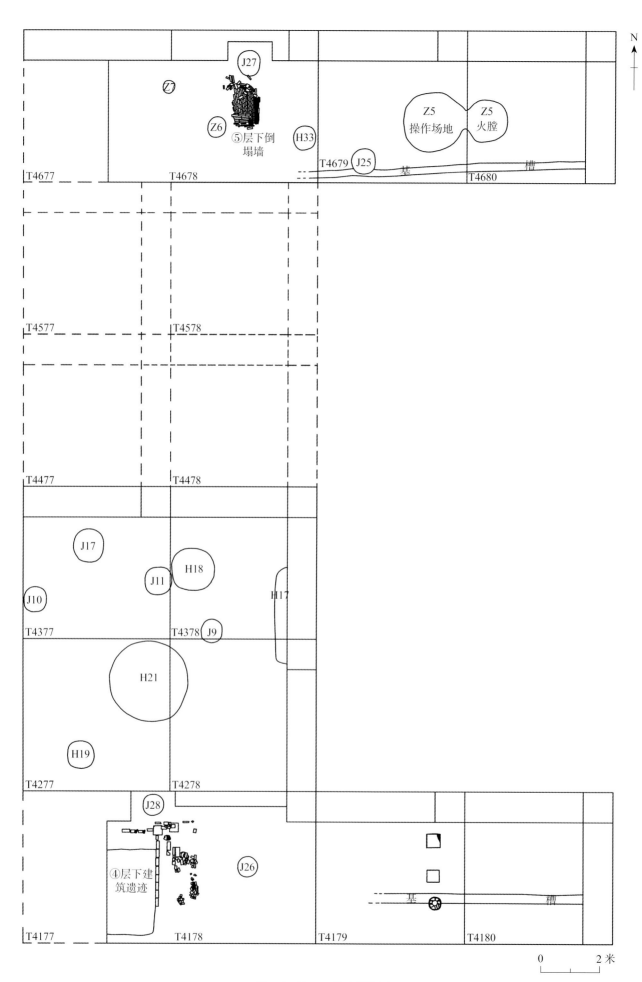

N

T4677　　　　T4678　　　　T4679 J25　　基　　　　槽　　T4680

J27
Z7
Z6
⑤层下倒
塌墙
H33
Z5
操作场地
Z5
火膛

T4577　　　T4578

T4477　　　T4478

J17
H18
J11
H10
H17
T4377　　T4378 J9
H21
H19
T4277　　T4278

J28
④层下建
筑遗迹
J26
基　　　　槽

T4177　　　　T4178　　　　T4179　　　　T4180

0　　　　2 米

图 5-3　T4178 等方平面图

第②B层，黄褐色粉质沙土，深0.6—0.8米，厚0—0.36米。土质疏松，出土物较少，有青釉、青白釉、黑釉瓷碎片、灰陶、釉陶瓶残片和板瓦残片、青砖碎块等。

第③层，灰褐色沙质黏土，深0.8—1.65米，厚0.12—0.85米。土质疏松，含较多炭屑、草木灰和零星红烧土颗粒。本层堆积内出土物较多，有青釉、青白釉、黑釉瓷、釉陶、陶、缸残片及青砖、板瓦碎块等。在T4378③层下靠西壁隔梁中部发现H18，在T4179③层下东部发现柱础石。

第④层，红褐色粉质沙土，深0.9—1.15米，厚0—0.2米。土质疏松，含零星炭屑、草木灰。本层堆积内包含物较第③层骤减。有青釉、青白釉瓷片、板瓦残片、碎砖块等。T4179本层堆积大体呈水平状分布在探方的南部和中部，T4180、T4178本层堆积分布在探方的西南部，东北部无此层堆积。在T4178④层下西部发现建筑遗迹。

第⑤层，灰褐色沙质黏土，深1.1—1.25米，厚0—0.25米。土质疏松，含较多炭屑、草木灰和零星红烧土颗粒。出土物有青釉、青白釉瓷、釉陶、陶器碎片和砖碎块、板瓦残片等。T4179本层堆积略呈由西向东倾斜的坡状。T4178南壁⑤层有0.1米厚，此外基本不见此层。在T4378⑤层下发现J9、J10、J11和H19，在T4178⑤层下发现J26、J28。

第⑥层，灰黄色粉质沙土，深1.35—1.65米，厚0—0.5米。土质疏松，较纯净，偶见炭屑和草木灰。出土物较少，有青釉瓷、夹砂红陶残片、青砖碎块及板瓦残片等。本层堆积主要分布在T4178西北部、T4179、T4180东北部。在T4378⑥层下发现J17、H21。

第⑧层，深灰褐色沙质黏土，深1.5—1.7米，厚0—0.5米。土质疏松，含较多炭屑、草木灰和零星红烧土颗粒，偶见锈色斑点。出土大量碎砖块、板瓦残片和青釉瓷、釉陶、夹砂陶、泥质陶碎片等。本层堆积略呈由东向西倾斜的坡状，遍布各方。在T4179、T4180⑧层下发现建筑墙基基槽（图5-4）。

（二）T4678—T4680北壁

第①层，现代农耕层，深灰褐色粉沙土，厚0.1—0.2米，土质坚硬致密。包含物少，有砖瓦碎块、废塑料、玻璃碴、陶瓷碎片等。本层堆积呈水平状。

第②A层，灰褐色粉质沙土，深0.5—0.7米，厚0.4—0.5米，土质疏松。出土物较少，有青白釉、青釉瓷片、青砖碎块、板瓦残片等。本层堆积大体呈水平状。

第②B层，黄褐色粉质沙土，深1—1.35米，厚0.25—0.6米，土质疏松。出土物有青釉、青白釉瓷、釉陶、缸残片及砖瓦碎块等。本层堆积在T4678、T4679和T4680西部，基本上呈水平状，从T4680中东部由西向东呈倾斜坡状。

第③层，灰褐色沙质黏土，深1.1—1.75米，厚0—0.55米，土质疏松。本层堆积出土物较多，种类也较丰富，有青砖碎块、板瓦残片、黑釉、青釉、青白釉瓷残片、釉陶、陶、缸残片及动物骨骼等。T4678堆积呈由西向东倾斜坡状分布在探方的东部。

第④层，红褐色粉质沙土，深1.3—1.9米，厚0—0.66米，土质疏松，含极少炭屑和草木灰。本层堆积出土物有青釉、青白釉瓷片、板瓦残片、青砖碎块等。本层堆积主要分布在T4678西南部、T4679中部，时断时续。

第⑤层，灰褐色沙质黏土，深1.5—1.85米，厚0—0.35米，土质疏松，含较多炭屑、草木灰和零星红烧土颗粒。出土物有青釉、青白釉瓷、釉陶、陶器残片、青砖碎块、板瓦残片等。T4678堆积略呈水平

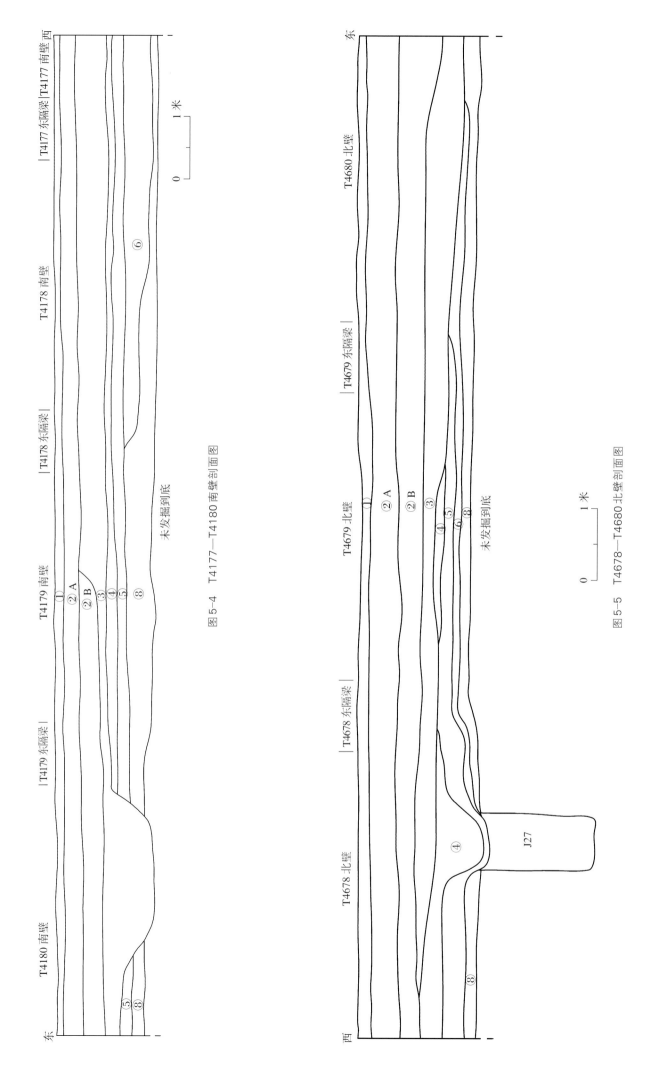

图 5-4 T4177—T4180 南壁剖面图

图 5-5 T4678—T4680 北壁剖面图

状遍布全方，T4679⑤层堆积略呈由东向西倾斜的坡状，分布在探方的绝大部分，探方东南角未见此层堆积。T4680北壁无此层。在T4678⑤层下发现倒塌的砖，在T4679⑤层下发现J25。

第⑥层，灰黄色粉质沙土，深1.75—1.95米，厚0—0.15米，土质疏松，纯净，偶见炭屑和草木灰。出土物有青白釉、青釉瓷、釉陶、陶器碎片和青砖碎块、板瓦残片等。T4678西北部无此层堆积，T4679⑥层堆积呈由北向南倾斜的坡状，遍布全方。T4680⑥层堆积略呈由西向东的倾斜坡状，遍布全方。在T4678⑥层下发现J27、Z6、H33。

第⑧层，深灰褐色沙质黏土，深1.9—1.95米，厚0.1—0.3米，土质疏松，含较多炭屑、草木灰和零星红烧土颗粒，偶见锈色斑点。本层堆积包含大量的青砖、板瓦碎块和青釉瓷、釉陶、陶器碎片等（图5-5）。

二、遗迹与遗物

1. 第②A层出土遗物

建窑盏　1件。

T4678②A：40，残存三分之一。圆唇，敞口，斜直腹，圈足。铁灰胎，黑釉润泽。口径12.5、足径3.5、高5厘米（图5-6）。

龙泉窑碗　1件。

T4179②A：33，残存约一半。尖圆唇，腹壁作圆弧状缓收，圈足经修整。内壁刻划一枝长茎荷花，内底刻菊花，外壁刻双线莲瓣纹，瓣端圆弧，似一朵盛开的荷花。白胎细腻致密，青釉泛绿，釉面开冰裂纹，玻化程度较高。口径16.2、足径5.7、高6.6厘米（图5-7）。

景德镇窑碗　1件。

图5-6　建窑盏（T4678②A：40）

T4678②A：21，残存三分之一。尖唇，花口，斜弧腹，圈足心凸起，足墙外直内斜。内壁刻出一道上宽下窄、上端圆弧的竖条双射线纹。白胎细腻，胎体厚实，青白釉泛青。口径14、足径5.8、高6.1厘米（图5-8）。

图5-7　龙泉窑碗（T4179②A：33）

图5-8　景德镇窑碗（T4678②A：21）

釉陶瓶 1件。

T4678②A：1，残。直口，束颈，折肩，深弧腹，平底微内凹，双小系变形。内壁满釉，外壁肩部以下无釉。口径7.8、腹径10.2、底径7.2、高11.8厘米（图5-9）。

铜勺 1件。

T4179②A：25，锈蚀。长柄扁平，椭圆形勺。长26.7厘米（图5-10）。

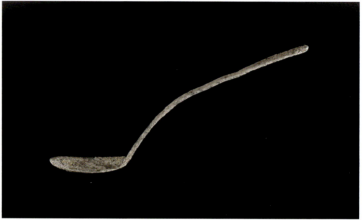

图5-9　釉陶瓶（T4678②A：1）　　　　图5-10　铜勺（T4179②A：25）

2. 第②B层出土遗物

东张窑盏 1件。

T4678②B：23，残存四分之一。尖圆唇，敞口，口下微束，腹部斜收，圈足，足墙外直内斜削，挖足较浅。铁灰胎，黑釉乌亮。口径11.8、足径4、高5.8厘米（图5-11）。

茶洋窑盏 1件。

T4678②B：22，口、腹残。敞口，外口沿下微内凹，斜腹，圈足，下腹、足无釉。砖红色胎，细腻，釉呈茶叶色。口径13.2、足径4.2、高5.6厘米（图5-12）。

义窑碗 3件。

高圈足碗　2件。T4180②B：7，残存三分之一。敞口撇沿，腹壁斜直，内底圆弧，圈足较高。下腹至足无釉，足墙轮旋纹明显，内腹壁中部有一道弦纹，外壁刻斜竖线似“S”形，刻痕深邃。灰白胎细腻，釉面亮泽。口径17、足径7、高6.5厘米（*图5-13*）。T4678②B：20，口、腹残损严重。撇口，弧腹，

图5-11　东张窑盏（T4678②B：23）　　　　图5-12　茶洋窑盏（T4678②B：22）

内底宽平，边缘有一道弦纹，圈足较高。外腹壁刻较浅宽条纹，间距较宽。圈足无釉。口径15.8、足径5.8、高6.4厘米（图5-14）。

侈口碗　1件。T4678②B：19，残存三分之一。外口沿下有一道浅凹痕，斜弧腹，内底宽平，边缘有一道弦纹，圈足无釉。白胎细腻，青白釉泛青，釉面开冰裂纹，壁面多气泡。口径14.6、足径6.8、高5.4厘米（*图5-15*）。

龙泉窑盘　1件。

T4678②B：42，残存四分之一。平折沿，弧腹近直，平底微内凹。白灰胎，质细腻，淡绿釉，口沿、底无釉，扣烧。口径10、底径3.8、高2.2厘米（图5-16）。

景德镇窑瓷器　2件。

盘　1件。T4180②B：6，口、腹残。敞口撇沿，口沿有小花缺，斜弧腹折收，内底宽平，边缘与腹壁交接处刻一周弦纹，矮圈足无釉，足墙外直内斜削，足心轮旋痕明显，底足有黑色垫饼痕。内底刻三朵团花纹，线条疏朗自如。白胎细腻，薄壁，青白釉，施釉均匀，釉面开冰裂纹。口径16.4、足径5、高4.3厘米（图5-17）。

盒盖　1件。T4678②B：41，残存二分之一。芒口。直口平沿，平顶微弧，壁面刻削成覆莲瓣，凹凸有致。白胎细洁，厚胎，盖面施青白釉，内壁无釉。口径5.6、高1.4厘米（图5-18）。

3. 第②B层下遗迹

H17　位于T4378、T4278东部，开口于第②层下，打破第③—⑧层。开口距地表0.75米，长条形，长3.18、宽0.4、深0.56米。直壁微弧，平底。填土为黄褐色粉质沙土，土质疏松，含零星炭屑和草木灰（图5-19）。

图5-14　义窑碗（T4678②B：20）

图5-16　龙泉窑盘（T4678②B：42）

图5-17　景德镇窑盘（T4180②B：6）

图5-18　景德镇窑盒盖（T4678②B：41）

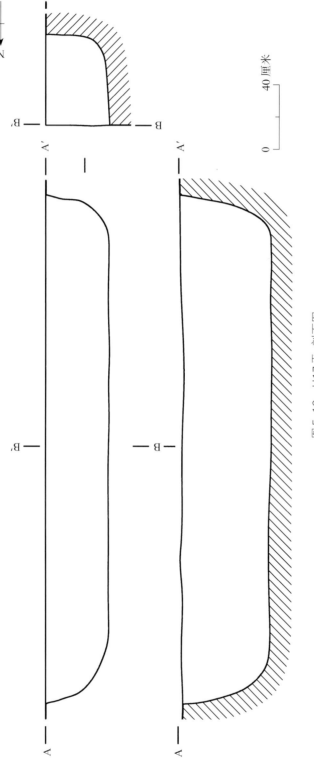

图 5-19　H17 平、剖面图

4. 第③层出土遗物

建窑盏　6件。

敞口撇沿,尖圆唇,斜弧腹,圈足无釉。铁砂胎,黑釉多亮丽。有部分残片。T4178③：1,口、腹残。淡铁砂胎,圈足无釉,呈淡褐色,黑釉莹润。口径11.6、足径4.1、高5.7厘米(图5-20)。T4680③：4,残存二分之一。胎稍薄,黑釉莹润。口径11.6、足径3.4、高4.8厘米(*图5-21*)。

茶洋窑盏　4件。

尖圆唇,侈口,沿下微束,斜弧腹,矮圈足。皆出自T4377③层内。T4377③：21,口、腹残,足无釉,釉呈黑褐色。口径11.8、足径3.7、高5.1厘米(*图5-22*)。T4377③：55,口、腹残。下腹、足无釉。灰胎,釉呈黑褐色。口径12、足径4.5、高5.7厘米(图5-23)。

义窑瓷器　26件。

碗　17件。

矮圈足碗　4件。发现最多。侈口,厚唇,斜弧腹,圈足较矮,足墙外直内斜削。下腹、圈足多无釉。T4378③：27,残存六分之一。内底圆弧,与腹壁连为一体。灰白胎细腻,青白釉泛灰黄,釉亮泽,外壁面多气孔。口径15、足径6.4、高5.5厘米(图5-24)。T4678③：31,口、腹残。内底宽平微下凹,边缘有一道弦纹,圈足经修整。胎体较轻,青白釉泛黄。口径14.7、足径6.6、高5.9厘米(*图5-25*)。

高圈足碗　4件。T4377③：19,复原完整,外口沿下有一道凹弦纹,弧腹,内底圆弧,与腹壁连为一体,圈足较高,足经修整,施釉至足墙。白胎细腻,青白釉泛青,釉面开冰裂纹,壁面多细密砂眼及褐色斑点。口径15.2、足径6.3、高7.1厘米(图5-26)。T4179③：10,口、腹残,复原完整。撇沿,弧腹,内底宽平,边缘有一圈弦纹,圈足较高,壁面刻划竖线似"S"纹,排列密集。口径15、足径6.4、高7.9厘米

图5-20　建窑盏(T4178③：1)

图5-23　茶洋窑盏(T4377③：55)

图5-24　义窑碗(T4378③：27)

图5-26　义窑碗(T4377③：19)

(*图5-27*)。T4678③：38，口、腹残。口沿数个小花缺，尖唇，撇沿，斜腹，内底较小且下凹，边缘有一道细弦纹，圈足较高。外壁刻竖线似"S"纹。白胎细腻，施釉至足墙。口径16.2、足径5.3、高6.7厘米（图5-28）。T4179③：7，口、腹残。撇口，斜腹，外壁刻竖条线似"S"纹。厚胎，壁面密布针眼气泡。口径16.2、足径6、高7.1厘米（*图5-29*）。

花口碗　7件。T4678③：32，口、腹残。口沿有五个小缺口，与之对应的内壁出阳筋，尖圆唇，唇沿外撇，垂腹，内底宽平，与腹交接处有一道凹痕，圈足较高。白胎，胎土细腻，青白釉泛青，胎薄釉润，釉面开冰裂纹。口径12.6、足径5、高6.6厘米（图5-30）。T4378③：20，复原完整。口沿压出小花缺，尖唇，撇沿，斜弧腹，内底与腹壁间有一周弦纹，内底小且平，圈足。内壁刻长茎折枝纹。灰白胎，胎质细腻，施釉至足墙，足底露胎。口径18.8、足径6.6、高6.4厘米（*图5-31*）。T4179③：3，口、腹残。口沿压出小花缺，尖唇，撇沿，斜腹。内壁刻花卉纹，舒展自如。足底旋削，足心有一尖凸。口径17.4、足径6、高6.5厘米（图5-32）。T4277③：58，口沿压出小花缺，沿外撇，腹壁斜收，内底小而平，边缘有一道凹痕，矮圈足，挖足较浅。内底一朵折枝花，似牡丹，内腹壁以双"S"线分成六等份，每等份内刻云气纹，衬有篦纹。白胎细腻致密，青白釉泛白，施釉至足墙。口径19.2、足径6.2、高6.9厘米（*图5-33*）。T4277③：30，口、腹残。五瓣花口，与之对应的内壁出筋线，斜弧腹，内底一圈涩圈，圈足，下腹至足无釉。口径17.2、足径6.4、高6.3厘米（图5-34）。T4179③：8，口残。口沿有六个小花缺，与之对应的内口沿下出凸痕，撇沿，弧腹缓收，内底圆弧，圈足较高。白灰胎，足无釉。口径11.6、足径4.4、高5.8厘米（图5-35）。T4277③：26，残存二分之一。尖圆唇，唇沿外撇，口沿有五个小缺口，与之对

图5-28　义窑碗（T4678③：38）

图5-30　义窑碗（T4678③：32）

图5-32　义窑碗（T4179③：3）

图5-34　义窑碗（T4277③：30）

应的腹部内外有压印花口形成的外凹内凸的印痕,弧腹折收,内底与腹部交接处有一道凹痕,圈足,足墙外直内斜削。足底无釉。口径8、足径3.3、高4厘米(图5-36)。

图5-35　义窑碗(T4179③:8)　　　　　　　　图5-36　义窑碗(T4277③:26)

　　莲瓣纹碗　2件。T4278③:42,口、腹残。侈口,斜弧腹,内底圆弧,腹部有一道弦纹,矮圈足,下腹至足无釉。外壁刻削莲瓣纹,凹凸有致。白胎细腻致密,釉面莹润。口径13、足径6.1、高4厘米(图5-37)。

　　盘　3件。

　　撇口盘　1件。T4179③:16,残存近二分之一。尖唇,敞口撇沿,斜弧腹,内底坦平,边缘有一周弦纹,矮圈足,下腹、足无釉。白胎较疏松,釉面开冰裂纹。口径12.6、足径5、高3.6厘米(*图5-38*)。

　　平底盘　2件。T4278③:1,残存三分之一。侈口,折腹,小平底无釉。盘心折枝花纹。灰白胎厚实。口径16.2、底径6、高3.8厘米(图5-39)。T4377③:11,残存二分之一。内底花卉纹残损不清,底无釉。白胎细腻坚硬。口径12.2、底径5、高3.2厘米(*图5-40*)。

图5-37　义窑碗(T4278③:42)　　　　　　　　图5-39　义窑盘(T4278③:1)

　　碟　1件。T4179③:2,残存二分之一。侈口,斜腹,内底圆弧,小平底,下腹、底无釉。白灰胎细腻致密,青白釉泛青。口径9、足径3.7、高2.5厘米(*图5-41*)。

　　盏　2件。

　　饼足盏　1件。T4377③:8,基本完整。厚唇,口沿斜外削,斜腹,饼足微内凹,下腹、足无釉。口径9.6、足径4.3、高3厘米(图5-42)。

图 5-42　义窑盏（T4377③：8）

图 5-43　义窑盏（T4179③：30）

图 5-45　义窑器盖（T4679③：5）

图 5-46　东张窑盏（T4277③：27）

圈足盏　1件。T4179③：30，口、腹残。方唇，侈口，斜腹，矮圈足。釉面开冰裂纹。口径12、足径4.2、高3.1厘米（图5-43）。

杯盖　2件。T4277③：5，口有磕。伞状，盖顶弧拱，中心置一圆饼纽，平折沿，沿下有子口。口径8.5、高2.7厘米（*图5-44*）。

器盖　1件。T4679③：5，残存二分之一。圆饼纽，口沿平折，沿面较宽。白灰胎，釉面泛青。纽面无釉，轮旋痕明显。口径7.4、底径7.2、高4.8厘米（图5-45）。

东张窑瓷器　41件。

盏　40件。尖圆唇，敞口，口下微束，腹部斜收，圈足，足墙外直内斜削，挖足较浅。铁灰胎，下腹、圈足无釉。T4277③：27，复原完整。口径11.2、足径3.6、高5.5厘米（图5-46）。T4278③：9，残存约二分之一。灰白胎细腻，黑釉亮泽。口径12.6、足径4.4、高5.4厘米（*图5-47*）。

碗　1件。T4277③：2，口有磕。侈口，腹下部剧收，使器物显得上部丰满而下部瘦削，内底平凹，圈足较小。白胎细腻，施釉至足墙，青黄釉莹润。口径16.2、足径5.2、高7厘米（*图5-48*）。

南安南坑窑盒　1件。

T4378③：30，缺盖，残存近二分之一。尖圆唇，子口内敛，直颈，瓜棱形腹，平底，下腹至底无釉。白胎细腻，青釉泛白，釉面开冰裂纹。口径8.6、底径5.6、高6.6厘米（图5-49）。

图 5-49　南安南坑窑盒（T4378③：30）

宦溪窑碗 1件。

T4278③：37，残存六分之一。芒口，尖唇，斜弧腹，内底圆弧，饼足，下腹、足无釉。砖灰胎，细腻致密，壁较薄，青灰釉。口径17.8、足径5.2、高8.2厘米（图5-50）。

浦口窑瓷器 17件。

碗 14件。

撇口碗 4件。T4378③：9，口有磕。芒口。口外张，撇沿，斜腹，小碗心下凹，边缘有一道弦纹，小圈足。内沿下有一圈弦纹，内壁以双线"S"纹分成五等份，每份内似刻云气纹，下腹、圈足无釉。灰白胎坚硬，青釉灰白光泽，釉面开冰裂纹。口径16.8、足径5.5、高7厘米（图5-51）。T4378③：7，撇口，斜腹，圈足。内腹壁有一周弦纹，内底有涩圈，下腹圈足无釉。口径17.8、足径7.4、高6厘米（*图5-52*）。T4277③：66，残存四分之一。撇沿，斜弧腹，圈足。内壁刻连续"S"纹，内底纹饰残损不清。口径17.8、足径4.4、高5.4厘米（*图5-53*）。T4378③：24，口有磕。敞口外撇，弧腹，圈足，足墙外直内斜削，下腹、足无釉，呈橘红色。口径13、足径4.9、高5.3厘米（图5-54）。

笠式碗 10件。T4378③：13，口、腹残。撇口，斜腹，小碗心下凹。内壁篦刺Z字纹。口径17.6、足径5.7、高7.2厘米（*图5-55*）。T4378③：14，口有磕口。尖唇，口有小花缺，敞口撇沿，斜腹，小碗心平凹，小圈足无釉。内壁花纹已磨损不清，从残痕看，同T4378③：13纹饰相似。白灰胎，外壁多气孔。口径16.2、足径5.4、高6.8厘米（图5-56）。T4377③：17，圆唇，外沿下有一圈浅凹痕，上腹丰满，下腹急收，内底小而平凹，直圈足，下腹至圈足露胎。外壁剔刻较宽的斜线条。厚胎，青釉泛灰绿，釉莹润。口径17.8、足径5.6、高7.3厘米（图5-57）。T4278③：14，口

图5-50 宦溪窑碗（T4278③：37）

图5-51 浦口窑碗（T4378③：9）

图5-54 浦口窑碗（T4378③：24）

图5-56 浦口窑碗（T4378③：14）

图 5-57　浦口窑碗（T4377③：17）

有磕口。尖圆唇，口外张，口沿下腹壁内凹外鼓，下腹斜收，小碗心下凹，直圈足较高，足墙外直内斜削，下腹、足露胎，轮旋痕清晰。白灰胎，青釉泛黄，釉均匀亮泽。口径16.2、足径5.4、高6.8厘米（图5-58）。T4178③：38，口、腹残。尖唇，侈口，斜弧腹，圈足，下腹、足无釉，内底涩圈。内壁刻花卉纹，舒展自如，外壁数道双线纹。白灰胎，青绿釉莹润，开冰裂纹。口径16.8、足径6、高7.2厘米（图5-59）。

T4377③：1，口有磕口。侈口，上腹丰满，下腹急收，小圈足，足露胎。内口沿下有一道弦纹，腹壁刻对称花叶纹两束。灰白胎，青黄釉。口径17、足径5.9、高7.3厘米（图5-60）。T4377③：9，口有磕。圆唇，内口沿下和下腹各有一道弦纹，其间篦划数条弧线似"（　）"，下腹、圈足无釉。灰白胎，青黄釉。口径16.8、足径5.9、高7.6厘米（图5-61）。T4378③：1，残存二分之一。撇沿，内口沿下刻划一道宽弦纹，外口沿下有一圈凹痕，内底平凹，斜弧腹，碗心小而平凹，圈足经修整，足墙外直内旋削，下腹、足无釉，呈褐色。内壁纹饰残损不清。灰胎厚实，青黄釉莹润。口径17.6、足径4.8、高8.2厘米（图5-62）。T4378③：56，口、腹残。胎体厚重。口径18.4、足径5.5、高8厘米（图5-63）。

图 5-58　浦口窑碗（T4278③：14）

图 5-59　浦口窑碗（T4178③：38）

图 5-61　浦口窑碗（T4377③：9）

图 5-63　浦口窑碗（T4378③：56）

盘　2件。T4278③：21，尖唇，撇沿，折腹，小圈足，下腹、足无釉。盘心宽平下凹，篦划Z字纹，边缘有一道弦纹。白灰胎，青黄釉莹润，釉面开冰裂纹。口径15.3、足径4.9、高3.5厘米（图5-64）。T4377③：13，口、腹残。口沿有小花缺，侈口，折腹，内底宽平，篦划花草纹，边缘有一道弦纹，小圈足无釉。厚胎，青釉泛灰。口径14.4、足径4.8、高4.1厘米（图5-65）。

图5-64　浦口窑盘（T4278③：21）　　　　图5-65　浦口窑盘（T4377③：13）

杯盖　1件。T4377③：10，盖纽残缺。子口，宽折沿，弧顶，顶中间内凹置纽，盖面饰斜线纹，盖内无釉。灰白胎，釉面开冰裂纹。盖径9.6、残高2.6厘米（图5-66）。

庄边窑瓷器　3件。

碗　2件。T4278③：7，口、腹残。方唇，侈口，斜弧腹，圈足经修整。内腹有一周弦纹，内底有涩圈。外壁刻划数组条纹，每组5条长短线条。下腹、足无釉，呈火石红色，灰白胎厚实，青釉泛黄，釉面开冰裂纹。口径13.2、足径5.3、高4.9厘米（*图5-67*）。T4278③：26，口、腹残。尖唇，外口沿下有一道浅凹痕，弧腹斜收，直圈足，足修整。内壁花纹磨损不清，似飘带，外壁数组条纹。灰白胎厚实，青灰釉，下腹、足无釉。口径16.2、足径5.8、高7厘米（图5-68）。

图5-66　浦口窑杯盖（T4377③：10）　　　　图5-68　庄边窑碗（T4278③：26）

盘　1件。T4278③：40，撇口，斜腹，内底坦平，与腹连为一体，小圈足，下腹、足无釉。内口沿下有两道细弦纹。厚胎，青釉泛黄。口径14.2、足径4.8、高3.9厘米（*图5-69*）。

磁灶窑盆　5件。

薄胎，青黄釉稀薄，有的内壁及内底绘褐彩草叶纹、弦纹、斜线纹等，口沿有垫烧的泥点痕。灰胎，内满釉，外壁仅施釉于上腹部，下腹至底露胎。T4277③：64、T4178③：50，圆唇，直口，弧腹近直，平底微内凹。T4178③：50，残存五分之二。圆唇，窄沿，外沿下有一圈浅凹痕，弧腹近直，平底。灰白胎，青釉多麻点。口径36.4、底径21、高12.3厘米（图5-70）。T4178③：51，复原完整。宽折沿，弧腹较浅，平底。内壁及底饰褐彩灰草叶纹，似凤鸟。内满釉，外施釉至口沿下，釉层稀薄，口沿有垫烧的泥点痕。口径34.4、底径24.6、高8.4厘米（图5-71）。彩绘盆残件。T4378③：54，残存下腹至底部。内壁满绘褐彩花卉纹，花纹写实。残腹径32、底径26、残高2.8厘米（*图5-72*）。

图5-70　磁灶窑盆（T4178③：50）

图5-71　磁灶窑盆（T4178③：51）

龙泉窑瓷器　46件。

龙泉窑器在第③层出土最多，且集中出土在T4277、T4278、T4378内，以碗为大宗，次为盘、盒盖、瓶。

碗　37件。

墩式碗　25件。腹壁与圈足交接处有一道细凹槽，给人圈足上缩的感觉，俗称"墩式碗"。侈口，弧腹缓收，内底平凹并大于外底径，圈足低矮，挖足较浅，足墙外缘修削。或素面或刻折枝荷花纹。T4278③：13，口、腹残。素面，足底无釉。灰白胎厚实，青灰釉。口径15.4、足径5.4、高6.9厘米（*图5-73*）。T4278③：4，口、腹残。内壁刻折枝荷花，内底刻侧立的荷叶，花纹写意流畅。内底边缘有一道弦纹，足底无釉。白胎细腻致密，青绿釉玻化程度较高。口径16.4、足径6、高6.3厘米（*图5-74*）。T4278③：24，口、腹残。内底纹饰磨损不清，似侧立的荷叶，内壁刻折枝荷花，足底无釉。白胎细腻坚致，青釉泛灰，釉面开冰裂纹。口径16.2、足径6.2、高7.3厘米（图5-75）。T4679③：2，口、腹残。尖圆唇，圈足，足底无釉。外腹壁轮旋痕明显。白胎细腻，青釉泛绿。口径19.4、足径5.8、高8.5厘米（图5-76）。

图5-75　龙泉窑碗（T4278③：24）

图5-76　龙泉窑碗（T4679③：2）

笠式碗　9件。腹壁呈斜直状剧收，使器物上部丰满下部瘦削，形似斗笠。内底平整，与内壁交接处有一明显转折，圈足显小，施釉至足墙。内壁刻划两朵或三朵团花，花面上划以少量篦纹，外壁刻斜线纹。T4277③：41，内壁刻划一朵双瓣荷花和两片侧立的荷叶，花瓣、花叶面填篦纹，内底刻侧立荷叶，花纹舒展自如。口径17.8、足径5.3、高7.5厘米（图5-77）。T4277③：31、34，T4378③：2、31、36，T4179③：28，内壁花卉纹大同小异，内口沿下刻划时断时续的多线弧弦纹，腹壁两朵或三朵缠枝荷花，以篦刺纹衬底，内底菊瓣纹或素面，外壁刻较细窄的条纹。T4378③：2，内口沿下刻划时断时续的多线弧弦纹，腹壁刻两朵对称的荷花，舒展流畅，内底刻菊瓣纹，外壁刻斜线纹。青釉泛绿，光泽亮丽。口径17.5、足径4.9、高8厘米（*图5-78*）。T4378③：36，足心有泥条垫痕，足呈火石红色。内口沿下刻划时断时续的多线弧弦纹，腹壁两朵对称的荷花，花间满布锥刺纹，内底花纹漫漶不清，外壁刻竖线纹，线条一长一短相互交错。口径18.2、足径5.3、高7.9厘米（*图5-79*）。T4178③：33，口残。内壁漩涡纹，外壁数组条纹，每组由五或六道长短竖线组成。厚胎，厚釉，青釉泛绿，釉面开冰裂纹。口径17.3、足径6.4、高8厘米（图5-80）。T4378③：39，内壁篦刺漩涡纹，舒展流畅，外壁刻数组条纹。青釉泛黄，釉泽光亮。口径15.6、足径4.3、高5.6厘米（*图5-81*）。T4277③：4，口、腹残。尖唇，敞口撇沿，外沿下有一道凹痕，腹呈斜弧状缓收，内底平凹，小圈足。内腹壁刻漩涡纹，填以篦划纹，内底刻划菊瓣纹，外壁斜线纹。灰白胎厚实，施釉至足墙，青釉泛绿。口径17.6、足径5.6、高7.9厘米（图5-82）。

莲瓣纹碗　1件。T4278③：36，口、腹残。尖唇，斜弧腹，内底下凹，小圈足微外撇，挖足较浅。外壁刻削双重莲瓣。青灰釉，施釉至足墙，足心轮旋痕明显。口径17.4、足径5.6、高7.2厘米（图5-83）。

图5-77　龙泉窑碗（T4277③：41）

图5-80　龙泉窑碗（T4178③：33）

图5-82　龙泉窑碗（T4277③：4）

图5-83　龙泉窑碗（T4278③：36）

撇口碗　2件。T4378③：29，口、腹残。圆唇，撇口，弧腹，内底坦平，边缘有一道弦纹，圈足。外壁中部刻竖线条。施釉至足墙，青釉亮泽，釉面开冰裂纹。口径11.2、足径4、高5厘米（图5-84）。T4179③：9，口、腹残。撇沿，斜弧腹，浅圈足。内腹壁刻漩涡纹，填以篦划纹，内底刻划菊瓣纹，外壁刻竖线。青灰釉润泽。口径15.5、足径5.7、高6.7厘米（图5-85）。

图5-84　龙泉窑碗（T4378③：29）　　　　　图5-85　龙泉窑碗（T4179③：9）

盘　6件。

平底盘　1件。T4277③：15，口、腹残。尖唇，侈口，折腹，内底宽平，径远大于外底径，小平底，底露白灰胎，轮旋痕清晰。内底刻划花卉纹，填以篦划纹。青釉泛绿莹润。口径11、足径4、高2.6厘米（图5-86）。

花口盘　1件。T4377③：29，复原完整。花口，斜腹，内底宽平，内饰一片展开的荷叶，小圈足。花瓣口下用"S"形双线将内壁分成六个区域，顶端双线连弧纹相连，内皆饰卷云纹。青釉泛绿。口径18.8、足径6.8、高5.2厘米（图5-87）。

折腹盘　3件。T4277③：10，口、腹残。尖圆唇，撇沿，斜弧腹下端折收，内底宽平，内壁与内底交接处有一道凹槽，小圈足，足底无釉。盘心一枝长茎荷花。白灰胎，青黄釉，釉均匀亮丽，开冰裂纹。口径14.8、足径4.8、高3.9厘米（图5-88）。T4278③：22，口、腹残。尖圆唇，斜弧腹下端折收，内底宽平，内壁与内底交接处有一道凹槽，小圈足。内底一朵三叶花。口径14.8、足径4.8、高3.9厘米（图5-89）。T4277③：1，口、腹稍残，复原完整。侈口，弧折腹，上腹壁呈内弧线

图5-87　龙泉窑盘（T4377③：29）　　　　　图5-88　龙泉窑盘（T4277③：10）

斜收,下腹弧折,内底宽平,边缘有一圈弦纹,小圈足。盘内刻两朵折枝荷花,含苞待放。青绿釉亮丽,玻化程度较高。口径15.1、足径6、高3.9厘米(图5-90)。

撇口斜腹盘 1件。T4679③:6,口、腹残。大口外张,斜腹较浅,内壁和内底过渡自然,无明显分隔,内底心有一小圆圈,小圈足,足心有垫痕。外壁口沿下有一道凹槽,近底处折收,形成一个小平面,内口沿下有一道弦纹,其下满绘花卉纹,外壁饰竖斜线纹,纹饰疏朗。青釉泛黄莹润。口径18.4、足径5.6、高4.3厘米(图5-91)。

图5-90 龙泉窑盘(T4277③:1)

荷花盒盖 2件。T4178③:34,钵形,盖口沿平折,弧壁,平弧顶。盖顶粘贴五片单瓣荷叶,盖面刻莲瓣纹。淡灰胎细腻坚硬,青灰釉暗沉。口径8.4、残高3.4厘米(图5-92)。T4179③:37,同T4178③:34。口径8.4、残高3厘米(*图5-93*)。

长颈瓶 1件。T4277③:28,精修完整。直口平折沿,细长颈,溜肩,圆弧腹,圈足外撇,足底露胎,残留垫饼。灰白胎细腻坚致,施淡青釉,有冰裂纹开片,玻璃质感强。为龙泉窑典型器。足径6、高15厘米(图5-94)。

图5-91 龙泉窑盘(T4679③:6)

图5-92 龙泉窑盒盖(T4178③:34)

图5-94 龙泉窑长颈瓶(T4277③:28)

越窑瓷器 11件。

花口杯 1件。T4178③：27，残存四分之一。花瓣口，与之对应外腹壁出筋至下腹，弧腹，圈足微呈喇叭形，足底有一圈泥条垫痕。土黄胎细腻致密，青黄釉。口径11、足径6、高5.7厘米（图5-95）。

碗 6件。

花口碗 2件。T4678③：29，口、腹残。五瓣花口，弧腹近直，内底宽平，边缘有一圈弦纹，圈足较高，足底有一圈泥条垫痕。白灰胎，胎土细腻，满釉，青釉泛灰，施釉均匀。口径12、足径5、高6.1厘米（图5-96）。

侈口碗 2件。T4178③：47，残存一半。尖唇，侈口，弧腹，内底宽平，边缘有环形泥条垫痕，矮圈足。口径18.8、足径8.6、高8.2厘米（图5-97）。

撇口小碗 1件。T4178③：29，残存四分之一。尖唇，撇沿，束颈，斜弧腹，小圈足，足无釉。内壁花纹磨损不清，似一圈菊花瓣纹，外壁有一道弦纹，腹中部留泥条垫痕。白灰胎薄硬，青釉泛绿。口径11、足径4、高4.5厘米（图5-98）。

玉璧底碗 1件。T4377③：2，残存一半。侈口，斜腹，玉璧底。底无釉呈朱砂色，内、外底均有一圈泥点痕。灰白胎细腻，青绿釉。口径14.6、足径5.4、高4.4厘米（图5-99）。

盘 3件。T4178③：28，残存三分之一。尖圆唇，敞口外撇，斜腹下部折收，内底坦平，圈足，足墙外直内斜削，下腹至圈足无釉。内口沿下有一道弦线，内壁花卉纹残损不清，外壁饰斜线纹。白灰胎坚致，青釉泛绿。口径13.2、足径4.4、高4厘米（图5-100）。T4378③：37，残存二分之一。尖圆唇，敞口外撇，斜腹下部折收，矮圈足。内底涩圈，内口沿下有一道弦线，下腹、圈足无釉，呈褐色。胎土坚硬，青绿釉均匀无光泽。口径14.2、足径6、高3.5厘米（图5-101）。

盏 1件。T4179③：15，残存二分之一。厚唇，斜腹，平底，下腹至底无釉。白灰胎厚实，青釉泛黄。口径10.8、底径4.3、高3.5厘米（图5-102）。

浙江窑口碗 2件。

T4377③：33，口、腹残。尖唇，侈口，弧

图5-96 越窑碗（T4678③：29）

图5-99 越窑碗（T4377③：2）

图5-101 越窑盘（T4378③：37）

腹，内底圆弧，圈足内有环形泥条垫痕，碗心印花卉纹。白灰胎，青黄釉莹润。口径12.2、足径4.3、高4.3厘米（*图5-103*）。T4277③：43，口、腹残。口外张，弧腹，内底宽平，边缘有一圈弦纹，圈足，足底有泥条垫痕。白灰胎，青釉泛绿，润泽。口径14.4、足径6.2、高6.5厘米（图5-104）。

图5-104　浙江窑口碗（T4277③：43）

太湖西南岸窑瓷器　13件。

碗　1件。T4378③：15，口、腹残。侈口，弧腹，内底坦平，凸平底。底内外各有一圈泥点痕，下腹至底无釉，呈褐红色。砖灰胎质硬，施釉稀薄，釉色暗沉。口径20.2、底径10.8、高5.5厘米（*图5-105*）。

盏　12件。

敛口盏　3件。T4377③：58，敛口，弧腹，平底，内底坦平，内、外底有泥条痕。厚胎，砖灰胎坚硬，施化妆土，口沿、上腹青釉泛绿，余未施釉。口径16.6、足径7、高5.4厘米（*图5-106*）。

图5-107　太湖西南岸窑盏（T4179③：15）

厚唇盏　9件。厚唇，口外沿有一凸棱，斜弧腹，内底圆弧，小平底微内凹，下腹至底无釉。T4179③：15，拼对完整。腹、底多无釉。砖红胎，青釉泛灰黄，外壁釉层稀薄不匀。口径11.6、底径4.2、高4厘米（图5-107）。

吉州窑盏　2件。

T4179③：1，残存二分之一。敞口，圆唇，斜腹，小圈足，挖足较浅。饰鹧鸪斑纹。白胎，胎质细腻，胎体轻薄。外壁施釉至足部，黑釉均匀亮丽。口径15.3、足径3.4、高5厘米（图5-108）。T4678③：28，残存三分之一。口沿外撇，圆唇，斜弧腹，圈足。白灰胎，底厚壁薄。黑釉莹润，釉面开冰裂纹。口径12、足径4.1、高5.6厘米（图5-109）。

图5-108　吉州窑盏（T4179③：1）

景德镇窑瓷器　20件。

花口碗　5件。T4679③：1，残存三分之一。芒口。从内腹壁残存两条筋线看，为花口，尖唇，斜腹，内底小而微下凹，小圈足。白胎细

图5-109　吉州窑盏（T4678③：28）

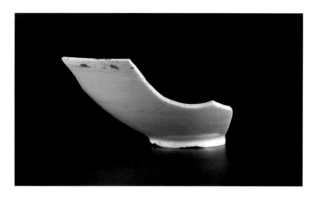

图 5-110　景德镇窑碗（T4679③：1）

洁、薄壁，青白釉泛白莹润。口径 17.3、足径 5.2、高 6.4 厘米（图 5-110）。T4180③：4，口、腹残。口沿压出六个小花缺，尖唇，斜腹，内底脐凸，小圈足，挖足较浅。薄壁，釉莹润。口径 12、足径 3.4、高 4.7 厘米（图 5-111）。T4378③：38，口沿压出六个小花缺，尖圆唇，撇口，弧腹，内底宽平，边缘有一道弦纹，圈足较高，施釉至足墙。白胎细洁，釉光洁亮丽。口径 13、足径 4.8、高 4.9 厘米（图 5-112）。T4378③：32，口、腹残，口部仅存八分之一。尖圆唇，口沿外撇，弧腹，内底宽平，有一圈弦纹，圈足较高。口径 12.6、足径 5.4、高 6 厘米（图 5-113）。T4378③：57，口、腹残。葵口，尖唇，斜腹，内底脐凸，小圈足，足墙外直内斜削。内腹壁印三个桃形开光，内纹饰模糊不清。灰白胎细腻，薄壁，青白釉亮泽。口径 12.3、足径 3.3、高 4.7 厘米（图 5-114）。

盘　11 件。

平底盘　6 件。芒口，薄胎，形体较小。圆唇，腹壁近直，平底。内壁或印一圈回纹及缠枝卷草纹，或盘心印花卉纹，或素面。内外满釉，唯口沿处露胎。T4278③：28，残存二分之一。素面。白胎细腻，薄壁，釉面光洁亮丽，开冰裂纹。口径 11.2、底径 8.4、高 2.3 厘米（图 5-115）。T4679③：7，

图 5-111　景德镇窑碗（T4180③：4）

图 5-112　景德镇窑碗（T4378③：38）

图 5-113　景德镇窑碗（T4378③：32）

图 5-114　景德镇窑碗（T4378③：57）

残存二分之一。内底花卉纹,疏朗。白胎细腻,青白釉洁净。口径12.4、底径9.2、高2厘米(*图5-116*)。

卧足盘　4件。T4680③：2,残存一半。侈口,斜腹,卧足,足露胎。内满绘细密花卉纹。白胎细腻,白釉泛青,光洁。口径12.2、足径4.4、高2.6厘米(图5-117)。T4680③：6,口、腹残。尖圆唇,浅腹,内底上凸,边缘微下凹。白胎细腻。口径10.8、足径4.4、高2厘

图5-115　景德镇窑盘(T4278③：28)

米(*图5-118*)。T4277③：25,口、腹残。尖圆唇,浅腹,内底上凸,边缘下凹。白胎细腻,釉色匀净。口径9.6、足径4.4、高1.5厘米(图5-119)。T4277③：24,残存四分之三。十瓣花口,与之对应内壁出筋,斜腹,足无釉。白胎细腻,壁较薄,釉色匀称莹润。口径10.5、底径4.4、高2.3厘米(图5-120)。

小平底盘　1件。T4678③：24,残存四分之一。侈口,上腹近直,下腹折收成小平底。厚胎。口径13.8、足径3.2、高3.6厘米(*图5-121*)。

盒盖　1件。T4678③：34,六瓣花口,平顶微弧,盖面四叶花纹。白胎细洁,内无釉。盖径6.8、高2厘米(图5-122)。

图5-117　景德镇窑盘(T4680③：2)

图5-119　景德镇窑盘(T4277③：25)

图5-120　景德镇窑盘(T4277③：24)

图5-122　景德镇窑盒盖(T4678③：34)

图 5-123 景德镇窑器盖（T4178③：37）

器盖 1件。T4178③：37，残存三分之二。子口，敞口外撇，盖顶内凹，柱形纽残。盖内无釉，白胎细腻厚实，青白釉莹润。盖径7.4、高1.6厘米（图5-123）。

香薰 2件。T4178③：52，薰座，上部残佚。圈足座，座沿削成棱角牙子，内底平整，残存盘香痕，中心有一圆孔。残径6.9厘米（图5-124）。T4179③：50，薰盖残件。直口，方唇，顶弧拱，盖面镂空花卉纹。内沿无釉，白胎致密。口径13、残高6.4厘米（图5-125）。

长沙窑碗 2件。

T4680③：7，口、腹残。圆唇，侈口，弧腹，玉璧底，下腹、底无釉。白胎细腻，质较疏松，青釉泛黄。口径13.6、底径4.2、高4.3厘米（图5-126）。

耀州窑碗 1件。

T4178③：25，残存三分之二。唇口，外口沿下有一圈凹痕，斜弧腹外鼓，小碗心下凹，小圈足，外腹壁中下部有一圈泥条垫痕。白灰胎细腻，青釉泛绿。口径12、足径3、高5.3厘米（图5-127）。

图 5-124 景德镇窑香薰（T4178③：52）

图 5-125 景德镇窑薰盖（T4179③：50）

图 5-126 长沙窑碗（T4680③：7）

图 5-127 耀州窑碗（T4178③：25）

褐釉圆腹罐　6件。

形制大体相同。方唇,溜肩,圆鼓腹,小平底,形似倭瓜。出土残片较多。T4179③:45,唇口,束颈,扁圆腹,下腹部折收,内底圆弧,小平底。外壁下腹部有一道弦纹,弦纹上有一圈泥点痕,腹壁较薄,厚底。砖红色胎质硬,褐釉润泽,满釉。口径21.1、底径8.4、高13.4厘米(图5-128)。T4679③:3,圆唇,口内敛,折肩,深腹,内底圆弧下凹,平底。胎较薄,呈砖红色,内壁施青黄釉,外壁肩部以下无釉。内壁轮旋痕由底至口部呈螺旋状。口径9、腹径10.2、底径3.8、高5.1厘米(图5-129)。

图5-128　褐釉圆腹罐(T4179③:45)

褐釉盏　4件。

圆唇,敞口,斜腹,小平底微内凹。粗砂胎厚实。T4178③:4,残存二分之一。粗砂胎呈砖灰色,厚胎,外壁轮旋痕明显。口径10.2、底径3、高2.8厘米(图5-130)。

釉陶鸟食罐　1件。

T4178③:2,基本完整。圆唇外翻,束颈,溜肩,鼓腹,平底内凹。内壁施薄釉,下腹、底部露胎,呈砖红色。口径4.2、底径2.8、高3厘米(图5-131)。

釉陶瓶　20件。

直口平沿,直领,直筒腹细高,平底微内凹。T4278③:2,基本完整。薄釉。口径7.3、底径7、高20.8厘米(图5-132)。

泥质红陶器　3件。

器盖　1件。T4277③:61,圆形,一侧有双孔眼。直径7.4、高1.2厘米(图5-133)。

饼形器　1件。T4277③:12,两面平整,一面显篦划痕。直径17、厚2.4厘米(图5-134)。

球形器　1件。T4178③:8,残存一半。直径2.8厘米(图5-135)。

泥质灰陶器　9件。

Aa型盆　3件。T4179③:36,残存三分之一。唇口,窄沿,外口沿下有一道凹痕,弧腹近直,平底微内凹。胎较薄,内壁轮旋痕明显。口径27、底径18.4、高8.1厘米(图5-136)。与J26:10相同。

盘　1件。T4178③:17,平折沿,斜弧腹,平底微内凹。灰红色胎。形体硕大,厚重。口径29、底径19.6、高4.3厘米(图5-137)。

罐　1件。T4377③:23,尖唇,口沿翻卷,折腹,平底。灰白胎,胎较薄。口径8.2、腹径11.3、底径8.5、高3.9厘米(图5-138)。

图5-132　釉陶瓶(T4278③:2)

图5-139 泥质灰陶扑满（T4178③：12）

图5-142 莲瓣纹瓦当（T4277③：17）

图5-144 夹砂灰陶坩埚（T4179③：13）

扑满 1件。T4178③：12，残。扁圆形，弧腹，平底。薄胎。肩径10.6、底径5.8、高6.4厘米（图5-139）。

高足灯 1件。T4378③：12，底座残佚。高圆筒状柱，中部置灯台，顶部置灯盏，盏圆唇，弧腹。胎砖红色，灰黑陶。残高10.1、盏口径8厘米（*图5-140*）。

网坠 1件。T4180③：3，圆柱形，上下为平面。直径4.1、高3.1厘米（*图5-141*）。

莲瓣纹瓦当 1件。T4277③：17，圆形，莲瓣纹。直径13.4、残长3.9厘米（图5-142）。

夹砂陶器 2件。

漏孔器 1件。T4178③：35，残存二分之一。盘形，侈口，斜弧腹，平底微内凹，底心有一圆孔。粗砂胎呈砖灰色，胎体厚实，内壁有数道弦线。口径15、底径5.8、孔径2.3、高3.6厘米（*图5-143*）。

坩埚 1件。T4179③：13，直口平沿，深腹近直，圆弧底。厚胎，外光滑，内粗糙。口径4.9、高5.8厘米（图5-144）。

铜钱 2枚。

圆形方孔，锈蚀严重，细辨为开元通宝。T4179③：5，直径2.3、孔径0.6、厚0.15厘米。T4179③：11，直径2.2、孔径0.6、厚0.2厘米。

5. 第③层下遗迹

在T4378③层下发现H18，T4179③层下发现柱础石（图5-145）。

H18 位于T4378西部，开口于第③层下，打破第⑥、⑧、⑨层。开口距地表1.25米，圆筒形，直径1.36—1.4、深1.88米。坑壁光滑规整，坑底平坦。填土为黑灰色沙质黏土，土质疏松，含较多炭屑、草木灰和零星红烧土颗粒。坑内出土可复原器物14件和瓷器、釉陶器残片、碎板瓦、砖块等（图5-146）。

义窑瓷器 4件。

碗 3件。

矮圈足碗 1件。H18：4，厚唇，斜弧腹，内底圆弧，圈足较矮，下腹、圈足无釉。灰白胎厚实。口径16、足径7.1、高5.5厘米。与T4378③：27形制相同（参见图5-24）。

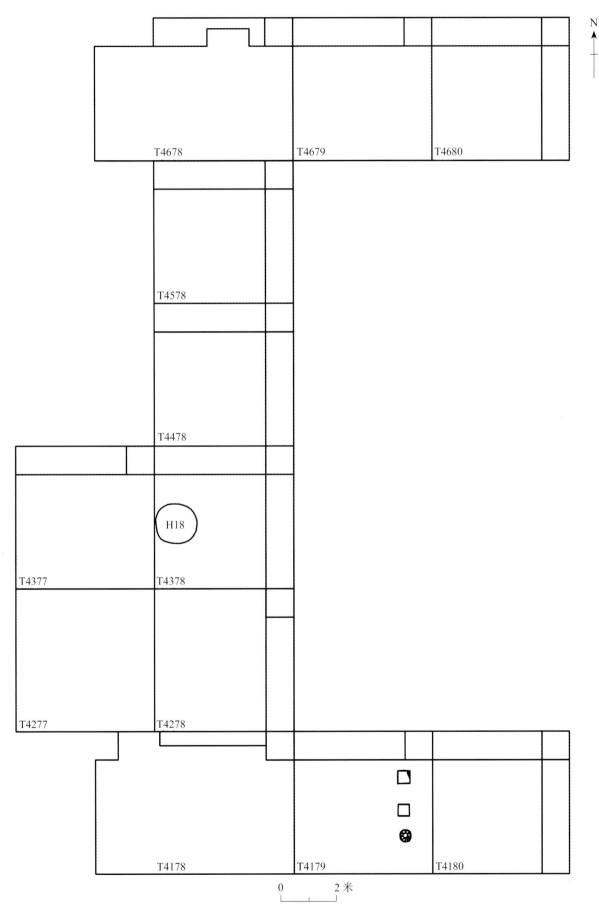

图5-145　T4178等方③层下遗迹位置图

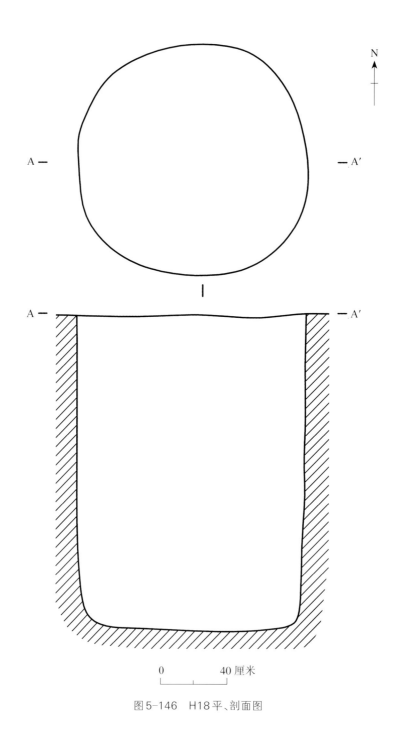

图5-146 H18平、剖面图

　　侈口碗　2件。H18∶11，残存二分之一。侈口，圆唇，浅弧腹，内底宽平，边缘有一道弦纹，矮圈足，下腹、圈足无釉。白胎，釉光泽。口径14.2、足径6、高4.8厘米（*图5-147*）。

　　折腹盘　1件。H18∶5，残存三分之二。撇沿，折腹，圈足，下腹、足无釉。内底与腹壁交接处有一圈弦纹。灰白胎。口径14.8、足径5.6、高4.2厘米（图5-148）。

宦溪窑碗　1件。

H18：9，口、腹残。敞口外撇，外沿下有一道凹痕，深弧腹，小碗心下凹，圈足，下腹局部、圈足无釉。灰土胎坚硬，青灰釉。口径15.6、足径5.2、高6.8厘米（图5-149）。

图5-148　义窑盘（H18：5）

图5-149　宦溪窑碗（H18：9）

浦口窑碗　1件。

H18：14，口、腹残损严重。侈口，腹部斜收，小碗心下凹，圈足，下腹、足部施釉。内壁有一圈弦纹。胎壁较薄，青釉泛灰。口径15.4、足径5.2、高6.1厘米（*图5-150*）。

庄边窑碗　1件。

H18：8，残存四分之一。侈口，尖圆唇，弧腹，圈足。下腹、圈足无釉，呈砖红色。外壁刻划数组线条，五道一组。灰白胎，青釉泛黄。口径12.4、足径4.8、高4.6厘米（*图5-151*）。

越窑碗　1件。

H18：7，仅存四分之一。尖唇，侈口，弧腹，内底坦平，边缘有一道弦纹，残留环形泥条垫痕，圈足切割整齐。生烧，青釉泛灰。口径15、足径7.8、高5.7厘米（图5-152）。

景德镇窑盘　1件。

H18：12，口沿压印八瓣等距花缺，与之对应内外腹壁出筋线，内凸外凹，斜腹，卧足无釉。薄壁，白胎细腻坚致，青白釉泛青莹润。口径10、底径3.8、高2.3厘米（图5-153）。

图5-152　越窑碗（H18：7）

图5-153　景德镇窑盘（H18：12）

釉陶瓶　4件。

H18：1，口有磕口。直口平唇，溜肩，深弧腹，小平底，双系。口至肩部施釉。口径8.8、腹径

图 5-154　釉陶瓶（H18：1）

13.2、底径 9、高 25.4 厘米（图 5-154）。H18：2，圆唇、束颈、深腹、下部斜收、挖足。灰白胎，表层釉面剥蚀殆尽，仅局部显光泽，下腹部有一圈泥点垫痕。口径 7、腹径 14、底径 7、高 20.8 厘米（*图 5-155*）。

柱础石　3 块。

在 T4179③层下东部，由北向南有 3 块柱础石，排列在一条南北直线上。其中中间和北面的 2 块平面为方形，靠北的 1 块边长 45、厚 6 厘米，中间的 1 块边长 40、厚 6 厘米。靠南的 1 块为圆形，直径 40、厚 8 厘米。石色泛白，表面平整。

6. 第④层出土遗物

建窑盏　1 件。

T4378④：40，口、腹残。圆唇、敞口、斜直腹、圈足。铁灰胎，黑釉亮丽，釉层较薄，兔毫明显。口径 12.8、足径 4、高 4.3 厘米（*图 5-156*）。

茶洋窑盏　1 件。

T4278④：54，残存二分之一。灰土胎，茶叶色釉莹润。口径 12.6、足径 4.2、高 6.4 厘米（图 5-157）。

东张窑盏　2 件。

T4277④：52，残存近三分之一。尖唇、沿下内凹外凸。铁砂胎，下腹、圈足无釉，呈灰白色，黑釉亮丽。口径 12、足径 4、高 5.6 厘米（*图 5-158*）。

义窑瓷器　13 件。

碗　11 件。

矮圈足碗　5 件。T4678④：14，口、腹残。侈口、厚唇、斜弧腹、内底圆弧、矮圈足、挖足较浅，足墙外直内斜削。灰白胎细腻，釉面亮泽，外壁多针眼气孔，下腹、足无釉。口径 15、足径 6、高 5.6 厘米（图 5-159）。T4277④：47，口、腹残。内底宽平，边缘有一道弦纹。白胎细腻，釉光洁，外壁多气泡。口径 15.8、足径 6.7、高 5.8 厘米（*图 5-160*）。

图 5-157　茶洋窑盏（T4278④：54）

图 5-159　义窑碗（T4678④：14）

高圈足碗　2件。T4378④：46，口有磕口。斜腹，内底宽平。青黄釉。口径15.9、足径6.3、高7.2厘米（图5-161）。T4377④：46，口、腹残。圆唇，侈口，外口沿下压印一道凹弦纹，弧腹，内底圆弧，圈足较高，下腹、圈足无釉。白灰胎。口径14.5、足径5.9、高6.7厘米（*图5-162*）。

花口碗　1件。T4678④：12，残存五分之一。口沿有小花缺，与之对应内腹壁出筋，撇口，弧腹近直，内底宽平，与腹壁交接处有一周弦纹，圈足较高，足底无釉。白胎细腻，青白釉泛白，胎细釉润。口径12.2、足径5、高6.3厘米（图5-163）。

图5-161　义窑碗（T4378④：46）

图5-163　义窑碗（T4678④：12）

莲瓣纹碗　1件。T4377④：47，残存三分之二。侈口，斜腹，内底宽平，边缘有一道凹弦纹，圈足，挖足较浅。足无釉，白灰胎。口径12.2、足径5.9、高3.9厘米（图5-164）。

侈口碗　2件。T4277④：50，残存三分之一。弧腹，内底宽平，边缘有一道弦纹，矮圈足，足无釉，足底轮旋痕明显。外壁有两道细弦纹。白胎细腻。口径14、足径6、高4.8厘米（*图5-165*）。

折腹盘　2件。T4178④：19，残存三分之一。侈口，折腹，内底坦平，腹壁间有一道弦纹，圈足，足墙外直内斜削，下腹、足无釉。灰白胎细腻，青白釉亮泽。口径12、足径5.4、高3.7厘米（*图5-166*）。

浦口窑碗　1件。

T4378④：64，残存约二分之一。敞口撇沿，弧腹，内底下凹，圈足。下腹、圈足无釉，呈铁石红色。灰白胎厚实，青釉泛灰，釉面开细密冰裂纹。口径12.6、足径5、高4.6厘米（图5-167）。

图5-164　义窑碗（T4377④：47）

图5-167　浦口窑碗（T4378④：64）

魁岐窑碗　1件。

T4679④：23，残存四分之一。敞口叠缘，斜弧腹，圈足，足无釉。灰白胎较薄，青釉泛黄。口径

11、足径3.1、高4.2厘米（*图5-168*）。

福建窑口碗 1件。

T4377④：43，口有小磕。侈口，弧腹，圈足较小。外壁刻莲瓣纹，内壁花纹已残损不清。圈足无釉，灰白胎厚实，青釉泛黄，色泽亮丽。口径12.8、足径4.2、高5.6厘米（图5-169）。

越窑瓷器 4件。

花口盘 1件。T4678④：11，口、腹残。花口外撇，折腹，圈足，足心有环形泥条垫痕。白灰胎细腻厚实，满釉。口径14.6、足径5.4、高4.3厘米（图5-170）。

图5-169 福建窑口碗（T4377④：43）

图5-170 越窑盘（T4678④：11）

平底盏 2件。T4377④：42，残存二分之一。唇口，斜腹，平底内凹。砖灰胎厚实。口径12.6、底径5.6、高3.7厘米（*图5-171*）。

盏托 1件。T4278④：52，残存二分之一。托盘沿面较窄，腹壁内折，呈二层台，喇叭形圈足，内有泥条垫圈痕。白灰胎致密。口径12.6、足径9.4、高3.5厘米（图5-172）。

龙泉窑瓷器 5件。

碗 4件。

墩式碗 2件。T4679④：22，口、腹残损严重。口微敞，弧腹近直，内底宽平，边缘有一道凹痕，矮圈足。内壁饰花草纹。白灰色厚胎，细腻坚致，青釉泛绿，玻化程度较高。口径18.8、足径6.8、高8.2厘米（图5-173）。T4277④：45，口、腹残。尖唇，直口微敛，腹壁近直，小圈足，足经修整。内壁素面，外壁上下各有一道弦纹，内刻漩涡纹，整体花纹残损不清。灰白胎质硬，青釉泛灰，开冰裂纹。口

图5-172 越窑盏托（T4278④：52）

图5-173 龙泉窑碗（T4679④：22）

径13.5、足径5、高7.1厘米（图5-174）。

笠式碗　2件。T4277④：44，口、腹残。侈口，上腹较直，下腹圆弧内收，小碗心下凹，小圈足，挖足较浅，外腹壁上下各有一道弦纹。内口沿下刻时断时续的多线弧弦纹，腹壁饰两朵对称的荷花，花间满布锥刺纹。足内无釉，灰白胎细腻致密，釉色青绿。口径17.4、足径5、高7.4厘米（图5-175）。T4378④：43，复原完整。内壁刻划荷花和Z字形走向的锥刺纹。外壁数组斜线纹，每组四条线。青釉泛黄，光泽亮丽。做工精致。口径14.7、足径4.3、高6.2厘米（*图5-176*）。

图5-174　龙泉窑碗（T4277④：45）

图5-175　龙泉窑碗（T4277④：44）

撇口盘　1件。T4378④：61，残存约二分之一。圆唇，撇口，腹上部斜直，至中部转而弧收，内底宽平，小圈足，挖足较浅。盘心篦刺花纹似海浪。灰白胎，施釉至足墙，青釉泛绿，亮泽。口径15、足径5、高3.8厘米（图5-177）。

浙江窑口碗　1件。

T4278④：55，残存二分之一。直口平沿，直腹壁，圈足。内底坦平，存泥渣垫痕。外壁有上中下三道弦纹。灰白胎厚实，青黄釉。口径9、足径4.7、高3.7厘米（图5-178）。

图5-177　龙泉窑盘（T4378④：61）

图5-178　浙江窑口碗（T4278④：55）

太湖西南岸窑碗　1件。

T4278④：34，残存四分之一。敞口外撇，弧腹，平底。内外各3个圆点垫痕，下腹、足无釉。砖灰胎细腻，厚胎。口径19.4、底径10.2、高6厘米（*图5-179*）。

景德镇窑瓷器　3件。

笠式碗　2件。T4378④：41、42，形制、花纹相近。侈口，尖唇，斜腹，小碗心外围有一圈弦纹，小圈足，足墙外直内斜。内底和内壁满绘云气纹，舒展流畅。薄壁，青白釉泛白，光泽亮丽，釉面开冰裂纹。做工精致。T4378④：42，口、腹残。口径17.8、足径5.6、高7.4厘米（图5-180）。

盘　1件。T4378④：63，口、腹缺损较多。尖唇，撇沿，折腹，矮圈足，挖足较浅，足底无釉。盘心印一枝盛开的牡丹花，花繁叶茂。白胎细腻，青白釉光泽莹润。口径15、足径4.6、高4厘米（图5-181）。

图5-180　景德镇窑碗（T4378④：42）　　　　　图5-181　景德镇窑盘（T4378④：63）

褐釉圆腹罐　1件。

T4377④：41，口有磕。平口，圆唇，圆鼓腹下垂，小平底。胎枣红色，壁较薄，褐釉。口径20.4、底径8.8、高12厘米（图5-182）。

釉陶器　4件。

褐釉灯盏　1件。T4278④：61，残存三分之一。侈口，斜腹，一侧有环形灯捻，小平底。外壁下部、底无釉，砖红色胎，厚壁。口径11、底径4.2、高3.4厘米（*图5-183*）。

褐釉杯盖　1件。T4277④：48，残存二分之一。子口，弧形顶，似动物形纽。砖红胎。口径12、高3.9厘米（*图5-184*）。

釉陶瓶　2件。T4278④：35，口、腹残。厚唇，束颈，溜肩，肩部有四系，腰鼓腹，平底微内凹。壁面轮旋痕明显。砖红色胎，薄釉。口径8.5、腹径15.6、底径9.4、高22.4厘米（图5-185）。

图5-182　褐釉圆腹罐（T4377④：41）　　　　　图5-185　褐釉瓶（T4278④：35）

陶碾轮 1件。

T4178④：18，两半拼对。圆饼形，中间一孔。夹砂胎，砖红色。直径10.6—12、孔径2.6、厚2.6厘米（*图5-186*）。

石碾轮 2件。

T4178④：11，边沿稍残。直径11.8、孔径2.3、厚2.3厘米（图5-187）。

7. 第④层下遗迹

TJ23 位于T4178④层下的扩方区域西部，发现青砖垒砌的建筑遗迹，平面呈长方形，残存东北部墙基，保存较差，砌砖多移位，应是晚期扰乱所致，已发掘部分最大长2.64、宽1.38米。砖墙用砖规格为28×10×6厘米，西北角发现一块正方形的磉石，规格为30×30×6厘

图5-187 石碾轮（T4178④：11）

米。在墙基的西南发现一平面近长方形的黑褐色土区域，较为坚硬，有分层现象，推测因长期踩踏所致，应为居住面（图5-188）。

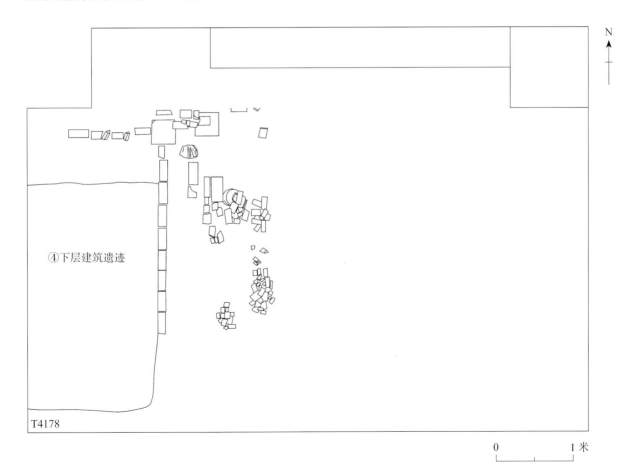

④下层建筑遗迹

T4178

0   1米

图5-188 TJ23平面图

图 5-189　建窑盏（T4178⑤：10）

图 5-192　义窑碗（T4679⑤：11）

图 5-193　义窑碗（T4679⑤：18）

图 5-194　义窑碗（T4178⑤：36）

8. 第⑤层出土遗物

建窑盏　2件。

T4178⑤：10，口有磕。胎体较薄，胎质细腻坚致，黑釉亮丽。口径12.6、足径3.6、高5.1厘米（图5-189）。

东张窑盏　1件。

T4679⑤：26，残存三分之一，黑釉亮丽。

义窑瓷器　28件。

碗　21件。

矮圈足碗　6件。T4679⑤：10，残存二分之一。内底圆弧，挖足较浅。口径9.8、底径4.6、高3.4厘米（图5-190）。T4377⑤：37，残存三分之一。侈口，斜腹，内底宽平，边缘有一道弦纹。口径15.4、足径6.8、高5.2厘米（图5-191）。

高圈足碗　10件。T4679⑤：11，残存一半。侈口，圆唇，外口沿下压印一道凹弦纹，弧腹，内底圆弧，圈足较高，施釉至足墙。外壁有四道弦纹。白胎细腻，青白釉泛青，釉面开冰裂纹。口径14.5、足径6.5、高6.2厘米（图5-192）。T4679⑤：18，口、腹残。尖圆唇，口微敛，腹壁呈圆弧状缓收，内底圆弧，圈足深挖。外口沿下有轮旋纹数道。胎较疏松轻薄，下腹、圈足无釉。口径12.8、足径5、高6厘米（图5-193）。

撇口碗　1件。T4678⑤：17，残存三分之一。敞口撇沿，弧腹，直圈足较高，足墙外直内斜削。外壁刻"S"形条纹，圈足无釉。白胎细腻。口径14.2、足径6.5、高8.5厘米。与第④层同类器同。

莲瓣纹碗　3件。T4178⑤：36，口、腹残。内底圆弧，与腹壁连为一体。厚胎，下腹、圈足无釉，青白釉泛青。口径12.2、足径5.4、高3.8厘米（图5-194）。T4179⑤：27，口、腹稍残。内底宽平，边缘有一道弦纹。口径14.7、足径6.7、高5.1厘米（图5-195）。T4377⑤：34，拼对。内底呈脐凸鸡心形。口径12.4、足径5.4、高4.1厘米（图5-196）。

花口碗　1件。T4178⑤：13，六瓣花口，圆唇，外壁对应压印凹槽，内壁出筋，深弧腹，内底圆弧,高圈足深挖,足呈喇叭形。灰白胎,胎体轻薄,内壁满釉,外壁施釉至足跟处,釉色白中泛黄,釉面开冰裂纹。口径8.2、足径3.5、高5.6厘米(图5-197)。

盘 7件。

撇口盘 2件。T4377⑤:31,残存二分之一。敞口,斜弧腹,直圈足。白灰胎,下腹、圈足无釉。口径12、足径5.5、高3厘米(*图5-198*)。

折腹盘 2件。T4679⑤:8,拼对完整。敞口微撇,弧腹折收,内底宽平,边缘压印一道凹弦纹,圈足,挖足较浅,足心有一圈黄褐色垫饼痕。灰白胎疏松,外壁施半釉,足内无釉。口径12.2、足径5.7、高3.4厘米(图5-199)。T4178⑤:43,残存三分之一。敞口外撇,弧腹,圈足,足墙外直内斜削,足无釉。碗心有一周弦纹。白胎细腻厚实,质较疏松,釉色均匀亮丽。口径11.2、足径5、高3.3厘米(*图5-200*)。

花口盘 2件。T4678⑤:5,残存一半。五瓣花口,与之对应内壁出筋线,敞口撇沿,浅腹斜收,内底宽平,边缘有一道弦纹,圈足,施釉至足墙。白胎细腻,釉面开冰裂纹。口径13、足径4.9、高3.4厘米(图5-201)。T4178⑤:45,残存二分之一。九瓣花口,对应腹壁压印凹槽至上腹部,斜弧腹,矮圈足经修整,挖足较浅,足墙外直内斜削,内底宽平,边缘有一道弦纹。白灰胎细腻,釉面开冰裂纹。口径13.4、足径5.2、高3.5厘米(图5-202)。

图5-196 义窑碗(T4377⑤:34)

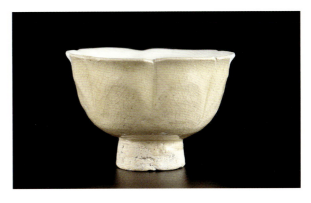

图5-197 义窑碗(T4178⑤:13)

图5-199 义窑盘(T4679⑤:8)

图5-201 义窑盘(T4678⑤:5)

图5-202 义窑盘(T4178⑤:45)

卧足盘　1件。T4679⑤：9，口、腹残。圆唇，口沿平折，弧腹缓收，矮圈足，挖足较浅，足墙外直内斜削，施釉至足墙，足底露胎。内口沿下有一圈弦纹，内壁和底满饰花卉纹，似牡丹。白胎细腻，有圆形黄褐色垫烧痕，釉面开冰裂纹。口径12.7、足径4.1、高3.3厘米（*图5-203*）。

魁岐窑碗　4件。

T4678⑤：18，厚唇，斜直腹，小碗心下凹，圈足微内凹，下腹、足无釉。白灰胎坚硬厚实，青釉泛黄。口径11、足径3.1、高3.9厘米（图5-204）。T4179⑤：38，口、腹残。厚唇，斜腹，圈足，内壁饰花卉纹，下腹、圈足无釉。白胎泛灰，薄胎，青灰釉。口径12、足径4.2、高4.2厘米（*图5-205*）。

龙泉窑瓷器　5件。

花口碗　1件。T4377⑤：32，五瓣花口，弧腹，圈足，内壁有压印花口形成的压痕，外壁刻竖线条纹，内底平凹，圈足。口径12.6、足径5.4、高6.3厘米（图5-206）。

盘　3件。

平底盘　1件。T4278⑤：15，侈口，折腹，内底宽平，小平底微内凹。盘面刻一朵盛开的折枝荷花。白灰胎细腻致密，青釉泛绿，莹润。口径15、底径5.6、高3.4厘米（图5-207）。

折腹盘　1件。T4277⑤：18，口、腹残。侈口，尖圆唇，浅腹呈斜弧状至底端折收，盘心平整，圈足，挖足较浅，盘内刻划荷花和侧立的荷叶，足无釉。白胎细腻，青绿釉光泽亮丽。口径15.4、足径6、高3.4厘米（图5-208）。

撇口盘　1件。T4378⑤：67，口、腹残。撇口，斜腹，内底坦平，与腹壁连为一体，圈足，挖足较

图5-204　魁岐窑碗（T4678⑤：18）

图5-206　龙泉窑碗（T4377⑤：32）

图5-207　龙泉窑盘（T4278⑤：15）

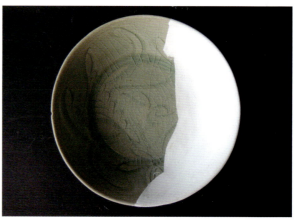

图5-208　龙泉窑盘（T4277⑤：18）

浅，足无釉，呈铁石红色。内壁弧形花纹疏朗，盘心篦刺荷花侧叶，外壁刻斜线纹。白胎细腻，青釉泛绿，开细小冰裂纹，厚釉。口径19.6、足径6.4、高4.7厘米（图5-209）。

壶盖　1件。T4678⑤：15，盖顶分成八瓣，似屋脊，柿纽，子口较高，做工精致。直径4、高4.2厘米（*图5-210*）。

越窑瓷器　7件。

碗　4件。

墩式碗　1件。T4178⑤：20，口、腹残。尖唇，弧腹，圈足经修整，足底有泥条垫痕。内底与腹交接处有一圈弦纹。白胎坚硬厚实，青釉泛绿。口径14.6、足径6.5、高6.4厘米（图5-211）。

笠式碗　1件。T4179⑤：46，复原完整。尖唇，斜腹，小碗心下凹，圈足，足内有泥条垫圈痕，内壁刻一朵盛开的荷花。薄胎细腻，青灰釉少光泽。口径12.4、足径4.4、高4.5厘米（图5-212）。

撇口碗　2件。T4378⑤：68，敞口撇沿，弧腹，圈足，内底有一圈泥条垫痕。厚胎，生烧。口径14.5、足径7.4、高5.6厘米。同第⑥层此类碗。T4179⑤：20，敞口撇沿，弧腹，圈足，足底有一圈泥条垫痕。外腹壁剔刻花卉纹，刻线深邃。口径11.2、足径4.7、高5.2厘米（图5-213）。

卧足盘　1件。T4378⑤：55，残存二分之一。侈口，斜腹，内底坦平，卧足无釉，轮旋痕清晰。厚胎，青黄釉暗沉。口径12.4、底径5.5、高3.4厘米（*图5-214*）。

平底盏　2件。器形相近，唇口，斜腹。灰白胎，内满釉，釉色均匀，外口沿以下至底无釉。T4179⑤：24，残存一半。唇口，斜弧腹，小平底。砖灰色胎厚实。口径10、底径3.8、高3.4厘米（*图5-215*）。

浙江窑口碗　2件。

墩式碗　2件。T4178⑤：21，残存约二分之一。敞口微撇，弧腹，内底有一圈弦纹，圈足，足心有一圈泥条垫痕。白胎细腻，青釉泛黄。口

图5-209　龙泉窑盘（T4378⑤：67）

图5-211　越窑碗（T4178⑤：20）

图5-212　越窑碗（T4179⑤：46）

图5-213　越窑碗（T4179⑤：20）

图 5-217　景德镇窑盘（T4377⑤：35）

径 14、足径 5.8、高 6.2 厘米（*图 5-216*）。

景德镇窑盘　2件。

尖唇，侈口，浅弧腹，卧足微内凹，底无釉。白胎细腻。一件素面，一件饰花卉纹。T4377⑤：35，口、腹残。盘内铺满花卉纹，刻划线条流畅。壁较薄。口径 12.2、底径 4.1、高 3.8 厘米（图 5-217）。

褐釉圆腹罐　2件。

T4179⑤：17，大口，溜肩，深圆腹，小平底，底厚壁薄，下腹有一圈泥点垫痕。褐釉亮泽。口径 20.8、腹径 22.8、底径 10、高 14 厘米。同第④层同类器。

釉陶瓶　6件。

T4178⑤：9，唇口，平沿，束领，弧腹，平底。口径 8.9、腹径 13、底径 7.6、高 24.4 厘米（图 5-218）。T4377⑤：52，口、腹残损。圆唇，直口，束颈，溜肩，鼓腹，平底，肩部有四系。薄釉。口径 8.4、腹径 17、底径 9.6、高 22.4 厘米。与 J25 出土釉陶瓶形制相同（参见图 5-243）。T4179⑤：22，基本完整。圆唇，直口，束颈，溜肩，鼓腹，腹最大径在肩部，平底内凹，肩部有四系。口、肩薄釉，下无釉。口径 9、腹径 16、底径 8.3、高 22.8 厘米（图 5-219）。

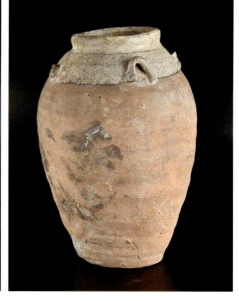

图 5-218　釉陶瓶（T4178⑤：9）　　　　　　图 5-219　釉陶瓶（T4179⑤：22）

陶器　3件。

泥质红陶罐　1件。T4179⑤：47，直口微敛，圆鼓腹，小平底内凹。砖红色胎。口径 26、腹径 27.4、底径 14、高 15.6 厘米（*图 5-220*）。

泥质灰陶灯　1件。T4179⑤：21，高圈足喇叭形镂孔座，座上有实心圆柱，柱承上下二层灯台，灯台浅盘形，柱顶承灯盏，圆唇，斜腹。盘径 14.4、灯盏口径 8.8、足径 13、高 21.2 厘米（*图 5-221*）。

陶权　1件。T4178⑤：14，梯形，顶有孔。砖灰色。宽4.8、厚3.7、高5厘米（图5-222）。

石权　1件。

T4678⑤：44，顶有孔，一面平整。石呈黑褐色。宽7.2、厚3.7、高8.4厘米（*图5-223*）。

图5-222　陶权（T4178⑤：14）

9. 第⑤层下遗迹（图5-224）

H19　位于T4277中部偏南，开口于第⑤层下，打破第⑥、⑧、⑨层。开口距地表1.05米，灰坑呈圆筒形，直径0.9、深0.8米。坑壁光滑，坑底平坦。填土为浅灰褐色淤泥，土质疏松，含零星炭屑、草木灰和红烧土颗粒。出土物较少，有青釉碗口沿、灰陶盆碎片和碎砖块等（图5-225）。

J9　位于T4378西南部，距地表1.35米，开口于第⑤层下，打破第⑥、⑧、⑨层和生土。井呈圆筒形，开口边界较明显，井壁光滑规整，井底平坦。直径0.74—0.76、深1.62米。井内堆积主要为深灰褐色沙质黏土，土质较为疏松，含大量草木灰、炭屑和零星红烧土颗粒。出土物较少，有零星青白釉、酱釉瓷片和砖碎块等（图5-226）。

J10　位于T4377西部，距地表1.05米，开口于第⑤层下，打破第⑥、⑧、⑨层和生土。井呈圆筒形，直径0.76—0.8、深1.8米。壁面光滑规整，底平坦。井内堆积深灰褐色沙质黏土，土质较疏松，含大量草木灰、炭屑、零星红烧土颗粒。内含较多青砖、板瓦碎块、青釉、青白釉、酱釉瓷片及釉陶碎块等。出土可复原器物7件（图5-227）。

东张窑瓷器　2件。

碗　1件。J10：3，侈口，圆唇，弧腹，圈足较直，切割规整。青釉泛黄，有光泽，圈足不施釉。口径13.2、足径4.9、高6厘米（图5-228）。

盏　1件。J10：4，侈口内敛，斜弧腹，矮圈足。口沿、下腹、圈足无釉。铁灰胎。口径13.6、足径3.6、高5.8厘米（图5-229）。

义窑碗　3件。

花口碗　1件。J10：5，口、腹残。口沿有小花缺，与之对应外腹壁压印出凹痕，弧腹，内底坦平，边缘有一圈弦纹，圈足，挖足较浅，下腹、足无釉。白灰胎细腻，釉光洁。口径8.6、足径3.2、高4厘米（图5-230）。

高圈足碗　1件。J10：7，口、腹残。敞口，斜腹，下腹、内底宽平，边缘有一道弦纹，圈足较高，下腹、足无釉。胎体厚重，青灰釉。口径15.4、足径5.7、高6.8厘米。同第⑤层同类碗。

侈口碗　1件。J10：6，残存一半。侈口微外撇，斜腹，小碗心，矮圈足，足墙外直内斜削，下腹、圈足无釉。青白釉泛灰。口径13、足径4.8、高4.6厘米（图5-231）。

浦口窑碗　1件。

J10：2，口、腹残。笠式碗，口微敛，腹壁呈圆弧状斜收，内壁与内底交接处有一明显转折，内底平凹，小圈足，足心微凸。内壁饰两朵对称荷花，穿插在篦划Z字纹间，内底荷花侧叶，外腹壁刻斜线呈扇形。青釉泛灰黄。口径17.8、足径5.4、高7.6厘米（图5-232）。

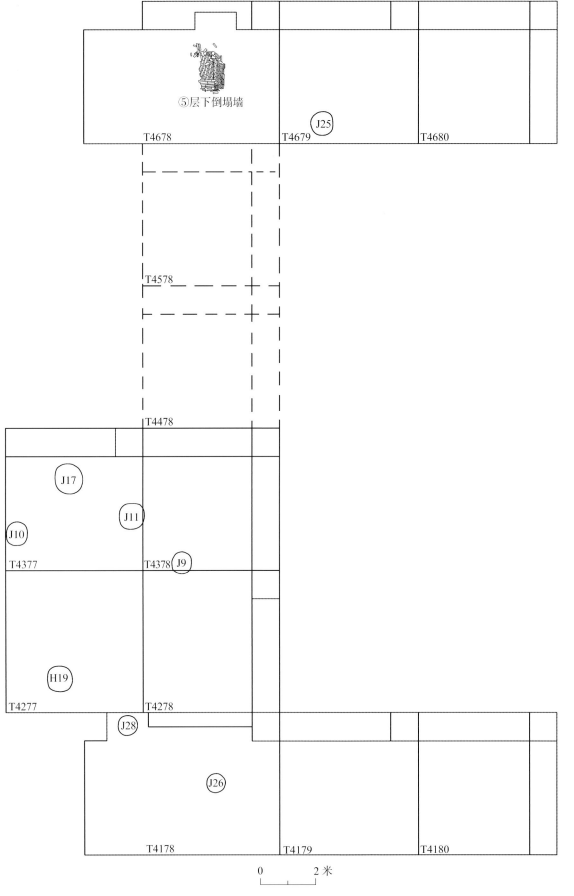

图 5-224　T4178 等方⑤层下遗迹位置图

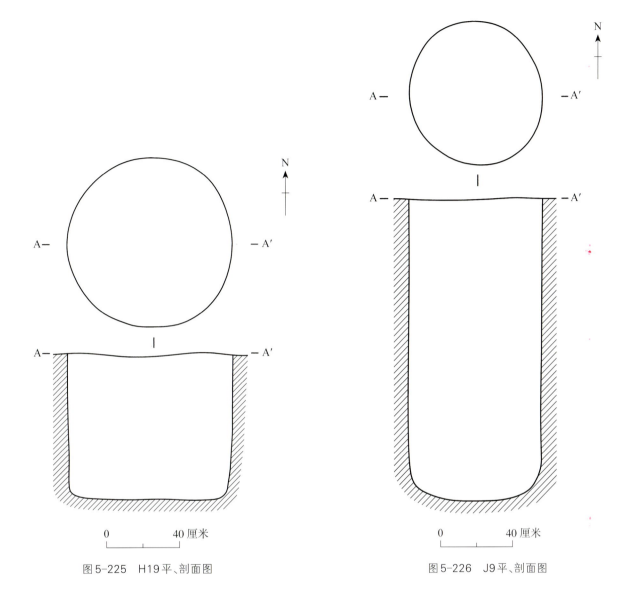

图 5-225　H19平、剖面图　　　　　　　　　图 5-226　J9平、剖面图

褐釉壶　1件。

J10：1，口及肩、腹部多处残缺，从保存部分看，似壶。折肩，深腹，平底，下腹至底无釉。灰胎坚硬，表面施酱褐色釉，釉层较薄。口径8.6、肩径14.5、底径8.5、残高15.2厘米（*图5-233*）。

J11　位于T4377东隔梁中部，距地表1.05米，开口于第⑤层下，打破第⑥、⑧、⑨层和生土。井呈圆筒形，井壁规整，井底平坦，直径0.88—0.9、深1.82米。井内堆积深灰褐色沙质黏土，土质较为疏松，含大量草木灰、炭屑和零星红烧土颗粒。出土青釉、青白釉瓷片、碎砖块等（图5-234）。

J17　位于T4377北部，距地表1.45米，发现于第⑤层下，打破第⑥、⑧、⑨层和生土。井呈圆筒形，井壁光滑，井底平坦，直径1.04—1.1、深2.12米。井内堆积主要为深灰褐色沙质黏土，土质较疏松，含大量草木灰、炭屑和零星红烧土颗粒。内含青釉、黑釉、青白釉碎片和较多砖瓦片等，出土瓷器3件（图5-235）。

东张窑盏　1件。

J17：2，敞口，外沿下内凹。砖灰色胎质硬，釉黑亮。口径11.8、足径4、高6.8厘米（图5-236）。

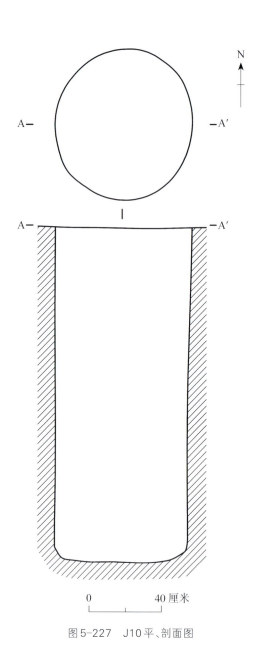

0   40 厘米

图 5-227 J10平、剖面图

图 5-229 东张窑盏（J10：4）

图 5-230 义窑碗（J10：5）

图 5-231 义窑碗（J10：6）

图 5-228 东张窑碗（J10：3）

图 5-232 浦口窑碗（J10：2）

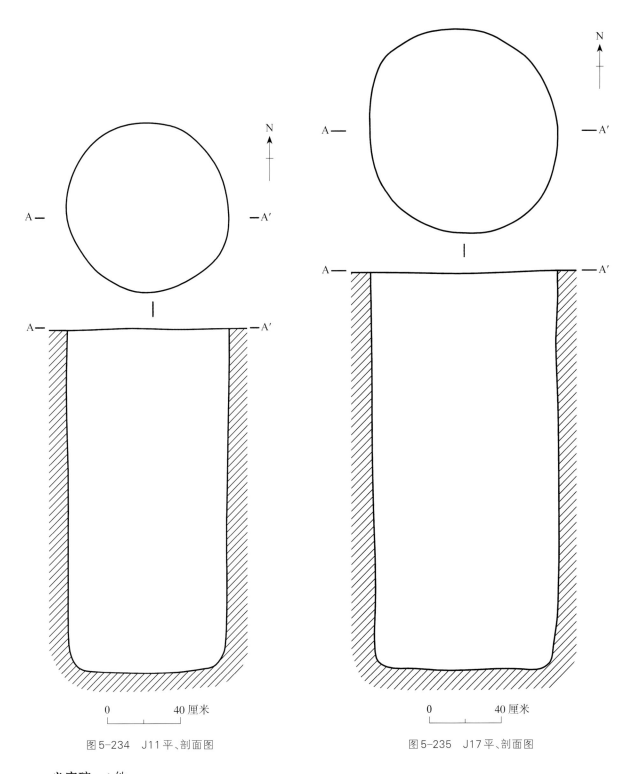

图 5-234　J11 平、剖面图　　　　　　　图 5-235　J17 平、剖面图

义窑碗　1件。

J17：1，花口，口沿有小花缺，尖唇，斜弧腹，内底小而下凹，圈足，挖足较浅。内壁刻两朵对称的荷花。施釉至足墙，釉面开冰裂纹。口径19.2、足径6、高6.8厘米（图5-237）。

浦口窑碗　1件。

J17：3，口、腹残。侈口，外沿下微内凹，斜腹，圈足，圈足及下腹无釉。青釉开冰裂纹。口径17.6、足径5.6、高5.8厘米（*图5-238*）。

图 5-236　东张窑盏（J17：2）

图 5-237　义窑碗（J17：1）

J25　位于 T4679 南部，距地表 1.45 米，开口于第⑤层下，打破第⑥、⑧、⑨层和生土，还打破第⑦层砖基槽遗迹。开口边界较明显，井壁光滑规整，井底平坦。井呈圆筒形，底较口大。口径 0.8—0.84、底径 1—1.02、深 3 米。井内堆积深灰褐色沙质黏土，较为疏松，含较多炭屑、草木灰，近底部，由于渗水的原因，填土为深灰褐色黏质淤泥。填土中含大量的青砖碎块、板瓦残片，其中一块碎砖块侧面刻写有文字，已漫漶不清。出土可复原器物 10 件和釉陶瓶、青白釉、青釉瓷碎片等（图 5-239）。

义窑碗　2 件。

J25：8，口、腹残。厚唇、斜腹、内底宽平、边缘有一道弦纹、矮圈足。白胎细腻。口径 16.4、足径 7.2、高 6.1 厘米（图 5-240）。

魁岐窑碗　2 件。

J25：10，拼对完整。敞口、圆唇、斜腹、小碗心下凹、矮圈足。口径 12.2、足径 4.2、高 4.4 厘米（图 5-241）。

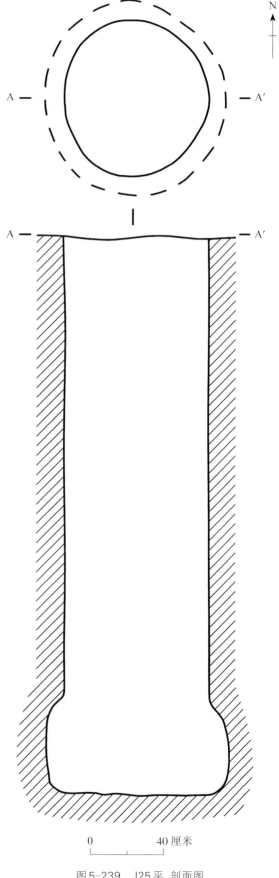

图 5-239　J25 平、剖面图

0 　　　40 厘米

图5-240　义窑碗（J25：8）

图5-241　魁岐窑碗（J25：10）

越窑碗　1件。

J25：9，残存三分之二。笠式碗，尖唇，侈口，斜腹，矮圈足，足心残存2个泥条垫痕。内壁花纹残损不清，似凤鸟纹。薄壁，灰白胎细腻紧致，青釉泛灰，釉层均匀，釉色灰暗。口径13.4、足径4.6、高5厘米（图5-242）。

釉陶瓶　5件。

J25：1、2、3、4、5，五件形制基本相同，小口，圆唇，溜肩，肩部有对称四系，捏制而成，深腹呈腰鼓形，小平底微内凹。下部无釉。烧制粗糙。J25：2，圆唇外撇，肩部阴刻两道弦纹。釉呈褐色。口径9、腹径15.4、底径9.6、高24.6厘米（图5-243）。

J26　位于T4178东部，距地表1.1米，开口于第⑤层下，打破第⑥、⑧、⑨层和生土层。井南端打破第⑧层墙基槽，开口边界较明显，井壁光滑规整，井底平坦。井呈圆筒形，直径0.66、深2.6米。井内堆积主要为深灰褐色沙质黏土，土质较为疏松，接近井底部，填土为深灰褐色黏质淤泥。内含大量的青砖碎块，板瓦残片，表面多有白灰涂层，应该是建筑用砖，废弃后填入井内，出土可复原器物10件和釉陶、青釉、青白釉瓷碎片等（图5-244）。

义窑碗　3件。

矮圈足碗　1件。J26：3，侈口，厚唇，尖唇，斜腹，内底圆弧，矮圈足，足无釉。灰白胎。口径14.7、足径6.5、高5.6厘米（*图5-245*）。

图5-242　越窑碗（J25：9）

图5-243　釉陶瓶（J25：2）

高圈足碗　2件。J26：1，残存二分之一。弧腹、内底宽平，边缘有一道弦纹，外腹壁刻竖线似 "S" 纹。口径16.4、足径6.8、高7.7厘米（图5-246）。J26：4，残存约三分之二。撇口，斜腹，内底圆弧。素面。白灰胎。口径15.4、足径5.6、高5.9厘米（*图5-247*）。

越窑碗　1件。

J26：9，残存三分之一。敞口撇沿，尖唇，斜弧腹，圈足。足心有一圈泥条垫痕，内壁刻云气纹。灰白胎厚实，青釉泛黄。口径14、足径4.8、高4.3厘米（图5-248）。

景德镇窑碗　1件。

J26：7，六瓣花口，与之对应外腹壁出凹痕，撇口，深弧腹，内底宽平，圈足。胎较薄，白胎细腻致密，釉润泽。口径12.4、足径4.6、高5.3厘米（*图5-249*）。

青釉壶　2件。

J26：2，口、流残。喇叭口外撇，高领，溜肩，圆弧腹下部斜收，小平底，双系，扁平把手，流弧曲。胎体厚重，施釉不均，釉层较薄，釉色泛黄。口径12、腹径19.8、底径9.6、高24.6厘米（*图5-250*）。

J26：5，壶流残佚。唇口，高领，溜肩，弧腹，饼足，

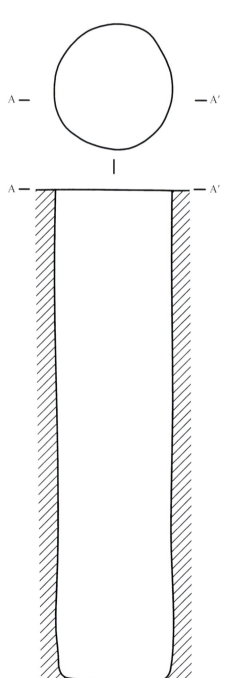

图5-244　J26平、剖面图

图5-246　义窑碗（J26：1）

图5-248　越窑碗（J26：9）

双耳,扁平把手,底不施釉。青釉,釉层较薄。口径8.1、腹径14.2、底径8.4、高16.8厘米(图5-251)。

青釉高领罐　1件。

J26：8,基本完整。直口微外撇,高领,折肩,弧腹,平底。底不施釉。口径4.4、肩径5.6、底径3.4、高6厘米(*图5-252*)。

釉陶瓶　1件。

J26：6,基本完好。敞口外卷,束颈,溜肩,肩部有对称双系,深腹,腹最大径在肩部,平底微凹。壁面有数道凸棱。灰白胎坚硬,生烧。口径7.2、腹径13、底径8.1、高17.2厘米(图5-253)。

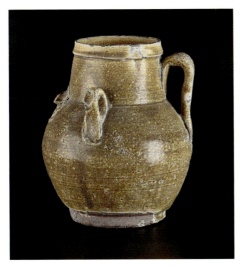

图5-251　青釉壶(J26：5)　　　　图5-253　釉陶瓶(J26：6)

陶盆　1件。

Aa型泥质灰陶盆　1件。J26：10,窄沿,弧腹,平底。砖灰色,壁较薄。内壁、口沿交接处残留使用过的烟垢痕。口径26.4、底径16.1、高9.8厘米(图5-254)。

J28　位于T4178北隔梁西部,开口距地表1.1米,开口于第⑤层下,打破第⑥、⑧、⑨层和生土。井呈圆筒形,井壁光滑规整,井底平坦,直径0.7、深2.46米。井内堆积主要为深灰褐色沙质黏土,土质较为疏松,含大量草木灰、炭屑、零星红烧土颗粒,出土可复原器物4件和灰陶、夹砂红陶、青釉、青白釉瓷碎片及青砖碎块、板瓦残片(图5-255)。

浦口窑碗　1件。

J28：2,口、腹残。侈口,尖唇,斜腹,圈足,内底涩圈,下腹、底无釉。白胎泛黄,较疏松,青釉泛灰。口径15.4、足径6.6、高5.5厘米(*图5-256*)。

磁灶窑盆　1件。

J28：1,残存三分之一。窄沿,浅腹,腹壁近直,平底,口沿有一圈垫烧泥点痕。灰白胎较粗,质疏松,盆内施青黄釉,外无釉呈砖红色,薄壁,

图5-254　Aa型泥质灰陶盆(J26：10)

底、腹壁厚薄相当。口径29.4、底径25、高13.2厘米（*图5-257*）。

景德镇窑碗 1件。

J28：3，口残。侈口，尖唇，斜腹，内底小而圆弧，边缘有一圈弦纹，小圈足微下凹，足墙外直内斜，浅挖，施釉至足墙。内底和内壁满绘云气纹，舒展流畅。壁极薄，不足3毫米，青白釉光泽亮丽，开冰裂纹。做工精致。口径16.8、足径5.4、高6.2厘米（图5-258）。

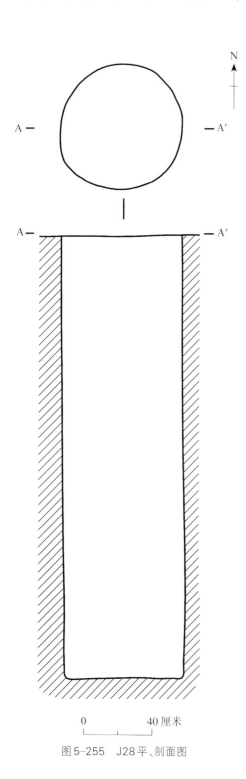

图5-255 J28平、剖面图

釉陶瓶 1件。

J28：4。直口平沿，直腹壁，平底，肩部粘贴一小系。薄釉。口径7.7、底径7.6、高22.8厘米（图5-259）。

10. 第⑥层出土遗物

义窑碗 3件。

矮圈足碗 2件。T4377⑥：49，残损。弧腹，内底宽平，边缘有一圈弦纹，圈足，挖足较浅。足无釉，壁面多气孔。口径16、足径6.5、高5.7厘米。与本层下开口的H21出土同类器相同（参见图5-274）。

图5-258 景德镇窑碗（J28：3）

图5-259 釉陶瓶（J28：4）

莲瓣纹碗　1件。T4277⑥：70，口、腹稍残。内底宽平，边缘有一圈弦纹，施釉至足墙。口径12.6、足径5.8、高4.1厘米(*图5-260*)。

越窑瓷器　8件。

碗　6件。

撇口碗　3件。形制相同。敞口撇沿，尖唇，弧腹，矮圈足。内底有一圈泥条垫痕。灰白胎致密。T4678⑥：6，口、腹残。撇沿，尖唇，弧腹，矮圈足。内底有一圈泥条垫痕，足底轮旋痕清晰。白灰胎细腻，施釉匀称，满釉。口径15.4、足径7.9、高5.9厘米(图5-261)。T4679⑥：17，残存二分之一。下腹、足无釉，火石红色。灰白胎细腻坚致，青绿釉。口径14.5、足径6.6、高5.6厘米(*图5-262*)。

墩式碗　3件。T4277⑥：20，口有磕口。侈口，弧腹，直圈足，内底有一圈弦纹，足底有一圈泥条垫痕。白灰胎细腻，青釉泛绿，少光泽。口径14.6、足径6.4、高6.5厘米(图5-263)。T4277⑥：56，残存二分之一。侈口，弧腹，内底宽平，圈足，足底有一圈泥条垫痕。青釉泛灰。口径14.1、足径6.6、高6.2厘米(*图5-264*)。

花口杯　1件。T4277⑥：19，口有磕。口沿5个花缺，与之对应腹壁内凸外凹，弧腹，喇叭圈足，足底有泥条垫痕。白灰胎细腻致密，青釉泛绿。与H21出土同类器相同。口径8.4、足径4.2、高4.5厘米(图5-265)。

执壶　1件。T4277⑥：73，口残佚。溜肩，椭圆腹廋长，刻竖棱双线纹，肩有一道弦线，长弧曲流，錾手残缺，圈足，足底有环形泥条垫痕。灰白胎细腻致密，青釉无光泽。腹径15、足径8.2、残高19.3厘米(图5-266)。

景德镇窑盘　3件。

花口盘　1件。T4679⑥：20，口、腹残，口沿八出花瓣状，内凸外凹，尖唇，斜弧腹，内底坦平，边缘有一道弦纹。白胎细腻，足无釉。口径15.6、足径7.2、高3.7厘米(图5-267)。

图5-261　越窑碗(T4678⑥：6)

图5-263　越窑碗(T4277⑥：20)

图5-265　越窑杯(T4277⑥：19)

图5-266　越窑执壶(T4277⑥：73)

图 5-267 景德镇窑盘(T4679⑥：20)

图 5-268 景德镇窑盘(T4178⑥：15)

图 5-269 景德镇窑盘(T4678⑥：7)

义窑瓷器 12件。

碗 9件。

矮圈足碗 2件。H21：28，口、腹残。敞口，厚唇，斜腹，矮圈足，内底宽平，边缘有一道凹弦纹，下腹、圈足无釉。胎体厚重，釉面多黑灰色沙点。口径15.6、足径6、高4.8厘米(图5-274)。

侈口碗 4件。H21：33，侈口，弧腹，内底坦平，有一圈弦纹，矮圈足无釉。釉亮泽，开冰裂纹。口径18、足径7.4、高7.1厘米(图5-275)。

撇口碗 1件。H21：12，圆唇，口沿外侧有一周凹弦纹，弧腹，内底宽平，边缘有一道凹弦纹，圈足，施釉至足墙。白胎细腻，青白釉泛青，釉面开冰裂纹。口径16.4、足径6.9、高6.8厘米(图5-276)。

莲瓣纹碗 2件。H21：20，口有磕口。侈口撇沿，弧腹，内底脐凸，矮圈足，下腹、足无釉。外壁饰莲瓣纹至腹与圈足交接处。釉亮泽。口径12.2、足径5、高4.1厘米(图5-277)。

折沿盘 1件。T4178⑥：15，残存三分之一。尖圆唇，直口平折沿，腹壁折收，内底宽平，外壁有两道弦纹，圈足无釉。白胎细腻，青白釉亮丽。口径12、足径6.6、高3.1厘米(图5-268)。

卧足盘 1件。T4678⑥：7，口、腹残。侈口，圆唇，弧腹，内底宽平微下凹，边缘有一圈弦纹，卧足露胎。薄胎，白胎细腻，釉面开冰裂纹。口径12.2、足径4.4、高3.5厘米(图5-269)。

褐釉双耳罐 1件。

T4277⑥：21，口、腹残。直口圆唇，高领，折肩，深腹，平底，双系。褐色釉，下腹、底无釉。口径6.4、底径5.4、高12厘米(图5-270)。

泥质灰陶盘 1件。

T4277⑥：72，残存三分之一。宽折沿，浅弧腹近直，平底。内、外壁轮旋痕清晰。口径33.4、底径21.8、高4.3厘米(图5-271)。

11. 第⑥层下遗迹(图5-272)

H21 位于T4277、T4278内，开口于第⑥层下，打破第⑦、⑧层。坑口距地表1.25—1.3米，圆形，直径2.6、深1.16米。坑壁光滑规整，平底。坑内堆积主要为深灰褐色沙质黏土，土质较为疏松，含大量草木灰。出土可复原器物33件和青釉、青白釉瓷、釉陶、陶器、缸碎片及青砖瓦片等(图5-273)。

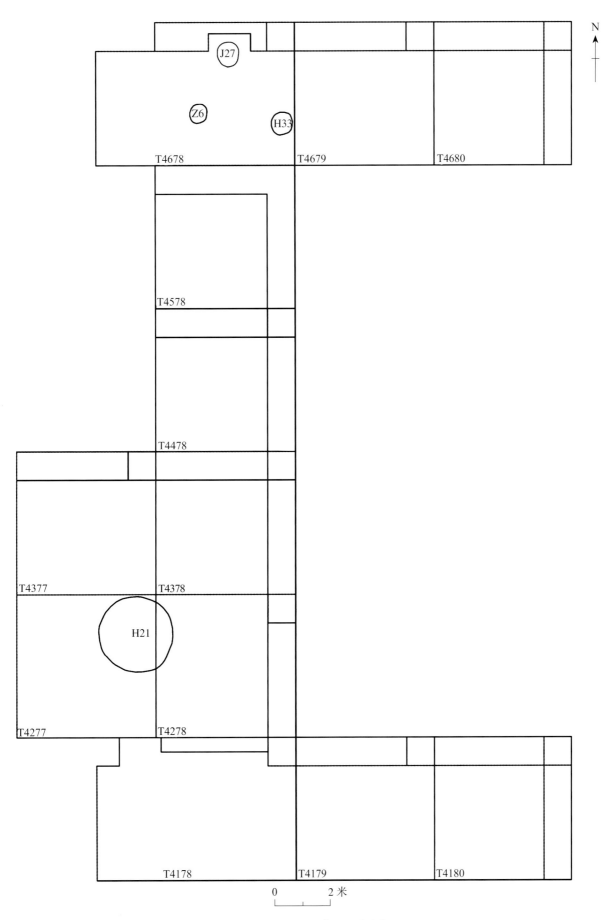

图5-272 T4178等方⑥层下遗迹位置图

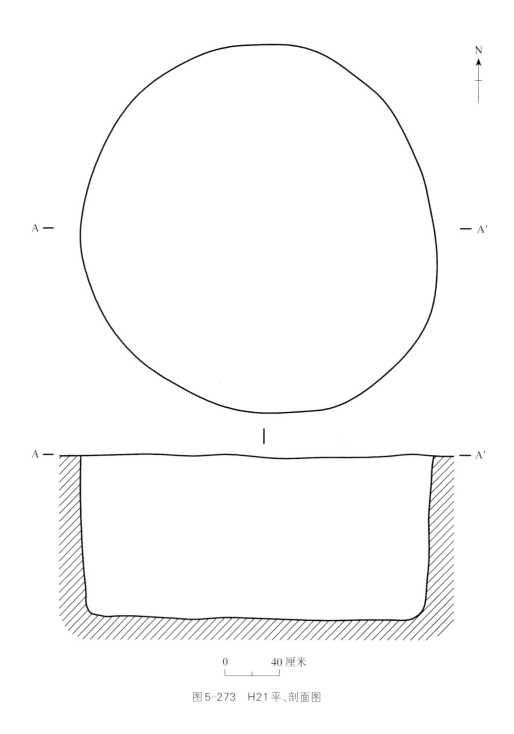

图 5-273 H21平、剖面图

　　花口盘　2件。H21：26，残存三分之一。口沿小花缺，与之对应腹壁出内凸外凹痕，弧腹，矮圈足，足墙内斜削，下腹局部、足无釉。白灰胎细腻致密，壁较薄。口径12.6、足径5.4、高3.3厘米（图5-278）。

　　折肩罐　1件。H21：1，残存一半。大口斜唇，矮颈束收，折肩，圆鼓腹斜收，内底圆弧，边缘有一圈泥点垫痕，小平底。青釉泛黄，底无釉。口径22.8、肩径11.8、底径8.6、高13厘米（图5-279）。

图5-274　义窑碗（H21：28）

图5-275　义窑碗（H21：33）

图5-276　义窑碗（H21：12）

图5-277　义窑碗（H21：20）

图5-278　义窑盘（H21：26）

图5-279　义窑折肩罐（H21：1）

越窑瓷器　14件。

碗　9件。

撇口碗　2件。H21：24，撇口，坦腹，内底宽平，圈足，外壁见数道弦纹，内底有一圈泥条垫痕。青釉泛黄，有光泽。口径14.2、足径7.6、高4.9厘米（图5-280）。

侈口碗　1件。H21：25，侈口，弧腹缓收，内底有一圈垫痕，矮圈足，内壁有针眼气孔。口径12.1、足径4.9、高3.7厘米（*图5-281*）。

墩式碗　3件。H21：5，敞口微撇，弧腹缓收，圈足，足底有一圈泥条垫圈，足墙外直内斜收。青釉泛黄灰，有光泽，满釉。口径14.2、足径6.4、高5.9厘米（图5-282）。H21：30，内底下凹，圈足。胎体厚重，满釉，青黄釉，器表多砂眼。口径12.8、足径4.8、高4.8厘米（图5-283）。

图 5-280 越窑碗（H21：24）

图 5-282 越窑碗（H21：5）

图 5-283 越窑碗（H21：30）

图 5-284 越窑碗（H21：10）

笠式碗 3件。大口尖唇，斜腹，圈足，小碗心，矮圈足，足底留白色泥条垫渣。壁较薄。其中1件内底印花卉纹。H21：10，侈口，斜弧腹，圈足，足墙外直内斜收，足心有垫痕。口沿内有一周弦纹，内底饰花卉纹。白灰胎细腻，青釉泛黄，莹润光泽。口径12.6、足径4.2、高4.6厘米（图5-284）。

侈口盘 2件。H21：32，大口微外撇，弧腹，矮圈足，足墙外直内旋削。盘内满刻花瓣纹，外素面，足心留一圈白色垫痕。满釉，青黄釉润泽。口径13.2、足径6.4、高3.2厘米（图5-285）。H21：14，残存二分之一。尖唇，侈口内敛，浅弧腹，圈足，足墙外直内旋削。内腹壁有刻花，已残损不清。灰胎细腻坚硬，青釉泛黄。口径12.6、足径6、高3.2厘米（图5-286）。

花口杯 1件。H21：16，口、腹残。口沿压印五瓣等距花口，与之对应腹部内凸外凹，弧腹，喇叭形圈足，足心留泥条垫渣。青釉灰黄。口径9.4、足径4.5、高5.6厘米（图5-287）。

执壶 2件。H21：23，精修完整。圆唇，喇叭口，束颈，溜肩，瓜棱腹，矮圈足，带状鋬，圆形曲流。贴对称印花双耳，刻削阳纹。灰白胎，致密坚硬，青绿釉。口径10、足径8、高23厘米（图5-288）。

图 5-288 越窑执壶（H21：23）

耀州窑碗　1件。

H21：17,灰白胎,细腻,薄壁,仅厚0.3厘米,青釉泛绿,有光泽。烧制规整。口径13.6、足径4.3、高4.2厘米(图5-289)。

青釉碗　1件。

H21：2,精修完整。圆唇,侈口,浅弧腹,内底坦平,圈足微外撇,足心有四个泥条垫痕。碗内剔刻一朵盛开的荷花,线条简洁流畅,刀工娴熟。灰胎,满釉,青黄釉均匀。口径20、足径8、高8厘米(图5-290)。

青釉钵　1件。

H21：21,残存四分之一。大口,平折沿,深腹,小平底,底未施釉。白胎,内青黄釉,外青灰釉少光泽。口径25.2、底径8.8、高11.1厘米(图5-291)。

夹砂陶器　2件。

陶钵　1件。H21：34,唇口,斜弧腹,内底圆弧,小平底似卧足。胎体厚重,红褐色。口径32、底径12.2、高12.8厘米(*图5-292*)。

陶罐　1件。H21：3,口、腹残。直口平沿,深圆腹斜收,小平底,底心内凹。颈部有一道凹弦纹,腹壁轮旋纹清晰。粗砂胎,砖红色,火候较高。口径19.8、腹径20、底径8.4、高10.7厘米(*图5-293*)。

H33　位于T4678探方东南部,开口于第⑥层下,打破第⑦、⑧层。圆形,弧壁,壁面较粗糙,坑底近平。口径0.72—074、深0.34米。坑内填土为灰黄色粉质沙土,土质疏松,含零星草木灰和红烧土颗粒。出土物较少,有青釉、青白釉瓷、釉陶、缸碎片等(图5-294)。

J27　位于T4678北部,距地表1.15—1.3米,开口于第⑥层下,打破第⑦、⑧层和生土。井口坍塌,地层中的第④、⑤层和第⑥层堆积呈坑状覆压于水井上部(参见图5-5)。井呈圆筒形,平底,底稍大于上部。上部直径0.88、底径1、深3米,井壁光滑。井内堆积主要为深灰褐色沙质黏土,土质较为疏松。底部由于渗水的原因,填土为深灰褐色黏质淤泥。出土物有青釉、青白釉、褐釉瓷碎片和碎瓦片,出土可复原器物1件(图5-295)。

义窑碗　1件。

J27：1,口、腹残。敞口撇沿,弧腹,内底宽平,边缘有一道弦纹,圈足较高。外腹壁刻竖条线纹

图5-289　耀州窑碗(H21：17)

图5-290　青釉碗(H21：2)

图5-291　青釉钵(H21：21)

似"S"形,线条匀称。施釉至足墙,青釉泛灰黄。口径12.9、足径4.9、高6.4厘米(图5-296)。

Z6 位于T4678西部,开口于第⑥层下,打破第⑦、⑧层,开口距现地表深1.55米,平面呈圆形,圆弧底。口径0.66、底径0.54、深0.2米。灶坑内填土为浅灰褐色沙质黏土,土质较疏松,内发现几块碎砖块。烧结面光滑坚硬,呈青灰色,厚6厘米,为长期使用所致(图5-297)。

12. 第⑦层出土遗物

越窑瓷器 7件。

碗 4件。侈口外翻,坦腹,内底宽平,矮圈足,内底和圈足边缘均有一圈垫烧泥点痕。青釉泛绿,釉均匀亮泽。T4278⑦:45,残存二分之一。白灰胎细腻,青釉泛绿,釉均匀。口径20.8、底径6.3、高10厘米(图5-298)。T4680⑦:1,口、腹残。侈口,弧腹,内底圆弧,矮圈足内凹。白灰胎,胎土细腻,釉光洁。口径20、底径10、高6.5厘米(*图5-299*)。

折腹盘 1件。T4678⑦:9,口、腹残。侈口,斜弧腹,玉璧底,内底坦平,边缘有一道弦纹,内底一圈7个、足端一圈6个泥点支钉痕。灰白胎细腻厚实,青釉泛黄,下腹、底无釉。口径14.6、底径5.2、高3.5厘米(图5-300)。

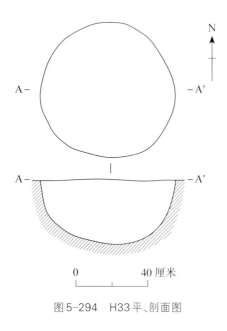

图 5-294 H33平、剖面图

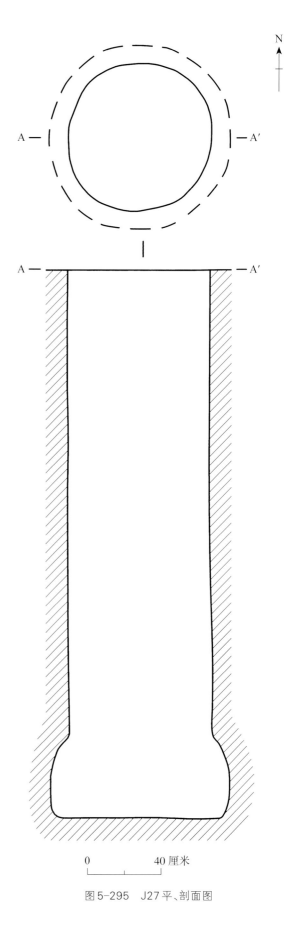

图 5-295 J27平、剖面图

图 5-296　义窑碗（J27 ： 1）

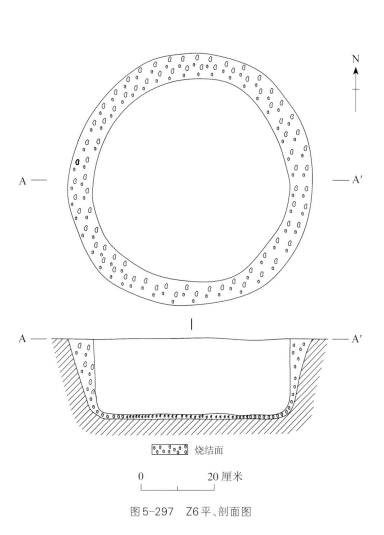

图 5-297　Z6平、剖面图

图5-298　越窑碗（T4278⑦：45）

图5-300　越窑盘（T4678⑦：9）

图5-301　越窑执壶（T4278⑦：50）

执壶　1件。T4278⑦：50，喇叭口残。高领、深弧腹、矮圈足。腹部划四条棱线，肩部置直流、鋬手残缺。足端一圈有7个泥点痕，内腹壁轮旋痕明显。灰白胎细腻致密，青黄釉匀称。腹径11、足径7.5、残高16.7厘米（图5-301）。

双耳罐　1件。T4378⑦：47，大口外卷、矮领、溜肩、鼓腹缓收、小平底，肩部有双孔系，内壁轮旋痕清晰，壁较薄。内底圆弧，一圈6个泥点痕。青釉泛砖红色，施釉均匀。口径16.8、底径8.2、高15.2厘米（图5-302）。

太湖西南岸窑瓷器　4件。

碗　3件。敞口撇沿、弧腹，内底圆弧，边缘有一圈泥点痕，大平底，外底边缘亦有一圈泥点痕。下腹、底无釉。T4679⑦：15，残存一半。侈口撇沿、尖唇、斜弧腹、平底无釉。灰白胎、胎土细腻，青釉无光泽，外口沿以下近乎无釉。口径20.2、底径10.6、高5.4厘米（图5-303）。

盏　1件。T4277⑦：23，残存约二分之一。敛口、弧腹、平底无釉，内底残存2个泥点痕。灰白胎，青黄釉。口径11.8、底径5.2、高3.4厘米（图5-304）。

长沙窑瓷器　5件。

玉璧底碗　3件。T4278⑦：47，残存三分之一。敞口微撇、圆唇、弧腹、圈足、玉璧底。下腹、底无釉，呈砖红色。胎质疏松，青黄釉均匀。口径15、足径6、高4.5厘米（图5-305）。T4680⑦：9，口、腹残损严重。侈口、圆唇、弧腹、玉璧底，下腹、底无釉。白胎细腻疏松、厚胎。口径13、底径4.5、高3.9厘米（图5-306）。

双耳罐　1件。T4178⑦：24，口、腹残。圆唇、束颈、溜肩、弧腹、饼形足、双系，内口沿以下无釉。白灰胎，质较疏松，青釉泛黄，釉面开冰裂纹。口径9.6、底径6.6、高9.5厘米（图5-307）。

壶　1件。T4679⑦：13，口残缺。小口、溜肩、圆鼓腹、饼形底、六棱短流、鋬手残缺。腹部有3

图 5-305　长沙窑碗（T4278⑦：47）

图 5-306　长沙窑碗（T4680⑦：9）

图 5-307　长沙窑双耳罐（T4178⑦：24）

图 5-308　长沙窑壶（T4679⑦：13）

个圆形褐斑。底径3.7—4.1、残高7.2厘米（图5-308）。

青釉碗　1件。

T4377⑦：50，残存三分之一。芒口，侈口，外沿下有一道凹痕，鼓腹缓收，内底有一圈弦纹，矮圈足，下腹、足无釉，施肤色化妆土。壁薄，砖灰色胎细腻致密，青釉泛灰。口径12.4、足径6、高6.5厘米（*图5-309*）。

陶碾轮　1件。

T4178⑦：23，残存一半余。夹砂胎，砖红、灰色相间。直径10.4、孔径1.4、厚2厘米（*图5-310*）。

骨簪　1件。

T4678⑦：10，残断。长条扁方锥状，四面平整。残长11.2厘米（*图5-311*）。

铜钱　1枚。

T4678⑦：16，锈蚀严重。圆形方孔。直径2.05、孔径0.7、厚0.15厘米。

13. 第⑦层下遗迹（图5-312）

Z5　位于T4679东部、T4680西部。在T4680中部和西部发现许多碎砖块，揭取后，发现此遗迹。Z5开口于第⑦层下，平面呈亚字形，由操作场地、火炉两部分构成。通长3.58米，通宽0.46—1.74米（图5-313）。

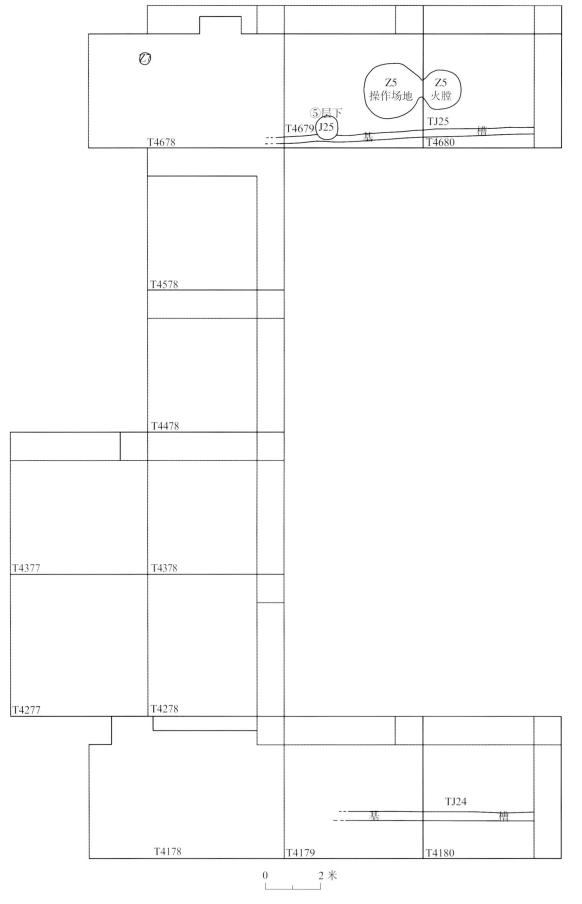

图 5-312　T4178 等方⑦层下遗迹位置图

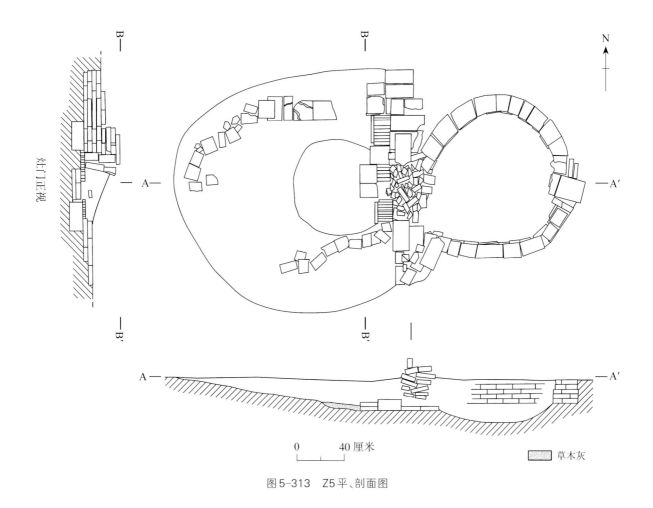

图 5-313 Z5 平、剖面图

操作场地：平面呈椭圆形，南北径2、东西径1.74、深0—0.3米。场地上面被砖覆压，多为半块砖和碎砖。整砖规格较大的为18×15×3厘米，小者为15×12×3厘米。地面为灰黄色的活动面，坚硬，含较多红烧土颗粒和零星炭屑、草木灰，系长期踩踏所致。接近火门处残存4—5厘米厚的草木灰，应是蒸煮炊制时遗留的灰烬。在操作场地接近火门处有2块青砖横向平砌成上下2层的封门砖，可能为方便清理草木灰所砌。在近火门口处清理出1块青釉碗口残片。

火炉：由火门、火膛、灶台、烟道几部分组成，南北长1.82、东西宽0.46米，以青砖错缝顺砌，砖规格为25×12×3厘米，上下残存8层砌砖，残高0.32米。火门宽0.32米，通风方向264°。门的北墙以丁砖侧立砌筑，南墙砌砖塌毁无存。火门内淤积坍塌的碎砖、板瓦残片等，为防止火门坍塌，此堆积暂未清理。在火门底部有一层厚约2—4厘米的灰烬，门外缘以丁砖纵向平砌一层砖，应是起保护内墙的作用。

火膛：半地穴式，筑建时先在平地开挖一个圆形大坑，然后顺坑边垒砌青砖，用砖规格与火门相同，砖规格为25×12×3厘米。砖错缝顺砌，砖与砖之间涂抹白灰粘合。残存砌砖2—4层，残高0.16米。最上层台面多为半块砖，经长期烧烤已呈浅红色。火膛内填土为深灰褐色沙质黏土，土质较为松散，含大量的炭屑、草木灰和红烧土颗粒，淤积满半砖块和板瓦残片，清理时发现3片青釉碗口沿。另在火膛内发现12枚铜钱。火膛平面呈圆形，外径1.4、内径1.1、深0.36米，圆弧底，橘红色烧结面坚硬。

烟道：置于火膛东部，塌毁严重，宽0.1米，其他结构形制不清。

铜钱 12枚。

Z5：1—12，圆形方孔，锈蚀严重，经处理，除Z5：3无法辨认外，其余皆为开元通宝。开元通宝，11枚。直径2.25—2.4、孔径0.6—0.7、厚0.15厘米（图5-314）。Z5：3，直径2.6、孔径0.5、厚0.4厘米。

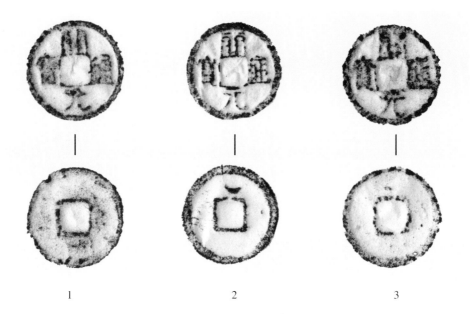

图5-314　开元通宝
1. Z5：4　2. Z5：7　3. Z5：11

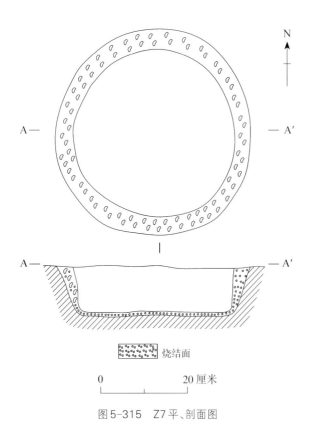

图5-315　Z7平、剖面图

Z7　位于T4678西北部，开口于第⑦层下，打破第⑧层，开口距地表1.75米，圆形，直壁，烧结面厚0.04米，口外径0.46、内径0.37、深0.1米。灶坑内填土为浅灰褐色沙质黏土，土质较疏松，出土1件青釉碗底，内外有支钉痕。烧结面光滑坚硬，呈橘红色，应是长期使用所致（图5-315）。

TJ24　位于T4179至T4180中部，开口于第⑦层下，平面呈长条形，已发掘基槽部分长6.72、宽0.38米。筑造方法是先在平地开挖宽0.38米的凹槽，紧贴凹槽两壁用丁砖侧立，顺砖错缝垒砌二层，用砖规格为25×12×3厘米。槽内平铺一层砖，底砖规格同两侧立砖。铺底砖上有0.08米厚的红褐色粉质沙土夯层，夯土较为坚硬、纯净，偶见草木灰和炭屑，遍布锈色斑点。T4180东部经钻探可知，基槽向东延伸3.7米（图5-316）。

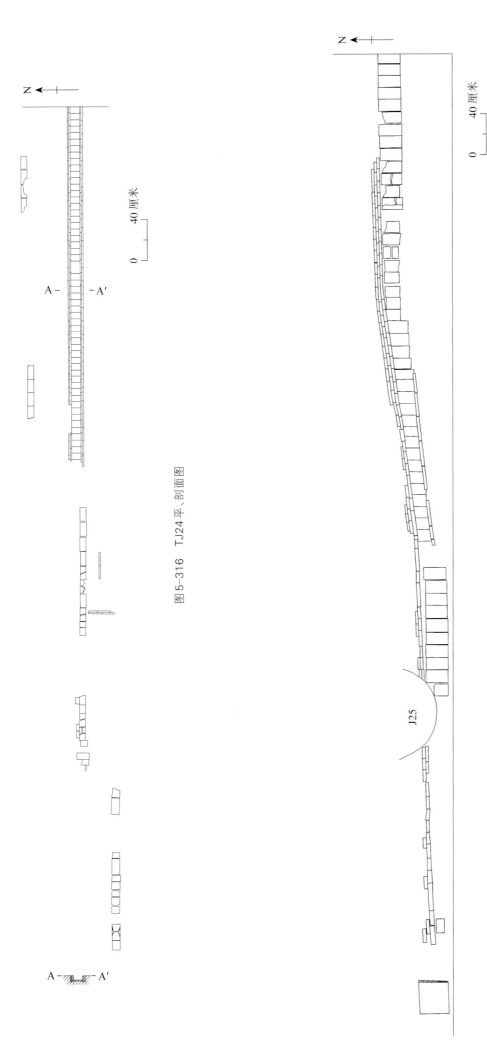

图 5-316　TJ24 平、剖面图

图 5-317　TJ25 平面图

在砖槽东部发现有青砖横向平铺一层的建筑基址遗迹,其用砖规格与砖槽相同。在砖槽北部发现灶 Z5,西部发现青砖以丁砖纵向垒砌的墙基遗迹,再往西发现有 2 个土灶坑(Z6、Z7),应是同时期遗迹。

TJ25 位于 T4679、T4680 南部,开口于第⑦层下,平面呈长条形,长 9.18、宽 0.32—0.38 米,近西端被井 J25 打破。筑造方法同 T4179、T4180 砖基槽相同。亦是开挖前先在平地下挖凹槽,紧贴凹槽两侧左右对称以丁砖侧立错缝垒砌,用砖规格为 25×12×3 厘米。北侧砌砖残存 1—3 层,南侧残存 1层,大部分侧立砖已毁坏无存。基槽中部呈向南扭曲之势。基槽内平铺 1 层砖垫层,底砖上面为浅灰褐色粉质沙土,土质较为疏松,含零星草木灰和红烧土颗粒,残存厚度 0.08—0.1 米。在 T4680 东部通过钻探可知,此砖基槽向东延伸 1.6 米(图 5-317)。

在 T4679⑦层下北部发现一个直径为 0.54 米的柱洞遗迹,内填浅黄色灰土(未清理),T4678 扩方区西北部⑦层下也发现一个直径 0.16 的小柱洞,柱洞填灰黄色粉质沙土,土质较为疏松,深 0.06 米,推测这两个柱洞可能与砖基槽有关联。

14. 第⑧层出土遗物

越窑碗 5 件。

T4178⑧:31,残存三分之一。敞口微外撇,弧腹,内底宽平,矮圈足近平,内底和圈足端均有一圈泥点支钉痕。青釉泛绿,施釉均匀。口径 20.2、底径 9.8、高 5.6 厘米(图 5-318)。

太湖西南岸窑瓷器 7 件。

碗 3 件。T4377⑧:51,残存二分之一余。大口微外撇,圆唇,弧腹,大平底,底心划一圆圈。内腹壁轮旋痕清晰。下腹、底无釉,呈褐红色,灰胎厚实,青黄釉稀薄。口径 14.6、底径 7.6、高 4.2 厘米(*图 5-319*)。T4179⑧:44,敞口外撇,弧腹,内底坦平,边缘一圈 15 个泥钉痕,凸平底,底缘一圈残存 17 个泥钉痕,下腹、底无釉。青釉泛褐色。口径 20.2、底径 10.8、高 4.7 厘米(图 5-320)。

图 5-318 越窑碗(T4178⑧:31)

图 5-320 太湖西南岸窑碗(T4179⑧:44)

盏 2 件。T4679⑧:27,残存四分之一。敞口圆唇,斜腹,平底。厚胎,褐釉。口径 9.8、底径 4.5、高 3.2 厘米(*图 5-321*)。T4377⑧:51,残存二分之一。敞口,弧腹,平底内凹,内底残存支钉痕。青黄釉。口径 14.6、底径 7.6、高 4.2 厘米(图 5-322)。

钵 2 件。T4378⑧:53,敛口,圆唇,弧腹,矮圈足,足沿斜削,腹至圈足无釉,钵内一圈 9 个三角形支钉痕。土色胎，青黄釉。口径17、底径9.6、高4.6厘米（图5-323）。T4378⑧：54，残存二分之一余。敛口，圆唇，弧腹折收，平底微内凹。内外底均有圆点支钉痕，下腹至底无釉。土色胎，青黄釉。口径11.8、底径5.1、高3.3厘米（*图5-324*）。

图5-322　太湖西南岸窑盏（T4377⑧：51）　　　　　图5-323　太湖西南岸窑钵（T4378⑧：53）

长沙窑瓷器　3件。

玉璧底碗　2件。T4178⑧：32，口、腹残。敞口，弧腹缓收，玉璧底，下腹、足无釉。白灰胎较疏松，青黄釉。口径14、足径5、高4.3厘米（*图5-325*）。T4378⑧：52，残存三分之一。侈口，圆唇，弧腹，玉璧底，下腹至圈足无釉。土色胎，青黄色釉。口径14、底径5.6、高4.5厘米（图5-326）。

灯盏　1件。T4179⑧：40，圆唇，弧腹斜收，饼形足，内壁一侧粘贴捻圈，下腹至足无釉。灰土胎厚实，外壁口沿至上腹部褐色釉，其下青黄色釉。口径11.6、底径3.7、高4.2厘米（图5-327）。

图5-326　长沙窑碗（T4378⑧：52）　　　　　图5-327　长沙窑灯盏（T4179⑧：40）

莲瓣纹瓦当　1件。

T4277⑧：22，基本完整。圆形，宽缘，当面刻削八莲花瓣。胎细腻坚硬。直径16.6、残高5.6厘米（*图5-328*）。

大缸残件

T4678⑧：53，残腹径49、底径30、残高18.4厘米（*图5-329*）。

第二节 T3277等发掘点

　　2012年11月至2013年1月底，考古研究部对即将被承包做蔬菜大棚的老通波塘、窑河、青龙新开河交汇处的青龙村村民菜地进行了考古试掘，布方Gf区T3277、T3278、T2974、T2874、T2876、T2877、T2677。该区西临一条出村柏油路，北距青龙村 244 号民房约6米，南临青龙江新开河，实际发掘面积133.5平方米（图5-330）。

一、地 层 堆 积

　　地层堆积以Gf区T3277、T3278南壁，T2974、T2874东壁剖面为例。根据土质、土色的不同，自上而下分层叙述。

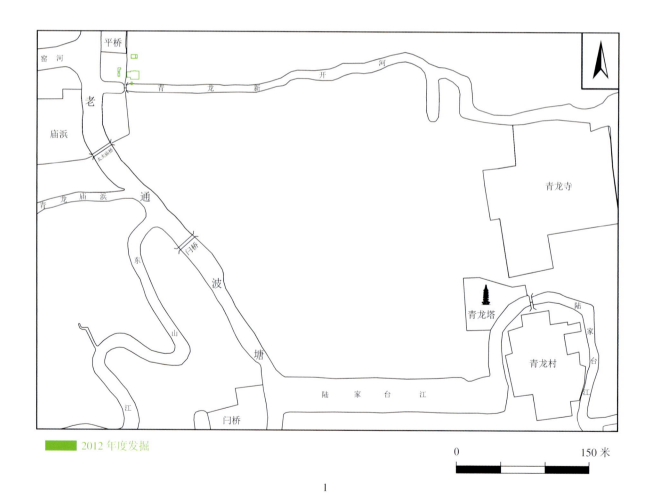

2012 年度发掘

0　　　　　　　　　　　　　　150 米

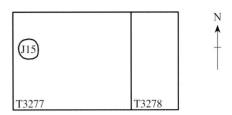

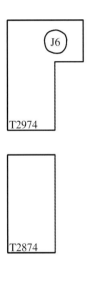

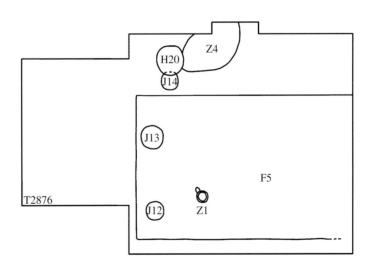

2

图 5-330 T3277 等方发掘位置图及平面图

1. T3277 等方位置图　2. T3277 等方平面图

（一）T3277、T3278 南壁

第①层，深灰褐色粉沙土，现代农耕层，厚 0.1—0.18 米。土质疏松，遍布植物根须，出土少量青砖碎块、青釉瓷片及现代人生活遗留废弃物塑料纸等。本层呈水平状分布。

第②层，黄褐色粉质沙土，深 0.6—0.65 米，厚 0.45—0.5 米。土质疏松，内含青砖碎块、板瓦残片及少量青白釉、青釉瓷片等。

第③层，浅灰褐色沙质黏土，深 0.9—1.05 米，厚 0.25—0.4 米。土质疏松，含较多炭屑、草木灰和零星红烧土颗粒。包含物有青砖碎块、板瓦残片、黑釉、青釉、青白釉瓷器碎片及釉陶瓶、陶器残片等。本层堆积略呈由西向东倾斜坡状分布。

第④层，红褐色粉质沙土，深 1.15—1.7 米，厚 0.15—0.75 米。土质疏松，含零星炭屑和草木灰。包含物有青砖碎块、板瓦残片、黑釉、青釉、青白釉瓷片及釉陶瓶、陶器残片等。本层堆积呈由西向东的倾斜坡状。

第⑤层，灰褐色沙质黏土，深 1.35—1.5 米，厚 0—0.4 米。土质疏松，含较多炭屑、草木灰和零星红烧土颗粒，出土物有青釉、青白釉瓷片、缸残片、夹砂陶、陶器残片等。T3277 东隔梁未见此层堆积。在 T3277⑤层北部发现 J15 和砖砌的墙基遗迹。

第⑥层，灰黑色沙质黏土，深 1.5—1.75 米，厚 0—0.55 米。土质疏松，含大量炭屑、草木灰和零星红烧土颗粒，本层堆积内含砖瓦碎块、青白釉、青釉瓷片较多。本层堆积大体呈水平状分布。

第⑦层，黑灰色粉质沙土，深 1.65—1.7 米，厚 0—0.2 米。土质疏松，含较多草木灰、炭屑和零星红烧土颗粒，包含物较少，有零星青白釉、青釉碎片、板瓦残片等。本层堆积分布在西南部，大体呈水平状。

第⑧层，深灰褐色沙质黏土，深 1.7—1.8 米，厚 0—0.22 米。土质疏松，含零星炭屑和草木灰，包含物少，有零星青釉、青白釉碎片及碎砖块等。本层堆积主要分布在西南部，呈水平状。

第⑨层，浅灰褐色粉质沙土，深 2.1—2.15 米，厚 0.3—0.4 米。土质疏松，含零星炭屑和草木灰、红烧土颗粒，出土物有青釉、青白釉瓷片、泥质灰陶、酱釉粗瓷残片等（图 5-331）。

（二）T2874、T2974 东壁

第①层，深褐色粉沙土，现代农耕层，厚 0.15—0.2 米。土质疏松，包含物有少量砖瓦碎片、塑料纸以及现代人生活遗留废弃物等。本层呈水平状分布。

第②层，黄褐色粉质沙土，深 0.8—1.05 米，厚 0.6—0.9 米。土质疏松，包含物有少量砖瓦碎片、青白釉、青釉瓷片等。本层堆积由南向北呈倾斜坡状。在 T2974②层下发现 J6，在 T2874、T2876②层下各发现一处建筑基址。

第③层，浅灰褐色沙质黏土，深 1.2—1.3 米，厚 0.18—0.45 米。土质疏松，内包含大量青砖碎块、板瓦残片、黑釉、青釉、青白釉瓷、釉陶、缸碎片等。

第④层，红褐色粉质沙土，深 1.4—1.5 米，厚 0.2—0.3 米。土质疏松，含零星炭屑和草木灰。本层堆积包含物明显少于第③层，有青釉、青白釉瓷、釉陶、粗瓷缸碎片等。在 T2877④层下发现 H20、J13、J14，在 T2777④层下发现 J12。本层堆积呈水平状分布。

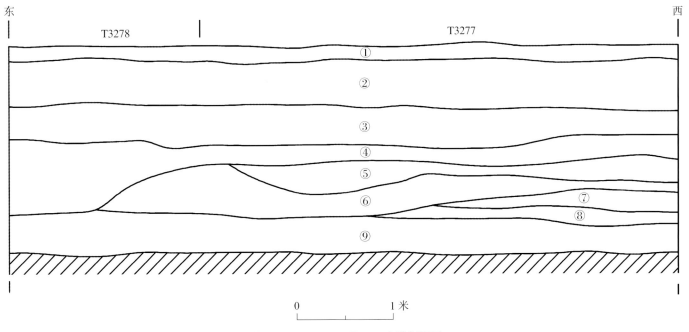

图 5-331 T3277、T3278 南壁剖面图

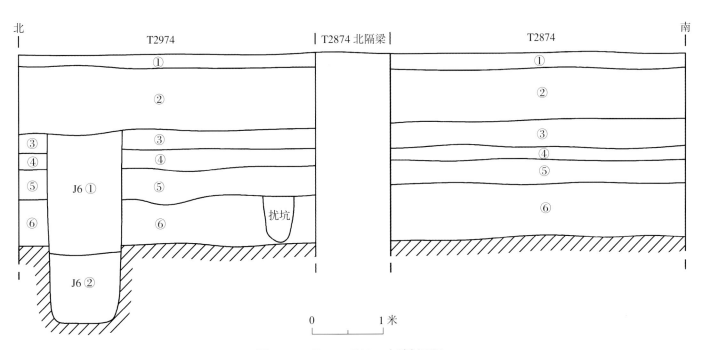

图 5-332 T2874、T2974 东壁剖面图

第⑤层，灰黑色沙质黏土，深 1.7—1.9 米，厚 0.3—0.45 米。土质疏松。包含物有青白釉、青釉瓷片、板瓦、青砖碎块等。

第⑥层，浅灰褐色粉质沙土，深 2.4—2.5 米，厚 0.5—0.75 米。土质疏松，含零星炭屑和草木灰、红烧土颗粒。在 T2876 北部⑥层下发现 Z4，在 T2876、T2877⑥层下发现 F5。

第⑥层下为生土，红褐色沙质黏土，遍布铁锈斑点，致密纯净（图 5-332）。

二、遗迹与遗物

第①层为地表耕土层，经过长年累月的精耕细作，包含物极少，可见零星的砖瓦碎片、碎陶瓷片等。

1. 第②层出土遗物

东张窑盏 3 件。

T3278②：1、2、3，形制相同，撇沿，斜腹，圈足，下腹、足无釉。同第③层出土同类器。T3278②：1，残存三分之一。黑釉亮丽。口径 11.2、足径 3.7、高 5.5 厘米。

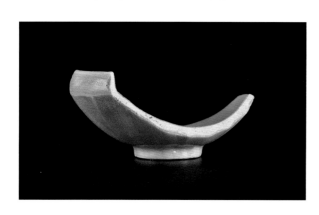

图 5-333　龙泉窑水盂（T3277②：1）

龙泉窑水盂 1 件。

T3277②：1，残存三分之一。圆唇，敛口，斜弧腹，小圈足。外壁饰莲瓣纹，莲叶肥大，瓣脊凸起。白灰胎细腻坚致，青釉泛绿有光泽，足底无釉。口径 10.6、足径 3.7、高 4.6 厘米（图 5-333）。

太湖西南岸窑碗 1 件。

T2974②：19，口、腹残。敞口撇沿，弧腹，大平底微凸，碗心一圈 11 个近圆形支钉痕，外底心刻一圆圈。下腹至底无釉。口径 20.2、足径 11.6、高 5.4 厘米。同 T3277⑥层同类器。

2. 第②层下遗迹（图 5-334）

TJ26 在 T2876②层下清理出不成型的几处砌砖和散乱堆积在一起的砖瓦块，似为废弃的房址，比较凌乱（图 5-335）。

TJ27 在 T2874②层下南部居中，清理出 5 块铺砌整齐的砖，其中从南到北一横排有 4 块砌砖，中间有个缺口，最南的 1 块砖侧立，其余 3 块平铺，从尺寸看应残缺 1 块砖。砖的规格为 26×8×3 厘米。在探方的北偏东部，亦保留 1 块平铺砖，铺砖方向与南边的 4 块砖相同，但砖的规格较大，为 26×16×3 厘米（图 5-336）。

J6 位于 T2974 东北部，开口于第②层下，打破第③—⑥层和生土。开口距地表 1.05 米，圆筒形，直径 0.95、深 2.48 米，局部有坍塌现象，井壁粗糙但规整，井底平坦。井内堆积分为上下 2 层。第①层为碎砖瓦淤泥层，厚 1.58—1.62 米，堆积内几乎无填土，塞满板瓦残片、碎砖块和少量瓷器、釉陶、陶器残片等，出土可复原器物 19 件。第②层堆积为浅灰褐色黏质淤泥，厚 0.78—0.82 米，出土可复原器物 5 件（图 5-337）。分层介绍。

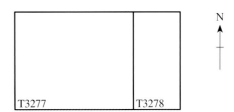

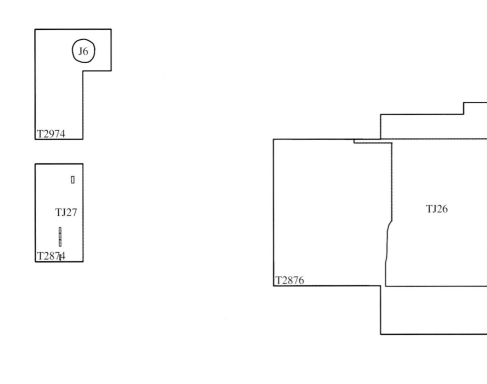

图5-334　T3277等方②层下遗迹位置图

J6①层出土遗物：

义窑碗 2件。

温碗 1件。J6①：6，口、腹残。直口、平唇，直腹壁下部折收，内底圆弧，小圈足较直，下腹、圈足无釉，呈砖红色。外壁刻划莲瓣纹。白灰胎坚硬。口径13.2、足径7.3、高8.8厘米（图5-338）。

侈口碗 1件。J6①：2，口、腹残。侈口，尖唇，斜腹，内底圆弧，有涩圈，圈足，下腹至底无釉。口径18、足径5.9、高6.6厘米（图5-339）。

龙泉窑碗 1件。

J6①：18，残存三分之一。撇沿、弧腹，内底坦平，圈足，足心无釉。砖红色胎细腻，青釉泛黄，施釉均匀。口径19.6、足径7.8、高7.8厘米（图5-340）。

越窑盒盖 1件。

J6①：21，残存三分之一。芒口，直口平沿，弧顶，盖面印花纹。灰白胎细腻，青釉莹润。口径11、高1.9厘米（*图5-341*）。

太湖西南岸窑双系罐 1件。

J6①：7，双耳残。口沿外卷，矮领，深腹，平底内凹，下腹、底无釉。青黄釉。口径7、腹径

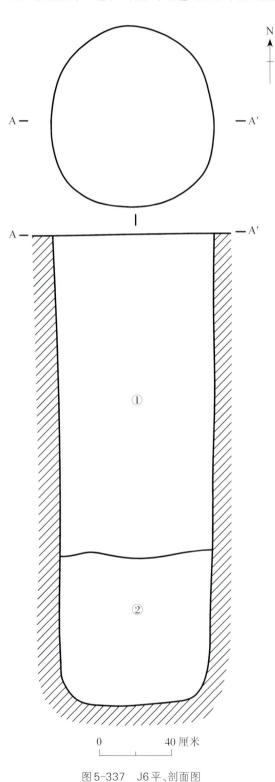

0   40 厘米

图5-337   J6平、剖面图

图5-338   义窑碗（J6①：6）

图5-339   义窑碗（J6①：2）

10.6、底径7.6、高12.5厘米（图5-342）。

景德镇窑瓷器　2件。

折腹碗　1件。J6①：3，残存二分之一。直口，直腹下部折收，矮圈足。内底花纹不清，似禽鸟纹，腹部有一周连续折枝花纹。薄壁，白胎细腻，釉色莹润。扣烧，烧制规整。口径14、足径4、高3.5厘米（图5-343）。

牡丹花纹炉　1件。J6①：24，子口，筒腹，底残缺，内壁下部至底露胎。外腹壁刻划盛开的牡丹花。白胎细腻致密，釉纯净润泽。口径18、腹径17.2、残高15.2厘米（图5-344）。

侈口碗　1件。

J6①：22，口、底拼对。侈口，斜弧腹，内底有一圈弦纹，圈足，下腹、足无釉。灰白胎细腻致密。口径16.3、足径5.3、高5.6厘米（图5-345）。

釉陶器　9件。

褐釉盏　1件。J6①：4，残存二分之一。厚唇，斜腹，平底内凹。胎体厚实。口径10.6、足径4.4、高3.3厘米。同T4178等方出土褐釉盏。

褐釉壶　1件。J6①：9，扁平把手、管状流残。圆唇，高领，溜肩，扁平孔耳，深腹下收，平底无釉。胎体厚实。口径8.2、腹径13、底径8、高20厘米（图5-346）。

釉陶瓶　5件。唇口，溜肩，深弧腹，四系，平底无釉。另有4件釉陶瓶残件，仅存下腹和底部，形制同这5件。J6①：5，深弧腹圆鼓，表面多爆出斑点，火候较高。口径9.7、腹径15.4、底径8.4、高22厘米（图5-347）。

图5-340　龙泉窑碗（J6①：18）

图5-343　景德镇窑碗（J6①：3）

图5-344　景德镇窑炉（J6①：24）

褐釉双耳罐　2件。形制相近。直口圆唇，直领，溜肩，肩部贴半环状耳，垂腹，饼形底无釉，呈砖红色。J6①：11，口、腹残。口径10.3、腹径14、底径7.6、高19厘米（图5-348）。

泥质灰陶盘　1件。

J6①：23，残存口、底，大体可拼对。口沿翻卷，弧腹近直，平底微内凹。内壁墨线弦纹，间夹两道波浪纹。壁较薄，灰黑色。口径52、底径37、高10厘米（图5-349）。

泥质红陶高足灯　1件。

J6①：20，上部灯盏残缺。足径9.4、残高14.8厘米（图5-350）。

J6②层出土遗物：

图 5-347 釉陶瓶（J6①：5）

东张窑盏 10件。

T2877③：7、8、10—13、20、22、23、25，皆出自 T2877③层内，形制相近，圆唇，侈口，沿下微束收，斜直腹，盏心内凹，足心下鼓。T2877③：7，口、腹残。外壁下腹斜削。铁灰胎致密，黑釉亮丽。口径 11.3、足径 3.9、高 5.4 厘米（*图 5-354*）。

义窑瓷器 9件。除一件杯盖出自 T3277③层外，余皆出自 T2877③层。

撇口碗 1件。T2877③：5，残存三分之一。芒口，方唇，撇沿，弧腹，内底圆弧，小圈足无釉。内壁有三道凹弦纹。灰白色胎。口径 17、足径 3.5、高 6.4 厘米（图 5-355）。

盘 4件。

折腹盘 1件。T2877③：21，残存二分之一。侈口，折腹，内底坦平，周缘有一道弦纹，圈足经修整，下腹、足无釉。白胎细腻致密，釉面润泽。口径 12.8、足径 5.9、高 4.1 厘米（图 5-356）。

越窑盏 1件。

J6②：17，敞口外卷，口沿下微束收，折腹，平底微内凹。青釉泛黄。口径 10.2、底径 4.1、高 3.2 厘米（*图 5-351*）。

太湖西南岸窑瓷器 4件。

碗 3件。J6②：16，口有磕口。敞口，卷沿，弧腹，平底，底无釉，内底圆弧，有一圈 5 个圆点支钉痕，平底无釉，呈砖红色。灰土胎坚硬，青釉泛灰。口径 15.5、底径 8.6、高 4.9 厘米（*图 5-352*）。

盏 1件。J6②：15，口微敛，尖圆唇，上腹近直，下腹斜收，平底微凹，下腹至底无釉，内、外底有泥点支钉痕。灰胎坚硬，青绿釉。口径 11.2、底径 4.8、高 3.7 厘米（*图 5-353*）。

3. 第③层出土遗物

图 5-355 义窑碗（T2877③：5）

图 5-356 义窑盘（T2877③：21）

平底盘 3件。T2877③：4，口、腹残。芒口，直口微撇，折腹，平底，内底有一圈弦纹。白灰胎细腻，外壁满布气泡。口径 11、底径 5.9、高 2.1 厘米（*图 5-357*）。T2877③：26，残存二分之一。敞口撇沿，折腹，内底宽平，边缘有一道弦纹，小平底无釉。内底刻折枝荷花纹。白灰胎细腻，质较疏松，釉面开冰裂纹。口径 14、底径 5.4、高 3.7 厘米（图 5-358）。

圈足盏　1件。T2877③：35，口、腹残，撇沿，斜腹，内底坦平，圈足，挖足较浅。厚胎。口径12.8、足径5.2、高4厘米（*图5-359*）。

器盖　1件。T2877③：3，口、腹残。圆饼纽，盖面拱起较高，盖沿平折，沿面较宽，子口较短。胎体厚重。口径18.2、足径8.2、高5.3厘米（图5-360）。

图5-358　义窑盘（T2877③：26）

图5-360　义窑器盖（T2877③：3）

杯盖　2件。形制相同。T3277③：4，基本完整。子口，盖沿平折，弧顶，圆饼状纽。白灰胎。口径9、高2.5厘米（*图5-361*）。

福建窑口瓷器　3件。

圈足灯盏　1件。T2877③：6，口、腹残。圆唇，口微外撇，弧腹，内壁一侧残存圆柱状灯捻，下腹、圈足较浅，足露胎。厚胎呈淡灰色，青绿釉。口径9.6、足径4、高4.6厘米（*图5-362*）。

饼足盏　1件。T2874③：1，口、腹残。敛口，斜腹，盏心内凹，饼足，下腹、足无釉。厚胎，青釉泛灰。烧制粗糙。口径8.4、足径4、高3厘米（*图5-363*）。

碟　1件。T2877③：2，残存一半。敛口，叠唇，斜腹，小平底微凸，下腹、底无釉。砖灰色胎，青釉泛灰，有光泽。口径9.2、底径3.6、高3.6厘米（图5-364）。

龙泉窑瓷器　3件。

碗　2件。

墩式碗　1件。T3277③：7，口、腹残。侈口，弧腹，内底平凹，周缘有一道弦纹，圈足。内底刻一枝花叶，内腹壁以似"S"形双线分成五等份，每份内刻云气纹。厚胎，青绿釉莹润。口径17.4、足径6.7、高7.6厘米（图5-365）。

图5-364　福建窑口碟（T2877③：2）

图5-365　龙泉窑碗（T3277③：7）

莲瓣纹碗 1件。T2877③：27，残存二分之一。尖唇，侈口，弧腹，圈足。内底有一圈弦纹，外腹壁刻莲瓣纹。口径16.4、足径5.8、高6.8厘米（图5-366）。

平底盘 1件。T3277③：14，残存二分之一。侈口，弧腹，平底，底无釉，内底饰花卉纹。白土胎厚实，青绿釉。口径11、底径4、高2.6厘米（图5-367）。

越窑碗 3件。

撇口碗 2件。T2877③：24，残存约二分之一。尖唇，弧腹，内底宽平，有一圈弦纹，圈足外直内斜削，足内无釉。灰白胎细腻坚硬。口径15、足径6.2、高6.4厘米（图5-368）。

图5-366 龙泉窑碗（T2877③：27）

图5-368 越窑碗（T2877③：24）

笠式碗 1件。T2877③：30，残存二分之一。侈口微撇，斜腹，小碗心边缘有一道弦纹，圈足经修整，足内有泥条垫圈痕。内腹壁刻三道弦纹。灰白胎细腻坚硬，青釉泛黄。口径14、足径5、高5厘米（图5-369）。

浙江窑口碗 1件。

T2974③：2，残存四分之一。撇沿，圆鼓腹下部急收，内底平凹，小圈足。内壁刻花卉纹，外壁刻竖条似菊瓣。青釉光泽亮丽。口径16.8、足径6、高6.8厘米（图5-370）。

褐釉壶 1件。

T2974③：13，流残。圆唇，直口内敛，矮颈，溜肩，深腹圆鼓，平底微内凹，扁平把手。厚胎。口径9.8、腹径15.4、底径7、高15.2厘米（图5-371）。

图5-369 越窑碗（T2877③：30）

图5-370 浙江窑口碗（T2974③：2）

灰陶纺轮　1件。

T2877③：9，圆饼形，中间有圆孔。直径5.1—5.5、厚1.2、孔径0.6厘米。

4. 第④层出土遗物

东张窑盏　1件。

T3278④：26，残存三分之一。口、腹残，尖唇，侈口，斜腹，内底弧凹。灰土胎较疏松，釉均匀。口径10、足径3.4、高5.1厘米（图5-372）。

茶洋窑盏　1件。

T3277④：7，口、腹残。尖唇，侈口，斜腹，内底有涩圈，圈足，下腹、圈足无釉。釉黑褐色。口径12.6、足径5.6、高5.4厘米（图5-373）。

图5-372　东张窑盏（T3278④：26）

图5-373　茶洋窑盏（T3277④：7）

义窑瓷器　6件。

碗　5件。

矮圈足碗　2件。T3277④：9，残存二分之一。斜弧腹，内底圆弧，圈足，足无釉。白灰胎，釉莹润。口径15.6、足径6.6、高5.7厘米（图5-374）。

高圈足碗　1件。T2876④：4，残存二分之一。圆唇，外沿下有一道浅凹痕，弧腹，内底圆弧，高圈足，足内无釉。白胎细腻致密。口径14.2、足径5.8、高6.4厘米。形制与T3277⑤：31同（参见图5-392）。

撇口碗　1件。T2877④：34，残存二分之一余。口沿微撇，斜弧腹折收，内底宽平，边缘有一道弦纹，圈足，足墙外直内旋削，施釉至足墙。外腹壁有两道弦纹。釉面纯净莹润。口径15.6、足径6、高4.2厘米（图5-375）。

侈口碗　1件。T2877④：15，残存三分之一。撇口，斜腹，内底小鸡心形，矮圈足近平，下腹、足无釉。白胎细腻致密，壁较薄。口径14.2、足径4.8、高4.7厘米（图5-376）。

花口盘　1件。T2877④：16，残存约二分之一。口沿残存1个小花缺，与之对应的上腹壁

图5-376　义窑碗（T2877④：15）

图 5-377 义窑盘（T2877④：16）

图 5-378 越窑碗（T2876④：2）

图 5-382 越窑盏（T3277④：10）

微内凸外凹。釉面莹润。口径12.8、足径5.6、高3.2厘米（图5-377）。

越窑瓷器 5件。

墩式碗 1件。T2876④：2，口、腹残。侈口，弧腹，内底圆弧，圈足，内有一圈泥条垫痕。内壁有三道细弦纹。灰白胎细腻，青釉泛黄无光泽。口径11.2、足径4.8、高4.3厘米（图5-378）。

水盂 1件。T2876④：5，口、腹残。敛口，斜腹，内底小凹，小圈足，足无釉呈暗红色。灰土胎，质细腻，青灰釉。口径11.8、足径3.7、高4.1厘米（*图5-379*）。

侈口盘 1件。T2877④：33，残存四分之一。尖唇，侈口，弧腹，矮圈足。盘心有泥条垫痕，与腹壁交接处有一圈弦纹。厚胎砖灰色，青釉泛黄。口径11.6、足径5.8、高3.8厘米（*图5-380*）。

盏 2件。

饼足盏 1件。T3277④：6，口、腹残。口外张，撇沿，斜腹，内底圆弧下凹，饼足。内壁有两道弦纹。白灰胎厚实，下腹、足无釉。口径9.2、足径3.4、高3.4厘米（*图5-381*）。

平底盏 1件。T3277④：10，叠唇，斜弧腹，小平底。砖灰色胎坚硬，外口沿至底无釉。口径10.8、底径4、高3.7厘米（图5-382）。

褐釉盏 1件。

T3278④：3，圆唇，斜腹，平底内凹。口径10、底径3、高3厘米（*图5-383*）。

褐釉双耳罐 1件。

T3278④：2，口沿有磕。盘口，溜肩，深腹，平底微内凹，双立耳。砖红色胎。制作粗糙。口径5.9、腹径8.6、底径6.2、高9.5厘米（*图5-384*）。

釉陶瓶 1件。

T2876④：6，拼对完整。直口圆唇，粗颈，溜肩，腰鼓腹，平底，四系。肩以下无釉。壁面轮旋痕明显。口径9.4、底径9.8、高23.4厘米（图5-385）。

图 5-385 釉陶瓶（T2876④：6）

5. 第④层下遗迹（图5-386）

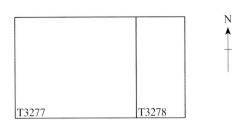

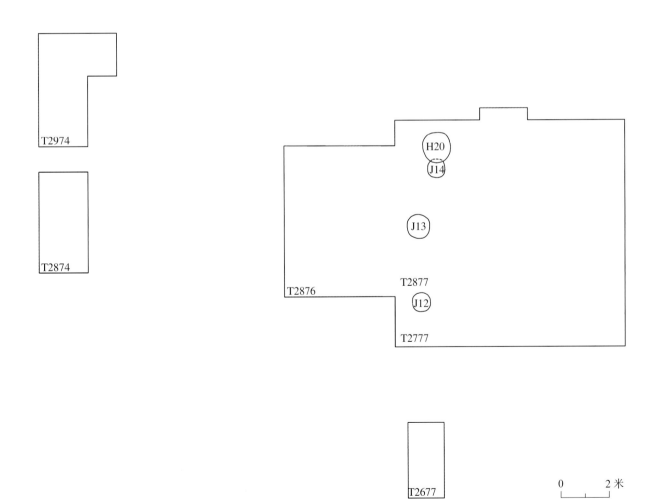

图 5-386　T3277 等方④层下遗迹位置图

H20 位于 T2877 西北部，开口于第④层下，打破第⑤、⑥层直至生土，打破 J14。坑口距地表 1.3 米，开口边界不甚明显，圆筒形，直径 1.15—1.2、深 0.85 米。壁面较粗糙，底平坦。坑内填土为黄褐色沙质黏土，质疏松，含大量贝壳和零星草木灰、炭屑。出土少量青砖碎块、青釉和青白釉瓷片，可辨器形有碗、盘等（图 5-387）。

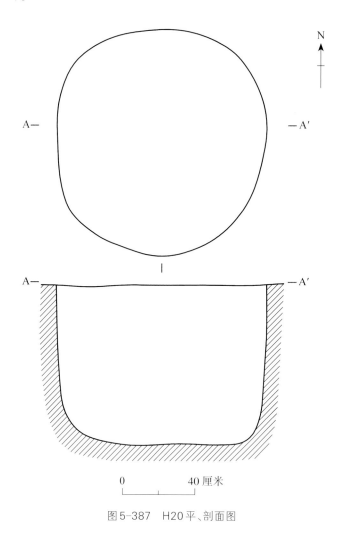

0   40 厘米

图 5-387　H20 平、剖面图

J12 位于 T2677 中部偏西，开口于第④层下，打破第⑤、⑥层直至生土。开口距地表 1.15 米，圆筒形，井壁光滑规整，井底平坦，直径 0.76、深 1.94 米。井内填土为灰褐色沙质黏土，质疏松，含较多红烧土块和零星炭屑、草木灰。出土物较少，有青釉、青白釉瓷片及青砖碎块等（图 5-388）。

J13 位于 T2877 西南部，开口于第④层下，打破第⑤、⑥层直至生土。开口距地表 1.24 米，开口边界较明显，井壁光滑规整，井底平坦。井呈圆筒形，直径 0.9、深 1.68 米。填土为黄褐色沙质黏土，土质疏松，填土中遍布铁锈色斑点，含零星炭屑和草木灰。出土物较少，有釉陶瓶、缸碎片、青砖和板瓦残片等（图 5-389）。

J14 位于 T2877 西北部，开口于第④层下，打破第⑤、⑥层直至生土。开口距地表 1.25 米，井口被 H20 打破。开口边界明显，井壁光滑规整，井底平坦。井呈圆筒形，直径 0.7、深 1.64 米。填土为黄褐色沙质黏土，土质疏松，含较多贝壳和零星炭屑、草木灰。出土青白釉瓷盘 1 件和青白釉、青釉瓷

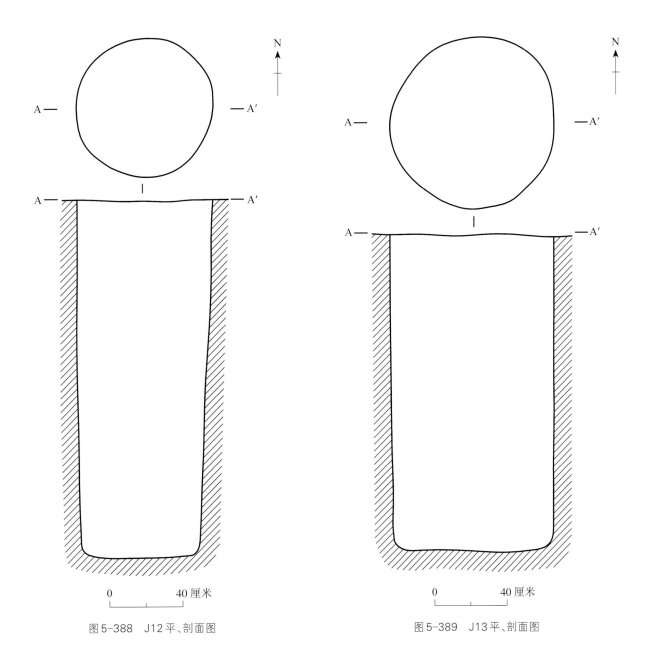

图 5-388　J12 平、剖面图　　　　　　　　　图 5-389　J13 平、剖面图

片、青砖碎块等（图 5-390）。

6. 第⑤层出土遗物

义窑瓷器　8件。

碗　5件。

矮圈足碗　1件。T3277⑤：86，残存约二分之一，斜弧腹，内底圆弧，圈足，足无釉。白灰胎。口径15、足径6.4、高5.6厘米。形制与T3277④：9同（参见*图5-374*）。

高圈足碗　2件。T2877⑤：17，残存三分之一。侈口，弧腹近直，内底宽平，边缘有一圈弦纹，高圈足，足内无釉。白胎细腻。口径17.3、足径7.5、高7.5厘米（*图5-391*）。T3277⑤：31，残存一半。圆唇，侈口，弧腹近直，外沿下有一道浅凹痕，内底圆弧，壁面多针眼气泡。口径13.8、足径6.3、高7.7厘米（图5-392）。

花口碗　2件。T3277⑤：27，残存三分之一。口沿有小花缺，与之对应腹壁内凸外凹，撇口，弧腹，圈足。口径14.6、足径5.8、高4.9厘米(*图5-393*)。

盘　3件。

花瓣口盘　2件。T3277⑤：30，残存二分之一。尖圆唇，口沿有小花缺，与之对应腹壁上部内凸外凹，斜弧腹，圈足。白胎较疏松，下腹局部、足无釉。口径13.6、足径5.4、高3.2厘米(图5-394)。

折腹盘　1件。T3277⑤：29，残存四分之一。敞口撇沿，折腹，圈足经修整。白胎较薄，青白釉开冰裂纹。口径12.8、足径4.4、高3.2厘米(*图5-395*)。

魁岐窑碗　1件。

T3277⑤：13，残存四分之一。敞口，厚唇，弧腹，小碗心，矮圈足。白胎较疏松。口径12.8、底径4.2、高4.6厘米(图5-396)。

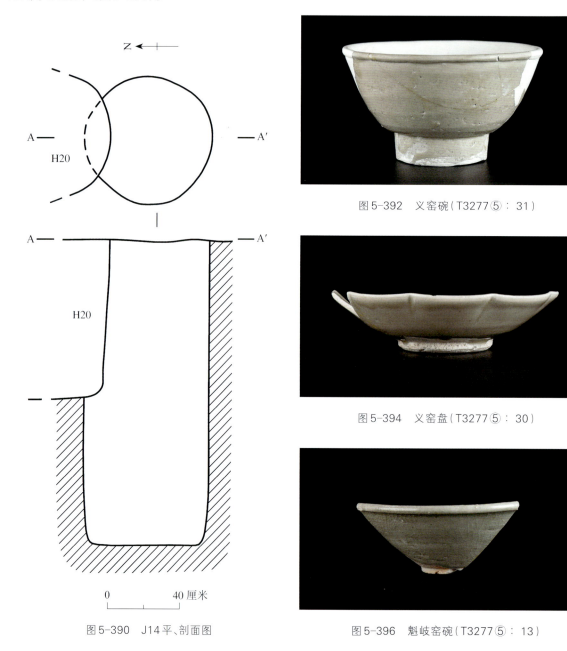

图 5-390　J14平、剖面图

图 5-392　义窑碗（T3277⑤：31）

图 5-394　义窑盘（T3277⑤：30）

图 5-396　魁岐窑碗（T3277⑤：13）

越窑碗　3件。

墩式碗　2件。T3278⑤：6，口稍残。侈口，内底宽平，边缘有一道弦纹，圈足底有一圈泥条垫痕。口径14.4、足径6.1、高6.7厘米（图5-397）。T3278⑤：5，残存二分之一。侈口，弧腹，圈足，足心残存泥条垫痕。青黄釉润泽。口径14.2、足径6.4、高6.4厘米（*图5-398*）。

撇口碗　1件。T2974⑤：6，残存一半。撇沿，弧腹，圈足。外壁剔刻四朵花卉纹。胎土细腻致密，青釉泛黄。口径11.2、足径4.3、高5.2厘米（图5-399）。

图5-397　越窑碗（T3278⑤：6）　　　　　　图5-399　越窑碗（T2974⑤：6）

陶盆　3件。

B型泥质灰陶盆　3件。T3277⑤：28，口、腹残。唇口窄沿，弧腹近直，平底内凹。薄胎。口径28、底径17、高8.6厘米（*图5-400*）。

泥质灰陶盘　1件。

T3277⑤：11，残存二分之一。大口，宽沿，直腹，平底内凹。口径24.6、高2.8厘米（*图5-401*）。

7. 第⑤层下遗迹（图5-402）

J15　位于T3277西部，距地表1.5米，开口于第⑤层下，打破第⑦、⑧、⑨层及生土。井呈圆筒形，平底，直径0.76—0.8、深1.52米。井壁光滑，井中几乎无填土，90%为板瓦残片，夹杂少量青白釉、青釉、酱釉瓷片和大缸残片等（图5-403）。

TJ28　在T3277⑤层下发现青砖垒砌的墙基遗迹，呈东西走向，以丁砖侧立垒砌，长5米，西端伸出探方外，东部不详，未继续发掘。砌砖规格为28×13×4厘米；在该探方西南，发现南北向的两条平铺砖，砖外侧有黑灰层，可能为残存的房基遗迹（图5-404）。

8. 第⑥层出土遗物

义窑瓷器　20件。

碗　19件。

矮圈足碗　18件。T3278⑥：4，口、腹残，内底圆弧，与腹壁连为一体。白胎细腻，质较疏松。口径10.6、足径4、高3.7厘米（*图5-405*）。T3277⑥：85，口、腹残缺。内底宽平，周缘有一道弦纹，下腹、圈足无釉。白胎细腻，釉有光泽。口径16.8、足径6.3、高6.3厘米（图5-406）。

高圈足碗　1件。T3277⑥：32，残存四分之一。圆唇，外沿下有一道凹痕，弧腹，内底圆弧，直圈足较高。白胎较疏松，壁面多针眼气泡。口径13、足径7.5、高7.5厘米（*图5-407*）。

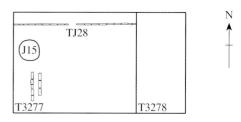

图5-402　T3277等方⑤层下遗迹位置图

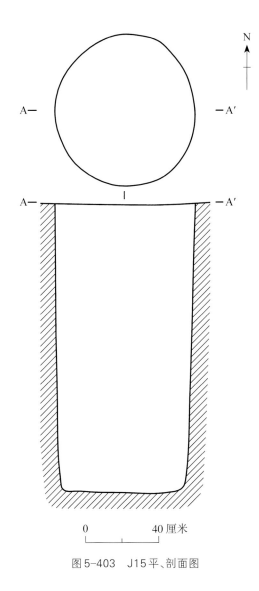

0　　　　　　40厘米

图 5-403　J15平、剖面图

花口盘　1件。T3278⑥：18，八瓣花口，斜弧腹，圈足，内底宽平，周缘有一道弦纹，下腹、足无釉。白胎细腻，釉面莹润。口径12.6、足径5、高3.7厘米（图5-408）。

福建窑口瓷器　3件。

笠式碗　1件。T3277⑥：15，口、腹残。尖唇，侈口，斜腹，小碗心内凹，小圈足。白灰胎细腻，青釉亮泽。口径12.8、足径4.5、高4.4厘米（*图5-409*）。

折腹盘　1件。T3277⑥：26，敞口，口沿外撇，下腹折收，圈足。青黄釉。口径15.1、足径6.1、高4.5厘米（*图5-410*）。

罐　1件。T3277⑥：18，口、腹残。口径14.4、肩径14.8、足径7、高10.3厘米（图5-411）。

越窑瓷器　17件。

碗　12件。

撇口碗　1件。T3278⑥：22，口、腹残。敞口撇沿，弧腹，内底坦平，边缘有一圈泥条垫痕。砖灰色胎细腻坚硬，青釉泛绿。口径14.2、足径7.8、高5.4厘米（图5-412）。

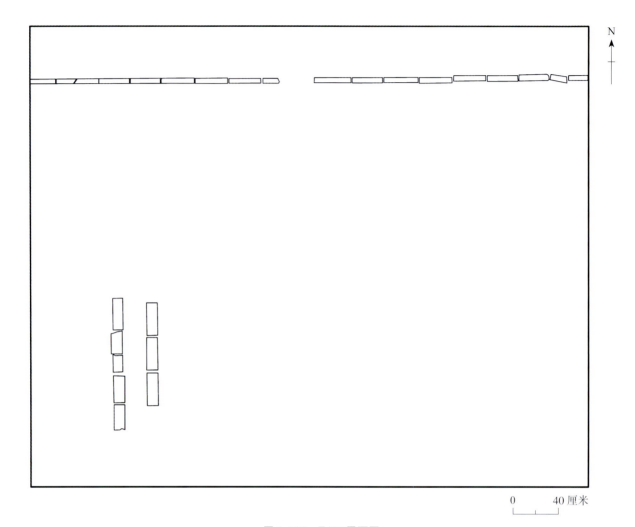

N

0   40厘米

图 5-404   TJ28平面图

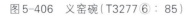

图 5-406   义窑碗（T3277⑥：85）

图 5-408   义窑盘（T3278⑥：18）

图5-411 福建窑口罐(T3277⑥:18)　　　　图5-412 越窑碗(T3278⑥:22)

侈口碗 1件。T3277⑥:36,口、腹残。侈口,弧腹,内底坦平,边缘有一圈泥条垫痕。青釉泛黄。制作规整。口径12.6、足径5.7、高3.8厘米(图5-413)。

笠式碗 5件。大口,斜腹,小碗心内凹,小圈足,足内存泥条垫痕。薄壁,施釉均匀,釉面少光泽。T3277⑥:38,口、腹残。小碗心印花卉纹,线条浅细流畅。口径12.9、足径4.4、高5厘米(图5-414)。T3278⑥:19,口沿有磕。小碗心印花卉纹。青釉匀称。口径13.1、足径4.8、高4.4厘米(图5-415)。T3277⑥:37,残存二分之一。内壁剔刻一朵盛开的荷花。口径12.2、足径4.3、高4.3厘米(*图5-416*)。T3277⑥:23,口、腹残。碗内剔刻一朵盛开的荷花。口径11.7、足径4.2、高4.5厘米(图5-417)。T2874⑥:5,残存三分之一。大口尖唇,斜弧腹,圈足,足心有垫圈痕,小碗心下凹。碗内刻划一朵盛开

图5-413 越窑碗(T3277⑥:36)　　　　图5-414 越窑碗(T3277⑥:38)

图5-415 越窑碗(T3278⑥:19)　　　　图5-417 越窑碗(T3277⑥:23)

图 5-419　越窑碗（T2874⑥：9）

图 5-422　越窑碗（T2974⑥：3）

图 5-426　越窑海棠杯（T2874⑥：10）

图 5-427　越窑盒（T2876⑥：7）

的花朵，舒展写实。厚胎白灰色，青釉亮泽。口径12.2、足径4.3、高4.4厘米（*图5-418*）。

花口碗　1件。T2874⑥：9，残存四分之一。口沿有小花缺，撇口，斜腹，矮圈足无釉。内底、内壁残存花卉纹，疏朗自如。白胎细腻致密，青釉莹润。口径19、足径6.4、高6.2厘米（图5-419）。

矮圈足碗　2件。T2874⑥：7，残存二分之一。大口撇沿，平底微凸，碗心、圈足沿有密集支钉点痕。灰胎细腻，青釉泛黄。制作规整，口径20、足径10、高6厘米（*图5-420*）。T2974⑥：15，敞口撇沿，弧腹，内底坦平，矮圈足，挖足近平，内外有一圈泥点支钉垫痕。胎细腻致密，釉细洁。口径20、足径11、高6.5厘米（*图5-421*）。

玉璧底碗　2件。T2974⑥：3，残存近一半。侈口，尖圆唇，斜腹，玉璧底，下腹、底无釉，内底有一圈泥点支钉痕。灰胎细腻坚硬，青黄釉。口径15.2、足径5.5、高4.5厘米（图5-422）。T3277⑥：21，残存三分之一。口径15.2、足径6.4、高4.3厘米（*图5-423*）。

盘　2件。

花口盘　1件。T2974⑥：7，口、腹残。宽平沿，折腹，圈足，足无釉。青釉均匀。口径14.8、足径5.7、高4.1厘米（*图5-424*）。

撇口盘　1件。T2874⑥：4，残存约二分之一。大口微外撇，浅腹，矮圈足，足内显垫圈痕。厚胎细腻，砖灰色，青釉泛白均匀。口径14、足径6、高2.3厘米（*图5-425*）。

海棠杯　1件。T2874⑥：10，复原完整。船形，似海棠，敞口，弧腹，圈足。灰白胎细腻，青黄釉匀洁，足端挂釉，有泥点痕。口径7.4—12.4、足径6.3、高6.1厘米（图5-426）。

盒　1件。T2876⑥：7，缺盖。圆唇，子口内敛，内底较平，腹壁斜收至底，圈足呈小喇叭形，足心有一圈泥条垫痕。胎土细腻，砖灰色，青釉泛黄。口径9.9、足径7.4、高2.7厘米（图5-427）。

盏　1件。T3278⑥：25，敛口，弧腹斜收，小平底内凹,下腹、底无釉,内底有泥点支钉痕。厚胎砖红色,青黄釉均匀。口径12、底径5.5、高3.9厘米(*图5-428*)。

太湖西南岸窑瓷器　4件。

碗　1件。T2874⑥:6,残存约三分之一。大口圆唇,斜弧腹,平底,底有一圈泥点支钉痕,下腹、底无釉,呈暗红色。青釉泛黄无光泽。口径19.4、底径10.2、高4.8厘米(*图5-429*)。

罐　1件。T3278⑥:23,口径6.3、腹径10、底径6.4、高13.3厘米(图5-430)。

盏　2件。T2874⑥:8,敞口外撇,弧腹,直圈足,下腹、底无釉。厚胎,呈灰白胎。口径11.6、底径5.8、高3.5厘米(*图5-431*)。

景德镇窑瓷器　15件。

碗　10件。

花口碗　2件。T3278⑥:17,六瓣花口,口沿出筋至足跟,内凸外凹,深弧腹斜收,内底圆弧,圈足较高,足心无釉。白胎细腻,胎较薄,釉莹润,开冰裂纹。口径9.8、足径4.8、高6.4厘米(图5-432)。T3278⑥:15,口、腹残。九瓣花口,弧腹,圈足,内底有一圈弦纹。白胎,下腹局部、圈足无釉,施釉均匀。口径13.8、足径5.8、高4.8厘米(图5-433)。

图5-430　太湖西南岸窑罐(T3278⑥:23)

图5-432　景德镇窑碗(T3278⑥:17)

图5-433　景德镇窑碗(T3278⑥:15)

莲瓣纹碗　8件。斜弧腹,矮圈足,口沿下1—2厘米处腹壁刻削莲瓣纹。足不施釉。T3278⑥:8,口、腹残。内底宽平微下凹,周缘有一圈弦纹,莲瓣肥厚。口径15.4、足径6.5、高6厘米(图5-434)。T3278⑥:38,口、腹残损严重。内底脐凸状,白胎细腻致密。口径14、足径5.8、高4.8厘米(图5-435)。T3277⑥:33,残存三分之二。侈口,斜弧腹,内底宽平微下凹,周缘有一圈弦纹,卧足。外壁刻划肥厚的莲瓣纹。口径18.6、足径7、高4.7厘米(图5-436)。T3278⑥:28,残存三分之一。敞口微外撇,小碗心,矮圈足,足心轮旋痕明显。外壁刻削莲瓣纹。白灰胎。口径13.4、足径4.8、高4.3厘米(图5-437)。

盘　5件。

折腹盘　2件。撇口,弧腹折收,内底宽平,边缘有一圈弦纹,圈足较矮,足墙外直内斜削。T3277⑥:22,口、腹残。白胎细腻,釉莹润。口径12.5、足径5、高3.5厘米(*图5-438*)。

图5-434　景德镇窑碗（T3278⑥：8）

图5-435　景德镇窑碗（T3278⑥：38）

图5-436　景德镇窑碗（T3277⑥：33）

图5-437　景德镇窑碗（T3278⑥：38）

花口盘　2件。T3278⑥：14，十一瓣花口，口沿小花缺，与之对应腹壁出筋至腹中部，内凸外凹，弧腹，圈足，内底有一圈弦纹，足心无釉。白胎，壁较薄，青白釉泛黄。口径12.8、足径5.3、高3.6厘米（*图5-439*）。T3277⑥：40，六瓣花口，与之对应腹壁出筋明显，斜弧腹，卧足。口径12.6、底径3.3、高3厘米（图5-440）。

平底盘　1件。T2874⑥：3，残存二分之一。芒口。直口，直腹壁，平底。口径11、足径7、高2.1厘米（*图5-441*）。

褐釉圆腹罐　1件。

T3277⑥：24，残存二分之一余。唇口，圆鼓腹，平底微内凹，底无釉。胎坚硬，酱釉。口径23、底径8、高12.6厘米（图5-442）。

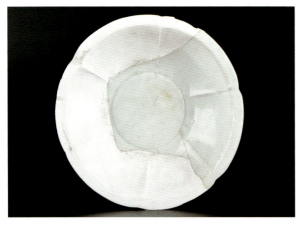

图5-440　景德镇窑盘（T3277⑥：40）

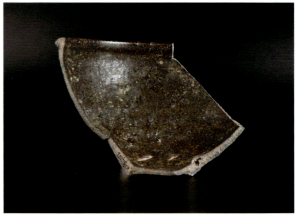

图5-442　褐釉圆腹罐（T3277⑥：24）

夹砂红陶罐　1件。

T3278⑥：37，残存二分之一。大口微敛，叠唇，深弧腹，小平底内凹。厚胎。口径18.4、底径8.5、高10厘米（*图5-443*）。

泥质灰陶盘　1件。

T3278⑥：10，残存二分之一。宽沿，弧腹近直，平底。盘心细密轮旋痕明显。胎体较薄。口径27.4、底径21.4、高3.4厘米（*图5-444*）。

陶碾轮　1件。

T2877⑥：19，残存一半。圆饼形，内厚边薄，中间有一圆孔。直径11.5、厚2.1厘米（*图5-445*）。

铜钱　2枚。

T2974⑥：4，祥符通宝。直径2.6、孔径0.6、厚0.15厘米。

T2874⑥：2，钱文不辨。直径2.15、孔径0.8、厚0.1厘米。

9. 第⑥层下遗迹

F5　位于T2876西部，开口于第⑥层下，浅灰褐色粉质黏土。平面呈长方形，已发掘部分最大长9.26、宽4.26米。房基以素面青砖平砌，残存房址西部、南部、北部墙基的一部分，东部伸出探方外，未发掘。西部墙基保存相对为好，从外到内保存两道砖，外面一道砖残长4.16米，存上下两层砌砖，上层砖为纵向错缝平砌，下一层为横向平砌，砌砖规格为30×15×4厘米。在这道砖墙的西北角保存2块方形石板，形制、大小相同，边长0.36、厚0.1米，表面凿痕较粗糙，其中靠北的一块，一角搭在靠南的石块上。墙壁厚0.3、残高0.8米。在这道砖以东，保存一道南北纵向砌砖，南北残长4.14米，砖的规格为15×12×4厘米。砖砌较为粗糙。在砌房基砖外侧发现基槽，基槽内填充深灰褐色沙质黏土，土质较为疏松，含零星炭屑和草木灰，西部墙基基槽宽0.5米，南部和北部墙基的基槽宽度为0.32—0.36米。房屋破坏严重，屋内未发现明显的踩踏痕迹，屋内填土为灰褐色沙质黏土，质疏松，含零星炭屑和草木灰，出土物较少，有碎砖块、青釉玉璧底瓷片等。在屋内西南部发现一个灶坑，编号Z1。Z1平面呈圆形，直径0.36、深0.28—0.3米，灶坑内填土为深灰褐色沙质黏土，土质疏松，含零星炭屑、草木灰和红烧土颗粒，灶坑出土2片青釉瓷片，其中一片为青釉碗底，内外底皆有支钉痕。灶坑坑壁为青灰色烧结面，烧结面厚度为0.06米，应是经过长期使用形成。灶坑底部也为青灰色烧结面，烧结面较为光滑、平整。在灶坑的东南部发现一块青砖，规格为36×26×8厘米，青砖表面呈橘红色，推测应与灶坑有关联。灶坑应为房间内取暖所用（图5-446）。

太湖西南岸窑碗　1件。

F5：1，残存约二分之一。碗心、足底有支钉痕迹。口径20.2、足径10.6、高5.5厘米（图5-447）。

Z4　位于T2876北部，开口于第⑥层下，打破生土，此灶的火门部分被H20打破。青砖垒砌，有整砖，多为半块砖。灶由火门、灶膛、烟道及附属设施几部分组成。

火门：位于灶膛西部，西端被H20破坏，已坍塌，在坍塌的碎砖块底部有灰烬，灰烬下是火门底部，底部距坍塌的上口部残高0.38米，通风方向266°。

灶膛：平面略呈椭圆形，底部略大于上部，底长0.98、宽0.8米，台面长0.9、宽0.7、残高0.52米。灶台以青砖垒砌，上下残存七层，下面六层，顺砖错缝叠涩垒砌，砖与砖之间涂抹白灰泥粘合。整砖规格为26×12×4.4厘米。上部的一层以半块砖错缝平砌。灶膛壁砖经长年使用已成橘红色，膛内积满碎

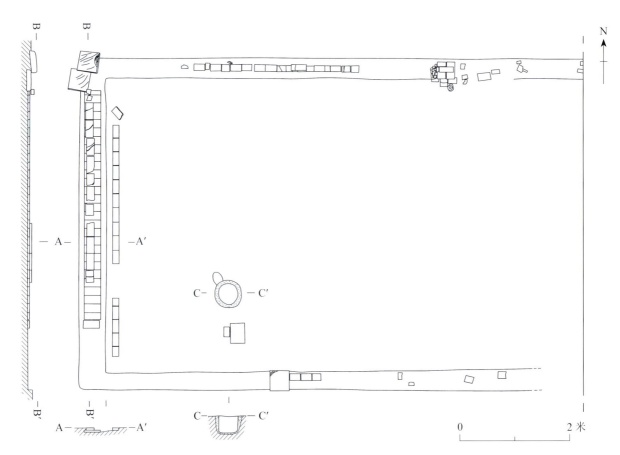

图 5-446　F5 平、剖面图

图 5-447　太湖西南岸窑碗（F5：1）

砖块和从灶膛壁坍塌下来的红烧土块，清理时发现 1 片青釉瓷片。接近灶膛的底部，有一层厚约 0.03 米的灰烬。灶膛底圆弧，土红色的烧结面较为坚硬。灶膛残高 0.74 米。

烟道：位于灶膛的东北部，平面略呈八字形，宽 0.22—0.34、进深 0.3 米，烟道底部距上口部高 0.3 米。底部以半砖块铺砌，上下共六层，砌成台阶式，逐层提高，方便炊煮时烟气排出。

附属设施：位于烟道的北部，平面呈 "U" 形，长 0.94、宽 0.66 米，以半块砖错缝叠涩垒砌，砖与砖之间涂抹白灰泥。上下残存六层，残高 0.46 米，底部略大于上部，底部长 1.04、宽 0.74 米，发现时火膛内亦是淤满砖块，夹杂青釉瓷片 1 片。底部圆弧，残高 0.5 米，其用途应该是利用烟囱的余热 "烧水"（图 5-448）。

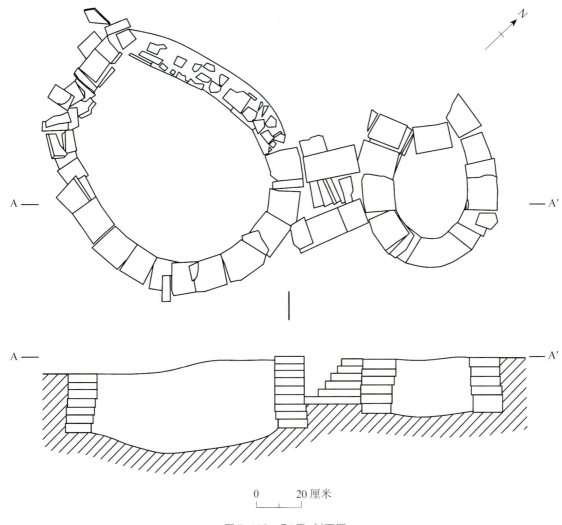

0 　 20厘米

图5-448　Z4平、剖面图

10.第⑨层出土遗物

越窑瓷器　11件。

碗　10件。

撇口碗　5件。T3277⑨：43，残存二分之一。碗心有一圈弦纹。白灰胎细腻光洁，青釉泛黄。口径15.6、足径7.6、高5.2厘米（图5-449）。T3277⑨：46，残存三分之一。敞口，撇沿，尖唇，弧腹，圈足较矮，碗心有垫圈痕。灰白胎坚硬，青釉泛灰。口径18.4、足径8.3、高7.4厘米（图5-450）。T3277⑨：84，残存近二分之一。敞口撇沿，弧腹，直圈足，盘心有垫圈。白灰胎细腻光洁，青釉泛黄。口径15.8、足径8.2、高4.6厘米（*图5-451*）。

墩式碗　2件。T3277⑨：55，口、腹残。敞口撇沿，弧腹，圈足，足底有泥条垫圈痕。薄壁，制作规整。口径13.5、足径5.2、高4.9厘米（图5-452）。

图5-449　越窑碗（T3277⑨：43）

图 5-450　越窑碗（T3277⑨：46）

图 5-452　越窑碗（T3277⑨：55）

笠式碗　3件。侈口，尖唇，斜腹，鸡心小碗心，矮圈足，足底有泥条垫圈。薄壁。T3277⑨：51，口、腹残。小碗心内凹。白胎细腻光洁，青釉泛黄。口径13、足径4.6、高4.7厘米（图5-453）。T3277⑨：56，口、腹残。碗心内凹，印花卉纹。口径12.6、足径4.3、高4.2厘米（*图5-454*）。T3277⑨：68，口、腹残。青绿釉。口径12.2、足径4.6、高4.6厘米（图5-455）。

图 5-453　越窑碗（T3277⑨：51）

图 5-455　越窑碗（T3277⑨：68）

侈口盘　1件。T3277⑨：49，残存一半余。侈口、尖唇、斜弧腹、矮圈足，足心有一圈泥条垫痕。盘内满绘花卉纹。白胎细腻光洁，薄壁，青釉泛黄。口径13.2、足径6.8、高3.4厘米（图5-456）。

太湖西南岸窑碗　1件。

Aa型碗　1件。T3277⑨：42，残存三分之一。敞口、撇沿、尖唇、弧腹、平底，下腹至底无釉，呈砖红色。碗底有泥点支钉痕。灰褐胎坚硬，青釉泛灰白。口径18、足径10.2、高5.6厘米（*图5-457*）。

景德镇窑瓷器　23件。

碗　20件。

矮圈足碗　6件。T3277⑨：41、52、58、62、74、79，形制相同。厚唇，斜腹，内底宽平，边缘有一道弦纹，矮圈足，下腹、圈足无釉。T3277⑨：41，口、腹残。白胎细腻光洁。口径

图 5-456　越窑盘（T3277⑨：49）

17.5、足径7.2、高5.9厘米（图5-458）。

高圈足碗　1件。T3277⑨：57，残存三分之一。直口微撇，尖唇，弧腹近直，内底宽平，边缘有一圈弦纹，圈足较高。白灰胎细腻厚实，施釉至足墙，釉亮泽开冰裂纹。口径16、足径7.8、高6.7厘米（*图5-459*）。

花口碗　3件。T3277⑨：54、65、67，口沿数个小花缺，与之对应腹壁内凸外凹，弧腹斜收，内底宽平，边缘有一道弦纹，矮圈足。青

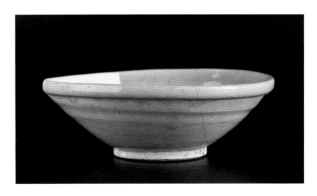

图5-458　景德镇窑碗（T3277⑨：41）

白釉有光泽。T3277⑨：65，残存二分之一。八瓣花口。口径14.2、足径5.8、高5.1厘米（图5-460）。T3277⑨：67，残存二分之一。十瓣花口，白胎细腻，釉面开冰裂纹。口径12.8、足径5.6、高3.7厘米（图5-461）。

莲瓣纹碗　7件。T3277⑨：47，残存近三分之一。白胎细腻光洁，釉面开冰裂纹。口径15、足径5.2、高4.2厘米（图5-462）。T3277⑨：50，口、腹残。口微外张，尖唇，弧腹，内底平凹。白胎细腻光洁，施釉至足墙。口径15.2、足径7.2、高5.8厘米（图5-463）。T3277⑨：63，残存近二分之一。口径12.6、足径5、高4.2厘米（图5-464）。T3277⑨：72，口沿外撇，弧腹近直，下部折收，内底宽平，圈足较小，足墙外直内旋削，施釉至足墙。口径12.2、足径5.8、高4.3厘米（图5-465）。

图5-460　景德镇窑碗（T3277⑨：65）

图5-461　景德镇窑碗（T3277⑨：67）

图5-462　景德镇窑碗（T3277⑨：47）

图5-463　景德镇窑碗（T3277⑨：50）

图 5-464　景德镇窑碗（T3277⑨：63）

图 5-465　景德镇窑碗（T3277⑨：72）

侈口碗　3件。侈口，斜弧腹，内底坦平，边缘有一道弦纹，矮圈足无釉。T3277⑨：61，口、腹残缺。侈口，内底坦平，矮圈足近平。白胎厚实，釉面润泽。口径12.8、足径5.2、高4.1厘米（图5-466）。T3277⑨：66，残存三分之一。青白釉泛灰。口径14.2、足径6.9、高5.3厘米（图5-467）。

折腹盘　3件。T3277⑨：53，残存二分之一。撇口，下腹折收，盘心内凹，边缘有一圈弦纹。白胎，圈足无釉。口径13、足径6、高3.6厘米（图5-468）。T3277⑨：77。残存三分之一。侈口，尖唇，折腹，圈足。白胎细腻光洁。口径11.6、足径4.8、高3.1厘米（图5-469）。

图 5-467　景德镇窑碗（T3277⑨：66）

图 5-468　景德镇窑盘（T3277⑨：53）

第六章

平桥北部发掘区

平桥北部发掘区位于老通波塘东岸、纪鹤公路南面，南距青龙塔941米，发掘前地表种植香樟树，地势平坦（图6-1）。

该地块的考古试掘分前后两次。第一次自2015年3月31日开始至4月11日结束，上海博物馆

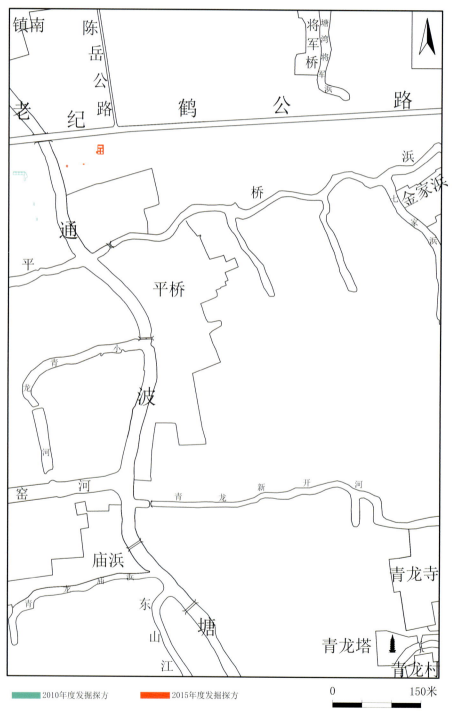

图6-1　平桥北部发掘区位置图

联合陕西龙腾勘探有限公司对青龙镇遗址范围内的塘湾村陈岳、鹤联村、青龙村、杜村、沈联村、白鹤村大盈、章埝村、新丰村进行钻探，在对青龙村平桥北部勘探的基础上，有选择地在Hf区布设T5646、T5752、T6156三个探沟进行试掘，试掘面积13.25平方米，发现唐代栈桥1处，出土釉陶瓶、瓷碗、盏碎片等。第二次为抢救性发掘，中国铁塔股份有限公司上海市分公司将在青龙镇遗址保护范围内进行"青纪岳基建土建工程"施工建设，施工前考古研究部在Hf区布设5米×5米探方6个，分别为T6157、T6158、T6257、T6258、T6357、T6358，自2015年5月6日开始至6月4日结束，发掘面积150平方米。发现水井、灰坑等遗迹5处，出土青釉执壶、碗、盏、盆等遗物（图6-2）。

第一节　T5646等发掘点

2015年3月，在对青龙村平桥板块勘探的基础上，布设T5646、T5752、T6156三个探沟进行试掘，T5646按2米×2.5米布设，试掘面积5平方米；T5752按1米×2米布设，试掘面积2平方米；T6156按2.5米×2.5米布设，试掘面积6.25平方米；合计试掘面积13.25平方米。在T5646⑤层下发现唐代栈桥遗迹，T5752清理至第③层发现宋元时期文化层，T6156清理至第⑤层发现青砖垒砌的建筑遗迹时，试掘工作暂停，分别对其进行了保护性回填，有待日后整体发掘。

一、地 层 堆 积

以T5646西壁举例说明地层堆积情况（图6-3）。

第①层，深灰褐色粉沙土，现代农耕层，厚0.16—0.2米，土质疏松，遍布植物根须，含较多草木灰、炭屑和零星红烧土颗粒，出土物较少，有青白釉、青釉瓷、釉陶、板瓦碎片等，窑口有义窑、长沙窑等。本层呈水平状遍布全方，本层下发现现代坑1个，打破第②、③、④层。

第②层，黄褐色粉质沙土，深0.4—0.5米，厚0.2—0.3米，土质疏松，含较多炭屑和草木灰，出土可复原器物1件和青白釉、青釉瓷、釉陶、陶、缸碎片及砖瓦碎块等，窑口有茶洋窑、景德镇窑、义窑、龙泉窑、越窑、宜兴窑等。本层堆积呈水平状遍布全方。

第③层，灰褐色沙质黏土，深0.8—0.85米，厚0.35—0.4米，土质疏松，较为松散，含较多炭屑、草木灰和零星红烧土颗粒，出土可复原器物4件和青白釉、青釉瓷、釉陶、陶、缸碎片及砖瓦碎块等，窑口有景德镇窑、义窑、龙泉窑、浦口窑、越窑、太湖西南岸窑等。本层堆积略呈水平状遍布全方。

第④层，红褐色粉质沙土，深1.35—1.4米，厚0.55—0.6米，土质疏松，含零星草木灰和炭屑，出土可复原器物7件和少量青白釉、青釉瓷、釉陶、陶、缸碎片及砖瓦碎块等，窑口有东张窑、景德镇窑、义窑、龙泉窑、浦口窑、越窑、太湖西南岸窑、长沙窑等。本层堆积略呈水平状遍布全方。

第⑤层，深灰褐色粉质沙土，深1.7—1.9米，厚0.25—0.5米，土质疏松，含零星炭屑、草木灰，偶见锈色斑点，本层堆积出土物较少。出土青釉瓷、釉陶、陶器碎片及砖瓦碎块等，窑口有越窑、太湖西南岸窑、长沙窑等。本层堆积略呈由北向南倾斜坡状遍布全方。

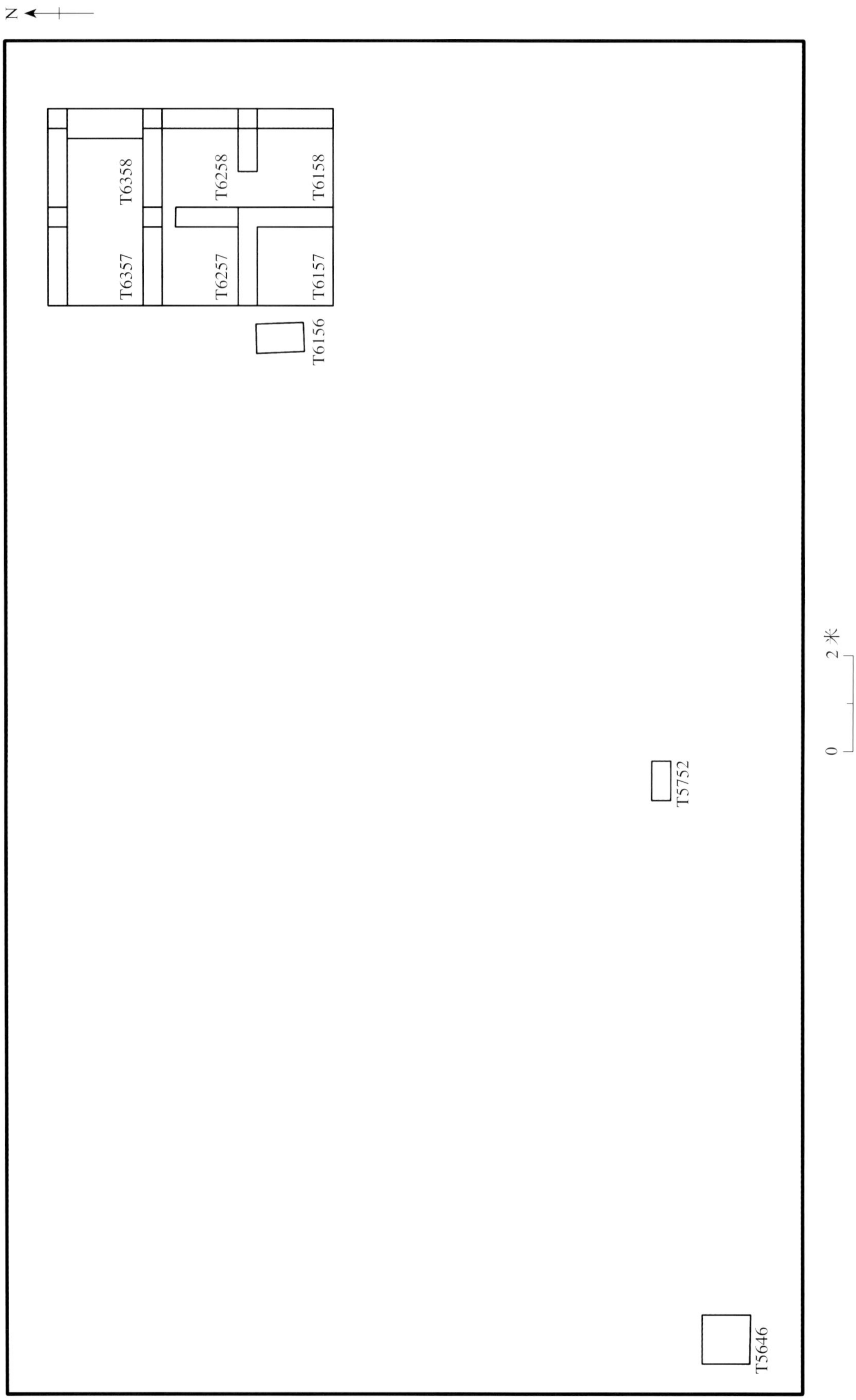

图 6-2　平桥北部发掘区探方（探沟）分布图

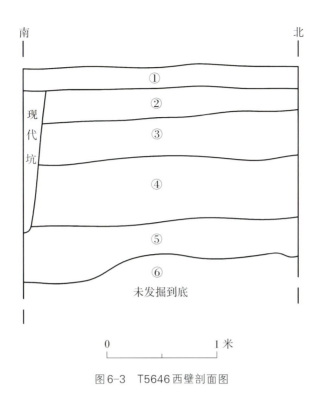

南　　　　　　　　　　　北

现
代
坑

未发掘到底

0　　　　　　　1 米

图6-3　T5646西壁剖面图

第⑥层，灰绿色粉质沙土，土质疏松，含较多草木灰、炭屑和零星红烧土颗粒，清理至此层发现木栈桥遗迹，暂停发掘。

二、遗 迹 与 遗 物

1. 第①层出土遗物

义窑碗　1件。

T5646①：1，口、腹残缺严重。侈口，圆唇，弧腹，碗心宽平，圈足，足内有支垫痕，足心微凸起，修足较粗糙。外腹壁刻划莲瓣纹。白灰胎，满釉垫烧，青白釉泛灰。口径17.2、足径5、高6.8厘米（*图6-4*）。

2. 第②层出土遗物

茶洋窑盏　1件。

T5646②：2，残存二分之一。束口，弧腹，圈足残缺，内壁满釉，外壁施釉至腹中部，余露胎。釉黑褐色有光泽，局部有流釉现象。口径10.1、足径3.6、高4.6厘米（图6-5）。

3. 第③层出土遗物

义窑碗　1件。

T5646③：4　尖唇，侈口，斜弧腹，矮圈足，足底心鼓起，有旋削痕。青白釉泛黄，碗心、圈足

图6-5　茶洋窑盏（T5646②：2）

图 6-6　义窑碗（T5646③：4）

图 6-8　浦口窑碗（T5646③：6）

图 6-9　越窑碗（T5646③：5）

图 6-11　长沙窑碗（T5646④：17）

未施釉，外壁下腹接近于圈足处有刀削凹槽。口径 5.6、足径 16、高 6.4 厘米（图 6-6）。

浦口窑碗　2 件。

侈口碗　1 件。T5646③：3，尖唇，敞口，斜腹略弧，矮圈足，足心乳凸。青釉泛灰，内壁满釉，外壁施釉至下腹。砖红胎，内壁有一周弦纹，外壁显数周轮旋痕。口径 16.4、足径 5.5、高 7.2 厘米（*图 6-7*）。

饼足碗　1 件。T5646③：6，方唇，敞口，斜弧腹，饼足。灰胎，青灰色釉，口沿及足底无釉，满釉覆烧。口径 13.2、底径 4、高 5.2 厘米（图 6-8）。

越窑碗　1 件。

T5646③：5，笠式碗，尖唇，敞口，斜腹，鸡心小碗心印花卉纹，矮圈足微外撇，足心稍鼓，残留一圈泥条垫痕。灰胎，满釉垫烧，青绿釉，釉色暗淡。口径 14.6、足径 4.4、高 5 厘米（图 6-9）。

4. 第④层出土遗物

太湖西南岸窑碗　1 件。

T5646④：7，圆唇，敞口，弧腹，平底，碗心有一周支钉痕。砖红色胎，青绿色釉生烧，釉色灰白，施釉不匀，有流釉现象，内壁满釉，外壁施釉不及底。口径 20.8、底径 10.8、高 5.6 厘米（*图 6-10*）。

长沙窑碗　2 件。

T5646④：17，敞口，圆唇，弧腹，玉璧底，挖足小而浅，足心乳突，修足较为草率。灰胎，青绿釉，釉色光亮，有细密冰裂纹开片，内壁满釉，外壁半釉。口径 13.2、足径 4.6、高 3.6 厘米（图 6-11）。

褐釉盘　1 件。

T5646④：8，方唇，大敞口，浅腹，平底微内凹，盘心有支钉痕，内壁、盘底有数周细线轮旋痕。口沿内外施釉，余露胎呈砖红色，灰胎细腻，黑褐色釉。口径 14.1、底径 7.8、高 2.4 厘米（*图 6-12*）。

釉陶瓶 3件。

T5646④：9，方唇，直沿，束颈，溜肩，肩部对称贴二对桥状竖系，深鼓腹，平底略鼓起，有旋削痕。酱褐色釉。腹部残留有叠烧时用作间隔的垫块，罐口及罐底皆留有支烧痕。口径9.6、底径8.3、高22.5厘米（图6-13）。T5646④：10，唇口，口沿外部有折棱，束颈，溜肩，肩部对称贴二对桥状竖系，直腹，下部斜收，平底内凹。砖红胎，酱釉，内外满釉，釉薄无光泽，局部积釉。器身内外有拉坯痕迹。口径8.7、底径6.9、高30.6厘米（图6-14）。

图6-13 釉陶瓶（T5646④：9） 　图6-14 釉陶瓶（T5646④：10）

5. 第⑤层出土遗物

太湖西南岸窑瓷器 2件。

碗 1件。T5646⑤：13，尖圆唇，敞口，弧腹，平底微内凹，碗心有支钉痕。青釉泛绿，内壁满釉，外壁施半釉，有流釉现象。口径20.2、底径11、高5.3厘米（*图6-15*）。

盆 1件。T5646⑤：15，圆唇，敞口，斜腹，平底内凹，盆心有一周支钉痕。内壁满釉，外壁施半釉，有流釉现象。砖红胎，青釉泛深灰，口径28、底径12.8、高6.6厘米（图6-16）。

长沙窑碗 2件。

T5646⑤：14，圆唇，敛口，弧腹斜收，玉璧底，圈足斜削，修足粗糙，足内残留有旋削痕。灰胎，青釉泛黄，釉面有细小冰裂纹开片，内壁满釉，外壁施釉不及底，施釉不匀，有流釉现象。口径19.8、底径6.8、高8.4厘米（图6-17）。

6. 第⑤层下遗迹

TJ29（木栈桥） 栈桥发现在T5646⑤层下，东西向，平面呈长方形，桥面主体部分由4

图6-16 太湖西南岸窑盆（T5646⑤：15）

图 6-17 长沙窑碗（T5646⑤：14）

块木板拼接而成。为防止中间 2 块木板移动，栈桥左右两侧分别由 2 根宽约 0.04—0.1 米的木板侧立夯楔，中间 2 块木板宽度分别为 0.44 和 0.46 米。栈桥平面由东向西倾斜，应该是长期使用，停靠船舶、踩踏所致。在栈桥西南、东南、东北分别发现 3 块长 0.15、宽 0.1 米左右的长方形木桩，夯楔深度不明，可能是起防止栈桥木板移动之作用。桥面已发掘长度为 1.95 米，宽度为 1.12—1.15 米。桥面下部南北向横插两块木板，其作用应是防止桥面主体木板移动；东侧木板已发掘部分长 2.05、宽 0.28 米；西侧木板长度不明，宽度为 0.36 米。在栈桥的上部发现有厚约 0.25 米的草木灰，较疏松，应是倾倒于此地。草木灰中出土有长沙窑青釉碗口沿、板瓦残片、碎砖块等。根据开口层位以及栈桥上层出土物，推断为唐代。栈桥所在的位置，是唐代老通波塘东岸，由此可知，唐代老通波塘较现在略宽一些（图 6-18）。

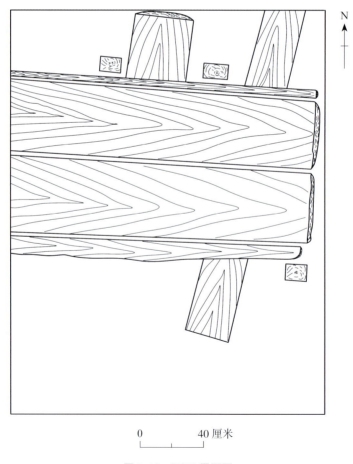

0   40 厘米

图 6-18 TJ29 平面图

第二节　T6157等发掘点

2015年5月，在中国铁塔股份有限公司上海市分公司于青龙镇遗址保护范围内进行的"青纪岳基建土建工程"施工区域，布设5米×5米探方6个，分别为Hf区T6157、T6158、T6257、T6258、T6357、T6358。布方位置位于老通波塘东部71.6米，北距纪鹤公路11米，南距青龙塔915米，于2015年5月6日开始，至6月4日发掘完毕，发掘面积150平方米（图6-19）。

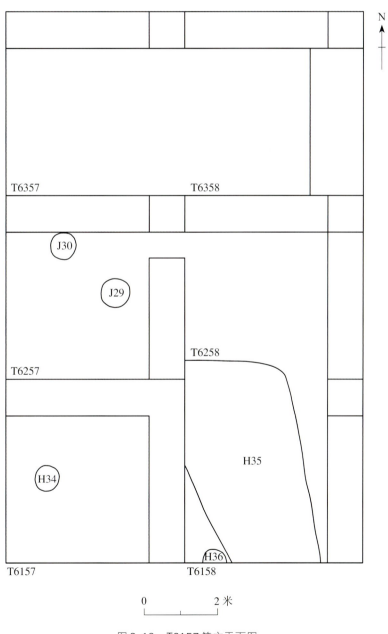

图6-19　T6157等方平面图

一、地 层 堆 积

地层堆积根据土质、土色的不同共划分为10层，兹以T6257、T6258北壁举例说明（图6-20）。

第①层，深灰褐色粉沙土，现代农耕层，厚0.15—0.45米。土质疏松，遍布植物根须，含较多草木灰、炭屑和零星红烧土颗粒。出土物有碎砖块、塑料纸以及现代人生活遗留废弃物等。本层堆积基本上呈水平状分布。

第②层，黄褐色粉质沙土，深0.7—0.9米，厚0.4—0.55米。土质疏松，含较多炭屑和草木灰，出土可复原器物4件和青花瓷、青白釉、青釉瓷、釉陶、陶器碎片等，窑口有景德镇窑、义窑、龙泉窑、越窑、太湖西南岸窑、长沙窑等。本层堆积基本上呈水平状分布。H35开口于此层下。

第③层，灰褐色沙质黏土，深1.1—1.3米，厚0.4—0.5米。土质疏松，较为松散，含较多炭屑、草木灰和零星红烧土颗粒，出土东张窑、建窑、魁岐窑、磁灶窑、义窑、景德镇窑、太湖西南岸窑、越窑、长沙窑、龙泉窑、宜兴窑、磁州窑、不明窑口残片。本层堆积略呈水平状分布。J29、J30开口于此层下。

第④层，红褐色粉质沙土，深1.3—1.5米，厚0.05—0.3米。土质疏松，含零星草木灰和炭屑，出土物较少，未发现可复原器物，出土的残片按产地可分为义窑、建窑、龙泉窑、景德镇窑、太湖西南岸窑、越窑、长沙窑、不明窑口。本层堆积呈由西向东坡状分布。H34开口于此层下。

第⑤层，深灰褐色粉质沙土，深1.5—1.65米，厚0.25—0.4米。土质疏松，含零星炭屑、草木灰，偶见锈色斑点，本层堆积出土物较少，出土义窑、越窑、磁灶窑、魁岐窑、太湖西南岸窑、龙泉窑、景德镇窑、长沙窑、不明窑口残片。本层堆积基本上呈水平状分布。

第⑥层，浅灰褐色沙质黏土，深1.75—1.9米，厚0.2—0.3米。土质疏松，含大量草木灰、炭屑和零星红烧土颗粒，出土越窑、太湖西南岸窑、景德镇窑、长沙窑、不明窑口残片。本层堆积呈由西南向东北倾斜状分布。H36开口于此层下。

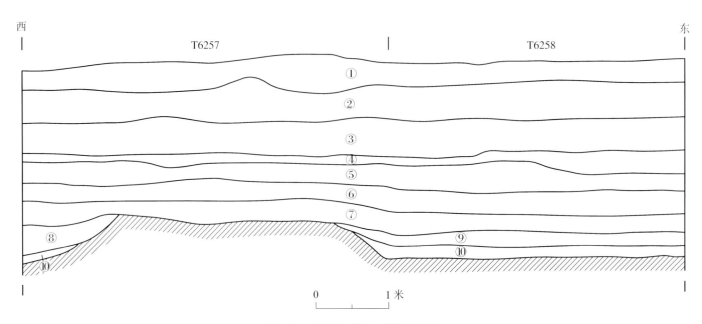

图6-20　T6257、T6258北壁剖面图

第⑦层,灰绿色粉质沙土,深2—2.35米,厚0.2—0.3米。土质略硬,致密,含零星炭屑、草木灰,出土长沙窑、太湖西南岸窑、越窑、不明窑口残片。本层堆积略呈由西向东倾斜分布。

第⑧层,深黄褐色粉质沙土,深2.35—2.4米,厚0—0.4米。土质疏松,含零星炭屑、草木灰,本层堆积分布在T6257西北部,未发现出土物。

第⑨层,黑灰色沙质黏土,深2.45—2.5米,厚0—0.15米。土质松软,含大量草木灰、炭屑和零星红烧土颗粒,出土物较少,出土太湖西南岸窑、不明窑口残片等。

第⑩层,棕色植物腐朽层,深2.6—2.65米,厚0—0.2米。本层堆积几乎没有填土,全部都是植物腐朽的灰层,未发现出土物。下为生土,黄褐色粉质沙土,致密,遍布铁锈色斑点。

二、遗迹与遗物

1. 第②层出土遗物

义窑盘 1件。

T6357②:1,圆唇,撇口,折腹,矮圈足较规整。内壁刻水草纹。灰白胎,内壁满釉,外壁施釉至圈足外墙,青灰色釉。口径15.4、足径5.6、高4.2厘米(图6-21)。

龙泉窑碗 1件。

T6257②:1,笠式碗,圆唇,敞口,弧腹,矮圈足,碗心内凹。内壁刻花卉纹,外壁刻竖线纹。灰胎,青绿色釉,内壁满釉,外壁施釉至足墙,釉面光亮,有冰裂纹开片。口径14.2、足径4.1、高6.9厘米(图6-22)。

图6-21 义窑盘(T6357②:1)

图6-22 龙泉窑碗(T6257②:1)

越窑碗 1件。

T6357②:2,圆唇,敞口,弧腹,玉璧底。青釉泛黄。口径15.3、底径5.7、高5.4厘米(*图6-23*)。

褐釉盏 1件。

T6257②:2,残,圆唇,敞口,浅弧腹,喇叭形圈足。砖红胎,外壁施褐釉,内壁不施釉。口径12.8、足径7、高3.2厘米(*图6-24*)。

2. 第②层下遗迹

H35 位于T6158中部、T6258南部,平面略呈长方形,口大底小。坑口已发掘部分长5.5、宽3—3.3

米,深0.8米,平底,底长5.3、宽2.8—3.1米。坑内淤满碎砖块、板瓦残片等,应是自然形成的洼地,后被利用作垃圾坑,用于倾倒生活废弃物(图6-25)。

3. 第③层出土遗物

东张窑盏 1件。

T6257③:3,尖唇,束口,斜腹,小圈足,挖足较浅,内壁满釉,外壁施半釉。口径11.6、足径3.6、高5.5厘米(图6-26)。

义窑瓷器 3件。

碗 2件。

侈口碗 1件。T6257③:20,侈口,圆唇,斜腹,圈足,碗心有一周涩圈,外壁施釉不及底。白灰胎,青灰色釉。口径14.4、足径5.5、高5.1厘米(*图6-27*)。

花口碗 1件。T6157③:3,撇口,弧腹折收,内底宽平,有灰渣,高圈足。内壁满釉,外壁施釉至圈足外墙。灰胎,青绿色釉,釉面光亮。口径12.2、足径4.6、高6.5厘米(*图6-28*)。

折腹盘 1件。T6257③:19,敞口,尖唇,弧腹折收,矮圈足,挖足较浅。白灰胎,青灰色釉,满釉。口径12.4、足径5.2、高3.4厘米(*图6-29*)。

魁岐窑碗 1件。

T6257③:17,圆唇,敞口,弧腹,圈足,内壁刻花卉纹。灰白胎,胎土细腻,青绿色釉,内壁满釉,外壁施半釉。口径11、足径3.6、高3.5厘米(*图6-30*)。

福建窑口瓷器 2件。

撇口碗 1件。T6257③:4,圆唇,撇口,弧腹,圈足,挖足较深,圈足外直内斜削,足内有旋削痕,内壁刻花卉纹。内壁满釉,外壁施釉不及底,圈足露胎。土黄色胎,青黄色釉,釉色暗淡。口径17.8、足径5.2、高7.6厘米(图6-31)。

碟 1件。T6258③:10,敞口,尖唇外叠,斜腹,平底。内壁满釉,外壁施半釉。白灰胎,青绿色釉,釉色光亮。口径9.6、底径3.8、高2.6厘米(图6-32)。

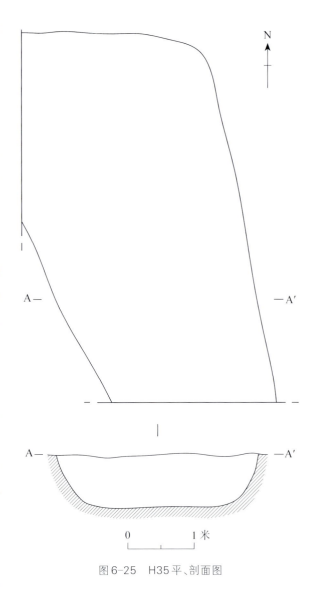

图6-25 H35平、剖面图

图6-26 东张窑盏(T6257③:3)

图 6-31 福建窑口碗（T6257③：4）

图 6-32 福建窑口碟（T6258③：10）

越窑碗 2件。

T6258③：11，敞口，圆唇，弧腹，矮圈足。灰胎，青绿色釉，碗心和碗底皆有支钉痕迹。口径20.2、足径10.8、高6.5厘米（*图6-33*）。

太湖西南岸窑瓷器 2件。

碗 1件。T6257③：23，敞口，圆唇，弧腹，平底略内凹。内壁满釉，外壁施半釉，碗心和碗底有支钉痕迹。灰胎，青绿色釉。口径20.1、底径10.8、高5.6厘米（*图6-34*）。

盏 1件。T6357③：4，敞口，方唇外叠，弧腹，矮圈足。灰白胎，生烧。口径9.8、足径4.4、高3.2厘米（*图6-35*）。

景德镇窑瓷器 2件。

盘 1件。T6257③：22，敞口，弧腹，平底无釉。采用"芒口覆烧法"烧制而成，口部未施釉，白胎细腻，青白釉润泽，壁较薄。口径11.3、底径7.4、高2.8厘米（图6-36）。

碗 1件。T6158③：1，弧腹，小圈足较高。白灰胎，青灰色釉，有细冰裂纹开片。口径11.6、足径3.3、高4.5厘米（图6-37）。

图 6-36 景德镇窑盘（T6257③：22）

图 6-37 景德镇窑碗（T6158③：1）

灰胎罐 1件。

T6158③：2，圆唇，溜肩，鼓腹，平底微内凹。口径9、底径6.8、高6.3厘米（*图6-38*）。

4. 第③层下遗迹（图6-39）

J29 位于T6257东部，开口于第③层下，距地表1.3米，打破第④至⑦层，直至生土。平面呈圆形,直壁平底,直径0.76、深1.6米。填土为深灰褐色黏质淤泥,含大量草木灰、炭屑和零星红烧土颗粒。出土可复原器物6件以及义窑、龙泉窑、宜兴窑及不明窑口瓷器(图6-40)。

磁灶窑盆 2件。

J29:4,敞口,方唇,窄沿,深弧腹,平底。口部及内壁施土黄色釉,外壁不施釉。口径17.8、底径11.1、高9.8厘米(*图6-41*)。J29:5,敞口,方唇,窄沿,深弧腹,平底。口部及内壁施土黄色釉,外壁不施釉。口径21.4、底径12、高10.7厘米(*图6-42*)。

龙泉窑碗 1件。

J29:1,圆唇,敞口,斜弧腹,圈足,外壁刻划莲瓣纹。青釉泛绿,满釉,有冰裂纹开片。口径16.6、底径5.4、高6.4厘米(图6-43)。

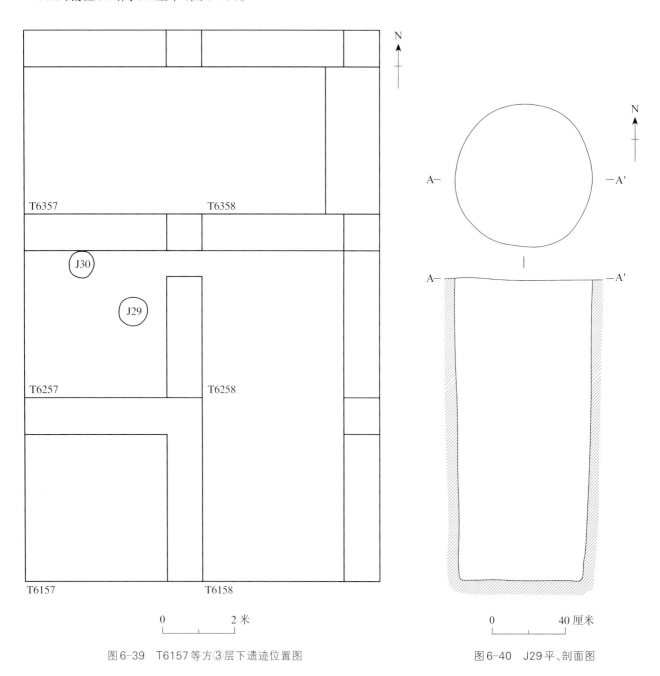

图6-39 T6157等方③层下遗迹位置图

图6-40 J29平、剖面图

温碗　2件。

J29：3，尖圆唇，直口微敞，深弧腹，大圈足，圈足外直内斜削，修足较为规整，足心有乳凸。灰白胎，青白釉，内壁满釉，外壁施釉至足端。芒口覆烧。口径11.9、足径5.6、高6.6厘米（图6-44）。

J29：2，圆唇，直口微敞，深腹，筒形腹下部折收，矮圈足。内壁仅在口沿处施釉，外壁施釉至腹部折收处。器身外壁有修坯痕迹。灰胎，青白釉。口径11.8、足径4.7、高6厘米（*图6-45*）。

图6-43　龙泉窑碗（J29：1）　　　　　　图6-44　温碗（J29：3）

釉陶瓶　1件。

J29：6，唇口，束颈，溜肩，肩部对称贴二对桥状竖系，直腹，下部斜收，平底内凹。器身内外拉坯痕较明显。砖红胎，酱釉，内外满釉，釉薄无光泽，局部脱釉。口径8.3、底径6.6、高27.9厘米（图6-46）。

J30　位于T6257北部，开口于第③层下，距地表深1.3米，打破第④、⑤、⑥、⑦层和生土。平面呈圆形，直壁，平底，直径0.76、深2.06米，填土为浅灰褐色黏质淤泥，土质疏松，含炭屑、草木灰和红烧土颗粒。出土物较少，出土2件建筑构件（鸱吻）残件、2块青砖和越窑、长沙窑、义窑、不明窑口瓷器残片等（图6-47）。

鸱吻残件　2件。

J30：1，造型规矩，头部残，龙首鱼身，挺立昂首，口大张作吞脊状，双目圆瞪，须发向后，身刻龙鳞纹。正身为泥质灰陶板瓦，板瓦上涂抹一层厚约0.6厘米的白灰。残长35、宽14.8、残高16.2厘米（图6-48）。J30：2，鸱吻残件，残长20.8、最大宽度11.6厘米（*图6-49*）。

青砖　2块。

J30：3，长方形，砖表面有白灰涂抹痕迹，应是建筑废弃后抛于井内。一块长23.5、宽6.5、厚4厘米。另一块长23、宽7.5、厚4.5厘米。

5. 第④层下遗迹（图6-50）

H34　位于T6157中部偏西，开口于第④层下，距地表1.4米，打破第⑤、⑥层。平面呈圆形，弧壁，圜底，直径0.7、深0.4米。填土为浅黄褐色黏土，土质疏松、松软，含炭屑、

图6-46　釉陶瓶（J29：6）

图 6-47　J30 平、剖面图

图 6-48　鸱吻残件（J30∶1）

草木灰和红烧土颗粒,出土有越窑、义窑、不明窑口瓷器残片等(图6-51)。

6. 第⑤层出土遗物

义窑碗　4件。

矮圈足碗　3件。T6158⑤∶11,敞口,厚唇,斜弧腹,圈足,挖足较深,足墙外直内斜削呈喇叭状,足心乳凸,修足规整。内壁满釉,外壁施釉不及底。白灰胎,青白釉,釉色光亮。口径17.2、足径6.4、高5.1厘米(图6-52)。T6158⑤∶12,敞口,方唇外叠,弧腹斜收,圈足,挖足较浅,圈足外直内斜削。内壁满釉,外壁施釉不及底。灰白胎,青绿色釉,有细小冰裂纹开片,灰白胎。口径16、足径6.5、高5.8厘米(*图6-53*)。T6258⑤∶13,敞口,圆唇,外沿下有一道凹痕,弧腹斜收,圈足,挖足较浅,圈足外直内斜削。内壁满釉,外壁施釉至足墙。白灰胎,青白釉,釉色光亮。口径17.5、足径6.4、高6.1厘米(*图6-54*)。

高圈足碗　1件。T6158⑤∶10,直口微敞,圆唇,外沿下有一道凹痕,弧腹,圈足,圈足外直内斜削,挖足较深,足心乳突。内壁满釉,外壁施釉不及底。白灰胎,青绿色釉。口径12.2、足径4.3、高5厘米(图6-55)。

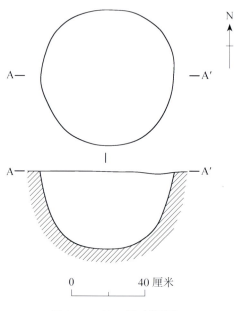

图 6-51　H34 平、剖面图

图6-52 义窑碗（T6158⑤：11）

图6-55 义窑碗（T6158⑤：10）

越窑瓷器 3件。

碗 2件。T6158⑤：3，敞口，尖圆唇，斜弧腹，碗心圆弧，矮圈足，足底有一圈泥条垫痕。满釉垫烧，青灰色釉。口径11.5、足径4.5、高4.8厘米（图6-56）。T6357⑤：5，敞口，圆唇，斜腹，矮圈足。满釉，碗心和碗底皆有支钉痕迹。灰胎，青绿色釉，釉色暗淡。口径20.4、足径9.6、高6.6厘米（*图6-57*）。

花口盘 1件。T6158⑤：13，六出葵口，浅腹，矮圈足外撇，足心有3个泥条垫痕。灰胎，青绿色釉，釉面开冰裂纹。口径13.8、足径6.3、高3.8厘米（图6-58）。

图6-56 越窑碗（T6158⑤：3）

图6-58 越窑盘（T6158⑤：13）

7. 第⑥层出土遗物

义窑瓷器 3件。

花口碗 2件。T6257⑥：5，尖唇，口沿数个小花缺，斜腹，小碗心下凹，圈足较小，内壁满刻花卉纹。内壁满釉，外壁施釉至足墙。灰胎，青白釉泛灰，口径18.9、足径5.3、高6.2厘米（*图6-59*）。T6257⑥：10，六出花口小碗，外壁对应处压印凹槽，内壁对应处出筋，尖唇，弧腹，内底圆弧，圈足浅挖，足端斜削。内壁满釉，外壁施釉不及底。白灰胎，青白釉泛灰，釉面光亮。口径8.8、足径3.8、高3.7厘米（图6-60）。

图6-60 义窑碗（T6257⑥：10）

花口盘　1件。T6257⑥：13，六出花口，外壁对应处压印凹槽，内壁对应处出筋，尖唇，浅弧腹，矮圈足，挖足较浅，足心乳凸，足端斜削。内壁满釉，外壁施釉至足端。白灰胎，青白釉泛灰。口径12.8、足径5.4、高3.4厘米（图6-61）。

越窑瓷器　3件。

碗　2件。T6157⑥：1，撇口，尖圆唇，弧腹，圈足。满釉垫烧，碗心有泥条垫圈痕。灰胎，青绿色釉。口径14.5、足径7.6、高5.3厘米（图6-62）。T6258⑥：3，敞口，尖唇，弧腹，矮圈足浅挖。满釉，碗心有数个支钉痕。灰胎，青绿釉。口径20.2、足径9.8、高6.5厘米（图6-63）。

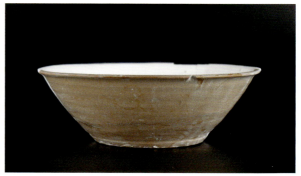

图6-62　越窑碗（T6157⑥：1）　　　　　　　图6-63　越窑碗（T6258⑥：3）

执壶　1件。T6157⑥：2，柄残，流口残。喇叭口，高领，溜肩，鼓腹，圈足，近肩部附一对立牌式耳，耳上模印花卉纹，圈足内有泥条垫圈痕。青绿色釉，釉面开细碎片纹，釉色暗淡，满釉。口径10.1、足径8.6、高18.6厘米（图6-64）。

太湖西南岸窑碗　1件。

T6258⑥：2，敞口，圆唇，弧腹斜收，平底微内凹。内壁满釉，外壁施半釉，施釉不匀，有流釉现象。碗心有数个三角形支钉痕，碗底有数周轮旋痕。灰胎，青绿色釉，釉色暗淡。口径19、底径9.7、高5.3厘米（图6-65）。

景德镇窑盘　6件。

卧足盘　1件。T6257⑥：11，敞口，尖唇，弧腹，卧足，足不施釉，露灰白胎。青白釉，釉面开细小冰裂纹。口径9.7、底径4.6、高2.9厘米（图6-66）。

花口盘　5件。T6157⑥：3，六出葵口，外壁对应处压印凹槽，内壁对应葵口处出筋，圆唇，弧腹，矮圈足，足端斜削，修足较规整。内壁满釉，外壁施釉至足墙。白灰胎，青绿釉，釉面光亮，有细小冰裂纹开片。口径11.9、足径5.3、高4厘米（图6-67）。T6257⑥：26，六出葵口。白胎细腻致密，青白釉洁净润泽。口径15.4、足径7.9、高5.2厘米（图6-68）。

图6-64　越窑执壶（T6157⑥：2）

图6-66　景德镇窑盘（T6257⑥：11）　　　　图6-67　景德镇窑盘（T6157⑥：3）

温碗　1件。

T6257⑥：12，侈口，圆唇，直腹折收，圈足，足心乳凸，口沿下有一周弦纹，腹部和折收处各有两周弦纹。灰胎，青灰釉生烧。口径11.8、足径5.9、高7.6厘米（*图6-69*）。

青釉壶　1件。

T6257⑥：9，直口宽平沿，直颈短粗，溜肩，鼓腹，平底内凹，流残缺，宽带柄，颈、肩交接处对称贴两个孔系。内壁施釉至颈部，外壁施半釉，器身下部有拉坯痕迹。砖红胎，青釉生烧泛黄。口径11.6、底径8.9、高19.7厘米（*图6-70*）。

泥质灰陶扑满　1件。

T6257⑥：14，整体扁圆形，弧顶，圆鼓腹，平底，顶部一侧开一长3.4、宽0.3厘米的长方形窄孔，顶部正中有一圆形小孔，孔径0.6厘米，器身有多周轮旋痕。器形制作工整，简朴丰满。腹径18.7、底径13.8、高12.8厘米（*图6-71*）。

8. 第⑥层下遗迹（*图6-72*）

H36　位于T6158西南部，开口于第⑥层下，已发掘部分呈半圆形，直壁，平底，开口距地表1.75米，坑口最大直径0.66米，深0.68米。填土为深灰褐色沙质黏土，土质疏松，含草木灰、零星红烧土颗粒。出土物较少，有罐口沿、罐底、盆口沿等（图6-73）。

9. 第⑦层出土遗物

越窑碗　2件。

T6258⑦：6，敞口，圆唇，深弧腹，矮圈足，满釉支烧，碗心有一周支钉痕。青绿色釉。口径19.8、足径8.8、高6.4厘米（图6-74）。T6158⑦：5，敞口撇沿，深弧腹，矮圈足规整，满釉支烧，碗心有11个支钉痕。灰胎，青绿色釉。口径19、足径8.1、高6.2厘米（*图6-75*）。

太湖西南岸窑瓷器　14件。

碗　13件。T6258⑦：5，敞口，尖圆唇，弧腹，平底内凹，碗心有数个支钉痕。内壁满釉，外壁施半釉，下部露胎。口径20.6、底径10.4、高5.3厘米（*图6-76*）。T6258⑦：9，敞口，

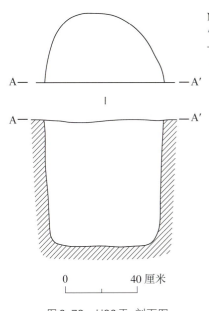

图6-73　H36平、剖面图

圆唇,弧腹,平底微内凹,碗心有数个支钉痕。内壁满釉,外壁施半釉,局部有流釉现象。灰胎,青绿色釉。口径20.2、底径10.3、高5.7厘米(图6-77)。T6257⑦:24,敞口,圆唇,弧腹,平底微内凹,碗心有落渣,碗心和底皆有支钉痕。内壁满釉,外壁施半釉。灰红胎,青绿色釉。口径13.6、底径6.7、高3.6厘米(图6-78)。

图6-74 越窑碗(T6258⑦:6)

图6-78 太湖西南岸窑碗(T6257⑦:24)

盏 1件。T6158⑦:6,敛口,圆唇,弧腹,平底,碗心和底皆有支钉痕。内壁满釉,外壁半釉,施釉不匀,有流釉现象。灰白胎,青绿色釉。口径12.4、底径6.5、高3.6厘米(图6-79)。

长沙窑碗 2件。

T6258⑦:4,敞口,圆唇,弧腹,玉壁底。内壁满釉,外壁施半釉。青绿色釉,釉面光亮,釉面上有细碎冰裂纹。口径12.8、底径3.9、高4.4厘米(图6-80)。

10.第⑨层出土遗物

太湖西南岸窑碗 1件。

Aa型碗 1件。T6158⑨:8,圆唇,撇口,弧腹,平底微内凹。内壁满釉,外壁施半釉,碗心有数个支钉痕,外壁有一周弦纹。灰胎,青绿色釉。口径20.8、底径10.6、高7.8厘米(图6-81)。

图6-80 长沙窑碗(T6258⑦:4)

图6-81 太湖西南岸窑Aa型碗(T6158⑨:8)

第七章

结 语

本章对各发掘区地层堆积成因、性质、分期与年代进行初步探讨。因遗址的早期发掘多有试掘性质，布方较为分散，在探讨地层堆积性质时，重点详述发掘面积较大、遗迹较丰富的几个区域，而单个的探方只进行初步的分期。由于出土遗物的局限，各区域的分期尺度有详略之别，无法统一。

一、窑河南岸区域

根据地层堆积成因、遗迹组合及出土器物组合与特征，将青龙村419号北发掘区分为三期。

第一期　包括第⑥层下遗迹、第⑦、⑧层及其下遗迹。第⑥层下有铸造作坊遗迹ZF1，紧邻通波塘西岸分布，因北侧遭现代开河破坏、南侧有民房而未能完全发掘，实际分布范围尚不能确定，废弃陶范分布面积约500平方米，在西侧青龙村421号南发掘区也分布有大量的废弃陶范，堆积区最厚约0.8米，从剖面可以看出从东向西有多次的倾倒过程，显示该作坊的规模与产量都较大。根据陶范复原，其产品应该为铁鼎、铁釜一类的圆形容器[1]。青龙镇远离铁矿石与燃料产区，作坊里也没有发现冶炼铁矿的遗迹，因此该作坊应该是利用铁块或废铁进行再加工，除满足本地市场外，部分可能供应海外市场。海内外发现的唐宋沉船，多有产自中国的铁容器一类的商品销往海外[2]，因此青龙镇铸造作坊的产品也有外销的可能。

本期出土器物较少，越窑A型碗较低矮，B型玉璧底碗外底挖圈直径较小，有学者研究认为玉璧底碗挖圈直径越大，年代越晚[3]。太湖西南岸窑壶嘴为多棱形。在青龙村421号发掘区出土了较多的长沙窑褐彩执壶、变形莲瓣纹碗，与9世纪上半期发现的"黑石号"沉船出水的产品相似[4]。结合地层叠压与遗迹组合关系，本期年代推定为晚唐，即9世纪上半期。

第二期　包括第④、⑤层及其下遗迹和第⑥层。这一时期，遗迹分布的密度较大，水井即有7口，显示出这一时期该地块人类密度较大。本发掘区西北部⑥层的层面为红烧土渣铺成的平面，其上铺垫有厚约2厘米的黄沙土，平整、坚硬而致密。推测这个面应是一组建筑的地基部分，上部已破毁无存。

第二期出土的瓷器主要为太湖西南岸窑、越窑、长沙窑产品。太湖西南岸窑产品以碗为主，另有盏、罐、盆、壶等。碗体型较大，内外底都有支烧痕，壶的流有圆形和多棱形两种。越窑产品以碗为主，一类为敞口大碗，内外底皆有一圈支钉痕，排列规整；一类为玉璧底小碗，外底挖圈直径较大；另有少量细线刻划花圈足小碗。此外还有少量的盘、盒、壶等。长沙窑产品以碗为主，一类为较大的玉璧底碗，另一类为较小的玉璧底碗，多为单色釉。另有少量的执壶、水盂、碾钵、腰鼓等。

1　廉海萍、王建文、何继英：《上海青龙镇唐代铸造作坊遗址出土陶范的分析研究》，《文物保护与考古科学》2021年第5期，第19—30页，见附录。

2　Michael Flecker. "A Ninth Century AD Arab or Indian Shipwreck in Indonesia: First Evidence for Direct Trade with China". *World Archaeology*, Vol. 32(3), 2001, pp. 335-354. 国家文物局水下文化遗产保护中心、广东省文物考古研究所、中国文化遗产研究院：《南海Ⅰ号沉船考古报告之二——2014—2015年发掘（上）》，文物出版社，2018年，第69—73页。

3　[日]森达也：《越窑青瓷碗的两个体系——玉璧底碗和圈足碗》，浙江省文物考古研究所编《浙江省文物考古研究所学刊·第五辑·2002越窑国际学术讨论会专辑》，杭州出版社，2002年，第140—144页。

4　上海博物馆编：《宝历风物："黑石号"沉船出水珍品》，上海书画出版社，2020年。

尽管太湖西南岸窑产品占比较大,但由于缺乏纪年材料,只能依靠共存的越窑及长沙窑产品来推定年代。长沙窑器物,器形以碗为主,多为单色釉,较少有彩瓷,质量亦较差。本期的越窑青釉盘、玉璧底碗、刻划花碗,与上林湖窑址后段五期器物相似[1],年代约为9世纪。因此本期年代推定为晚唐,晚于第一期即9世纪上半期。

第二期各窑口器物器形较第一期变化均较小。第一期与第二期的年代都推定为晚唐,而不是晚唐前段和晚唐后段,主要是考虑到地层与遗物只有相对的早晚关系,而没有绝对早晚的纪年证据。

第三期 包括第②、③层及其下遗迹。第②层为较厚的黄褐色粉沙土层,较为纯净,为自然形成的淤积层,应为该区域废弃后的堆积层。第③层堆积较薄,该层层面上仅有两处遗迹,显示该时期处于快速衰落期,延续时间不长。第②层出土遗物中有越窑、浦口窑、太湖西南岸窑、景德镇窑的产品。第③层出土遗物中有越窑、景德镇窑、龙泉窑产品。这两层出土的遗物,越窑盏(GfT2456②:7)与上林湖窑址出土的Y66乙:25几乎一致,年代为晚唐至五代[2];龙泉窑碗(GfT2662③:5)与龙泉东区窑址出土二期四段的二型碗相似,年代为南宋中晚期[3]。因此,本期年代推定为南宋。

青龙村421号南发掘区与青龙村419号北发掘区东西相距20余米,由于地层无法统一,现根据出土文物将两区分期与年代做一对应。

分期	青龙村419号北发掘区	青龙村421号南发掘区
第一期(晚唐)	⑦、⑧、H29、H30、H31、H32、G4、TJ1、TJ2、ZF1	⑤A、⑤B、G3、Z2
第二期(晚唐)	④、⑤A、⑤B、⑤C、⑥、H7、H8、H22、H23、H24、H25、H26、H27、H28、J16、J18、J19、J21、J22、J23、J24、CD1、Z3	④A、④B、H10、H13、M2
第三期(南宋)	②、③、H11、H12、J3、J4、J8、G2	②、③A、③B、③C、H9、J5、J20

青龙村421号南发掘区距老通波塘更远,遗迹单位较少,未发现建筑遗迹。第一期⑤层出土有大量陶范堆积,为铸造作坊堆放废弃陶范的地方,第二期发现有墓葬M2,显示该区域为聚落的外围区域,主要是堆放作坊废弃的陶范及贸易陶瓷的碎片等。

二、农业公司地块

包括HfT5428、T5429、T5430、T5431、T5432、T5332、T5232和T3936、T4435及HeT3376、T1674。HfT5428、T5429、T5430、T5431、T5432、T5332、T5232和T3936、T4435东距老通波塘西岸约50米,其余几个探方距河道较远。HfT3936、T4435及HeT3376、T1674文化层保存较差,出土遗物较少,现根据HfT5428、T5429、T5430、T5431、T5432、T5332、T5232地层及出土遗物,将该区域分为二期。

1 慈溪市博物馆编:《上林湖越窑》,科学出版社,2002年,第109页。
2 慈溪市博物馆编:《上林湖越窑》,第93页。
3 浙江省文物考古研究所编:《龙泉东区窑址发掘报告》,文物出版社,2005年,第402—407页。

第一期　包括第⑥、⑦层、H3、TJ16 和 F1。主要遗迹为 F1，临老通波塘而建，体量较大。其余遗迹比较少，整体堆积不是很丰富。本期出土浦口窑划花碗与奉贤四团镇出土瓷器相似，年代推定为南宋[1]。

第二期　包括第②、③、④、⑤层、H1、H5、H6、G1。遗迹及遗物都比较少，出土的龙泉窑高足杯，与龙泉东区窑址出土的第三期第六段的高足杯相似[2]。推定本期年代为元代。

分期　　　　发掘区　　地层堆积与遗迹单位	HfT5428、T5429、T5430、T5431、T5432、T5332、T5232	HfT4435	HfT3936	HeT3376	HeT1674
第一期（南宋）	⑥、⑦、H3、TJ16、F1	⑤、⑥、⑦、H2	⑤、⑥、⑦、⑧	④、⑤	④、⑤
第二期（元代）	②、③、④、⑤、H1、H5、H6、G1	②、③、④	②、③、④	②、③	②、③

三、仓桥地块

该区域共布设 JdT5055、T6060、T7256 和 KdT0548、T1049 5 个探方，各个探方距离较远。该区域单个探方的面积较小，Jd 区 T5055、T6060、T7256 3 个探方遗迹及遗物都较丰富。Kd 区 T0548、T1049 位于青龙江北岸，地层为纯净的沙土，未见文化层，可能为青龙江河道的摆动范围，因此无法分期。

第一期　本期出土的义窑唇口碗、高圈足碗与义窑井后岗窑址出土的器物相似[3]，景德镇窑的花口碗见于南丰政和八年（1118）墓[4]，潮州窑碗与潮州窑址出土的Ⅲ式碗相似[5]，越窑高圈足碗与上林湖窑址出土的后段九期 A 型碗相似，年代为北宋晚期[6]。本期年代推定为北宋晚期。

第二期　本期出土的龙泉窑莲瓣纹碗（JdT6060②：5），莲瓣纹细而窄，与湖州凡石桥遗址出土的盏相似[7]，年代应为南宋晚期[8]。本期年代推定为南宋晚期。

分期　　　　发掘区　　地层堆积与遗迹单位	JdT5055	JdT6060	JdT7256
第一期（北宋晚期）	③、④、⑤、H4、J2		④、⑤、TJ18
第二期（南宋晚期）	②	②、③、④、⑤、TJ17、J1	②、③

1　王建文、朱逸冰、郑博：《上海市奉贤区四团镇出土瓷器整理与研究》，《水下考古》第三辑，上海古籍出版社，2021 年，第 183—216 页。
2　浙江省文物考古研究所编：《龙泉东区窑址发掘报告》，第 232 页。
3　福建博物院编著：《义窑考古调查发掘报告（下）》，海峡书局，2020 年，第 30—36 页。
4　江西省博物馆编著：《江西宋代纪年墓与纪年青白瓷》，文物出版社，2016 年，第 124—125 页。
5　广东省博物馆编：《潮州笔架山宋代窑址发掘报告》，文物出版社，1981 年，第 11 页。
6　慈溪市博物馆编：《上林湖越窑》，第 103—110 页。
7　浙江省博物馆、浙江省文物考古研究所、湖州市文物保护管理所编：《最忆是江南：湖州凡石桥南宋遗址出土文物》，文物出版社，2020 年，第 58 页。
8　［日］森达也：《中国青瓷の研究—编年と流通—》，汲古书院，2015 年，第 183 页。

四、杨家垛地块

该区域共布设 GfT3656、T3660、T3757、T3760 4个探方，发掘面积较小，遗迹较少，但出土遗物相对较丰富。这4个探方距离较近，统一介绍地层分期。

第一期　仅出土太湖西南岸窑 Aa 型碗，与窑河南岸地块出土第二期器物相同。本期年代推定为晚唐。

第二期　本期有两处砖墙遗迹，保存情况较差，受限于发掘面积，未能全部揭露，性质未明。出土遗物有晚唐时期的越窑 Aa 型碗、B 型玉璧底碗、太湖西南岸窑 Aa 型碗、长沙窑 B 型碗，出土的龙泉窑鬲式炉见于南宋咸淳四年（1268）吴奥墓[1]，青釉褐彩盆与磁灶窑童子山窑址出土青釉盆相似[2]。本期年代推定为南宋中晚期。

地层堆积与遗迹单位　发掘区　分期	GfT3656、T3660、T3757、T3760
第一期（晚唐）	⑥、⑦
第二期（南宋中晚期）	②、③、④、⑤、TJ19、TJ20

五、油叉宅基地块

该区域共布设 FgT7411、T7619、T7909 3个探方，发掘时统一地层。由于发掘面积小，遗迹也较少。

第一期　FgT7909 的 TJ22 可能为一处建筑散水，铺砌规整。因没有完全发掘，实际范围不清。地层中炭屑、草木灰、陶瓷片等较多，显示出人类活动较频繁。该地块东南即为青龙寺，应该是市镇发展较早的区域。出土太湖西南岸窑器物，与窑河南岸地块出土晚唐遗物相近。本期年代推定为晚唐。

第二期　第②层为厚0.9—1.1米的较为纯净的浅黄褐色粉沙黏土层，仅包括极少量的瓷片，该层应该为自然淤积或河道清淤形成，与通波塘隔河相对的窑河南侧地块地层堆积相同，本期年代据此推定为宋代。

地层堆积与遗迹单位　发掘区　分期	FgT7411	FgT7619	FgT7909
第一期（晚唐）	③、④、⑤、⑥、⑦、⑧	③、④、⑤、TJ21	③、④、TJ22
第二期（宋）	②	②	②

1　浙江省博物馆编：《青色流年：全国出土浙江纪年瓷图集》，文物出版社，2017年，第285页。
2　福建博物院、晋江博物馆编：《磁灶窑址：福建晋江磁灶窑址考古调查发掘报告》，科学出版社，2011年，图版一一。

六、平桥南部Gf区T4178等发掘点

该发掘点包括GfT4178、T4179、T4180、T4277、T4278、T4377、T4378、T4678、T4679、T4680 10个探方。根据遗迹与器物组合,将该发掘点分为四期,分述如下。

第一期　包括第⑦、⑧层、Z5、Z7、TJ24、TJ25,第⑧层下发现了两处灶及东西向的基槽遗迹,原本应有建筑。本期出土了较多的太湖西南岸窑、越窑、长沙窑产品,与窑河南岸地块出土晚唐产品相同。本期年代推定为晚唐。

第二期　包括第⑥层、H21、H33、J27、Z6,发现有灰坑、水井和灶,出土遗物较多,有越窑、景德镇窑、义窑及其他窑口产品,其中越窑执壶、花口杯、划花纹盘、圈足碗等与上林湖窑址六、七段器物相似[1],景德镇窑莲瓣纹碗、花口碗与景德镇银坑坞窑址北宋中期器物相似[2]。本期年代推定为北宋中期。

第三期　包括第⑤层、H19、J9、J10、J11、J17、J25、J26、J28、TJ23,该期遗迹较为密集,较二期为多,发现了多口水井,出土的遗物也较多,主要为福建闽江流域窑口、景德镇窑、龙泉窑等窑口瓷器。景德镇窑平底盘(GfT4377⑤：35)与景德镇银坑坞窑址小坞里b采集的碟相似[3],景德镇窑刻划花碗(J28：3)、花口碗(J26：7)与德兴市北宋元祐七年(1092)墓、金溪县北宋大观三年(1109)墓出土品相似[4];龙泉窑双面刻划花碗(GfT4277④：44)与龙泉金村大窑犇窑址出土的双面划花纹碗相同[5],龙泉窑双面刻划花盘(GfT4378⑤：67)与松阳宋墓出土龙泉窑盘相似[6],龙泉窑外壁菊瓣纹、内壁刻划篦点纹碗(GfT4277④：44)与龙泉东区窑址出土一型I式碗相同。本期年代推定为北宋晚期至南宋早期。

第四期　包括第②、③、④层、H7、H18。地层中出土了较多的陶瓷片,以福建、浙江、江西窑口为主。本期义窑刻划花碗(GfT4277③：58)与南海I号出水的义窑Ad型碗相同[7];景德镇窑划花碗(GfT4378④：42)与南海I号出水的景德镇窑A型碗相似[8];龙泉窑刻划花碗(GfT4278③：4)与龙泉东区窑址BY24T2⑥层(二期四段,南宋中晚期)出土的碗相似,该期出土有"淳熙"(1174—1189)铭纪年材料[9]。

本期既出土大量与第三期相同的器物,也有部分南宋中期的器物,年代跨度较大,可能为晚期人类活动扰动早期地层所致,依据以遗物最晚年代确定地层年代的原则,将本期年代推定为南宋中期。

1　慈溪市博物馆编:《上林湖越窑》,第104—110页。
2　江西省文物考古研究院、中国人民大学历史学院、北京大学考古文博学院编:《银坑坞:景德镇南河流域窑址考古调查报告之一》,文物出版社,2020年,第211页。
3　江西省文物考古研究院、中国人民大学历史学院、北京大学考古文博学院编:《银坑坞:景德镇南河流域窑址考古调查报告之一》,第163页。
4　孙以刚:《江西德兴流口北宋墓》,《南方文物》1994年第3期,第34—36页;陈定荣:《江西金溪宋孙大郎墓》,《文物》1990年第9期,第14—18页。
5　郑建明、谢西营、周光贵:《浙江龙泉金村青瓷窑址调查简报》,《文物》2018年第5期,第32页。
6　宋子军、刘鼎:《浙江松阳宋墓出土瓷器》,《文物》2015年第7期,第80—88页。
7　国家文物局水下文化遗产保护中心等:《南海I号沉船考古报告之一——1989—2004年调查(下)》,文物出版社,2017年,第453—456页。
8　国家文物局水下文化遗产保护中心等:《南海I号沉船考古报告之一——1989—2004年调查(下)》,第168—173页。
9　浙江省文物考古研究所编:《龙泉东区窑址发掘报告》,第154页。

地层堆积与遗迹单位 分期 〔发掘区〕	GfT4178、T4179、T4180、T4277、T4278、T4377、T4378、T4678、T4679、T4680
第一期（晚唐）	⑦、⑧、Z5、Z7、TJ24、TJ25
第二期（北宋中期）	⑥、H21、H33、J27、Z6
第三期（北宋晚期至南宋早期）	⑤、H19、J9、J10、J11、J17、J25、J26、J28、TJ23
第四期（南宋中期）	②、③、④、H7、H18

七、平桥南部Gf区T3277等发掘点

该发掘点包括GfT3277、T3278、T2974、T2874、T2876、T2877、T2677 7个探方，北距平桥南部GfT4178等发掘点仅40多米，各探方部分地层可以对应。尽管发掘面积不大，但T3277、T3278出土遗物较为丰富，可与平桥南部GfT4178等发掘点出土遗物相对应。

第一期　包括GfT2876、T2877、T2677的第⑥层、F5、Z4，出土有越窑、长沙窑、太湖西南岸窑产品，与窑河南岸发掘区的第一、二期相当。本期年代推定为晚唐。

第二期　包括GfT3277、T3278、T2974、T2874的第⑤、⑥、⑦、⑧、⑨层、J15、TJ28，GfT2876、T2877、T2677的④、⑤、H20、J12、J13、J14。遗迹较为密集，显示该发掘点是市镇活动较为频繁的区域。本期出土有龙泉窑、景德镇窑、福建窑口等产品，器物特征与平桥南发掘区第二、三期相似。本期年代推定为北宋中晚期。

第三期　包括GfT3277、T3278、T2974、T2874的第③、④层、TJ27，GfT2876、T2877、T2677的第②、③层、TJ26。该期出土有龙泉窑、景德镇窑和福建窑口等产品，与平桥南部GfT4178等发掘点第四期相当。本期年代推定为南宋中晚期。

第四期　包括GfT3277、T3278、T2974、T2874的第②层、J6。出土器物主要有龙泉窑、景德镇窑及福建窑口产品，其中出土的龙泉窑碗（J6①：18）与龙泉东区六型I式碗（三期六段，元代中期）相似[1]。本期年代推定为元代中期。

由于该地块部分探方出土遗物较少，可能造成地层年代的推定存在误差。

地层堆积与遗迹单位 分期 〔发掘区〕	GfT3277、T3278、T2974、T2874	GfT2876、T2877、T2677
第一期（晚唐）		⑥、F5、Z4
第二期（北宋中晚期）	⑤、⑥、⑦、⑧、⑨、J15、TJ28	④、⑤、H20、J12、J13、J14
第三期（南宋中晚期）	③、④、TJ27	②、③、TJ26
第四期（元代中期）	②、J6	

1　浙江省文物考古研究所编：《龙泉东区窑址发掘报告》，第363页。

八、平桥北部Hf区T5646等发掘点

该发掘点包括HfT5646、T5752、T6156 3个探沟。发掘面积较小,位置分散,遗迹少,遗物主要出土于T5646。其中T5646⑤层下发现的栈桥TJ29西距老通波塘约10米,可知晚唐时期的老通波塘较现在为宽。

第一期　包括第⑤层、TJ29。出土长沙窑、太湖西南岸窑产品,与窑河南岸发掘区的第一、二期相当。本期年代推定为晚唐。

第二期　包括第②、③、④层。出土韩瓶及福建窑口产品,其中韩瓶[1]及青釉饼足碗(HfT5646③:6)均具有南宋晚期的特征。本期年代推定为南宋晚期。

分期 　　地层堆积与遗迹单位 　　发掘区	HfT5646、T5752、T6156
第一期(晚唐)	⑤、TJ29
第二期(南宋晚期)	②、③、④

九、平桥北部Hf区T6157等发掘点

该发掘点包括HfT6157、T6158、T6257、T6258、T6357、T6358 6个探方。该发掘点遗迹与遗物都较丰富,发现的水井说明附近可能有院落。出土的陶瓷器窑口与数量都较多,且晚期地层中多有早期遗物,晚期人类活动对早期地层有较大的扰动。

第一期　包括第⑦、⑧、⑨、⑩层、H36,遗迹少,遗物窑口主要为太湖西南岸窑、越窑、长沙窑,与窑河南岸发掘区的第一、二期相当。本期年代推定为晚唐。

第二期　包括第②、③、④、⑤、⑥层、J29、J30、H34、H35,遗物以福建窑口、龙泉窑、景德镇窑为主,其中第④、⑤、⑥层出土较多的北宋时期越窑、景德镇窑、福建窑口产品,但有一件义窑刻划花碗(HfT6257⑥:5)与南海Ⅰ号出水的义窑Bb型碗相似[3]。本期年代推定为南宋中晚期。

分期 　　地层堆积与遗迹单位 　　发掘区	HfT6157、T6158、T6257、T6258、T6357、T6358
第一期(晚唐)	⑦、⑧、⑨、⑩、H36
第二期(南宋中晚期)	②、③、④、⑤、⑥、J29、J30、H34、H35

1　刘未:《鸡冠壶——历史考古札记》,上海古籍出版社,2019年,第294页。
2　江西省文物考古研究院、中国人民大学历史学院、北京大学考古文博学院编:《银坑坞:景德镇南河流域窑址考古调查报告之一》,第206—207页。
3　国家文物局水下文化遗产保护中心等:《南海Ⅰ号沉船考古报告之——1989—2004年调查(下)》,文物出版社,2017年,第475—487页。

附 录

上海青龙镇唐代铸造作坊遗址
出土陶范及相关问题研究[1]

廉海萍　王建文　何继英

　　青龙镇相传始建于唐天宝五年 (746)，是上海最早的贸易城镇，现隶属于青浦区白鹤镇青龙村。考古发掘表明，青龙镇主要分布在吴淞江支流老通波塘两岸，总面积约 2 平方公里[2]。2012 年，对该遗址进行的第二次考古发掘中发现了 4 座火炉以及火炉周围堆积的大量陶范、铁渣等，确定其为一处范围较大、使用时间较长的唐代铸造作坊遗址，是上海地区首次发现的冶铸作坊遗址。4 座火炉平面呈南北带状分布，南北长约 14、东西宽约 3 米；火炉周围则堆积着大量的陶范、红烧土块、耐火砖、炉渣、灰烬等，厚约 0.3—0.5 米，陶范堆积较厚的区域计有 300 余平方米，不仅在靠近火炉的这个区域有分布，而且在该区域西南约 40 米的另一个发掘区域也发现较厚的炉渣、陶范密集堆积区，最厚处达 0.8 米（图 1）。根据陶范及炉渣的堆积厚度来看，铸造作坊使用了较长时间，废弃后，又在其上建造了 3 处建筑及 5 口水井，其中 J21 内出土了唐代鹦鹉衔绶带铜镜、铁釜、铁提梁鼎、铁钩、银发簪等器物[3]。该铸造

图 1　青龙镇唐代铸造作坊遗址中西区陶范的堆积状况和堆积剖面
1. 陶范的堆积状况　2. 陶范的堆积剖面

1　本文是在《上海青龙镇唐代铸造作坊遗址出土陶范的分析研究》（《文物保护与考古科学》2021 年第 5 期）一文基础上增改而成。
2　陈杰：《海帆寻踪——青龙镇遗址考古发掘与探索》，上海博物馆编《千年古港——上海青龙镇遗址考古精粹》，上海书画出版社，2017 年，第 13—14 页。
3　青龙镇考古队：《上海市青浦区青龙镇遗址 2012 年发掘简报》，《东南文化》2014 年第 4 期，第 52—60 页。

作坊开口于第⑥层下，第⑥层出土器物为越窑、长沙窑、太湖西南岸窑址器物。其中越窑玉璧底碗的挖足较宽，年代约在9世纪后半，同出的长沙窑瓷器也具备相似的年代特征。因此，铸造作坊的年代应不晚于9世纪下半期。

中国冶铁术在公元前8世纪初的西周晚期至公元前5世纪初的春秋晚期为人工冶铁的发生和初步形成阶段，公元前119—87年的西汉中晚期和东汉早期，是古代铁器工业高速发展并走向成熟的时期[1]。从唐代起一直到明代，冶铁业有了进一步的发展，唐宪宗元和初年（806）国库铁的收入是2070000斤[2]，在山西永济蒲津渡遗址还遗存有唐开元年间铸造的大型铁牛及铁人等铁铸件群[3]。

为了解青龙镇唐代铸造作坊遗址出土陶范的制作技术，对遗址出土的陶范进行分析研究，以期揭示该铸造作坊的制范技术。

一、遗址中出土陶范概述

遗址中发现的陶范大部分都较为残破，从中选取保存相对较好的14件陶范进行描述，并对所铸造的器物形制或用途进行推测。这14件陶范来自4个探方和1个灰坑，分别为T1852、T1952、T2560、T2660（图2）和H31，陶范的尺寸和概述详见表1。

其中11件为铸造圆形容器的外范，按底部的形状分为圜底器和平底器，残存口沿的陶范所见均为敞口，有的在口沿下设颈部，颈部下接腹部。一件陶范的口沿上设立耳，另一件陶范的腹部接有足的型腔，推测铸造作坊中生产具耳与足的鼎形器。唐代圆形的铁器有三足镬（鼎）、釜、镰斗、长柄勺等[4]，属于炊煮餐饮用具，归入日用器具类，从出土陶范所铸造器物形状看，青龙镇铸造作坊所生产的主要为炊煮餐饮用具。

2件漏斗形的陶范为浇口杯，作用是承接高温金属液，将其导入铸型型腔，完成金属液的浇注。

表1　青龙镇唐代铸造作坊遗址出土的部分陶范

序号	陶范编号	尺寸	概　　述
1	T1852⑤A：22	残宽15.2、残高9.8、厚0.6—2.4厘米	残存有部分铸造金属器外表面的型腔面，从残留的型腔面可推断该件陶范所铸造的是圜底的圆形容器，口沿外侈，设颈部，下接腹部。陶范从口沿到腹底部的壁厚不均匀，腹底部较厚，口沿处较薄，肉眼观察有明显的二层，组成型腔面的内层较薄，结构致密；外层较厚，羼杂有较多的稻谷壳和桔梗烧失后留下的孔洞以及粗砂颗粒。型腔面呈青灰色，表面光滑致密。陶范的外表面呈砖红色，不平整，稻谷壳和秸秆形状的孔洞不均匀分布在外表面和断面处。断面见陶范从外层的砖红色过渡到灰黑色再到青灰色。由陶范复原所铸的器物为侈口、弧腹、圜底，复原口径25.2、高7.1厘米（图3）。

1　白云翔：《先秦两汉铁器的考古学研究》，科学出版社，2005年，第352—354页。
2　杨宽：《中国古代冶铁技术发展史》，上海人民出版社，1982年，第138—140页。
3　白燕培：《黄河蒲津渡唐开元铁牛及铁人雕塑考》，《农业考古》2018年第1期，第228—231页。
4　杨宽：《中国古代冶铁技术发展史》，上海人民出版社，1982年，第138—140页。

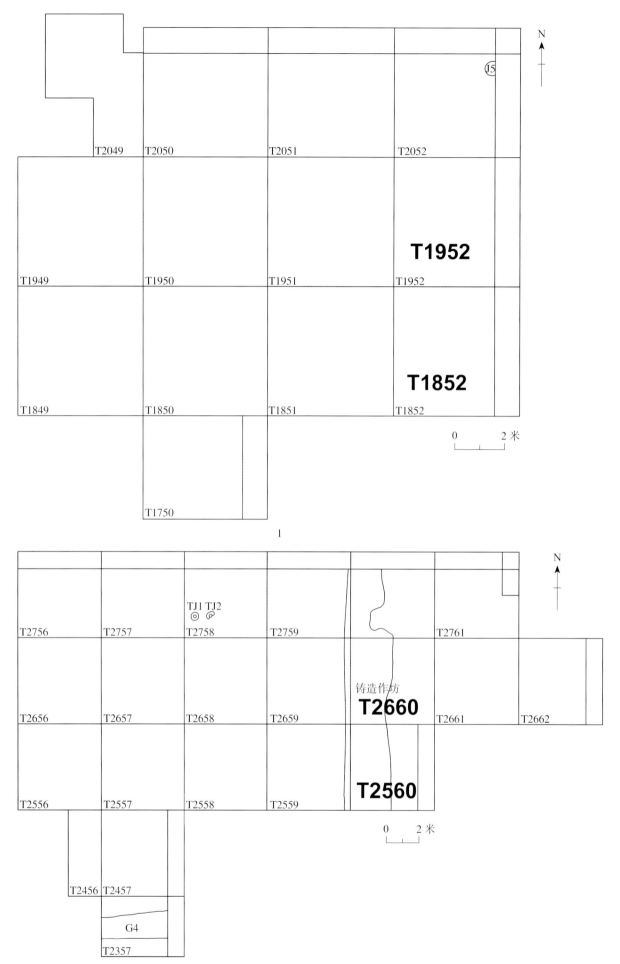

图2　2012年青龙镇遗址发掘西区与东区的探方分布
1. 西区探方　2. 东区探方

序号	陶范编号	尺寸	概　　述
2	T1852⑤B：17	残宽22、残高14、厚1—3.5厘米	残存有部分铸造金属器外表面的型腔面，从残留的型腔面可推断该件陶范所铸造的是具立耳的圜底圆形容器，立耳与器身是一次性浑铸而成。陶范的外表面、内部和型腔面的特征同上。由陶范复原所铸的器物为侈口、弧腹、圜底，口沿上置立耳，复原口径22.2、高10.8厘米，立耳高3.4、宽3.3厘米（图4）。
3	T1852⑤B：18	残宽11.8、残高13、厚1.2—4厘米	残存有部分铸造金属器外表面的型腔面，从残留的型腔面可推断该件陶范所铸造的是平底的圆形容器。在一角有一个残破的锥形支脚，其作用是在陶范阴干和焙烧过程中，使热空气能够到达陶范的各部位以便于陶范中水分的挥发。陶范的外表面、内部和型腔面的特征同上。由陶范复原所铸的器物为侈口、斜折腹、平底的盆形器，复原口径23.8、底径15.6、高7.2厘米（图5）。
4	T1852⑤B：19	残宽14.2、残高6.4、厚2—4.5厘米	残存有部分铸造金属器外表面的型腔面，从残留的型腔面可推断该件陶范所铸造的是平底的圆形容器。在一角有一个残破的锥形支脚。陶范的外表面、内部和型腔面的特征同上。由陶范复原所铸的器物为外敞的平底盆形器，复原底径22、残高7.2厘米（图6）。
5	T1852⑤B：20	残宽14、残高11、厚1.5—4厘米	残存有部分铸造金属器外表面的型腔面，从残留的型腔面可推断该件陶范所铸造的是圜底的圆形容器。型腔面上分布着多处铁锈色附着物。陶范的外表面、内部和型腔面的特征同上，局部外表面聚集着较多的稻谷壳烧失后留下的痕迹（图7）。由陶范复原所铸的器物为折沿、弧腹、圜底，复原口径22.8、残高7.5厘米（图8）。
6	T1852⑤B：21	残宽15.6、残高6.8、厚2.4—3厘米	残存有部分铸造金属器外表面的型腔面，从残留的型腔面可推断该件陶范所铸造的是圜底的圆形容器，口沿外侈，颈部外侈。陶范的外表面、内部和型腔面的特征同上。由陶范复原所铸的器物为折沿、弧腹、圜底，复原口径22.6、残高6.8厘米（图9）。
7	T1852⑤B：23	残宽13.3、残高9.2、厚1.6—2.6厘米	残存有部分铸造金属器外表面的型腔面，从残留的型腔面可推断该件陶范所铸造的是圜底的圆形容器，口沿外侈，颈部外侈。型腔面上有一处较明显的铁锈色附着物。陶范的外表面、内部和型腔面的特征同上，此外口沿部位还另有一层陶范，其作用应是将外范与泥芯合范的位置用泥包裹住。由陶范复原所铸的器物为折沿、弧腹、圜底，复原口径24、残高6.5厘米（图10）。
8	T1852⑤B：24	残宽13.6、残高9.4、厚1.4—3厘米	残存有部分铸造金属器外表面的型腔面，从残留的型腔面可推断该件陶范所铸造的是圜底的圆形容器，口沿较宽，外侈，颈部较短。陶范的外表面、内部和型腔面的特征同上。由陶范复原所铸的器物为折沿、弧腹、圜底，口与底部均残，残高6.6厘米（图11）。
9	T1952⑤B：172	残宽19.6、残高8、厚1.4—2厘米	残存有部分铸造金属器外表面的型腔面，从残留的型腔面可推断该件陶范所铸造的是圜底的圆形容器，口沿外侈，颈部外侈。型腔面腹部靠下的位置有二条较浅的弦纹。陶范的外表面、内部和型腔面的特征同上。由陶范复原所铸的器物为折沿、弧腹，复原口径22、残高6.4厘米（图12）。
10	T1952⑤B：173	残宽20、残高10.8、厚1—4厘米	残存有部分型腔面，可知所铸造的是圆形器，仅有上部残存，在口沿部位还有一小块泥芯残存，泥芯与外范合范后在连接面外再用泥将二者固定。陶范的外表面、内部和型腔面的特征同上。由陶范复原所铸的器物为折沿、弧腹，复原口径28.2、残高3.7厘米（图13）。

（续表）

序号	陶范编号	尺寸	概　述
11	T1952⑤B：174	直径9、高6.8厘米	漏斗形，口大底小，口部内收。内外表面都呈砖红色，内部呈灰黑色。外表面和截面上可见稻谷壳和秸秆烧失后留下的孔洞（图14）。
12	T2560⑦：151	残宽18.2、残高13.6、厚0.8—3厘米	残存有部分型腔面，可知所铸造的是圜底圆形器，在残存的外范口沿部位外另一层泥，是用于将泥芯与外范固定，还残存有一凸起的小锥体。陶范的外表面、内部和型腔面的特征同上。由陶范复原所铸的器物为折沿、弧腹、圜底，复原口径23.6、残高7.6厘米（图15）。
13	T2660⑥：10	残高7.2、厚1.2—3.6厘米	残存有部分铸造金属器外表面的型腔面，在腹部下接一足的型腔，从残留的型腔面可推断该件陶范所铸造的是具足的圜底圆形容器，足与腹部是一次性浑铸而成。陶范的外表面、内部和型腔面的特征同上。由陶范复原所铸的器物为侈口、弧腹、圜底，腹部设三足，复原残存的口径18、残高7.2厘米（图16）。
14	H31：2	上口沿直径6.8、残高7厘米	漏斗形浇口杯，口大，向下内收，作用是在浇注高温金属液时将液态金属导入铸型型腔中。内外表面都呈砖红色，内部呈灰黑色。表面上可见稻谷壳和秸秆烧失后留下的孔洞（图17）。

注：铸型是指铸造时用以承接液态金属的铸模，由外范与泥芯（内范）组成。
　　型腔是指铸型中的空腔，其形状与待铸造器物形状一致。
　　型腔面是指陶范上与液态金属接触的表面。
　　浇道是指将金属液导入铸型的通道。
　　冒口是设置在铸型上供浇注金属液时型腔中气体排出的通道。

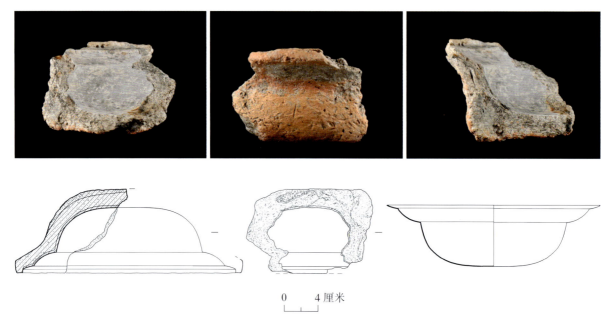

0　　4厘米

图3　陶范（T1852⑤A：22）

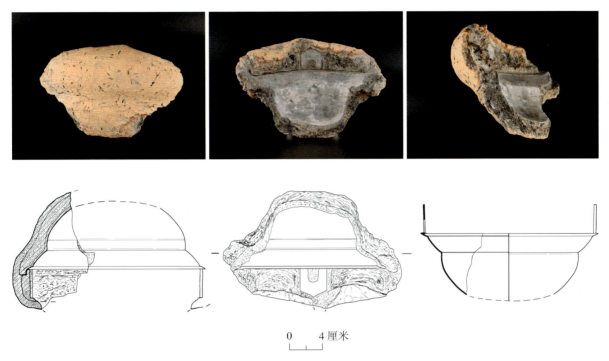

0 4厘米

图4 陶范(T1852⑤B：17)

0 4厘米

图5 陶范(T1852⑤B：18)

0   4厘米

图6   陶范（T1852⑤B ： 19）

图7   陶范（T1852⑤B ： 20）外表面稻谷壳烧失后留下的痕迹

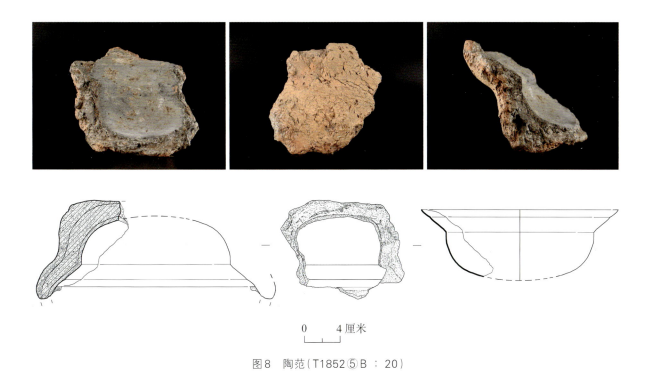

0　　　4厘米

图8　陶范（T1852⑤B：20）

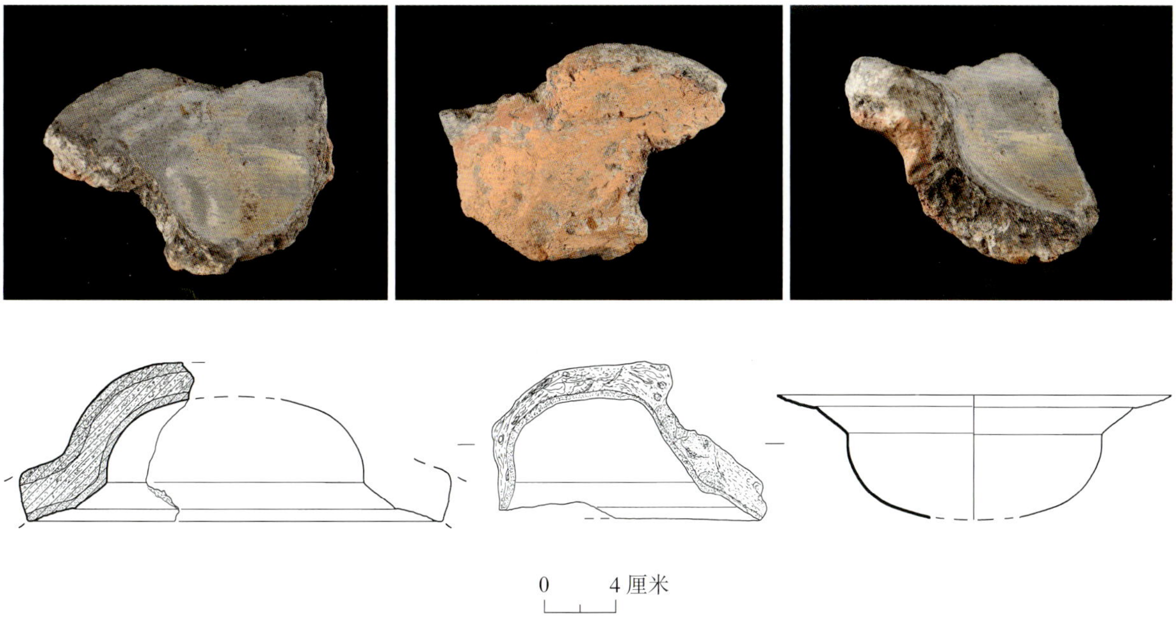

0　　　4厘米

图9　陶范（T1852⑤B：21）

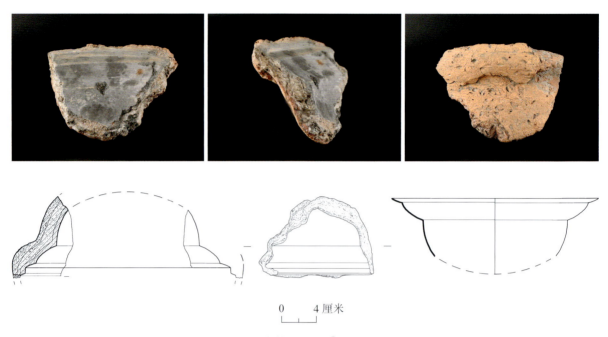

0   4厘米

图 10　陶范（T1852⑤B ： 23）

0   4厘米

图 11　陶范（T1852⑤B ： 24）

0　　4厘米

图 12　陶范（T1952⑤B：172）

0　　4厘米

图 13　陶范（T1952⑤B：173）

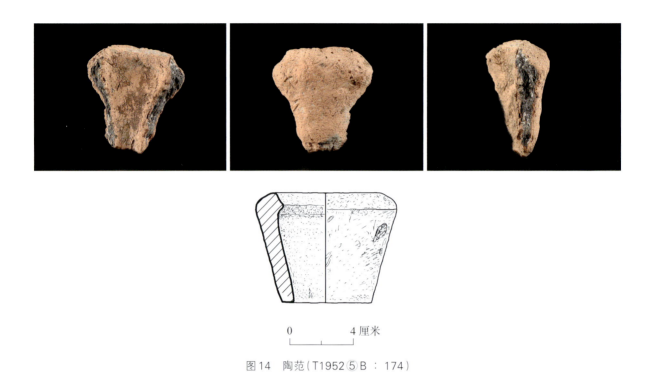

图 14　陶范（T1952⑤B：174）

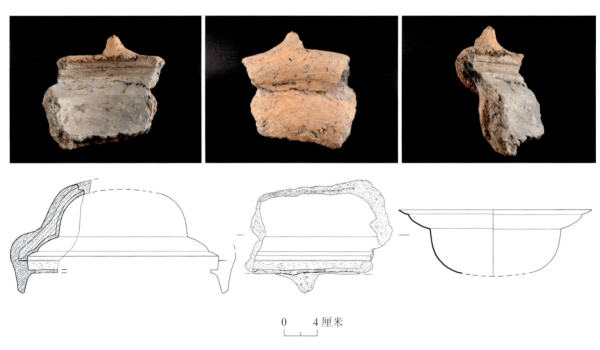

图 15　陶范（T2560⑦：151）

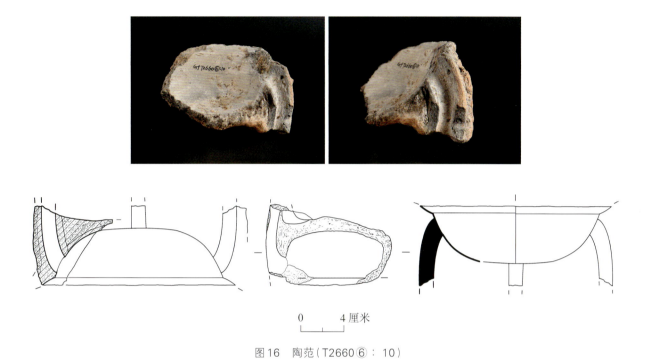

0　　　　　4厘米

图16　陶范（T2660⑥：10）

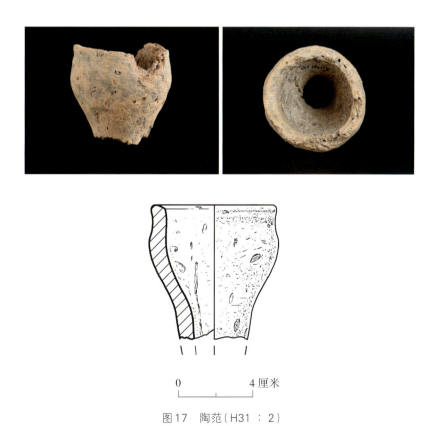

0　　　　　4厘米

图17　陶范（H31：2）

二、检测分析样品概况

为了解陶范的制作工艺，对遗址中出土的2件陶范残块取样进行分析，2件样品都出土于2012年发掘区域的T1952。样品L1（图18）型腔面呈青灰色，上附着较多棕褐色的物质，与型腔面相对的外表面呈砖红色，表面不均匀分布着呈稻谷壳形状或植物茎秆类的孔洞，断面观察到结构不同的二层：型腔面一侧为结构致密的泥质层，外面一层为结构缩松、有较多孔洞存在的缩松泥层。样品L2（图19）与样品L1结构相同，从残存的型腔面可以辨识出铸造的是敞口圜底的圆形器。

对2件陶范进行了横截面的观察，型腔面一侧的泥质层也有两层——面层和背层，因此陶范共分成了三层制作：泥质面层、泥质背层和稻壳泥层，结构见图20。泥质面层呈青灰色，厚约1—2毫米，采用细泥料制作，呈致密状态，低倍下面层看不到孔隙。泥质背层呈灰黑色，厚约4—7毫米，该层羼入了一定量黑褐色、暗红色、黄白色等粗颗粒物。稻壳泥层厚约11—16毫米，设支脚的部位厚度增加，又分为内层（灰黑色）和外层（砖红色），内外层的结构相似，该层也羼入了一定量砖红色、黑褐色、黄白色等粗颗粒物，并羼入了大量的稻谷壳和植物茎秆，陶范焙烧时谷壳等烧失，在陶范上留下了大量的孔隙，便于铸造时型腔中气体的排出。

图18　青龙镇遗址出土陶范样品1（编号L1）

图19　青龙镇遗址出土陶范样品2（编号L2）

图20　陶范样品L2的横截面形貌像

三、分析仪器与条件

1. 化学元素组成分析

采用美国EDAX公司的EAGLE III XXL大样品室能量色散X射线荧光光谱仪分析陶范各层的10种主量元素,测试电压15 kV,电流150 μA,束斑2 mm,测量时间400 s,真空。

由于陶范中羼杂着不均匀分布的颗粒物,而检测的面积是直径2毫米的圆形面积,组成分布不均匀会对化学元素组成数据造成影响,最好的方法就是对各层进行取样,研磨后进行压片制成各层的样品,避免不均匀分布对数据的影响。但是这对样品的需求量大,特别是泥质面层只有1—2 mm的厚度,需要较大的样品量才能取到足够的量制作压片样品。样品L1相对较大,采用取样制作压片进行分析。先清除样品L1表面污染物,将泥质面层、泥质背层、灰黑色稻壳泥层和砖红色稻壳泥层分层刮下粉末,研磨机研磨粉碎,在压片机上(压力30 mPa,保持时间30 s)压制成片状试样。样品L2,分别取出各层小块样品,用水砂纸磨平,放入干燥箱中105℃烘干3小时。

2. 物相组成分析

采用日本理学的X射线衍射仪(型号: 3KW D/MAX200V PC)对样品L2的泥质面层、泥质背层、灰黑色稻壳泥层和砖红色稻壳泥层分别取样进行物相检测,实验参数为起始角10°,终止角90°,步宽0.02°,波长1.540 6,电压40 kV,电流100 mA,扫描速度2°/min。

采用意大利Assing公司Surface Monitor 2.0 XRF-XRD联用测试系统对陶范L1型腔面上褐色附着物进行成分和物相组成分析,检测参数:电压50 kV,电流75 μA,金靶(Au La),XRD步进角0.1°,XRD测试角度范围20—70°。光斑直径2 mm。

3. 植硅石分析

将样品L1的泥质层和稻壳泥层分别取样,将样品在室内用盐酸离散氧化后,用重液浮选,洗净富集，在显微镜下初检各样品植硅石含量丰富。用 LEICA-DM2500 生物显微镜鉴定统计。

4. 显微形貌分析

采用低真空超高分辨场发射扫描电子显微镜观察样品的显微形貌，仪器型号：NOVA NanoSEM 230，检测电压：10 kV，工作距离 10 mm。

5. 热分析

采用耐驰公司生产的高性能热膨胀仪对样品 L2 的泥质背层和稻壳泥层进行了热分析，仪器型号：NETZSCH DIL-402C，检测条件：升温速率 5℃ /min，空气气氛。

四、实验结果

1. 化学元素组成分析

检测了 2 件样品的 10 种主量元素含量，分析数据见表 2 和表 3。检测了样品 L2 背层和稻壳泥层中屪和颗粒物的化学元素组成，分析数据见表 4。检测了样品 L1 型腔面上褐色附着物的成分，分析数据见表 5。

样品 L1 和 L2 从泥质面层—泥质背层—稻壳泥层：

硅含量（SiO_2）减少，泥质面层＞泥质背层和稻壳泥层

铝含量（Al_2O_3）增加，泥质面层＜泥质背层＜稻壳泥层

铁含量（Fe_2O_3）增加，泥质面层＜泥质背层＜稻壳泥层

稻壳泥层中的砖红色颗粒物和黑褐色颗粒物铁含量（Fe_2O_3）明显高于其他部位，白色颗粒物中铝含量（Al_2O_3）明显高于其他部位。泥质层中的黑褐色颗粒物铁含量仅略高于泥质层中铁含量。

表2　青龙镇铸造作坊遗址出土陶范（L1）的成分（Wt%）

检测部位	Na_2O	MgO	Al_2O_3	SiO_2	P_2O_5	K_2O	CaO	TiO_2	MnO	Fe_2O_3
泥质面层	0.85	1.50	12.65	74.05	0.46	2.40	1.60	0.75	0.14	5.60
泥质背层	1.40	1.70	15.70	68.71	0.36	2.92	1.34	0.92	0.14	6.82
稻壳泥层（内层）	1.52	1.69	16.65	67.34	0.24	2.96	1.12	0.99	0.12	7.36
稻壳泥层（外层）	1.54	1.67	16.52	67.90	0.15	2.99	0.97	0.99	0.14	7.12

表3　青龙镇铸造作坊遗址出土陶范（L2）的成分（Wt%）

检测部位	Na_2O	MgO	Al_2O_3	SiO_2	P_2O_5	K_2O	CaO	TiO_2	MnO	Fe_2O_3
泥质面层	1.19	1.81	12.32	72.65	0.31	2.51	2.73	0.77	0.12	5.59
泥质背层	1.34	2.09	15.18	66.95	0.47	2.71	3.28	0.92	0.14	6.91
稻壳泥层（内层）	1.04	2.30	17.57	64.47	0.74	2.89	2.00	1.00	0.17	7.83
稻壳泥层（外层）	1.00	1.97	18.19	65.49	0.36	2.92	1.48	0.99	0.16	7.43

表4　青龙镇铸造作坊遗址出土陶范（L2）背层和稻壳泥层中颗粒物成分（Wt%）

检测部位	Na₂O	MgO	Al₂O₃	SiO₂	P₂O₅	K₂O	CaO	TiO₂	MnO	Fe₂O₃
泥质背层中的黑褐色颗粒物	1.35	2.17	16.82	65.47	0.97	2.55	2.57	0.93	0.08	7.08
稻壳泥层（内层）中的白色颗粒物	0.65	2.79	24.53	56.53	1.71	2.68	2.02	1.00	0.39	7.70
稻壳泥层（内层）中的砖红色颗粒物	1.02	1.96	16.37	53.71	1.16	2.64	2.28	1.17	0.50	19.20
稻壳泥层（内层）中的砖红色颗粒物	1.18	1.87	15.65	54.52	0.84	2.64	1.93	1.14	0.37	19.86
稻壳泥层（外层）中的黑褐色颗粒物	1.12	1.75	15.68	56.33	0.56	2.54	1.83	1.11	0.52	18.56

2. X射线衍射仪分析结果

样品L2的泥质面层（材料1）、泥质背层（材料2）、灰黑色稻壳泥内层（材料3）和砖红色稻壳泥外层（材料4）XRD图谱对比见图21，四种材料衍射峰的角度基本一致，总体成分相差不大，只是衍射峰的强度存在差别，都含有石英（SiO₂）和长石类矿物［（Na，K）（AlSi₃O₈）］，且衍射峰强度较强，因此主要是由石英和微斜长石构成。

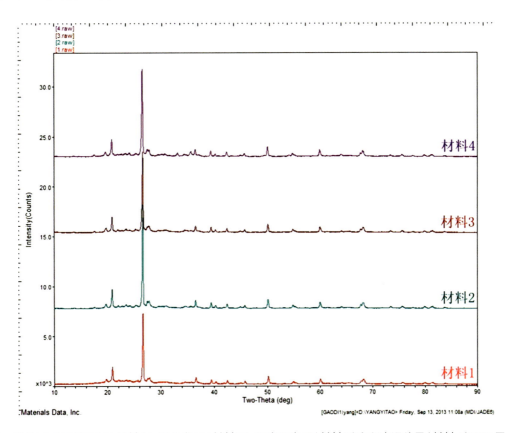

图21　样品L2的泥质面层（材料1）、泥质背层（材料2）、稻壳泥内层（材料3）和稻壳泥外层（材料4）XRD图谱对比

在泥质面层(材料1)中含有有机物并检测到含 Cr 及 Co 的化合物。泥质背层(材料2)中除含有石英和微斜长石以外,还可能含有硅酸盐和磷酸盐。灰黑色稻壳泥内层(材料3)中所含的化合物种类较少,主要是石英(SiO_2)和一些钾、钠的硅铝酸盐。虽然 EDS 检测结果表明在四种材料中都有铁元素的存在,但只在红色稻壳泥外层(材料4)中检测到磁赤铁矿(Fe_2O_3)。

3. 植硅石分析

陶范 L2 的泥质层和稻壳泥层 2 件样品植硅石含量丰富,共统计植硅石 363 粒,18 个类型。陶范 L2 的泥质层(编号:Z14013 号样):长柱形 30% 左右,双齿形接近 28%,尖形(小)不超过 20%,帽形低于 10%,另有少量的尖形(大)近 25%,圆形(大)12% 左右,扇形 10% 左右,单齿形 10% 左右,另有零星短柱形、扇形等,还常见草本植物的导管残体。该样品可能以禾本科植物为主,非禾本科植物少量。陶范 L2 的稻壳泥层(编号:Z14014 号样):长柱形近 20%,双齿形 16% 左右,哑铃形 9% 左右,帽形、尖形(小)、扇形都低于 10%,还有少量的帽形、圆形(小)、短柱形、鞍形、芦苇的盾形 2% 左右,水稻的扇形超过 4%。此样品植硅石来源于禾本科植物,可能以水稻和芦苇为主要成分。

"陶范 L2 泥质层"(实验室编号 Z14013 号样)和"陶范 L2 稻壳泥层"(实验室编号 14014 号样)植硅石组合成分的百分比见图 22。以上仅是 2 件样品植硅石特征及推测的植物类别。

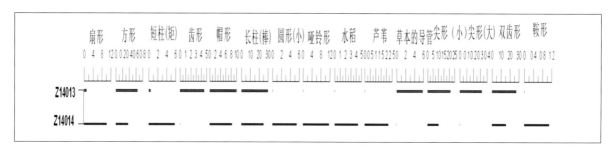

图 22 陶范 L2 植硅石百分图式(Z14013 是陶范 L2 的泥质背层,Z14014 是陶范 L2 的稻壳泥层)

4. 显微形貌观察

在扫描电子显微镜下观察陶范 L1、L2,各层的背散射电子图像见图 23、图 24。泥质面层和泥质背层以黏土矿物为主,细小的孔隙夹杂其间,观察到的颗粒物直径细小,尤其是泥质面层,未见直径较大的颗粒物,泥质背层中颗粒物的直径多大于泥质面层,也存在尺寸较大的颗粒物。稻壳泥层外表面和内部都存在较多稻壳等有机质烧失后留下的大孔洞,显微镜下孔洞之外的基质形貌比泥质层更致密,并观察到较多稻壳和秸秆形状的痕迹(图 25)。

5. 热分析

对陶范(L2)的泥质背层和稻壳泥层(外层)进行了热膨胀曲线检测(图 26)。将最表面的细泥层刮去,泥质层(标注为黑灰色泥质层)的温度点为 989.9℃,将同一个样品的夹杂着许多稻壳的背层(标注为砖红色稻壳泥层)进行检测,温度点为 991.5℃。二者的理论烧成温度都是约 990℃。

6. XRF-XRD 联用测试系统分析结果

采用 XRF-XRD 联用测试系统分析样品 L1 型腔面上的褐色附着物,分析的位置见图 27,XRF 分析的谱图中主要是铁的谱峰,XRD 分析时信噪比太低,特征峰未出现,未能获得表面褐色附着物的相结构结果,但是确定该物质是以铁为主的产物,表明陶范所铸造的器物是铁器。

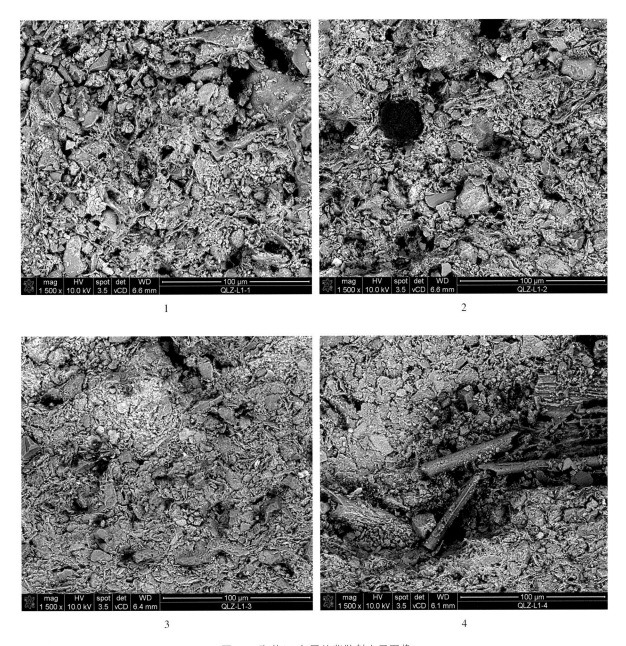

图 23　陶范 L1 各层的背散射电子图像
1. 泥质面层　2. 泥质背层　3. 稻壳泥内层　4. 稻壳泥外层

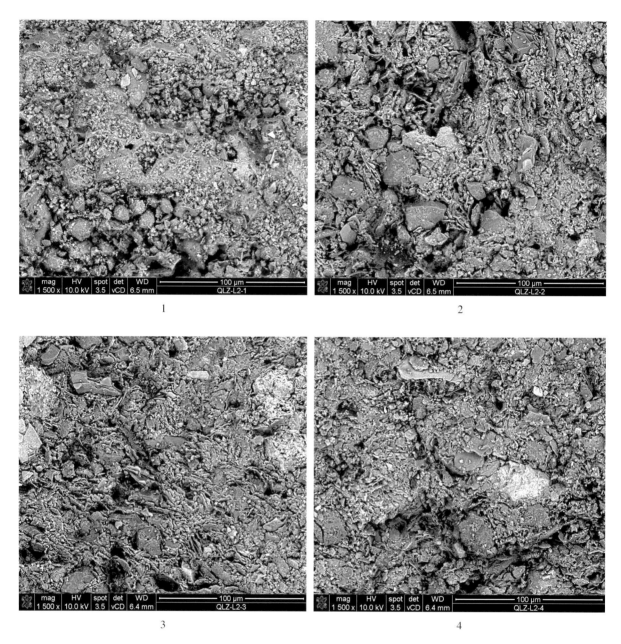

图24　陶范 L2 各层的背散射电子图像
1. 泥质面层　2. 泥质背层　3. 稻壳泥内层　4. 稻壳泥外层

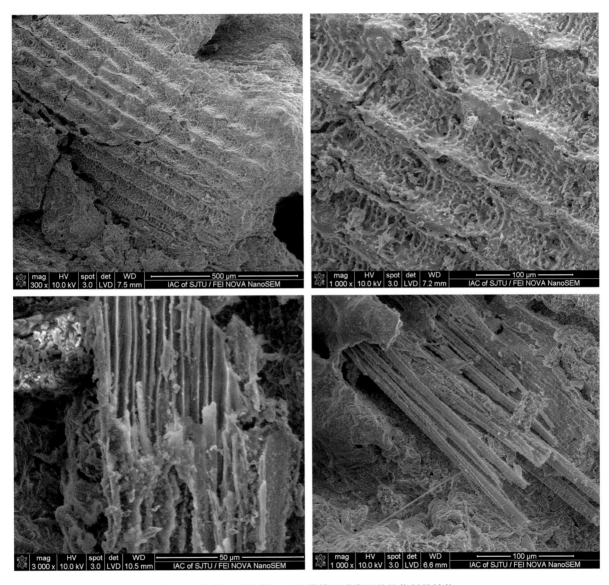

图 25　陶范 L1 在扫描电子显微镜下观察到的植物纤维结构

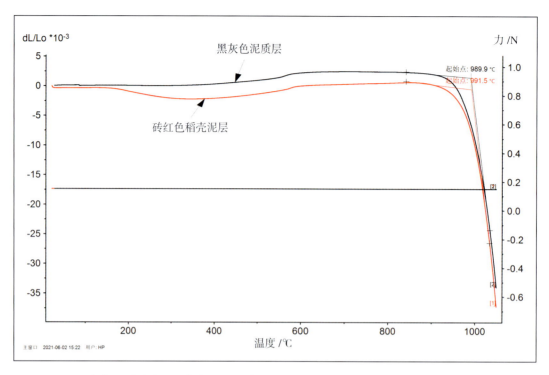

图 26　陶范 L2 热膨胀测温曲线（泥质层曲线标注为黑色陶范，稻壳泥外层标注为红色陶衣）

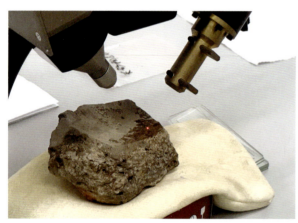

图 27　XRF-XRD 联用测试系统对样品（L1）进行分析的位置及 XRF 谱图

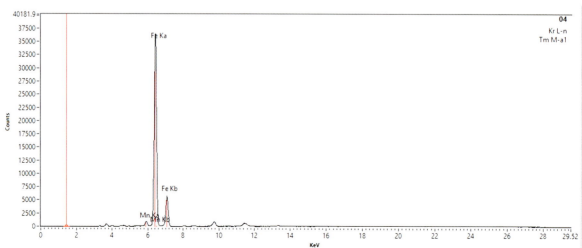

五、讨　论

从以上分析可知青龙镇铸造作坊遗址中出土的陶范是由三层组成：面层、背层和稻壳泥层。

泥质面层厚约1—2毫米，由细颗粒的泥料制作，能获得结构致密的表面，细颗粒能获得较大的比表面积，表面自由能高，从而获得高的强度、优良的复印性和可塑性，在铸造铁器时能确保陶范承受高温液态金属的充型压力，并得到表面光洁的铁铸件。对陶范型腔表面的特殊处理在中国出现很早，在目前中国最早的二里头铸铜遗址中出土的陶范上虽未发现有面层与背层的分界面，沿分型面的横截面上孔洞的分布也无规律，但明显可见陶范的型腔面和分型面上都很光滑、致密且无孔洞，表明陶范的型腔面经过了特殊的处理，采用细腻的泥料制成[1]。岳占伟等对殷墟铸铜遗址出土商后期陶范的研究也表明其中的一类陶范绝大部分由内外两层组成，内层为面范，外层为背范。面范一般较薄，泥质，多呈青灰色或浅灰色；背范一般较厚，多夹砂或含细砂量大于面范[2]。西安窝头寨等多个汉代铸钱遗址中出土的铸钱夹砂陶背范是由泥质面层与夹砂背层组成，泥质面层采用细泥料制作，其作用是保证所铸造的金属铜钱具有优良的表面质量；夹砂背层是在制范泥料中掺杂了较多的肉眼可见的砂砾，其作用是提高陶范的机械性能，减小陶范受热后的变形，有利于与金属范合范铸钱[3]。唐代的青龙镇铸造作坊沿用了制作面层与背层的这种制范方法。

泥质背层和稻壳泥层中加入了多种材质的颗粒物，这些羼和料可以减少陶范在干燥和焙烧过程中的收缩，使陶范在焙烧过程中不易破裂，也有增加陶范强度的作用。李文杰先生认为在陶器中所有的羼和料如炭末、蚌壳末和砂粒等都属于瘠性原料，主要作用是：减少黏土泥料在成型时的黏性，便于制作；减少坯体的干燥收缩，提高干燥速度，缩短干燥时间；增加胎壁的强度，减少应力，防止开裂[4]。青龙镇铸造遗址出土的陶范中加入羼和料的作用与陶器中羼和料的作用相同，制范技术沿用了制陶术中的一些技术。

许多植物在其生长过程中从土壤里汲取硅元素，并将硅元素充填在叶、茎、根以及果实的细胞或组织中，使得这些细胞或组织逐渐转化为半透明状的蛋白石体（$SiO_2 \cdot nH_2O$）[5]，即植硅石。对样品L2的植硅石分析结果表明，不论是泥质层还是稻壳泥层植硅石含量都很丰富，泥质层中检测到柱形、齿形等植硅石，还有草本的导管，但在显微镜下却没有发现植物的痕迹。张福康对稻草灰和稻米谷壳灰的成分分析（表5）表明都是以硅（SiO_2）为主，稻草灰的硅（SiO_2）含量为80.1%，稻米谷壳灰的硅（SiO_2）含量高达94.3%[6]。对陶范L1和L2各层的成分分析表明，泥质面层中硅（SiO_2）含量都明显高于泥质背层和稻壳泥层，泥质背层的硅（SiO_2）含量略高于稻壳泥层，植硅石的来源应该是以植物灰的形式加入泥质面层和泥质背层。植硅石在陶范中能够降低陶范的蓄热系数，改善陶范的充型性能[7]。在陶范焙烧过程中有机质烧失在陶范上留下的空洞，也有利于高温金属液充型过程中型腔内气体的排

1　廉海萍、谭德睿、郑光：《二里头遗址铸铜技术研究》，《考古学报》2011年第4期，第569页。
2　岳占伟、刘煜、岳洪彬：《殷墟陶模、陶范、泥芯的制作工艺研究》，《南方文物》2016年第2期，第132页。
3　廉海萍：《汉代铸钱夹砂陶背范的分析研究》，《文物保护与考古科学》2020年第6期，第61—70页。
4　李文杰：《中国古代制陶工艺研究》，科学出版社，1996年，第128页。
5　赵志军：《植物考古学概述》，《农业考古》1992年第1期，第26—31页。
6　张福康：《中国古陶瓷的科学》，上海人民美术出版社，2000年，第19页。
7　谭德睿：《中国青铜时代陶范铸造技术研究》，《考古学报》1999年第2期，第224—226页。

出,减少在铁器上产生铸造缺陷的概率。

表5 稻草灰和稻米谷壳灰的化学成分[1](Wt %)

种 类	SiO_2	Al_2O_3	Fe_2O_3	CaO	MgO	K_2O	Na_2O	MnO	P_2O_5
稻草灰	80.11	3.25	1.39	4.92	1.53	5.02	0.58	0.32	1.62
稻米谷壳灰	94.36	1.78	0.61	1.04					

　　稻壳泥层增加了陶范的总厚度,使陶范具有一定的强度。稻壳泥层分成内外二层,外层呈砖红色,XRD检测时只在呈砖红色的稻壳泥外层检测到磁赤铁矿(Fe_2O_3),这是由于陶范的外表面接触空气,能获得充足的氧,在烧制过程中生成磁赤铁矿(Fe_2O_3)而呈砖红色,氧未能充分进入到稻壳泥层的内部,铁呈亚铁状态而呈现灰黑色。新石器时代,浙江的河姆渡文化和湖北枝江关庙山的大溪文化都烧造过夹植物陶,采用谷壳或植物的枝叶碎屑作为羼和料以改善坯料的成型性能和陶器的热稳定性。在陶范中加入稻谷壳早在西周时期已应用,谭德睿对古陶范的植硅石进行分析时,在苏南地区西周陶范中检测到稻壳,指出苏南地区的西周陶范显然是人为加入了水稻物质[2]。青龙镇同处江南地区,在1000多年后的唐代青龙镇,在陶范制作中同样使用稻谷壳作为羼和料。

　　泥质面层、泥质背层和稻壳泥层,不同的组成起到不同的作用,以便能够成功铸造出铁器。

　　根据遗址中出土陶范复原的器形(图28),有圜底圆形容器和平底圆形容器,以圜底为多,铸造具二耳和三足的器物。据青龙镇铸造遗址出土口沿部残存陶范复原器形的尺寸见表6,口沿直径集中在20—30厘米之间,有2件陶范(T1852⑤A ： 22和T1852⑤B ： 18)残存口沿至圜底或平底的部分,可测量所铸造器物的高度分别为7.1、7.2厘米。2012年的青龙镇考古发掘中水井(J21)内出土了唐鹦鹉衔绶带铜镜3面、铁提梁鼎和铁釜各1件(图29)、铁钩、银发簪、青釉瓷罐、木雕残片等器物[3]。

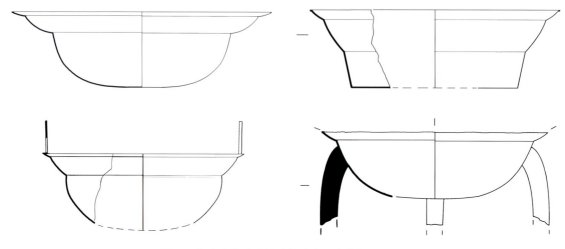

图28 据青龙镇遗址铸造作坊出土陶范复原的器形

1 张福康:《中国古陶瓷的科学》,上海人民美术出版社,2000年,第19页。
2 谭德睿:《中国青铜时代陶范铸造技术研究》,《考古学报》1999年第2期,第224—226页。
3 青龙镇考古队:《上海市青浦区青龙镇遗址2012年发掘简报》,《东南文化》2014年第4期,第52—60页。

图29　上海青龙镇遗址出土的铁提梁鼎和铁釜
1.铁提梁鼎　2.铁釜

铁提梁鼎口径22、腹部高9.3、通高22.3厘米，侈口，口沿处对称设二立耳，一耳处残留一段提梁，已与口沿锈蚀在一起，颈部向内收束，腹部下收为圜底，腹中部下接三个长曲形足，一足正对一耳，耳足的分布采用的是商周时期青铜鼎早期的"耳足四点配列式"，与遗址中出土的陶范（T1852⑤B：17、T2660⑥：10）所铸造的器形一致。铁釜尺寸较大，口径34.6、通高17.8厘米，侈口，颈部向内收束，内壁上有四道弦纹，腹部下收为圜底，形状与铁提梁鼎腹部相同。陶范（T1852⑤A：22）所铸造的器形与铁釜相似。

表6　据青龙镇铸造遗址出土陶范复原的器形及尺寸　　　　　　　　　　　　　　单位：厘米

序号	陶范编号	所铸器形	所铸器物高度	所铸器物口径	所铸平底器底部直径
1	T1852⑤A：22	圜底的圆形容器	7.1	25.2	
2	T1852⑤B：17	圜底的圆形容器		21.2	
3	T1852⑤B：18	平底的圆形容器	7.2	23.8	15.6
4	T1852⑤B：20	圜底的圆形容器		22.8	
5	T1852⑤B：21	圜底的圆形容器		22.6	
6	T1852⑤B：23	圜底的圆形容器		24.0	
7	T1952⑤B：172	圜底的圆形容器		22.0	
8	T1952⑤B：173	圜底的圆形容器		28.2	
9	T2560⑦：151	圜底的圆形容器		23.6	

　　白云翔先生在总结隋唐时期的"日用器具"铁器类型中指出，考古发现的铁炊煮用具最常见的是釜、镂、镰斗，以及双耳罐、铛等，以镂（鼎）为例有四种：1.侈口、双耳、平底、三足；2.敞口、双耳、圜底、

三足；3. 敞口、无耳、圜底、三足；4. 敛口、无耳、平底、三足[1]。从青龙镇铸造作坊遗址中出土的陶范残块可知所铸造的大部分为侈口圜底或平底的圆形容器，一件陶范口沿的型腔处有一立耳的型腔，所铸造的是具立耳的圆形器；一件陶范腹部型腔下接足的型腔，所铸造的是具三足的圆形器。由于陶范残破严重，无法复原出一件完整的陶范铸型，但是可以推测出器形与隋唐时期考古出土的铁釜、铁镀、铁铛相似。

与青龙镇铸造作坊遗址出土陶范极为相似的，是 2002 年湖北省文物考古研究所等单位在湖北黄冈发现的浠水泉塘铁器铸造遗址群[2]窑家湾遗址出土的陶范。该遗址出土的遗物以铸造铁质器具的陶范为主，数量极大，多到难以统计，是一处铸造日用生活器具的作坊遗址。陶范所铸造的有盉形器、钵形器、大口直腹器、罐形器、盘形器、釜形器、兽面纹牌形、壶形器、器耳、器足等，最多、最主要的是铸造一种日常生活用炊器三足铁釜，发掘者将遗址年代推定在宋代—明代早期，年代上晚于青龙镇铸造作坊。根据发掘者的描述，窑家湾遗址出土的陶范分为内外二层，外层较厚，胎质为夹砂红褐陶，可见明显的粗颗粒砂石，还有较多的稻谷壳及稻梗等，结构粗糙；内层较薄，呈深灰色，结构紧密，壁面平滑。青龙镇唐代铸造作坊制作的陶范从肉眼观察也是分成二层：砖灰色的泥质层和砖红色及黑灰色的稻壳泥层，表明湖北浠水窑家湾遗址出土的陶范在制作工艺上也与青龙镇唐代铸造作坊的陶范基本相同，在青龙镇铸铁作坊运用的制范技术和铁器铸造技术延续使用至明代。

六、结　　论

1. 上海青龙镇唐代铸造作坊遗址出土的陶范由三层组成：面层、背层和稻壳泥层。面层较薄，采用细颗粒泥料制作，致密，在铸造金属器时能确保陶范承受高温液态金属的充型压力，并得到表面光洁的铸件；背层略厚，羼入了粗颗粒物，这些羼和料可以减少陶范在干燥和焙烧过程中的收缩变形，对面层起支撑作用；稻壳泥层较厚，该层也羼入了一定量粗颗粒物，并羼入了大量的稻谷壳和秸秆，陶范焙烧时谷壳等有机质烧失，在陶范上留下了大量的孔隙，便于铸造时型腔中气体的排出。三种不同的材质起到不同的作用，结合在一起达到成功铸造出铁器的功用。

2. 从遗址中出土的陶范残块可知青龙镇唐代铸造作坊所铸造的大部分为侈口圜底或侈口平底的圆形容器，主要以铸造铁炊煮用具为主，铁釜和铁鼎（铁镀）是作坊生产的主要产品。

陶范线图绘制：李召銮。

致谢：陶范的 XRF-XRD 联用测试系统检测和热膨胀仪的热分析工作分别由上海博物馆沈敬一和王恩元完成，陶范的植硅石分析由南京师范大学地理科学学院萧家仪完成，深表谢忱！

1　白云翔：《隋唐时期铁器与铁器工业的考古学论述》，《考古与文物》2017 年第 4 期，第 65—76 页。
2　湖北省文物考古研究所、黄冈市博物馆、浠水县博物馆：《湖北浠水泉塘铁器铸造遗址群窑家湾遗址发掘简报》，《江汉考古》2011 年增刊，第 30—47 页。

后 记

2022年5月中下旬,青龙镇考古报告付梓之时,正是上海抗疫努力实现社会面清零,由应急处置状态下的封控区、管控区、防范区,向常态化防控下的高、中、低风险区分类管理转变之际,不同寻常。上海博物馆副馆长陈杰、出版部主任陈凌、考古研究部主任黄翔和上海古籍出版社副社长兼副总编吴长青、编辑宋佳等,为本书的编辑出版倾注了大量心血。

回到7年前的2015年,着手初步整理和拟定报告框架时,考虑到青龙镇是上海唐宋时期重镇,该遗址的考古工作是一项长久的大工程,而2015年之前的考古发掘面积小且比较分散。为给日后的发掘和研究尽可能提供原汁原味的考古资料,我们大胆尝试以发掘地块为单位,每地块内再按地层、遗迹、遗物的顺序编写报告。尽管各地块上下层之间、不同地块同层之间的出土物中,重复器非常多,甚至较晚的地层中出现了一定数量较早的器物等,给报告的编写工作增加了一定难度,但我们依然不改初衷。相信随着发掘面积的不断扩大,能从各地块地层之间频繁重复出现的器物中得到某种启示,最终逐步统一。在此期间,古陶瓷研究专家栗建安先生在百忙之中来到青龙镇,对绝大多数可复原瓷器和残片手摸眼观,鉴定窑口、时代;上博实验室的同仁对出土铜镜、瓷器、陶范等进行了测试和分析研究。

再回到12年前的2010年,上海博物馆考古研究部在长期调查、查阅大量史料的基础上,依照大遗址保护规划,首次有步骤地对青龙镇遗址进行了考古发掘,我们的工作目的很明确,即聚焦上海考古中相对薄弱的环节——唐宋时期,以考古资料结合史料记载诠释青龙镇在上海城镇发展中的作用。为做好田野发掘工作,兄弟馆青浦博物馆担负起联系地方相关单位、协助解决住宿问题、商定发掘地点的任务,并抽调专业人员高文虹参加发掘,青龙镇人、现任馆长王辉还准许我们在他家老房子处发掘;青龙镇的乡民,以他们的淳朴、吃苦耐劳为发掘提供了人员保障;上海博物馆考古研究部主任宋建先生为青龙镇发掘提供了人员、经费、后勤保障,还定期到工地现场指导工作。2012年,中国人民大学魏坚教授及考古专业的学生克服了南方潮湿阴冷的恶劣条件,天天一身烂泥,奋战于田野,为发掘增加了专业力量。北京大学考古文博学院徐天进教授为报告题签,使报告增色不少。

正是有方方面面领导、专家的关心、支持和帮助,我们才能比较顺利地完成2010—2015年青龙镇考古发掘和报告编写出版工作,在此一并致以最深切的感谢!本报告是集体工作的成果。

报告出版了,编写中的不足之处还请方家多多指正。

何继英

图书在版编目(CIP)数据

青龙镇2010—2015年发掘报告 / 上海博物馆编著
. —上海：上海古籍出版社，2022.12
　ISBN 978-7-5732-0532-2

　Ⅰ.①青…　Ⅱ.①上…　Ⅲ.①考古发掘-发掘报告-
青浦区-2010-2015　Ⅳ.①K872.515.5

　中国版本图书馆CIP数据核字(2022)第211016号

青龙镇2010—2015年发掘报告

上海博物馆　编著

上海古籍出版社出版发行

(上海市闵行区号景路159弄1-5号A座5F　邮政编码201101)

(1)网址：www.guji.com.cn

(2)E-mail：guji1 @ guji.com.cn

(3)易文网网址：www.ewen.co

上海雅昌艺术印刷有限公司印刷

开本889×1194　1/16　印张21.25　插页5　字数527,000

2022年12月第1版　2022年12月第1次印刷

ISBN 978-7-5732-0532-2

K・3295　定价：298.00元

如有质量问题，请与承印公司联系